魏晋

施原 著

风流
总被雨打风吹去

团结出版社
UNITY PRESS

图书在版编目（ＣＩＰ）数据

魏晋：风流总被雨打风吹去 / 施原著 . -- 北京：
团结出版社，2024.1
ISBN 978-7-5234-0487-4

Ⅰ . ①魏… Ⅱ . ①施… Ⅲ . ①中国历史－魏晋南北朝
时代－通俗读物 Ⅳ . ① K235.09

中国国家版本馆 CIP 数据核字 (2023) 第 196993 号

出　版：团结出版社
　　　　（北京市东城区东皇城根南街 84 号　邮编：100006）
电　话：（010）65228880　65244790（出版社）
　　　　（010）65238766　85113874　65133603（发行部）
　　　　（010）65133603（邮购）
网　址：http://www.tjpress.com
E-mail：zb65244790@vip.163.com
　　　　tjcbsfxb@163.com（发行部邮购）
经　销：全国新华书店
印　装：天津盛辉印刷有限公司

开　本：170mm×240mm　16 开
印　张：29
字　数：450 千字
版　次：2024 年 1 月　第 1 版
印　次：2024 年 1 月　第 1 次印刷

书　号：978-7-5234-0487-4
定　价：68.00 元

序

　　我们这里想说的是魏晋时代的一些故事，只是一些寻常巷陌的闲人逸事。即使说到皇宫帝后、朝廷文武，也不过是作为环境或陪衬，其形象也按普通人物处理。具体来说，那是魏晋时代文人的一些浪漫与悲剧。中国社会的不同年代，都会涌现一批不同年龄、不同层次的文人，他们突出自我、挑战传统、无视名流风范。他们力图创造出一种新时尚、新风格，以体现自身价值。只因岁月沉重、传统深厚，这种挑战往往难以坚持，以致最终折戟沉戈，成果寥寥。然而，魏晋是一个特殊的年代，当时的文人或称为"士"的那些人却侥幸得以崭露头角。不论他们的成就如何，也不论他们受赞誉还是遭贬斥，最终还是造就了一种独有的时尚与风格，这就被称为魏晋风流。

　　历史上，因周朝制度崩溃而导致春秋战国政治乱局。但礼崩乐坏的春秋战国却是中国历史上少有的百花齐放、百家争鸣时期。类似的，东汉末年因朝政腐败，宦官专制败坏了汉廷初期的纲常伦理，以致汉祚不再。于是群雄并起，三国魏晋取而代之。与之伴生的是一个称为"士族"的特殊阶层，他们是由官绅知识阶层组成的世袭利益集团，拥有对政治的支配权或半支配权。他们远离了纲常伦纪，一改汉初独尊儒术的思维方式，繁衍出了一种称为魏晋风流的新文化生态。这一切都源于东汉政治经济文化体制的解构与重组。

　　"我生之初尚无为，我生之后汉祚衰。"（东汉·蔡文姬）皇朝政治的腐败造成东汉经济文化体制的解构并导致不可逆转的汉祚之衰。桓、灵两朝正是汉祚衰的典型朝代。诸葛亮的《前出师表》提到他与刘备对历史的痛切回顾："亲小人，远贤臣，此后汉所以倾颓也。先帝在时，每与臣论此事，未尝不叹息痛恨于桓、灵也。"这里"桓、灵"指汉桓帝与汉灵帝两代。

　　要进入魏晋风流话题，我们从桓、灵两朝切入。而那两朝以清流为标榜的一批文人在历史上留下了深刻的印迹。

目录

一、汉末清流

本初元年（公元146年）开始的桓、灵两朝是汉祚由盛转衰的转折。那是一个曲折的渐变过程。汉皇朝因外戚专权与宦官专制而逐步陷入吏治腐败、社会黑暗的困局。为挽救皇朝政治，一批以"清流"为标榜的文人与士大夫精英举起反腐倡廉的旗号，与外戚集团和专制宦官展开了生死存亡的惨烈搏斗。桓帝死后灵帝继位，腐败局面并未改变，反腐斗争变得更加激烈。这是中国历史上第一次大规模的社会性反腐倡廉运动。后来，主导反腐的这批士大夫精英分子被誉为汉末清流。他们深刻地影响了魏晋历史进程。

激活这场反腐倡廉运动的事件是"茅厕政变"。那是一场由汉桓帝策动的推翻外戚梁冀集团的政变。

1. 茅厕政变

本初元年（公元146年），洛阳群星璀璨，各路名角登台亮相，喜剧闹剧缤纷开场。大汉帝国的吃瓜群众有了一饱眼福的机会。

这年第一场大戏就是太后嫁妹！

⊙

太后嫁妹

首先登场的是皇太后梁妠，她将启动嫁妹程序。说到皇太后，我们往往想到古装电视剧中老态龙钟的老太婆。老太婆嫁老妹，恐怕吸引不了什么人。然而，我们说的这位梁太后虽此时已经临朝听政了两届皇帝，却还不到四十岁！她娘家是贵族，老爸梁商的姨太太比她还年轻，所以下面有个扎马尾辫的小妹妹绝对不算稀奇。其实，小妹梁女莹才及笄，只因老爸作古，大姐才当家为妹子物色对象。此事当时颇为轰动。

正因为嫁妹，才导致一位本与皇位无关的人当上了皇帝，他就是汉桓帝！

原来，建康元年（公元144年）八月，汉顺帝刘保刚满二十九岁就驾崩，其两岁儿子刘炳即位为汉冲帝。正宫娘娘梁妠以皇太后的名义临朝听政，辅佐新皇。当年这老梁家乃汉帝国第一豪门！新皇登基即位的事，就全由梁妠与胞兄梁冀一手操办。不曾料到，没满三周岁的汉冲帝次年就重病面临夭折。碍于此前没有女人当皇帝的先例，也碍于外戚王莽篡位的严重后果，梁冀、梁妠兄妹没敢做傻事。两人合计一番后，他们把八岁的皇室成员刘缵秘密带进宫内。冲帝一死刘缵即被立为汉质帝。梁冀仍充当大将军，梁妠继续以皇太后的身份临朝听政。

在决定给妹妹公开招亲前，梁妠或许想过把妹子预订给小皇帝刘缵，以便将来当皇后。然而幼帝此时只有九岁。按规矩他要满十三岁，宫廷才开展第一次选美。要干等上四年，那就太委屈小妹了。于是，梁妠觉得还是让妹子嫁个门当户对的贵族更好。她还认为，未来的妹夫除门第相当外，英俊潇洒、多才多艺更是妹子的心愿，于是她决定给妹子公开招亲！

其实太后还是有目标的：通过查家史、核对生辰八字，初定的候选人是汉章帝的曾孙、刚刚继承了蠡吾侯爵位的河间刘志！这消息很快传到民间。初夏，果然有一辆马车从河间蠡吾县出发，一路风尘仆仆地直奔繁华的帝都。车上除丰盛的礼品外，还有一位风度翩翩的十五岁小侯爷刘志！

在洛阳城北夏门亭，刘志拜见了皇太后梁妠。虽说他成长于近乎穷乡僻壤的蠡吾县，但还是浑身飘逸着清新气息的白马王子。当年，河间一带推崇黄老学说，流行道教。道教与黄老学说倡导的崇尚自然、清静无为的人生观对刘志有过相当大的影响。他衣食无忧，幼年就混迹于道徒的集会中，从而对宗教音乐产生了兴趣。他生性聪明，学了不少乐器的吹弹技巧。看来这些颇受太后的欣赏，所以她一见这小鲜肉蠡吾侯就满心欢喜。说不准此时，妹子梁女莹正在不远处仔细打量着这位未来的夫婿，也或许这小女孩正会心地微笑着。

此事发展顺利！双方一拍即合，太后做主定下婚事，择吉日成婚。

太后为妹子招得好夫婿而满心欢喜，真心希望小两口和和美美、白头偕老。而小哥刘志高兴的是能娶到梁府千金，享受美人与富贵。但谁也不曾料到：就因这夏门亭一见，彼此的命运发生了翻天覆地的变化！没打算让妹子进宫的梁太后，却意外地促使妹子成为梁家的第二位皇后。原本只想抱个美人归的刘志，却因此一步登天，当上了东汉第十位皇帝！

⊙

跋扈将军毒杀了汉质帝？

刘志命运的转折，缘于当时在洛阳上演的另一幕大戏：汉质帝暴毙。

刘缵成为汉质帝，那事本就是梁太后与其兄梁冀一手策划的。汉冲帝只有两房堂兄而无亲兄弟，清河王刘蒜以及未成年的刘缵两位堂兄都有资格继承皇位。已经成年的堂兄清河王刘蒜更优先。结果却是八岁的刘缵被选为皇帝。此事全赖外戚梁氏家族包办。因为让年幼的刘缵继位，梁妠又可以临朝听政！这样一来，梁氏家族可以继续以外戚身份把控朝政！

但事与愿违。其关键就在于大将军梁冀不是一个规矩之人。他无法无天的行径招致天下人愤怒，也令小皇帝反感。虽然刘缵只有八岁，但不论怎么说，他就是皇帝。上朝坐龙椅，在别人看来是孩子过家家。但在刘缵看来，那就是履行皇帝职责。每当朝廷议事，他也总想听懂官员在讲些什么。特别是辩论时，他更想多听听，然后自己再判断谁对谁不对。而梁冀在朝中总是盛气凌人，文武百官，只要一言不合，就挨其训斥！这令小皇帝感到十分不舒服。一天，又有一个官员发表了论见。梁冀听着听着就大发雷霆。发言人被气得满脸通红，百官作声不得。小皇帝看到梁冀如此粗暴，内心不平。他禁不住指着梁冀说："此跋扈将军也！"百官闻言，气氛顿时活跃起来。

退朝后，梁冀因蒙羞而衔恨在心。他发觉小小刘缵不简单，不像事前想象的那么容易操控。怕就怕他一旦长大后更加麻烦！他真后悔拥立这小家伙为帝！这么想着，他不由恶向胆边生，决计除掉这兔崽子！

就当梁太后拍板定下妹子的婚姻大事时，惨剧发生了：

这天，汉质帝刚吃下内宫递来的煮饼就腹痛不已！痛苦不堪的小皇帝派人去传太尉李固。当时，朝廷位列"三公"的是太尉李固、司徒胡广与司空赵戒。他们原本是汉顺帝安排的顾命大臣，地位堪与梁冀抗衡。其中李太尉兼"录尚书事"，为人最讲忠义又有担当，幼帝最信任他。李固一进门就看到幼帝大汗淋漓，口中断断续续地呻吟，身子扭曲着不行，伸直了更不行。神情尚清醒的幼帝见到李固就说："刚吃了煮饼，如果给水喝还能活过来。"

守在一旁的梁冀急忙阻止说："不可喝水，就怕呕吐！"惶恐的御医不敢施救，李固一时没了主意。众人眼睁睁地看着小皇帝挣扎着死去！

此事，朝廷上下普遍怀疑是梁冀背后下毒！而且幼帝死亡的全过程，梁冀均守在一边。他既不让御医抢救，还不让幼帝喝水！然而谁敢拿这位梁大将军怎样？

汉质帝暴毙是紧急事故！梁女莹与刘志的婚礼不得不延缓。然而，国不能一日无君！该由谁接任皇帝？满朝文武分成两派各拥立一名皇帝候选人。一场你死我活的争权战开打了！

⊙

国之兴衰，在此一举

"三公"李固、胡广、赵戒与大鸿胪杜乔公推的皇帝候选人是宗亲清河王刘蒜，并联名上书大将军梁冀，要求召集公卿议立。联名书是这样写的：

天下不幸，近年之间，"国祚三绝"，今当立帝，这是天下的大事，臣等明白太后的一片心意，将军操劳。望详择一人，务必继存圣明，臣等也是愚忠一片，非常挂念此事。按过去废立的老章程，立皇位继承人，未尝不询访公卿，广泛征求大家意见，使之上应天意，下合众望。古语说："以天下给人易，为天下得人难"，我朝历史表明，皇位继承人立得准，就兴；否则就要导致灭亡，这是最使人忧愁的事，也是最重要的事，岂可不深思熟虑？

最后强调说：悠悠万事，唯此为大，国之兴衰，在此一举！大将军梁冀知道众人矛头直指梁家。于是针锋相对地提出立未来妹夫刘志为新帝！争论难决，唯一可行的办法就是在公卿联席会议上进行集体决断！

次日，最高规格的贵族大会召开。与会者自然是侯爵以上众公卿，其他参会贵族也必须是列侯以上或年俸禄高于二千石的朝中高官。会上，李固、胡广、赵戒及杜乔理由充足，辩论中占明显优势。梁冀虽在会上苦苦力争以扶植未来妹夫刘志。但蠡吾侯刘志与清河王刘蒜相比，显然不是同一等级！满朝文武百官纷纷站队刘蒜！眼看会议气氛不利于自己，梁冀宣布休会，次日再议。

梁冀十分失望：不论是在情、在理，他都输人一大截！再说之前，就是他玩弄下三烂手段，才把刘蒜排挤出局：汉冲帝死前两个月就已被确诊为绝症！梁氏兄妹却封锁了全部消息，偷偷地把八岁的刘缵弄进后宫。等汉冲帝死讯一发布，文武百官才想到接京外的清河王刘蒜来接班！但已来不及了，因为当刘蒜还在路上时，梁氏兄妹就已经拥立刘缵为帝。既然生米已煮成熟饭，文武百官只好接受。虽然阴谋达成了，但梁家成了理亏的一方。如今，梁冀弄死他们亲手挑选的刘缵，之前被淘汰的刘蒜理所当然要出山。梁冀在舆论漩涡难以进退，好生尴尬！

关键时刻，神秘人出现了。他是太监头子、先皇汉顺帝的中常侍曹腾。于是，戏中戏添了一幕插曲：曹公公夜点迷津。

⊙

曹公公夜点迷津

曹腾已经服侍过安帝、顺帝、冲帝与质帝四位皇上。安帝的独生子刘保被册立为太子时，曹腾就奉命侍候太子读书。刘保虽是独生子，却是庶出的。正宫阎皇后生不出儿子！出于妒忌，阎皇后处处逼迫挤压刘保，甚至通过谗言导致太子被废！安帝一死，依靠宫中太监的帮助刘保才以太子身份登基，称为汉顺帝。曹腾备受宠信。而梁商、梁妠、梁冀一家子更是倚仗刘保才有如今的局面。就是说，太监曹腾与梁氏家族利益休戚与共。

曹腾深知，在太子刘保被废期间，其他刘氏宗室王都对太子之位虎视眈眈，尤其是堂兄弟刘延平。刘保登基继承大统，刘延平失望而死，他的儿子刘蒜继承清河王。

汉冲帝夭折，清河王刘蒜按宗亲顺序该是皇位继承人。只因梁氏兄妹的不正当操作，才导致刘蒜帝位落空。这次质帝死，刘蒜当然是众望所归。

老太监曹腾最担心的，正是刘蒜继位。

于是他提醒梁冀：如果刘蒜继位，他必定不当傀儡，而是要当名垂青史的中兴皇帝！而且为了立威，他必然要拿腐败官员开刀！那样的话，反腐第一刀很可能就是您这位国舅梁大老爷了！曹腾最后加了一句："将军家几代人都是皇亲，手握重权，宾客纵横于世，常常有过失差错。清河王严明，若果立，则将军受祸不久矣。不如立蠡吾侯，富贵可长保也。"

其实，这是曹腾的心里话。他与梁家都是刘保手下的红人，一定不被政敌清河王家族看好。

在东汉，内宫太监是一股不可忽视的力量。曹腾得到顺帝信任，被允许与一位吴氏宫女建立对食夫妻关系。后来曹腾在外购屋安家，收养子曹嵩以传宗接代。不管传说中的曹嵩是夏侯家族的血脉还是曹家的，曹腾最终总算有后了。他的养孙就是后来大名鼎鼎的曹操。

曹腾的一番话令举棋不定的梁冀幡然醒悟：像自己这等坏人只能坏到底！一旦让清河王刘蒜登基，他势必与李固等文武百官结成一派，自己必将倒霉。别的不说，若没有梁太后的临朝听政，李固等必然会发起对质帝暴毙事件的调查！这桩罪可是弑君大罪！梁冀终于下定决心，非得立自家未来妹夫刘志不可！

⊙

胡广、赵戒反水

当夜，梁冀细细盘算，一番冥思苦想令他豁然开朗。他发现，虽然表面上文武百官声势浩大，其实不过是一群利益与诉求各不相通的乌合之众而已。首先，"三公一鸿胪"这四个带头大哥就不是铁板一块！其中司徒胡广以及司空赵戒就是缺口！特别是胡广，他常标榜行中庸之道，实则圆滑、谄媚，一涉风险，必退怯，保荣华富贵而不守诺言。梁冀自有手段对这种人：态度强硬，逼他退群！摆平胡广，赵戒就不在话下。

次日朝廷会议继续进行。梁冀收起昨天的笑脸，一开口就非要立蠡吾侯为帝不可！言辞中杀气侧漏，令人胆寒！

如此专横无理，这还算协商吗？李固、杜乔再次出面力争，但胡广、赵戒两人一改昨天的慷慨激昂，变得趑趄嗫嚅、欲言又止。他俩退缩了。这令李固、杜乔十分诧异！梁冀的眼光更严厉了，非要胡广、赵戒单独表态不可！在其咄咄逼人的目光下，胡广、赵戒低声嘟哝着，像是在说"唯大将军之命是从……"

胡广与赵戒就这样在众目睽睽之下反水了。他们的变节，等于在李固、杜乔背后扎了一刀！这太令人意外了！

胡广是当代大儒，门生遍及朝野，赵戒也如此，两人平素声望很高。他们中途反水，令文武百官顿时失去方寸：或交头接耳，或低头不语，他们不再力挺清河王刘蒜了，然而也没有表示支持蠡吾侯，他们不敢站在李固、杜乔一边。其中几人发觉苗头不对，就口中含糊地重复着一句"唯大将军之命是从"之后，反对派只剩下李固、杜乔两人！

梁冀的目的达到了，于是高声宣布罢会。

李固与杜乔还想继续争辩，但梁冀又一次厉声断喝："罢会！"

事后，心有不甘的梁大将军让太后下诏，罢免李固的官职！就这样，一切阻力均被排除。

本初元年（公元146年）闰月庚寅日，梁冀持节，调出太子专用的王青盖车，拉出一支仪仗车队，高规格迎接蠡吾侯刘志。车队直入南宫平台，十五岁的刘志宣布登基，他就是汉桓帝。梁冀把持实权，梁太后仍旧临朝听政，这是她为第三位皇帝临朝听政。从这天起，东汉进入了桓帝时代。桓帝使用本初年号。恰这年汝南袁逢家，一个男娃呱呱坠地，他就是袁绍，取桓帝年号"本初"为字。

胡广、赵戒帮了梁冀大忙，事后论功行赏，胡广被封安乐乡侯并接李固空出的太尉兼录尚书事；赵戒被封厨亭侯接替胡广空出的司徒。两人除晋爵外，职位都向上跨一步。曹腾也因功加爵进位，升费亭侯并任大长秋。梁太后贴身太监长乐太仆州辅等六人，均封为亭侯。

朝臣方面除胡广、赵戒外，汝南袁汤封国亭侯接任司空。随后袁汤又进一步调任司徒、太尉等高位。他继祖父袁安、叔父袁敞之后，再次进入朝廷的三公之列！

桓帝登基，最倒霉的自然是李固与清河王刘蒜。次年梁冀乱抓把柄诬陷刘蒜谋反！刘蒜被迫自杀。李固先前被梁冀撤职，接着被捕冤死狱中。

李固临死前悲愤不已，给胡广、赵戒写了一封绝命书。意思是：

我李固既然受了朝廷的厚恩，就应竭尽全力，不顾失去生命的危险，立志扶持将要倾倒的皇室，使它中兴起来。料想不到一旦遭到梁氏外戚的迷谬，你们这些人就屈从了，把个人的安危放在前头，颠倒了吉凶和成败，从此汉家的衰落也就无法挽回了。你们身居要职，享受丰厚的俸禄，眼见王室即将倾倒而不扶，难道还有比这再大的事吗？我相信公正的史学家，绝不会出于畏惧之心，而放弃它。我李固虽然死了，但是死得其所，没有什么好懊丧的。

据说，胡广、赵戒收到书信后也十分悲伤并长叹流涕。赵戒没几年就去世了，更多的议论说不到他身上。而胡广今后的路还很长，他更经典的表演有待继续。反正此后他对官场潜规则有了更深层次的认识，终于成了当时政坛的"不倒翁"！

李固、胡广、赵戒及杜乔，都是当年享有崇高声誉的大儒。他们原本是忠君爱国的楷模，是坚定执行汉初董仲舒确立的纲常伦理的典范。耿直的李固、杜乔与品格扭曲的胡广、赵戒形成鲜明对比。结果是忠贞正直、符合纲常伦理的人被出卖、被迫害，性格扭曲的人却因屈膝变节而享受荣华富贵。这是斯文的耻辱、文人的悲哀，是汉代社会即将覆灭的征兆！

究竟是什么地方出错了？难道，这世道真的是颠倒了黑白？当年京师洛阳流传着这样的童谣：

直如弦，死道边。曲如钩，反封侯。

⊙
汉桓帝刘志与外戚梁氏家族

次年六月，新科皇帝决定娶梁女莹为妻并立其为皇后。就这样，梁妠、梁女莹姐妹俩分别成了两个朝代的皇后！梁氏家族因一门两皇后、两代大将军的显赫背景，文武百官纷纷依附，形成权倾朝野的外戚集团。一旦皇帝亲信太监并让他们掌握宫廷内外大权的话，就会形成宦官专制。外戚专权与宦官专制是东汉时代的特色，是那个时代政治腐败的源头。除外戚与宦官专权外，还有一大特色，即当年的官僚是通过"举荐制"建立的。汉代吏治，实行的是以"九品中正制"为基础的官僚举荐制度。首先是任命朝廷中德高望重者为"中正"。中正负责从其原籍郡县举荐候选人。候选人除符合文化才能、道德操行、清白廉洁、忠诚负责等诸多方面的要求外，还必须有豪门大族的背景。然后让有司对候选人施行评定，按上、中、下等细分成九个不同品级，不同品级的人才对应不同等级的官员。德高望重往往是豪门大族的代名词，中正本身是豪门大族的成员，候选人又必须有豪门大族的背景，因此其本质是豪门大族推荐豪门大族，"官二代"举荐"官三代"！这就形成了豪门大族集体垄断官场，以致世袭为官的局面。这就形成世族，或称士族，其实就是贵族。汝南袁氏和弘农杨氏都是典型。

举荐制导致吏治腐败，古今中外概莫能外。它正是汉祚衰的隐因，而外戚干政、宦官专制则是显因。这种局面一直延续到东汉灭亡。

来自京外艰苦之地的汉桓帝刘志登基了。清贫出身能否防止宫廷腐败？刘志能否成为中兴的皇帝？人们原本寄托了一丝希望。问题是，刘志根本就没有勤政的念头。再说，他身后坐着一位临朝听政的皇太后梁妠。只要皇太后不提出还政，刘志就永远是个儿皇帝！既然如此，刘志就只有尚无为的份。话说回来，倘若不是梁冀硬把小皇帝弄死，再把根正苗红的清河王刘蒜逼走，这把龙椅真的与他刘志没有一点关系！所以刘志的皇位纯属是梁家替他抢来的。他住皇宫享福，是梁家的施舍。眼下他还得依靠梁家的保护才能坐稳龙椅。或许一开始，刘志就知足了。

刘志从河间来，带着乡间的信仰与习惯。他的信仰是黄老之说，是道教；他的习惯是能偷懒就绝不勤政。不勤政与尚无为相通，这是他与太后梁妠及国舅梁冀和平相处的最好方式。登基后的前十三年里，刘志一直如此。他贵在不折腾：国家大事小事他一概不问，任由梁家一手遮天，文武百官分着去忙！自己无为让别人有为；自己不管，自有他人管！这皇帝当得逍遥！逍遥也正是黄老之学的最高境界。

刘志从小在乡间鬼混，染上不少毛病：比如爱偷东西。他把这习惯带进皇宫，于是有了"小偷皇帝"的特殊称呼。他把从臣子家里顺手拿来的东西，一一编号记账。或许他想过在适当的时候，发动一场物归原主运动。可是时间一长刘志习惯了偷盗，臣下也不愁了，国舅梁冀也是如此。有时，梁冀发现自家少了一些东西会很紧张，特别是发现文武百官与自己的文书信件不见后更是紧张。但随后就慢慢放松了：妹婿皇爷偷东西貌似没有政治目的而只是癖好！有时还会物还原主，好像根本不当回事。这偷偷还还的有点特殊趣味。说不定，那样反而加深了皇上与臣子间的默契。

这位妹夫没有心眼！梁冀稍微放心了。

除了小偷小摸之外，刘志还有卖官鬻爵的毛病。不过，在移除梁冀这座大山之前，他是比较谨慎的：往往把大生意归梁家，自己只玩点小交易，额度自然不太大。卖官鬻爵弄来点小钱，是用来赏赐某些宫妃或太监的。他也能从户部那边多捞点银两，痛痛快快地吃喝玩乐。

皇上竟然也卖官鬻爵，这事的确令人惊奇。不过，东汉末年的桓、灵两帝的确都热衷于此。然而此等劣行彻底败坏了汉代的举荐制。汉桓帝时代，卖官鬻爵成风，导致吏治腐败，官员举荐制失去了最后一层外衣。当年流行的童谣，深刻地讽刺了这种局面：

举秀才，不知书。举孝廉，父别居。寒素清白浊如泥，高第良将怯如鸡。

童谣中的秀才、孝廉、寒素与高第就是举荐制中从低到高不同梯队的典型称呼。不过，童谣没有提及皇上的大名，从而没有将汉桓帝污名化的嫌疑。此时的他虽也玩玩卖官的小玩意，但这不是他最大的兴趣。其实，如果此时有人埋怨皇上用人不公，皇上可以理直气壮地甩锅给梁冀！因为梁冀才是最大黑手。如果刘志感到自己冤枉地背了黑锅，完全可以公开真相！

不过，从刘志登基以来的情况看，希望他成为中兴皇帝，那完全是不切实际的幻想！只是此时，他并没有遭遇多大的舆论压力，因为天底下最大的坏蛋这顶帽子没有落他头上，而是牢牢地扣在梁冀头上。

当年通过向梁冀买官得到好处的官员，内心对梁家的态度普遍从开始的感恩逐渐转为恐惧。一旦恐惧积累多了，就会发生质变！任何人一旦发觉自己扔掉恐惧就有翻身机会的话，那就难免做出恩将仇报的举动！不知到了那时，梁冀该怎么办？

孙寿献美

梁太后还政于汉桓帝后没多久就病死了。梁冀心中不安，便与夫人孙寿商量对策。

一物降一物，万人怕的梁冀却怕老婆！说出来令人难以置信，但却是事实。梁冀自当大将军以来，捞取横财，给孙寿娘家的财物比给梁家的还多。你看，梁冀有钱就在闹区造豪华大宅。可是街对面老婆孙寿的大楼则丝毫不输给梁冀。孙寿公然养小白脸给梁冀戴绿帽子，梁冀却故作不知，反过来把情敌提拔为年薪两千石的外任郡守！孙寿凭什么令梁冀如此服帖？其实只有两个字：妖冶！妖冶就是艳丽过了头。当年帝都的美女个个关注孙寿的行为举止，模仿她的一切。以至于她愁眉苦脸、闪身折腰这些病态的表现都被视为时尚、看成典范！于是就有了孙寿愁眉、啼状、坠马髻、折腰步、龋齿笑等病态美的专有名词。当年，一颦一蹙可倾城，一嗔一笑亦销魂！扭曲的社会崇尚变态的美！

这些专用词汇甚至流传到今天！

据说孙寿还善于出主意。她记得，舅父梁纪的女儿梁猛女是个大美人！为巩固梁家的外戚地位，她提议：把梁猛女进献给皇上，一定能得到宠爱。那样一来，咱梁家不仅有梁女莹皇后，还有宠妃梁猛女，那真可谓是双保险了！她十分有把握，这梁猛女的确人如其名：既美又生猛！她的美，有阳刚之气，有一股不折不扣的女汉子味道！

梁冀笑了，夫妻俩乐呵呵地哄着梁猛女进宫。

这对夫妻真想得出：奉献美女进宫充当自家妹子的情敌！梁猛女不是填补梁太后去世的损失，而是坑了自家妹子梁皇后！陈年皇后竞争不过新鲜野味，注定成为失宠的黄脸婆！

梁女莹当皇后已经十多年了。喜新厌旧是雄性动物的本能，况且后宫佳丽甚多，皇帝刘志早就眼花缭乱、心猿意马。如果梁太后还临朝听政，梁家恩威并施，那对刘志或许还有些约束力。他对皇后梁女莹会保持更多的亲热。如今，皇太后早已经死去，无人约束后宫。要是此时宫中没有超越梁女莹的女人，梁皇后或许还有点余韵，她依然是梁家的长城。即使残垣断壁了，只要还在，多少能起点挡风避雨的作用。但如今，梁冀夫妇却自毁长城，送来了梁皇后的克星！梁女莹怀不上儿子，颇让刘志不爽，只是表面维持着和谐。

入宫后的梁猛女果然名副其实！皇帝对新人的新鲜感百倍地超过对黄脸婆的旧情！梁皇后被冷落了！

梁猛女果真是梁家的人么？不是！原来，梁猛女的生父是前朝邓太后的侄儿邓香。邓香当过议郎，那是一个中层官职。后来他的意外死亡令邓家破败，妻子宣氏带最小的女儿改嫁梁纪，拖油瓶的猛女改姓梁。她的兄姐留在邓家，兄长邓演延续邓家香火，其姐长大后嫁给偃城的邴尊。

倘若外戚梁家继续威风，猛女可能依旧姓梁，但这并不说明猛女与梁冀家族有多少亲密关系。一旦梁冀有个三长两短，她更有理由姓邓不姓梁！

梁猛女为贵人后，不再抱怨邓家对自己的遗弃，反而更多地同情生母宣氏、胞兄邓演、胞姐邓氏。刘志为安抚美人，封宣氏为诰命夫人长安君、邓演为南顿侯、提拔其姐夫邴尊为议郎。

梁冀、孙寿眼睁睁地看着肥水流进他人田，而自家颗粒无收，于是后悔莫及。为了弥补损失，梁冀企图以认梁猛女为干女儿来巩固权势，然一直不见结果。其实，对于已经入宫成了贵人的梁猛女来说，还需要第三位父亲吗？梁冀认不认她为女儿有差异吗？

这年七月，梁皇后在失宠的忧郁中去世。外戚梁冀的唯一靠山崩塌！梁氏一门处于悲戚中。恰在这时，邴尊在偃城被不明身份的人刺杀了。有人注意到，他死前曾为小姨子梁猛女的出身与姓氏问题给皇帝上过一份奏折，意思是梁猛女应该是邓氏后人而非梁姓血脉。于是有人猜测他因这份奏折被灭口，只因为邴尊身份卑微，死就死了，入土为安，没人关注。然而，意料不到的事件却接连发生。

洛阳城延熹里，长安君宣氏与中常侍袁赦公公比邻而居。七月的夜里，袁赦公公久久不能入睡。突然，他听到院内的异常响动，立即抬头透过门窗望天井，只见一个黑影翻上屋顶！

霎时间警报响起，众家丁点着火发出阵阵吆喝！鼓点与呐喊声连成一片，灯光照得袁府内外一片通明！看清楚了：扎着钢刀的夜行客已混进府内，此时正在屋顶上，企图越墙闯入邻居长安君宣氏府邸！

夜行贼被拿下了。逼供之下，那人承认自己是梁冀派来的刺客！此行并非针对袁公公，而是对新封的诰命夫人长安君！袁赦不肯就此罢休，继续拷问。于是，夜行贼又供出另一桩命案：梁猛女的姐夫邴尊是被梁冀的刺客杀死的。

真相大白。袁公公考虑再三，决定向梁猛女的母亲长安君宣氏通报全部实情。

太监袁赦为何要蹚浑水，介入老梁家的事？

袁公公是汝南人，与汝南袁汤、袁盱是同乡同族。袁公公早就有意无意地视同乡同姓大族为自己的外援。恰此时，袁汤、袁盱所代表的汝南袁氏与梁冀结了冤家。如果继续让梁冀杀人得手而镇住朝野，势将对袁氏不利，因而这不是蹚浑水的问题，而是事关自己前途的大事。

袁汤、袁盱与梁冀结下梁子的事发生在不久前：汝南袁著是年轻官员，他被梁冀打死了。这使得汝南袁氏家族十分愤怒。

刚满十九的袁著被举秀才出任郎中。少年气盛的他看到梁冀仗势欺人，心中不平！于是向皇帝写举报信，内容简单却充满善意：他建议皇上让梁冀退休，免得将来功高震主。

看得出，袁著虽年轻但思想中正，是出于一片好心，处理方式也十分温和，他替梁冀量身定做开了一套可取的方案——到站下车！

可哪知，梁冀一听说此事就派人抓捕袁著。袁著不曾料到居然会闹成这局面，连忙改名换姓连夜逃跑。同时为避免遭穷追猛打就让人散布假消息，谎称自己已经病死，还让人用蒲草编成一具假尸体下葬。有句口头语：惹不起，还躲不起吗？袁著就是这么想的：我怕了，望风而逃了，您老总归可以高抬贵手，让我走，让我躲吧。

可梁大将军偏偏不肯通融：你就是躲到阎王殿，我也要追杀到底。袁著被抓住并被活活折腾至死！打死袁著还不算，梁冀还要株连其朋友郝絜。郝絜起初也选择逃亡。然而不久，他知道梁冀的眼线遍布天下，自己既惹不起也躲不起。无奈之下，郝絜只好叫人抬着棺材主动上门，并在梁府门前服毒自尽，以此恳求梁冀放过自己一家。在黑暗面前，袁著与郝絜这两个年轻人就像夜间的萤火虫，刚露出微弱的荧光，就被黑暗扼杀了。秀才遇到兵，有理说不清。不论是初出学堂的袁著、郝絜，还是李固、胡广、赵戒及杜乔这种博学的首脑人物，统统不是梁冀的对手，要么人头落地，要么屈膝效忠。文人们的结局令天下之人惶恐不安，也令汝南袁氏家族十分气愤！

梁冀能倒行逆施全仗外戚的身份。可如今，梁太后、梁皇后都死了，你那基础还靠得住？这点就连太监袁赦也看得出：梁冀如今只是纸老虎一只！于是，他旗帜鲜明地选边站，站到汝南袁氏本家一边。

一般来说，太监也一样羡慕荣华富贵。要达到目的，袁赦必须在宫内得到皇上、皇后与贵妃的好感。梁皇后死了，梁猛女就是当红贵妃，他当然要取悦于她。搞好与长安君的关系是关键。

今日的刺客自然是最好的见面礼。

邻居袁府的动荡本就惊动了长安君宣氏。得到袁赦公公转来的证据，这可怜的老太太惊呆了，她慌忙上车逃向皇宫。她知道，在梁冀的黑影下，自己随时有性命危险！与其消极等死，还不如先发制人告御状去。宣氏告御状以及梁猛女的哭诉，令刘志彻夜难眠。然而，此案仅涉皇上个人恩怨而非天下黎民百姓。

"茅厕政变"

梁皇后病死，同样让刘志寝食难安：梁冀与刘志之间的亲戚关系中断。从跋扈将军一贯的做派来看，刘志担心自己随时会成为下一个汉质帝！邓尊被暗杀以及长安君宣氏遭受恐吓，正表明自己的顾虑不是杞人忧天！他明白：必须先动手除掉梁冀，把命运掌握在自己手中！但左思右想，困难重重，首先是身边没有可信赖的人，就连太监张让也一度成为老梁家监视自己的工具！

桓帝刘志也知道，自己能说得上话的人只有身边的几个太监。有，聊胜于无，死马可当活马医嘛！鉴于以往的经历，刘志明白：凡事都得小心为妙，张让肯定是不敢用了。他决定先找个安全的地方考察几个对象。左想右想，他想到了茅厕！为何要选茅厕？只因为商量的事太重要，而茅厕太臭没人会到那儿偷听！所以躲进茅厕最保险！于是，历史上最独特的一幕大戏就要开演了：那就是皇上在茅厕里策动了一场宫廷政变。

这天刘志进了茅厕，顺便喊太监唐衡来服侍。唐衡听懂刘志所交代问题的重要性后，就找来志同道合的单超、左悺、徐璜、具瑗四个太监，再次与汉桓帝聚集茅厕。他们密谋的大事就是如何除掉梁冀！议定方案后，为确保不走漏风声，皇帝刘志冷不丁地拉过单超的手臂狠狠咬了一口！单超一挣扎就扯开了血口，滴下了鲜血。于是，六人歃血为盟：齐心协力，永不背叛！

根据太监们的分析，桓帝确定了几个可信赖的关键大臣。他们是：光禄勋袁盱、尚书令尹勋、司隶校尉张彪。人数不多但个个关键。

八月丁丑行动开始。桓帝坐镇前殿，尚书令尹勋奉命持节率丞郎以下守宫廷，收缴各有司控有的符、节，暂藏尚书省；黄门令具瑗公公持节率御林军一千，配合司隶校尉张彪包围了梁冀府邸；光禄勋袁盱手持圣旨喝开梁冀府大门；张彪手下的众捕快夺门而入，把守所有进出口，控制所有家丁人口。袁盱长驱直入，收缴了大将军印绶并喝令梁府一门上下在石台阶前跪下听旨！

当圣旨念到贬梁冀为比景都乡侯，满门流放时，梁冀突然站起来，狂怒地骂了起来，他还想跨步上前抢夺圣旨，却忘记脚前的石台阶，趔趄一下就倒在台阶上，额头正撞上石阶棱角，弄的满脸是血，许久没能站起来。过了一阵工夫，他动了一下。只见他抬起血淋淋的头颅，接着是头撞击石阶的响声。此后再也没动静，梁冀撞石死了。满屋顿时鸦雀无声。孙寿见状，禁不住号啕大哭。她也突然站了起来，七歪八斜地走了几步，向着石柱一头撞了过去！此时大家才发现：在生命最后的时刻，天下第一艳妇孙寿把一生病态美的绝技发挥得淋漓尽致！那一顾一盼、一戚一颦、一怒一啼，加上坠马髻、折腰步，一切都过去了，梁、孙夫妇就这样死了。

这对男女自取灭亡的表演分明是忤逆圣上，自绝于朝廷，简直罪不可赦！于是袁钦差当即宣布加罪处置：满门抄斩、暴尸街头！

事后，其他梁冀同党数十名公卿大臣遭连坐，同获死罪并立即执行！另外三百多名同僚故党被罢官撤职，财富一概没收归官府。

外戚梁氏集团顷刻土崩瓦解！梁冀蛮横天下，以杀人封口来对付天下的不同声音，能得逞吗？事实上，过度的疯狂，必遭报应！即便受害者手无缚鸡之力，行恶者也终将难逃天谴！

这就是历史上著名的"茅厕政变"！核心人物是汉桓帝与五太监，决策与指挥中枢就是汉宫茅厕。

⊙

贵为侯爷的太监们

"茅厕政变"因梁猛女而起，她受益而升为皇后。为表达对梁氏的厌恶，梁猛女改姓薄。但这姓氏改得莫名其妙，后来改回生父的邓姓，又称邓皇后。已死的邓香被追封为车骑将军，邓氏一门风光无限！

很可惜，那一切只是昙花一现。邓猛女当皇后不久，桓帝移情别恋喜欢上了新鲜货，她就是郭贵人！于是不可避免地发生了争风吃醋的后宫战！喜新厌旧的桓帝站在郭贵人一边：能立你就能废你！不知自己几斤几两？忘乎所以的邓猛女被打入冷宫！当然，郭贵人也会面临和邓猛女一样的情况。所以猛女虽猛，但地位远不及前任梁女莹。进入冷宫中的废后，忧郁而死。

一荣俱荣，一损俱损，邓家刚冒头年把工夫，就马上失势归零了。新皇后是谁？反正不姓郭。漂亮女人年年选，刘志不愁找不尽全国最美的。

"茅厕政变"大功告成，刘志对五太监感激涕零：没有兄弟，哪有我今天？单超、左悺、徐璜、具瑗和唐衡全部封为一级列侯，享受的采邑达到一个县！县侯的地位几乎与公爵等同了。这就是著名的太监"茅厕五侯"。

梁冀倒后桓帝收回空缺的侯爵位置颇多，于是开始按职论价把官职与爵位卖给捐钱捐物的人。太监侯览拿出五千匹绢换得一个关内侯。又因侯览与太监刘普、赵忠是茅厕之盟五太监的外围，也算是有功太监，于是他与刘普、赵忠等八太监均升为乡侯。其他没有获得爵位的太监，积极参与瓜分梁冀财产的运动，均从剥夺梁氏家族以及其他梁党的房产田地中得到好处。

打梁冀分财富，当然是皇帝刘志得大头。他十分满意！捞足吃饱后决定与太监们"利益均沾"。于是各太监拿着梁冀的账本到全国各地"清算敌产"，所得多数被太监及其本家亲戚瓜分。

"茅厕五侯"及侯览、赵忠等八爵之流因茅厕政变而兴，其家族也随即鸡犬升天，七姑八姨横行天下。他们首先要的是财富，在没收梁冀以及三百家族的资产之后，他们在掠来的地盘上大兴土木，经营地产，豪宅大观，备极繁华，几乎媲美宫廷。有了高楼大院，就四处搜罗美女充作姬妾。这些女人披绮罗戴金玉，攀比皇宫嫔妃。甚至是仆从婢媪，出入乘坐豪车，扬威耀武。弄不懂的是，这些太监们为何不想想，自己如何受用那批艳妻美妾？那岂不是暴殄天物？既然用不上，又何必搞得无人不知？此等胡来，怎不遭天下黎民侧目？

梁冀那点财产显然填不满太监们贪欲的无底洞。于是他们以及各地亲戚乘势而起，一场暴风雨卷向全国！无辜的平民百姓成为他们的掠夺目标！就这样，刘志一手打开潘多拉魔盒！宦官的暴行激起反抗，民间与中下层官员普遍卷入。反腐败、反宦官专制的浪潮席卷全国。

　　苍天有眼！就在此时"茅厕政变"的头号大功臣、太监大侯爷单超乐极生悲，在富贵中一命呜呼！

　　事情起源于他侄儿单匡。单匡是济阴郡太守，太守职位是借用单超的影响力获得的。单匡贪污赃款达五六千万钱！兖州刺史第五种以及助手卫羽发起调查，取得单匡全部罪证，于是提出弹劾。案子继续发酵，惊慌的单匡为销赃灭迹，就派刺客任方企图暗杀专案组组长卫羽。不想偷鸡不成蚀把米，刺客任方反被卫羽生擒活捉，送进洛阳监狱。

　　于是，洛阳尹杨秉受理此案。单匡极度恐慌，又策划了任方等人越狱逃跑事件，并制造假象嫁祸到杨秉头上！在宦官互相勾结的罗网下，洛阳尹杨秉一度有冤难申，被判失职罪并撤职罚做苦役！

　　不久，此事真相大白。天下人频频为杨秉鸣不平。单超声誉扫地，一病不起，没多久就去了西天！杨秉得到平反，并官升太常！杨秉出自弘农杨氏，弘农杨氏是东汉的另一名门大族。这是第五种、卫羽、杨秉等清流官员与宦官集团的第一轮搏斗。

　　然而事情发展到此地步，其余太监依然没有感觉，继续作威作福。此时帝都洛阳有一短歌：

　　左回天，具独坐；徐卧虎，唐两堕。

　　意思是说：太监左悺一手遮天盖地，权势大到视登天如回家；具瑗公公耻于与"三公"同列而宁可独坐一方；徐璜是老虎的屁股摸不得；唐衡两心相堕，居心叵测。

　　宦官专制造成的灾难远甚于外戚梁冀！

⊙

崔琦的《外戚箴》与蔡邕之《述行赋》

外戚专权与宦官专制遭到来自社会底层的反抗。

崔琦年轻时在京师游学，以文章博通著名。他曾举孝廉当个小小的郎官，为人正直，不阿权贵，官职低微却品格高尚。梁冀为抬高自己而结交他。不过崔琦对梁冀十分失望，作《外戚箴》列举古今成败事劝诫他，希望他能改弦更张。满耳听惯了奉承之语的梁冀怎听得进去？崔琦因此失意。于是他又作《白鹄赋》讽刺梁冀。梁冀抗议道："百官内外，各有司存，天下云云，岂独吾人之尤，君何激刺之过乎？"激刺就是以激烈的言辞进行讥刺。崔琦告诉他："以前管仲做齐国的宰相，愿听劝谏的话；萧何辅佐汉高祖，设立了书记过失的官吏。现在将军摄政几代，任比伊尹、周公，但是德政不显著，老百姓困苦不堪。你不能结纳贞良之士，挽救祸败，反而想不让人说话，杜蔽主上的耳朵，莫是要使玄黄改色，马鹿变形吗？"话不投机各自分手，崔琦回归老家。后来朝廷任命崔琦为临济县长，但没多久他就挂印绶而走。梁冀这个大人物实则是真小人，仅仅因崔琦不给他面子就派杀手取其性命。不料，刺客暗中对目标观察一阵后发现崔琦品格高尚。比如他看到，崔琦到田间耕种，怀中总带着书卷，劳作累了，就利用休息的片刻朗读文章。除了耕读，崔琦目不苟视不义之利，耳不听闻卑鄙之事。刺客十分钦佩便向崔琦亮明身份："将军令我取你的命，今见你是高尚贤者，情怀忍忍，不忍下手。你速速逃命去，我也将亡命天涯了。"

崔琦幸免，然而逃不出黑势力的魔掌，最终还是被梁冀弄死了。世道不公啊！崔琦一身才华，一生光明磊落。如今却只留下那篇当面数落梁冀为非作歹的《外戚箴》，另一篇《白鹄赋》不知流落何方。《外戚箴》是中国史上第一篇揭露外戚专权的文字，特别真实且有价值。其全文如下：

赫赫外戚，华宠煌煌。昔在帝舜，德隆英皇。周兴三母，有莘崇汤。宣王晏起，姜后脱簪。

齐桓好乐，卫姬不音。皆辅主以礼，扶君以仁，达才进善，以义济身。

爱暨未叶，渐已颓亏。贯鱼不叙，九御差池。晋国之难，祸起于丽。惟家之索，牝鸡之晨。

专权擅爱，显已蔽人。陵长间旧，妃剥至亲。并后匹嫡，淫女毙陈。匪贤是上，番为司徒。

荷爵负乘，采食名都。诗人是刺，德用无忧。暴辛惑妇，拒谏自孤。蝮蛇其心，纵毒不辜。

诸父是杀，孕子是刳。天怒地忿，人谋鬼图。甲子昧爽，身首分离。初为天子，后为人螭。

非但耽色，母后尤然。不相率以礼，而竞奖以权。先笑后号，卒以辱残。国家泯绝，宗庙烧燔。

末嬉丧夏，褒姒毙周，妲己亡殷，赵灵沙丘。戚姬人豕，吕宗以败。陈后作巫，猝死于外。

霍欲鸩子，身乃罹废。

故曰：无谓我贵，天将尔摧；无恃常好，色有歇微；无怙常幸，爱有陵迟；无曰我能，天人尔违。患生不德，福有慎机。日不常中，月盈有亏。履道者固，杖势者危。微臣司戚，敢告在斯。

《外戚箴》是骈体文，《文心雕龙》把铭、箴归成一类。既然铭、箴属于一类，我们当然想到"座右铭"一词，那就可与名人名言联系起来，起警示教训。但不论哪种骈体文都只是用的差异而与赋同体。崔琦的《外戚箴》表明，反对外戚梁冀借后妃的权势干预朝廷，本意是维护汉代纲常伦理、捍卫孔孟之道。此文比任何史书都更早地指责外戚专权。这正是《外戚箴》的价值所在。通篇无一不是谔谔之言。倘若梁冀听从肺腑之言，改弦更张，其结局就不会那么惨了。真所谓千人之诺诺，不如一士之谔谔。

然而梁冀永远成不了君子。甚至到死的那一刻，他也不会因自己害死崔琦而后悔。谔谔之言遭扼杀，赤胆忠心反而付出生命的代价。靠崔琦这种书生的绵薄之力，已经无法挽救纲常伦理的彻底崩溃。

成语"牝鸡司晨"的流行或许与文中的"牝鸡之晨"有点关系。其实，那是暗喻外戚通过皇后、皇太后控制朝政，也比喻孙寿当梁冀的家。那就是国政、家事不幸之源头。"牝鸡司晨"为当时贬义词之一，一直沿用至今。无须掩饰，每个当代人都难以接受崔琦男尊女卑的观念，不是事事都得让女人背黑

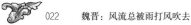

锅。梁冀横行无道是他的错，而不能简单地算到女人头上。然而这点瑕疵，不会掩盖《外戚箴》反暴政的光芒。

崔琦死后不久，桓帝刘志为自身利益与太监一道推翻了梁冀，无意中替崔琦报了仇。然而，九泉之下的崔琦会因此瞑目吗？社会因桓帝主导的"茅厕政变"就恢复正义了吗？真相是否定的。

太监专制取代外戚专权，不过是以黑暗代替腐败而已。太监们粉墨登场取代梁冀，天下更是被搞得乌烟瘴气，社会更加黑暗。如果崔琦地下有知，他同样会对太监专制感到愤慨，他当然会再度高声疾呼。事实上，崔琦虽然死了，可还有人活着。这人就是东汉著名才子蔡邕。继崔琦之后蔡邕拍案而起，他用文字对太监们表达了愤怒。

蔡邕是陈留人，从小博学多才，好辞章、数术、天文，还弹得一手好琴。他师从时代大儒王畅、胡广。王畅品行高尚，他是后来"建安七子"之一王粲的爷爷。而胡广虽中庸过分、明哲保身被后世讥讽为乡愿，但其学问与阅历还是无可置疑的。

东汉延熹二年（公元159年），蔡邕二十七岁。彼时，正值"太监五侯"称王称霸，徐璜、左悺等人听到蔡邕善鼓琴，就怂恿天子下令，让陈留太守督促蔡邕到洛阳。此时灾害频发，多地发生强地震。天灾人祸肆虐民间，百姓陷于水深火热。但太监们依然大兴土木建造豪宅，他们甚至在洛阳为桓帝修建显阳宫。被拉去服役的百姓，因劳累饥饿而死者无数。

从陈留到洛阳路途艰难，蔡邕辗转许多日子，还是到不了京师。但途中所见所闻却令他忧心忡忡。首先京师洛阳出事了，白马令李云眼见太监乱政以及天灾人祸，十分痛心。他向桓帝上书，希望皇上不要滥用小人以危害国家社稷。他在书中尖锐地问天子：是帝欲不谛乎？为了让更多的官员知道自己的意图，李云采取了露布上书的方式，并"移副三府"。所谓"露布"就是上报皇上的公文信封不封口，接触公文的人都可以取出来看看。"移副三府"则是把副本抄送给"三公"太傅、太尉、司空。这就是说，给桓帝上书的内容，许多人可以事先知道。刘志闻知不禁大怒。李云遭逮捕并被押黄门北寺狱，由太监管霸审问逼供。

李云因忠贞而受迫害引起百官不服，其中弘农五官掾杜众非常同情李云。他上书桓帝，表示愿与李云同日而死。这是存心让皇上丢脸！太监出于马屁精神而下令逮捕杜众。大鸿胪陈蕃因此不服，他直接向桓帝呈送《救李云疏》，要求保释！太常杨秉与洛阳尹沐茂也出面为李云出具担保。然而刘志恼羞成怒，严斥陈蕃、杨秉并将他们贬回乡下；其他同情者也一律贬官。

太监管霸欢欣鼓舞，于是变本加厉地迫害李云、杜众，导致两人惨死。李云、杜众、陈蕃、杨秉在与宦官集团的第二轮血斗中，遭受了重大挫折。

听到这种消息，蔡邕更加心郁悒而愤思。恰逢一路淫雨，洪水泛滥、污滞成灾，他辗转多日，寻路到偃师，依然无顺畅之路可行车，于是称疾回到陈留。此后他心灰意冷，闲居玩古，不交当世。这年秋天，他内心依然愤愤不平，于是作《述行赋》抒发自己的愤懑之情。

以下就是蔡邕《述行赋》的全文：

延熹二年秋，霖雨逾月。是时梁翼新诛，而徐璜、左悺等五侯擅贵于其处。又起显阳苑于城西，人徒冻饿，不得其命者甚众。白马令李云以直言死，鸿胪陈君以救云抵罪。璜以余能鼓琴，白朝廷，敕陈留太守发遣余。到偃师，病不前，得归。心愤此事，遂托所过，述而成赋。

余有行于京洛兮，遘淫雨之经时。涂迍邅其塞连兮，潦污滞而为灾。乘马蹢而不进兮，心郁悒而愤思。聊弘虑以存古兮，宣幽情而属词。

夕宿余于大梁兮，诮无忌之称神。哀晋鄙之无辜兮，忿朱亥之篡军。历中牟之旧城兮，憎佛肸之不臣。问宁越之裔胄兮，藐仿佛而无闻。

经圃田而瞰北境兮，晤卫康之封疆。迄管邑而增感叹兮，愠叔氏之启商。过汉祖之所隘兮，吊纪信于荥阳。

降虎牢之曲阴兮，路丘墟以盘萦。勤诸侯之远戍兮，侈申子之美城。稔涛涂之惬恶兮，陷夫人以大名。登长坂以凌高兮，陟葱山之峣陉；建抚体以立洪高兮，经万世而不倾。回峭峻以降阻兮，小阜寥其异形。冈岑纡以连属兮，豁谷复其杳冥。迫嵯峨以乖邪兮，廓严壑以峥嵘。攒栻朴而杂榛楛兮，被浣濯而罗生。步虉荄与台菌兮，缘层崖而结茎。行游目以南望兮，览太室之威灵。顾大河于北垠兮，瞰洛汭之始并。追刘定之攸仪兮，美伯禹之所营。悼太康之失位兮，愍五子之歌声。

寻修轨以增举兮，邈悠悠之未央。山风汩以飙涌兮，气惛惛而厉凉。云郁术而四塞兮，雨蒙蒙而渐唐。仆夫疲而劬瘁兮，我马虺隤以玄黄。格莽丘而税驾兮，阴曀曀而不阳。

哀衰周之多故兮，眺濒隈而增感。忿子带之淫逆兮，唁襄王于坛坎。悲宠嬖之为梗兮，心恻怆而怀惨。

乘舫州而溯湍流兮，浮清波以横厉。想宓妃之灵光兮，神幽隐以潜翳。实熊耳之泉液兮，总伊瀍与涧瀍。通渠源于京城兮，引职贡乎荒裔。操吴榜其万艘兮，充王府而纳最。济西溪而容与兮，息巩都而后逝。愍简公之失师兮，疾子朝之为害。

玄云黯以凝结兮，集零雨之溱溱。路阻败而无轨兮，涂汸溺而难遵。率陵阿以登降兮，赴偃师而释勤。壮田横之奉首兮，义二士之侠坟。伫淹留以候霁兮，感忧心之殷殷。并日夜而遥思兮，宵不寐以极晨。候风云之体势兮，天牢湍而无文。弥信宿而后阕兮，思逶迤以东运。见阳光之颢颢兮，怀少弭而有欣。

命仆夫其就驾兮，吾将往乎京邑。皇家赫而天居兮，万方徂而星集。贵宠煽以弥炽兮，金守利而不戢。前车覆而未远兮，后乘驱而竞及。穷变巧于台榭兮，民露处而寝洼。消嘉谷于禽兽兮，下糠秕而无粒。弘宽裕于便辟兮，纠忠谏其骎急。怀伊吕而黜逐兮，道无因而获人。唐虞渺其既远兮，常俗生于积习。周道鞠为茂草兮，哀正路之日躃。

观风化之得失兮，犹纷挈其多远。无亮采以匡世兮，亦何为乎此畿？甘衡门以宁神兮，咏都人而思归。爰结踪而回轨兮，复邦族以自绥。

乱曰：跋涉遐路，艰以阻兮。终其永怀，窘阴雨兮。历观群都，寻前绪兮。考之旧闻，厥事举兮。登高斯赋，义有取兮。则善戒恶，岂云苟兮？翩翩独征，无俦与兮。言旋言复，我心胥兮。

《述行赋》主体部分首句是"余有行于京洛兮"。开门见山，点明他想说的是京师之行；"遘淫雨之经时"至"乘马蹒而不进兮"几句，讲明因淫雨而行路难，旅途不畅；"心郁悒而愤思"这句告诉我们，岂止是路不畅，心里更是堵。在恶劣的自然环境与政治环境下，诗人忧郁沉闷、悲怆愤慨；愤而有思，于是他借一路所经历的人文环境，所闻历史典故，"聊弘虑以存古今，宣幽情而属词"，借古喻今，仰天长叹，一吐内心之感慨！

从陈留到大梁，作者走一路评一路。借古讽今，抨击汉桓帝时代社会黑暗的现状。作者既憎恨朝廷的腐败又深感仕途之险恶。他内心因激愤而震荡不平，却又因无可奈何而痛苦。他到此止步不去洛阳、放弃功名、转身回家。

从当代人的眼光来看，《述行赋》有咏史诗的味道。它是蔡邕诗赋作品中，古今结合、借古讽今的成功之作，也是第一篇披露太监专制黑幕的珍贵作品。

赋的尾声部分蔡邕感叹：漫长的旅途，既艰难又险阻。萦绕心头的梦想此时已破灭，就因为这场绵延不停的淫雨，让我在窘迫中醒悟。遍历名城故址，寻觅前人踪迹。温习诸多逸事，缅怀名人功绩。于是我登高作赋，义有所取，扬善戒恶，岂容苟且？我欲欣然独征，然无左右同伴，奈何，奈何？我还是转身远离邪恶回家去吧。眼不见为净，远离邪恶才能心安。

决不与黑恶势力同流合污！这就是蔡邕《述行赋》中所要表达的。

崔琦与蔡邕的作品，都即时反映了汉桓帝时代的实况，是比后人编写的史书更珍贵的原始材料，也是这两篇诗赋可贵的理由。

崔琦和蔡邕同属于正直的知识阶层。然而后人把杨秉、蔡邕归入清流，而崔琦连同李固、杜乔、袁著等人都没有被归入清流。这或许因为清流这称呼出现在梁冀死后，当年不愿与太监同流合污的士大夫精英中才有人以清流标榜自己。而梁冀死前，这称呼还没出现。

崔琦英年早逝，没留下更多的诗文。而蔡邕不一样，他有更多的文学精品流传于世。此外，他还工于书法，善于操琴演奏。因之，后人公认他是东汉大文豪。

2. "党锢之祸"

汉桓帝生命的最后几年，朝野知识界的清流人士因卷入反对宦官专制浪潮而遭遇"党锢之祸"。"党锢之祸"，是一部汉末清流的血泪史。

清流杨秉

宦官拉帮结派，垄断官场的行径破灭了读书人的梦想。洛阳的太学生也成了反对宦官专制的生力军！他们以洛阳太学为舆论阵地，对宦官专政发起反击。廉洁的官员与之互相呼应。一时间，天下平民把那些顺乎民心，与黑腐势力斗争的官员，与抨击太监专制的文化人看成一股清流。

延熹八年（公元165年）是宦官专制中最黑暗的岁月。太监侯览出任长乐宫太仆。他利用地位推荐兄弟侯参为益州刺史。侯参任职期间横征暴敛，所得赃款难以计数，整个益州被闹得鸡犬不宁。此时，曾经与单超恶斗的杨秉升任太尉。他发觉了侯参的种种劣迹，就上奏章弹劾侯览、侯参两兄弟，还要求处分其同伙太监具瑗，矛头直指整个宦官集团！接着，他果断下令逮捕侯参并查抄其非法所得，然后一并带到洛阳处治。为防止路途遥远而生变，杨秉指示京兆尹袁逢出面验收赃物。袁逢就是前文提及的汝南袁氏袁汤的儿子，也就是三国时期大名赫赫的袁绍与袁术的生父。

京兆尹就是留守长安的地方最高长官。东汉时期，东都洛阳与西京长安都是地位突出的城市，分别设河南尹与京兆尹来管理。袁逢紧急出动衙役到侯参府邸清点：侯参赃物共有车三百余辆，都装着金银锦帛和珍宝古玩。显然，此次是人赃俱获，超级"大老虎"铁证如山！事到如今，侯参的一切幻想落空，知道太监大哥侯览也救不了自己，于是自杀了。到此地步，汉桓帝不得已暂免侯览的官职以应对舆论。侯览是继"茅厕五侯"之后最臭名昭著的宦官头子！这下，整个阉党的嚣张气焰受到压制。

这次制裁宦官侯览，体现了弘农杨氏与汝南袁氏两大家族联手反腐，因此受到清流界的普遍赞扬。此后杨、袁两家还结成了儿女亲家：袁逢的孙女嫁给了杨秉的孙子杨彪。弘农杨氏与汝南袁氏以婚姻与门风为纽带，结成同盟。

就在这年六月十八日，杨秉办完侯览、侯参大案之后不久便黯然去世。儿子杨赐为老爸守孝三年之后，才以"高第"的等级被举荐任越骑校尉、侍中等职务。

宫廷盛宴

杨秉死后，陈蕃接任太尉。这年，汉桓帝发觉后宫的六千宫女不够用，又开科选美。这次他讲究少而精，总共才选了十位采女，然而个个都赏心悦目。其中最令刘志放不下心的就数田圣！此时，桓帝心情特别好，谦虚地要与阁老陈蕃商量立皇后的事。这种谦虚也是建立在陈蕃全力支持这次选美的基础上，而且选进后宫的各个美女都令皇上心花怒放！

其实后宫的女人不是不够用，而是太多。其中不乏汉顺帝时代招进、一直没有机会侍奉皇上的宫女。陈蕃说，这些没被皇上宠幸的宫女，养得再多也没意思，还消耗皇上手中的银两。陛下是否考虑放走一两千次等的，然后再招进十几、二十个年轻漂亮的，既新鲜又节省开销，岂不更妙？这番话说得刘志满心欢喜。他答应从宫内解放五百名宫女，让其自主选择或由家人做主出嫁。因此，皇上在后宫安排一批嫔妃进行预演，希望她们解放思想、放开手脚大胆干，在文武百官中物色金龟婿！

布置停当，桓帝摆酒席宴请文武百官。一上酒席，文武百官全傻了眼：众多美女突然从四面八方蜂拥而来，献殷勤、敬酒、陪酒的暂且不说，有些甚至是公然施展玉体，尽情调戏、嬉笑这批可怜的官员！刘志喝着酒，斜着眼角欣赏这场艳戏：在一群赤身光屁股女人的捉弄下，不知所措的官员们如何丑态百出！

发动成百名全裸的宫女，集体调戏手下官员，这是前所未有的举动！对此，桓帝解释说：朕给众爱卿送礼了！的确，桓帝刘志听从陈蕃的建议，解放了五百名宫女是确有其事。其中也有一批是犒赏了官员，但多数是配送将士以安心戍边。

在选后的问题上，太尉陈蕃知道刘志意在田胜，于是劝告说，立皇后的首要目的是朝廷利益，要重背景而非重色。如果家庭高贵且实力雄厚，那这个家庭就能发挥更大作用，反之则可能成为负担。陈蕃于是推荐名门之后窦妙当皇后，而非出身低贱的田胜。"至于皇上想宠幸哪个美人，又何必与名分挂钩呢？"这话正说到刘志心头上，听得舒服就采纳了。其实，陈蕃也有一番苦心。他坚持反腐倡廉，是清流领袖。他需要志向相同且有实力的搭档！这位搭档正是窦妙的父亲窦武！东汉窦家是功臣之后，门第高贵，而且窦武的立场观点完完全全是清流一派。让窦家成为外戚，对廉洁朝政极为有利。看来，立皇后这种事也埋藏着深刻的玄机！

⊙

清流：成瑨、刘瓆与王允

延熹八年（公元165年），南阳太守成瑨因反腐打黑而遭来横祸。

南阳宛县张汎是桓帝乳母赵娆的亲戚。当年太监大兴土木、装修豪宅，张汎决定投其所好，他结交了诸多大大小小的宦官，获得发财机会。他强取豪夺当地的雕刻工艺品，然后当礼物贿赂大小太监。仅靠送礼，他就赢得诸多实权太监的庇护。在京城有了靠山，张汎就拉帮结派组成黑社会流氓集团，横行乡里，成为南阳一霸。为了平息民愤，南阳太守成瑨听从师爷岑晊与捕头张牧的意见：果断处治！成太守一网打尽张汎及其团伙二百余人，全部处死！

其时，山西太原也发生打黑除恶事件。太监赵津官居内宫小黄门，他的老家就在太原。为敛财，他特地来到老家太原寻找目标，成为当地一大祸害。太守刘瓆眼中容不得沙子，岂容阉党横行？当年刚满十九岁的小吏王允领会刘瓆的态度，于是动员手下捕快："王子犯法，与庶民同罪，如此为非作歹，贪赃枉法，岂能让其逍遥法外？"随即，他亲自带队到场把正在行凶的赵津抓个现行！赵津因拒捕被当场杖毙。这位王允小哥就是此后魏晋年代著名豪门太原王氏的开山鼻祖。当然，如今多数人是从京戏《连环计》知道王允的。戏里说的就是他利用美女貂蝉离间董卓与吕布，最后达到铲除大奸之目的。可见，这位积极除恶的王允小哥不简单！

张汎与赵津的死讯传入宫内，成瑨、刘瓆的扫黑行动震惊了宦官集团！太监们大哗，决定反击！中常侍侯览指使张汎之妻乘机上书鸣冤叫屈，宦官们纷纷出动诬告成瑨、刘瓆。此时恰逢刘志发布大赦令，他要大赦天下罪犯！难道又是皇令不出御花园？桓帝不禁龙颜大怒，下令逮捕成瑨、刘瓆。

皇帝真不该只信身边人！要知道，任何大赦令都只适合已经审决的服刑犯人，但不适合拒捕反抗的现行罪犯！道理很简单：最高层发布大赦令，绝非动员恶霸立即上街拉个美女就地强奸！绝非引诱江洋大盗乘机进城杀人放火！更不是说，因大赦令，警察面对强盗只能骂不还口、打不还手。甚至强盗持刀砍杀警察，也无罪！至于成瑨与刘瓆的手下是否执法过度，那还有待深入调查，而与大赦不大赦无关。

有司奉迎宦官的风向，连忙布置秘书，罗列官场最刻薄的套话，按党八股格调写成最严厉的血泪诉状，成瑨、刘瓆被谴责为罪大恶极的罪犯。奏书被逐字逐句念给皇帝刘志听，义愤填膺的皇帝不待念完，嘴唇一动，喷出"斩立决"三个字。

当时，陈蕃接替杨秉出任太尉。面对此等严重事态，他无法不闻不问。于是他与司空刘茂一道向皇帝刘志进谏，希望能重新审理此案。刘志不听，成瑨、刘瓆被整死于狱中。

成瑨、刘瓆义薄云天，他们之死激起朝中的大臣、地方上的官员、社会上的名流李膺、范滂、杜密、张俭、陈寔等人的极大愤慨。众人纷纷站出来，与洛阳太学生领袖郭泰、刘陶、贾彪等团结一道，支持陈蕃。他们在洛阳太学设坛清议、扬善抑恶、鞭笞太监篡政的卑鄙与丑恶行径，形成全国性讨伐宦官专制的舆论浪潮。这是中国历史上爆发的最重要的一次秀才运动！秀才运动又牵动着全国人民的心。太监们对此既急又恨，反过来诬称这批清流官员、文人与书生为"党人"，非要置他们于死地不可！

刘瓒为人义薄云天，做事勇于担当，他既充当属下王允的支持者，又心甘情愿地当替罪羊！王允为刘瓒之死悲痛欲绝。他放弃职务与俸禄，赶来收尸送葬回到太原并守孝三年。这三年他因杜门不涉政治，得以逃过宦官的迫害。

·

陈蕃、李元礼与"三君""八俊"

在这场清流与太监的血战中，司隶校尉李膺成了一面旗帜。

中常侍张让为弟弟张朔谋得洛阳郊外野王县令。然张朔目无法纪且生性暴虐，他滥用执法权杀死一名孕妇。这分明是执法者故意犯法，严重违反朝廷法令！闯下大祸后他就躲进张让家避风头。李膺毫不犹豫，带巡捕冲进张让家搜查，硬是从夹壁墙里将罪犯拖出治罪。

李膺的行动受到洛阳太学中各位学者的高度赞扬。当年洛阳太学是全国的学术中心，更是舆论中心。聚集于此的学者赞扬清流正气，痛斥宦官之邪恶，舆论很快向全天下蔓延。与李膺一样，当时受到热捧的还有当朝太尉陈蕃、尚书王畅这些反腐扫黑的官员。太学生们用赞美之词形容这三位清流："天下楷模李元礼，不畏强御陈仲举，天下俊秀王叔茂！"这元礼、仲举、叔茂正分别是李膺、陈蕃、王畅的表字。清流官员的反腐与洛阳太学的清议，形成朝野呼应的局面。

张让恃宠于桓帝，怎能咽下这口气？于是，宦官们指使人在皇帝面前给李膺这批人与太学生扣上一顶"朋党"的帽子，诬告他们图谋叛逆。桓帝刘志与张让不禁同病相怜起来，于是下诏逮捕李膺、杜密、陈翔、陈寔、范滂等共二百多名"党人"。然而太尉陈蕃坚决抵制这倒行逆施的诏书，他拒绝在搜捕令上签字，导致诏书无法生效。

岂有此理！桓帝生气了。禁不住宦官们火上浇油，他绕过正规程序，写成大字诏告天下：举国一致，搜捕党人！

然而李膺不逃不避，情愿引颈就戮！除他外，受牵连的还有其他二百余人。这些"党人"被蒙着头，颈、手、脚都加上了木桎、木梏、木拲三样所谓"三木"的刑具，他们一进公堂就被劈头盖脸地一顿拷打。

李膺这种不畏艰险敢于担当的气概，赢得了官绅、士大夫们的敬佩！清流们因此更加团结。辽东将军皇甫规上书皇帝，以自己不是李膺的同党而感到羞耻！自愿请捕以代替李膺受罪！

太尉陈蕃更是极力反对朝廷对李膺等人的迫害。他与司空刘茂一道上书要求释放李膺等二百余人，并与桓帝刘志面对面争吵了起来。结果陈蕃、刘茂双双被撤职！清流面临血光之灾。

此战，清流官员全军覆没，张让却毫发无损！对清流的镇压蔓延天下。处处弥漫着血腥味：莫说书生空造反，头颅掷处血斑斑！

此时，在颍川家中的洛阳太学生贾彪闻状大呼道："我不西行，祸不能解！"

于是他从颍川直奔洛阳，找平素与洛阳太学关系密切的大将军窦武与尚书霍谞求救！窦武正是桓帝的第三任岳丈。

窦武与霍谞先后上书并递交官印表示自愿罢官，替所有下狱的"党人"请命。

几乎到了官场无人可呼唤的地步，汉桓帝刘志不得已宣布大赦天下，释放了李膺、范滂等人。但此举不表示这些"党人"无罪不受处罚，而是要全部被贬为普通的老百姓，永不叙用。

这就是桓帝刘志一手造成的第一次"党锢之祸"。

遭受打击的陈蕃、刘淑、窦武却被当时舆论誉为"三君"；其他八人被赞为"八俊"，李膺就是"八俊"之首、时代楷模！

清流杰出人物除了"三君"、"八俊"外，还有"八顾"、"八及"、"八厨"等。范滂、郭林宗、巴肃、尹勋、羊陟就是"八顾"成员；刘表成了"八及"之一；而时任荆州刺史的度尚与郎中张邈则是"八厨"中的两位。

如果说，此后百年间风靡一时的是魏晋风流的话，那么与之对应的正是汉末清流。虽然汉末清流与魏晋风流的时代背景不同，然而两者的精神状态与表现形式有着明显的继承性与连续性。

3. 九月辛亥之变

汉末清流的厄运并未就此结束，第二次"党锢之祸"又将降临。那就是太监们又成功地发动了一场政变，史称九月辛亥之变。

⊙

解渎亭侯刘宏变成汉灵帝

制造"党锢之祸"之后不久，永康元年十二月（公元167年）桓帝刘志不明不白地死在风流梦中。那年他还不到三十六岁。刘志撒手西去，留给后人的远非后宫的六千嫔妃，还有他一手制造的"党锢之祸"、一个尾大不掉的宦官集团以及宦官集团与清流士大夫集团间无穷无尽的仇恨。

种瓜的得瓜，种豆的得豆，谁播种仇恨，他自己遭殃！刘志却在紧要关头把遭殃之果留给后人受用！然而，留了一堆孽债的刘志，却没留下他最该留的：儿子。这就导致他没有皇位继承人！

当然有一件事仍可按祖宗的法度来办。那就是皇后窦妙自动升为皇太后。然而，她也不知皇储在何方。于是，挑选"皇儿"成了她的头等大事。此时，窦妙年龄在十五岁到二十二岁之间。青年皇太后能挑选多少岁的"皇儿"？总不能让"皇儿"年龄比自己更大吧？当然最好也别抱个娃娃来坐龙椅。为此，窦氏家族找皇族的侍御史刘鯈咨询，最后选河间解渎亭侯刘苌之子刘宏为帝。刘宏刚满十二岁，是刘志侄辈，也同样来自河间，因此不论年龄还是辈分都合适。

于是，光禄大夫、侍御史刘倏与太监曹节一道去河间，把刘宏接到京城洛阳。

这真奇妙，又是河间郊野的一条泥鳅，突然间升天为龙！然而，当年谶纬界不是这样看问题的。他们认为那是天意。据他们考证，桓帝刘志驾崩前，洛阳早就有谶语以童谣的方式流传民间。

…………

车班班，入河间。

河间姹女工数钱，以钱为室金为堂，石上慊慊舂黄粱。

梁下有悬鼓，我欲击之丞卿怒。

童谣第一行是预告河间将要出大人物，暗示解渎亭侯刘宏将要当皇帝。

第二行是说河间姹女是个女财迷。她是谁？难道天机不可泄？

最后一行，衙门官官相护，御史衙门如同虚设：即使想擂鼓检举贪婪之徒，也遭官员怒目相对！

问题是，河间姹女是不是暗示刘宏的生母董氏？我们一时无法确定。既然说这是谶语，那我们就看它是否到时成真？同样，刘宏一步登天当皇帝的事也有点戏剧性。

河间解渎是远离州府的一个乡间小村庄，亭侯又是列侯中食邑最小的那种，供奉解渎亭侯孤儿寡母衣食住行的庄户就是百户的光景，解渎亭侯家一年的衣食就由这些庄户提供。这侯爷显然还不如《水浒传》的祝家庄庄主。从文明程度看，刘宏可能读了点诗书，但在城里人看来，他依然是乡巴佬。史书中没有提到解渎亭侯遗孀董氏是否立即与儿子刘宏一道入京。但刘宏一入京，就将是皇太后窦妙的儿子，而不再是小小解渎亭侯遗孀董氏的儿子。事实上，董氏后来得了个"慎园贵人"的封号，其地位并没超过前帝刘志的乳母赵娆的"中官贵人"。

几天过去就是永康二年（公元168年）正月，十三岁的刘宏正式登基，他就是汉灵帝！

⊙

汉宫时髦：穿开裆裤！

窦妙皇太后临朝听政，为的是避免小皇帝遭朝臣的欺负。好在父亲窦武是当朝权力最大的大将军，首席阁老陈蕃又资格最老，所以，对于临朝听政，窦太后无须操心什么。然而二十岁左右的皇妈与十二岁皇儿没有血缘关系，孤男寡女不适合同住。于是，窦妙把小皇帝留在皇宫内，交由宫廷乳母赵娆与太监张让、赵忠去服侍，自己迁居永乐宫。

当时宫内最重要的太监是管霸、苏康、侯览、曹节、王甫、赵忠以及张让。这批先帝的红人曾仗着皇势作威作福。上到文武百官、下至黎民百姓遇到他们，无不赶快回避！仿佛这些太监是瘟神、是扫帚星！然而令太监们始料未及的是，强大的靠山桓帝突然一命呜呼！失去靠山的太监一夜之间成了人人喊打的过街老鼠。于是他们个个夹起尾巴，低调、卑微，千方百计取宠于新太后与新皇帝。

中常侍管霸、苏康这对搭档有更多亲近太后的机会。过去，因为先帝冷落窦皇后，势利眼的太监们也疏远过她。如今形势变了，管霸、苏康跟着变，他们通过贿赂先帝乳母赵娆以及太后身边的宫女，又逐渐取得了太后的好感。同样太后也满意王甫、曹节他们的服务。当窦妙看到太监们整天忙来忙去时由衷感到满意。随着彼此关系的融洽，太监们也不失时机地说三道四，散布对陈蕃、李膺等人不利的谣言，还以暗示的方式提醒：窦武大将军整天被朝臣包围着，那就要特别小心"别被人当枪使了"等。经不住诱惑与欺骗，窦太后有时还真的怀疑父亲窦武被人欺骗了。她相信了太监们的"忠诚"，觉得对他们无须提防。

窦妙提升主管长乐宫事务的管霸任长乐太仆与老奸巨猾的苏康搭档。事实上，管霸、苏康从来就不曾忠实过窦太后，更不用说会忠实于大将军窦武。只是太监那张诌媚的笑脸掩盖了一切，大家看不见而已。他们貌似忠厚，暗中却时时刻刻窥视着窦太后，窃听她与父亲窦武商讨的朝廷大事。窃听这种不光彩的事情，难免会有失足的危险。一次，管霸被人抓了个现行！审判得知：管霸、苏康都是惯犯，不但窃听国家大事，还监视清流首领陈蕃的行踪！于是，朝廷大怒，这两个不男不女的人物尸首分了家！然而，此事没令窦太后改变初衷，她用太监曹节、王甫取代了管霸、苏康。对窦妙来说，她自信有能力把控所有太监、侍女。然而在这皇宫内，究竟是谁控制了谁，还真的说不准。

安排赵忠、张让以及赵娆来照料小皇帝是窦太后拍板的。宫中有不少针对张让的风言风语，但太后不持成见，那都是过去的事。她反倒觉得年龄大点的太监或许更适合照料小皇帝。况且，由于"母子"年龄太接近的缘故，许多原本可以由母亲向儿子传帮带的秘密，自己就无法说出口。她需要稳重成熟的太监来代替自己。比如这件事：东汉连续两朝的皇帝都没儿子。没有皇帝血脉的太子，皇朝的根基就会被动摇，这堪称是皇朝难以启齿的耻辱。如今皇帝十二三岁，一到十四岁就该进行全国选美征妃了。作为母亲早就该未雨绸缪，适时向小皇帝传授床笫之术，以便趁早开花结果。可眼前这个不大不小的男孩不是自己生的！这对低龄皇太后来说太尴尬了。窦妙迁居永乐宫还不是为了避讳？所以，窦妙认为此事只得让太监代办。不想就因这一疏忽，儿皇帝成了太监的儿子，而不再是自己的儿子！她一手酿成了历史的悲剧。

其实不用难为太后去说忌口的话，张让、赵忠把多年的见识当故事讲出来，小皇帝刘宏听着听着就开窍了。男人喜欢美女是永远的规律！哪怕情愫未开的小皇帝也如此。太监本就是皇宫内女人与皇帝之间的皮条客！让太监启发小皇帝的床笫之秘，还不是小菜一碟？

渐渐的，灵帝刘宏面对宫中成百上千的女人，特别是其中最美的几个，不再发慌，也更不回避了。引导刘宏与各贵妃姐姐的往来，自然是张让、赵忠的功劳。

几个月过去，五月到了。至于何时，采用何手段，张让、赵忠诱使刘宏入香闺初尝云雨之乐？那就无人知晓了。反正此后的灵帝变得更机灵了。张让、赵忠对他的慈爱与关切，让刘宏找回了失去的父爱，也添了一份母爱。他首次开口喊了张让"阿爸"，认了赵忠为"阿妈"。太监是人类中一种特殊类型：说他是男就算男，说她是女也没错。从小失去父亲的刘宏从太监身上找到了父爱与母爱，虽然是畸形的，却又是实在的。只可惜这"爱"与窦妙无关。

桓帝刘志暴亡，朝廷起用魏郡太守陈球为将作大匠，主持皇陵修建。皇宫内也正彩排送葬仪式，窦妙亲临现场指导，却无意中逮住田贵人的不轨行为，于是田贵人被杖毙！留下的罪名却是：万寿无疆的先帝怎会死在你这狐狸精床上？事后太监们纷纷跪下，为其他美女求饶。

令窦太后没想到的是，自己惩罚贵妃田圣的事，引起宫廷所有女人的恐慌，导致自己严重失去人心。反倒是太监被认为仗义。更糟糕的是：那事惊吓了小皇帝刘宏。这种惊吓不但没有起到巩固"母子"感情的作用，反而令刘宏对"窦妈妈"产生恐惧感：田圣姐姐长得好看，还挺和气，就不知皇妈为何生气？为什么要杀田圣？莫非是因自己才让田姐姐倒霉的？他因田圣之死感到愧疚。在刘宏看来，全宫里女人都很美、很和气，唯独窦皇妈威严得有点可怕！

太监们探知窦妙内心的悔意，于是不再有顾忌了。为了满足小皇帝的好奇心，他们暗示某些宫妃们，裙子之内别穿裤，穿裤也得是开裆裤！这样就时刻做好准备，随时接受皇上的"检阅"，完事后一站起来就算是打扫了战场。而且更容易避开太后的耳目。但事实上，窦太后对此早已是睁只眼闭只眼了。

就这样，张让、赵忠在皇宫内创造了一项世界纪录：在汉灵帝时代，汉宫内的嫔妃无一例外，围裙之内不穿裤，有裤也得是开裆裤！这些堪称是荒唐至极了。天下第一的荒淫之主与败国之君汉灵帝，就这样在太监手中调教出来了。

⊙ 九月辛亥政变

从表面上看，汉桓帝刘志一死，"党锢之祸"自动破除，东汉政治格局重新洗牌：窦妙自动转为皇太后。窦武、陈蕃、胡广、刘淑分别进入朝廷中枢，除胡广外，这些人都是清流。遭迫害的李膺、范滂、杜密、陈寔重新回到朝廷共参政事。这些誉满天下的"三君"与"八俊"重新回归，人们不禁产生乐观情绪。大臣们还举荐杨赐为新帝刘宏的国学与经学教师。杨赐文风彪炳，国学功底深厚。大家希望杨赐把刘宏培养成一代明君。

然而，刘宏是否能成为希望之星？过度乐观的清流派马上遭遇了滑铁卢，他们再次成为宦官的手下败将！

五月的一天发生了日食。日食又被说成天狗吞日，是不祥之兆。按前汉国师董仲舒所推崇的"天人感应"之说，那就是上天对天子施政的警告！窦武、陈蕃借机上奏：这天狗吞日，意味着宦官干政，招致天怒人怨，必须将他们全部绳之以法！为此，窦武特地进宫对女儿进行了补充说明。

　　然而窦妙很吃惊：两汉以来政界一直都有宦官；犯法的，当然可以诛杀，但怎么能全部杀掉？

　　是啊，太后说的在理，难以驳斥。太监们天天笑脸相迎，非常忠心，看不出有什么不好。杀了他们，以后谁来服侍哀家？自从处置管霸、苏康两太监以来，窦妙再也不忍心处罚太监了。

　　女儿当头一盆冷水，令窦武无言以对，计划搁浅！不过，窦武、陈蕃不死心，等待下次机会。

　　八月，尚书令尹勋上书弹劾宦官魏彪。窦武立即罢免魏彪并逮捕了长乐尚书郑飒。为了立功赎罪，郑飒揭发了曹节、王甫的一系列罪行。铁证如山，宦官的末日到了。

　　窦武把尹勋的弹劾状及郑飒的服罪书带进永乐宫，呈报太后具结。窦太后看过状子与审判文件后，内心甚是纠结，她实在不忍看到曹节、王甫等人被一锤致命的结局。于是又一票否决！窦武和陈蕃对此十分失望。胡广一见苗头不对，立即推病辞职。该断不断，反遭其祸！这苦果要留给窦太后慢慢享用了。

　　这天是九月七日，失望的窦武返回家中休息。魏彪与郑飒被捕入狱，令宦官们惶惶不安。太监头目曹节、王甫紧锣密鼓要策划政变以谋杀窦武！当夜，长乐宫五官史朱瑀窃取了窦太后手中的密奏，他勃然大怒："宦官恣意妄为，尔等要杀便杀。但我们没罪啊，何以一并诛灭？"好啊，你不仁，我就不义！你说太监坏，我就反咬一口，说你窦武胆大包天，居然要废皇帝！反正密奏在我手中，我爱怎么说就怎么说！于是朱瑀在宫内大呼大叫："大逆不道呀，大逆不道！陈蕃、窦武要杀全部太监，还奏请太后废帝！真是大逆不道啊！"呼叫之后，他把尹勋的密奏向王甫、曹节展示。于是曹节便发动宫内所有太监，像"茅厕政变"一样，"歃血为盟，结拜生死兄弟，联合自保"。

　　太监们立即杀死了不参与结盟的其他太监。然后冲进永乐宫挟持窦太后押往南宫云台。朱瑀趁机抢劫了玉玺、太后玺、兵符、令节。有了玉玺、太后玺，太监们就可以矫旨以颠倒是非！有了兵符、令节，太监就可以调动军队，发号施令，想杀谁就杀谁！同时，宫廷乳母赵娆及太监张让、赵忠则哄骗灵帝刘宏，说是窦武造反要废掉他的帝位！他们蜂拥着灵帝刘宏，以天子和太后的名义发布平乱诏令，调兵包围了大将军府。窦武手下士卒见到皇帝亲临现场后不知所措，纷纷倒戈。恰此时，护匈奴中郎将张奂率军回京，他对太监的矫旨信以为真，于是"奉旨"进攻窦武。窦武兵败自杀。太监们在一夜之间成功地发动了政变。宦官集团再次战胜了衣冠楚楚的清流士大夫！这就是汉灵帝建宁元年（公元168年）的"九月辛亥之变"！

窦武的死讯传到太傅府。陈阁老知道大势已去但仍不甘心。他的门生也纷纷前来报信，这些血气方刚的年轻人不肯就此屈服！决定鼓动更多人去制止逆流。陈阁老反复考虑之后，同意带年轻人进宫面圣。他们以为能在皇帝与百官面前，讲清道理，还窦武一个公道！此时，朝廷百官已经到达皇宫承明门，但遭太监王甫所率士兵的抓捕与驱逐。王甫回头见到陈蕃与八十多位门生也在，不由分说，就指挥众兵包围屠杀。可怜的陈阁老与他的八十多位门生，就这样以飞蛾扑火的方式进行了最后的挣扎，演绎了反政变中最为壮烈的一幕！

陈蕃为了皇朝、为了战友及自己所崇尚的正义，明知必死，也要把最后一剑砍向黑恶势力，尽了最后的努力之后，再死！

4. 第二次"党锢之祸"

太监策动政变之后，又制造了第二次"党锢之祸"。

⊙

李膺、范滂之死

政变一举成功！没有落势的太监再次战胜以大将军与太尉为首的文武百官！陈蕃、窦武两家惨遭灭族，迎立刘宏为帝的光禄大夫刘倏也被杀。

李膺本有可能脱险的。事前有人透消息，劝他躲避大逮捕。他却说："临事不怕危难，有罪不避刑罚，这是做臣子的气节。我年已六十，死生听从命运，往哪里逃呢？"最终他因主动投案而惨死。此外还导致其父兄、妻子以及门生入狱、流放。同案的尹勋、杜密再次被捕入狱！面对恐怖与屠杀，他们从容就义！历史为这批东汉清流留下了浓墨重彩的一笔。

舆论领袖范滂与洛阳太学生领袖郭泰、巴肃、尹勋、羊陟等八人被誉为"八顾"。范滂同时又与刘表、张俭等并称为"江夏八俊"。范滂虽然不在京城，然"党锢之祸"并未放过他！

太监诛杀党人的诏令下到各郡县。范滂听说督邮吴导正奉令来逮捕自己，就到县衙投案。县令郭揖见状大惊，决定舍官营救。郭县令弃官欲带范滂一同逃命，但遭范滂拒绝。他不承认有罪，而只因为汉代家族连坐制十分荒谬：一旦自己逃命，母亲与其他亲人会因此连坐受罪！自己活命却连累老母，那是万万不能接受的。范滂更不愿意毁了朋友的前程，于是回答说：我死了，祸患就终结了，哪敢用自己的罪来连累您，又让老母流离失所呢？

范滂步入死囚狱，内心十分坦然：我无罪！

杀头的日子就要到了。狱吏让他去祭拜皋陶。范滂大义凛然地回答："皋陶是古代正直的大臣，如果我没有罪，他一定会代我向天帝申诉；如果我真的犯了罪，理当伏法，祭祀他又有什么裨益？"同牢的其他囚徒听了，觉得范滂句句在理，也都不去祭祀了。

刑场上母亲与范滂诀别。他劝母亲："我们生死存亡各得其所。希望母亲大人忘掉眼前这难忍的生离死别之情，不再增加哀伤。"母亲反而安慰他："你现在能够与李膺、杜密这样的贤人齐名，死了又有何憾？好名声与长寿哪能兼得？"范滂跪下听取母亲教诲，叩拜两次作为诀别。

范滂死了，他才三十三岁，道路上的行人无不落泪。

李膺为了气节而自投监狱。范滂面对屠杀也不忘保持气节。他们宁为纯洁与高尚而死，也不向黑暗与贪腐苟且。这气节，像高山白雪、林间清泉那样纯洁与高尚。这就是清流！在清流人士看来，舍生取义是风骨，慷慨赴死是气节！这是汉末所特有的。

汉末清流的这种风骨与气节深刻地影响着后来的整个魏晋时代。随后，当看到"竹林七贤"之一的嵇康在刑场演奏完《广陵散》之后从容赴死的情景时，我们就会产生似曾相识之感。显然，李膺、范滂是嵇康心目中的榜样。

不管怎么说，建宁元年（公元168年）是东汉历史上最为黑暗的一年。太监们的宫廷政变导致窦武、陈蕃、李膺、杜密、刘淑、刘佑、刘瑜、魏朗、陈翔、巴肃等百余名官员惨死，以及近千名清流遭逮捕或流放。宦官专制再次复辟，太监们弹冠相庆。

到此地步，窦太后才后悔：是自己的愚昧害了整个朝廷，害了忠臣陈蕃和李膺，害了父母，也害了自己，但为时已晚。太监头目曹节、王甫来了，邪恶与狰狞暴露无遗。他们把两天前还是自己顶礼膜拜的头号主子窦太后驱逐了，改认刘宏的生母慎园贵人董氏为新主子。董氏接替窦太后，成了永乐宫主人，被封为孝仁皇后。

⊙

乡原胡广

司徒胡广与大将军窦武、太傅陈蕃构成"三驾马车"辅佐幼帝。三人同是"顾命大臣"且共同录尚书事。形象地说，他们三位共同批阅所有朝廷文件、处理所有国家大事。三人中六十岁的窦武是小兄弟,八十岁的陈蕃是老大,老二胡广七十八岁。从表面看,陈蕃比胡广长两岁,但从官场经历来说,胡广历事六朝,为官三十余年。他"一履司空,再作司徒,三登太尉",一生不知见过多少刀光剑影、经历多少狂风暴雨,资格显然比陈蕃更老!

历史上,胡广曾在梁冀面前突然变节反水,搞垮了李固。然而,众人后来还是原谅了胡丞相:人家讲中庸嘛,何必为难他,非要他在政治上选边站呢?京师就流传着这样的谚语:

万事不理问伯始,天下中庸有胡公。

这就是说,胡广为官经验丰富、性格圆滑、左右逢源,是政坛官运亨通的不倒翁!九月辛亥政变前,胡广与窦武、陈蕃三人合作愉快。然而太监突发政变前夕,胡广又称病退盟,再次导致"三驾马车"散架。此后战友遭屠杀,百官遭打压,百姓落难!自然,胡广不但没有倒,反而升官代替了陈蕃,升为唯一的录尚书事!太监们宫廷政变的受益者居然是胡广!

是胡广向太监出卖了窦武、陈蕃吗?不像,自从当年遭李固死前责备之后,胡广的良心有所触动,此后他的行为办事就更加中庸,更加不偏不倚了。胡广临阵向太监投降?也不是!胡广辞职在先,太监政变在后。事情的真相是这样的:"胡广因病乞求逊位,适逢陈蕃谋诛宦官失败遇害,于是命胡广接替陈蕃任太傅,总录尚书事。"

这就是说,胡广仅是凑巧而已。他病的正是时候,既没有参加窦武、陈蕃铲除太监的决策,又没卷入太监的政变筹划。他没选边站队,谁也不得罪!

尚书令尹勋、侍中刘瑜等要铲除太监的呼声是通过上书形式向朝廷中枢表达的。这些书信文件均集中到尚书台,到"共同录尚书事"的三人小组手中,由他们共同讨论决定。铲除太监的事,胡广是参与研究的,只是遭到皇太后多次否决。他感到事情不顺利,加上内心怕得罪太监,于是在关键时刻称病,不再参与决策了。

然而,太监取得全胜,给胡广升官晋爵时,他病就好了!

太监发动九月辛亥政变的借口是：窦武、陈蕃与刘倏等要把自己九个月前亲手选立的新皇帝刘宏废掉！胡广内心清楚，这纯是信口雌黄！但他怎么不肯出面说一句真话？再说，窦武、陈蕃一直很尊重胡广，此时遭受太监调来的军队围杀，胡广不能出面化解一下战局？后来，文武百官遭太监冤枉下狱，被冤杀的数以百计，其中多有胡广的门生与粉丝！他怎能假装看不见，不出面解救出一二？对太监的横行，胡广不能表明自己内心的一丝丝不赞成？

太监胜了，七十八岁的胡广精神抖擞，不继续称病了。他以一代三，取代原先的"三驾马车"，一举登上权力与名誉的顶峰，在最高位置上，一干就是四年，为宦官专制政治鞠躬尽瘁，死而后已。于是时人说他是为了乌纱帽而谄媚宦官。

明、清交替年代的史学家谷应泰对胡广有这样的评说：

胡广三公，难除甫、节（指太监头子王甫、曹节）。心熏禄位，志怀祸机，前有谗而不见，后有贼而不知，而小人遂得乘其隙也。

而宋代诗人徐钧更是用诗歌表示对胡广之不屑：

六朝黄发老三公，固位依违善取容。真是乡原为德贼，如何至德比中庸。

胡广这样毫无正义感、毫无同情心的乡原，实乃道德之贼啊！

宦官专制之所以横行无忌，固然是因为皇帝荒淫无道、宠信小人，还因为有像胡广那样极端自私且毫无道德底线的人。除他之外，难道不能问问文武百官：你们中间有多少人与胡广同病相怜？所以，把责任账全算在胡广身上也是不公平的。其实此后两千年间，也绝不缺乏胡广这类貌似乡原实为德贼的人物。

退隐山林为何成高尚的生活方式?

九月辛亥政变中，张奂误信太监矫旨。事后真相大白，他懊悔万分：太监制造了冤案，祸害了朝廷！

为弥补过失，张奂以"天象突变"为由，上书皇帝要求为窦武、陈蕃、李膺等人平反。此事引起曹节、王甫及众太监的恐慌与愤怒，不等汉灵帝表态，他们就翻脸斥责自己拥立的功臣张奂，并将其撤职发配回老家。因张奂被撤职，一头"西北狼"冒出头来，此人就是董卓。就是说，太监的祸害还将延续到后代！

继张奂之后，郎中谢弼也出面替窦武、陈蕃鸣不平。他还提出要迎皇太后窦妙回宫。这事被看成是对宦官集团的严重挑战！谢弼最终也被曹节革职，弄死在狱中。

风向异变，太监曹节等因窦武、陈蕃的名望深远而极度恐慌，于是就让刘宏彻底查办耿直敢言的清流官员，一不顺眼就让他们下大狱并连坐五族。此后，凡不服从太监专制者，杀的杀、关的关，迫害狂潮席卷全国，清流之士遭到全面清洗！东汉发生了第二次"党锢之祸"。

此时，遭软禁的窦妙皇太后，天天为自己的失误而自责，还因父母及整个家族的不幸而痛苦，眼前无耻的太监又令她愤怒无比！在悲痛与悔恨中她早早结束了性命，还不到二十五岁。

然而，太监曹节、王甫依然不肯饶过窦太后，弄辆普通的衣车载着她的尸体，放到南市一处无人居住的破房中，还提议将其降格为普通"贵人"草草埋葬。此外，太监们还提出，要找出已经死去多年的冯贵人遗骸，以皇太后名义陪葬汉桓帝刘志。

此时，汉灵帝刘宏终于说了一句良心话："太后亲立朕躬，统承大业。《诗》云：'无德不报，无言不酬'岂宜以贵人终乎？"

"无德不报，无言不酬"出自《诗·大雅·抑》。这很可能是国师杨赐教给刘宏的一点点伦理道德。但是，迫于太监集团的淫威，灵帝刘宏还是不敢直驳他们，而是提议"三公""六卿"全体在朝廷讨论，搞一次畅所欲言的大民主。但刘宏还是不忘加上一句：这是在中常侍赵忠公公监议之下的"畅所欲言"。注意这位男不男、女不女的赵忠，正是灵帝刘宏认定的"阿妈"！由"阿妈"太监代替皇帝去监议文武百官，恐怕这大民主要折扣成太监集权制了。

官员李咸平素因小心谨慎而免遭太监嫌疑。建宁四年（公元171年）他战战兢兢地替补了太尉职务，步入最高决策层的"三公"之列。此时他因病在家，听说朝廷有事待议，就决定赶往朝廷。临走时他对老婆说："要是皇太后不能陪葬桓帝，我就死在那里不回家！"

难得啊，李太尉终于说出他一生中最惊人的豪言壮语，表现出难得的慷慨激昂！

为了做好不成功便成仁的准备，李咸随身备好自杀用的毒药，只要话不投机，就立地成仁，提脑袋去见先帝！

不想，他到朝廷一看，临朝官员数百人，眼光齐刷刷地观望监议的中官太监"阿妈"赵忠，没人敢先开第一口。有口难开，李咸一下子就蔫了。赵忠公公发觉气氛正合心意，于是放话了："各位大人，有话说，有屁放嘛！扭扭捏捏成何体统？反正不论说不说，均'议当时定'！"

在赵公公看来，文武百官个个是孬种，在他面前，他们都不敢说！

突然站起来一个人！此人是廷尉陈球。陈球是儒者，教书人出身。他后来入仕，长期在京外任职。刘志死后，他一度出任将作大匠监修皇陵，九月辛亥政变发生后又被贬任地方官。不久前他才从南阳回京任廷尉之职。他说："皇太后以盛德良家而母临天下，宜配先帝，是无所疑。"长期出任地方官的陈球，估计没多少面圣的机会，受到窦太后接见的可能性极低。窦妙有多好，他恐怕没有多少体会。只是，太监滥发淫威，令他难以服气。再说窦皇后一家分明是太监复辟的最大受害者。所以陈球觉得自己应该说公道话，压一压太监们的嚣张气焰！

太监赵忠先是一愣，反复看了看这个犟书生，就皮笑肉不笑地说："你写成文字吧！"还是这位男性"阿妈"见多识广，他料陈球没那个胆量。这里三公九卿济济一堂，什么时候轮到你陈球落笔签署文件了？他猜，陈球一定会推卸再三，让太尉、太傅、司空这"三公"执笔署名下文。只要"三公"再彼此推托，赵忠马上就会实行专权集中制，剥夺陈球的发言权！

却没料到，这陈球居然不让"三公"，毅然落笔。他快人快语，一篇批驳太监荒谬的动议，如行云流水一气呵成。赵忠接过陈球的动议一看，字字大义凛然，不觉一惊：好你个陈球，果然犀利！你分明是在为窦武、陈蕃翻案嘛！

于是"阿妈"赵公公亮出了太监固有的那种绝招：扭捏作态，身子像没有骨似的扭摆着、不时地前俯后仰，嬉笑着讥讽陈球："好你个陈廷尉，居然这等说法，还白纸黑字地立下凭证。厉害啊，厉害！"

陈球毫不退缩："陈蕃、窦武既冤，皇太后又无故遭幽闭，臣等时常为之痛心，普天下为之愤叹。我今天既然说了，即使是退而受罪，也是夙昔之愿！"

言辞慷慨激昂，大家佩服！文武百官顿时振奋起来，于是纷纷表态：附议廷尉大人！

太尉李咸本不敢开第一声，但看到陈球如此慷慨、如此仗义、如此义正词严，他深受感动，不禁出来大声地响应："我原本就是这样想！陈廷尉所言正合我意！"经合庭复议：窦妙皇太后身份毋庸置疑！

事后，太监曹节、王甫不服，再次复争。虽然太尉李咸一开始不敢像陈球那样勇敢，但内心本就十分鄙视太监！此次被逼上梁山的李咸终于挺身顶住曹节、王甫的淫威，他让汉灵帝刘宏开御口称颂窦妙太后，按规格配葬汉桓帝刘志。

任何人都有缺点，无法十全十美。谁都有恐惧与软弱的一面，因而多数人成不了英雄好汉。但人们没必要因之遗憾！社会黑暗、人世险恶，李咸无力抗争，但他决不与太监同流合污！他贵在是非分明、爱恨鲜明、良心光明！他依然是个备受大众赞许的好人。

李咸随即告老还乡，隐居山林。他远离卑鄙与无耻，过自己清高与平淡的生活，与世无争。这是他对理想、对高尚的选择。

其实，司空王畅是比李咸更早选择归隐山林的另一位高官。王畅是大儒，也是蔡邕的恩师。在第一次"党锢之祸"前，洛阳太学的太学生们树立的"天下楷模李元礼；不畏强御陈仲举；天下俊秀王叔茂"中的王叔茂就是王畅！可见王畅在民间的声誉很高。也因此他遭宦官集团构陷，被诬为"朋党"并降了级。

桓帝刘志死后，窦武、陈蕃、胡广、王畅分别出山担任大将军、太傅、司徒、司空等高级官职，组成"新内阁"。王司空是主管有关于礼仪、祭祀、观测天象、避凶趋吉以及御史等方面的事务。他上位不久，就因没预测到水灾的发生而主动辞职。

预报自然灾害谈何容易？哪来"天人感应"的鬼话，司空凭"感应"就能预测自然灾害？两千年之后的今天，尽管有超级云计算系统，有满天飞的气象卫星，我们依然无法准确预告自然灾害。何况是两千年前未进入科学启蒙的古代人？不过，司空王畅主动辞职却因祸得福！当太监发动九月辛亥政变时，他没有像窦武、陈蕃一样以身殉职，也没有像胡广那样屈从于太监的淫威。他早早地选择了归隐山林的出路。他放弃仕途，却没有放弃学问。所以，他的王门家第依然书香飘逸。他孙子就是后来"建安七子"中才华首屈一指的王粲。王畅断绝与宦党同流合污，放弃功名利禄，告老还乡，隐居山林过自己清雅与平淡的生活。这在当时是一种合适的选择。

隐士这生活方式历史上本来就有。把当"隐士"看成高尚的节操，是从东汉两次"党锢之祸"开始的。其实，归隐不是初心，而是遭遇绝望与厌世之后的选择。或许，这场"党锢之祸"导致清流文士对功名利禄的绝望，对皇权政治的厌恶，才选择回归自然，逍遥于山林田野。他们认为，这是回归了人的本性，从此脱离了人间的丑恶。

当"隐士"是一种出世的态度。出世了，不图功名利禄、不与世俗同流合污，体现了一种与世无争的清高，这与清流的境界有相通的一面。虽在魏晋年代，人们崇尚的风格与操行发生了变化，但归隐山林的生活方式依然受到崇尚，甚至也被看成是魏晋风流的一种表现形式。

桓、灵二帝制造的两次"党锢之祸"也给洛阳太学带来严重的灾难。原因是洛阳太学是清流反击宦官专制最重要的舆论基地。以学生领袖郭泰、贾彪为代表的太学生是清流士大夫对付宦官集团的重要同盟军。

郭泰、贾彪等诸多名士游学洛阳太学时，利用太学讲坛开展清议，褒贬朝臣，针对当时宦官专权、腐败朝政加以挞伐。由于清议所涉问题与人物，样样切中时弊，很快赢得社会舆论的赞同。于是一时朝野清流成风，"竞以臧否相尚"，致使"公卿以下"均惧其贬议而不敢登太学之门。

郭泰就是郭林宗，被誉为"八顾"之首。"八顾"是以德行带动引导他人的八位表率人物。

太监们政变得逞，许多洛阳太学生死于非命。郭泰听到后，高声痛哭。他哀叹说："人死了，国家也危险了。"那天，他听到李膺入狱而亡，就望着漆黑的夜空哀叹："不知道象征凶兆的乌鸦又会落在哪户人家的屋上啊？"

曾经，在洛阳太学生中，他与李膺都代表那时代的风骨。"党锢之祸"之后，郭泰与绝大多数的太学生一样，气愤之余，他们决定拒绝入世，走回社会底层。他们从入世转向了出世的立场，这是一种对黑暗与丑恶的反动。

由此，他们回归自然，崇尚逍遥，自觉地靠近了老庄倡导的生活方式。因此，他们不再"独尊儒术"而接受老庄之道。于是社会上出现了以老庄之道的认识论为手段，对经典的孔孟之道加以改造的哲学思潮，被称为玄学。玄学此后成为魏晋时代的时髦学问。郭泰自隐居之后也从崇儒转向研究玄学。玄学术语来自《老子》的"玄之又玄，众妙之门"，其本身就是一种形而上学。我们面向世界时就会发现：比汉代更早些，希腊出现了亚里士多德的形而上学。这貌似是东西方的一种互相呼应！对于纯正儒学而言，玄学是修正主义，是用老庄的论证体系对孔孟的人生观进行脱胎换骨的改造，是以老庄之"用"修正孔孟之"体"。

在反击第一次"党锢之祸"时，郭泰热衷于清议所代表的那种言论自由。清议本身体现的是关心皇朝政治，反映的仍然是积极入世的态度。然而，第二次"党锢之祸"之后，大批清流人士毅然放弃入世，转而采取出世态度和立场，他们就此不再过问朝廷政治，不屑议论政治人物了，只交流学术观点。于是，他们的交流方式就从"清议"转为"清谈"。如果说，"清议"是"指点江山，激扬文字"，那么"清谈"就是指"莫谈国事，只辩真理"。由于清谈的重点在于学术探讨，从而与之前议论朝政、针砭时弊、打击宦官专制的清议有所不同，凶残但肤浅的宦官势力对清谈的打压力度有所缓和。然而，清谈搞玄学却颠覆了董仲舒确立的那套"独尊儒术"的意识形态，动摇了"君权神授"的基础，东汉也正一步步走向灭亡。清谈也是教育、启发学生的重要方式。郭泰专门从事办学，也在课堂上采用这种清谈方式。

建宁二年（公元169年）正月郭泰在家中去世，终年四十二岁。当时从弘农郡函谷关向东，直到河内郡汤阴以北的两千里范围内，有近万人"负笈荷担弥路，柴车苇装塞涂"前来送葬。这正说明，人们并未因宦官专制的强势而忘记了清流领袖。

郭泰死后，众人一致请求当年的东汉文豪蔡邕为他撰写碑文，然后刻石立碑，流传永久！

蔡邕不负众望，落笔题写了《郭有道碑》。碑中有段文字是这样写的：

凡我四方同好之人，永怀哀悼，靡所置念。乃相与惟先生之德，以谋不朽之事。佥以为先民既没，而德音犹存者，亦赖之于见述也。今其如何而阙斯礼！于是树碑表墓，昭铭景行。俾芳烈奋于百世，令闻显于无穷。

蔡邕写下的每一句每一字，都出自内心之血泪，都是诚挚的真心话。树碑时他对老友卢植说："我作的碑铭很多，都感到有些惭愧，只有作郭有道的碑没有愧色。"

郭泰是东汉著名的清流派学者，因不屑与太监同朝，他拒绝出仕，终身教书育人，培养了成百上千的正义学人。他赢得大众的敬仰，就连后来的魏文帝曹丕也很佩服这位老前辈。曹丕称帝前，将郭泰等二十四人旌表为二十四贤。北周武帝宇文邕曾下令除天下碑，唯有郭泰碑被下诏特别保留。

郭泰的进步代表了东汉向魏晋过渡时所发生的思想演变。

⊙
望门投止

就此，我们讲到了东汉两次"党锢之祸"所涉及的"三君""八俊""八顾""八厨"的代表人物。他们在大风浪中或慷慨就义成功成仁，或下定决心坐穿牢底等待时机，或与腐败黑暗决裂而归田退隐。这里我们将要说的张俭是另一种典型。面对突如其来的"党锢之祸"，张俭选择了"三十六计，走为上计"！惹不起，还躲不起吗？慷慨就义成功成仁诚然可贵，但珍惜生命也是好的选择！张俭与其他七个名人一道被列入"八及"。所谓"及"是指不忘初心，有使命感的带头人。张俭与刘表也同样被列为"江夏八俊"。

延熹八年（公元165年），山阳太守翟超举荐张俭出任东部督邮。督邮因为《三国演义》有"张翼德怒鞭督邮"而闻名，但多数人很难弄清这是个什么官。反正能明白其高于县令又是太守属下就行。我们也不能因张翼德怒鞭督邮，就断定山阳东部督邮张俭不是好东西。事实上，张俭官职不高，名望却很高！关键在于他不畏强权，敢于依法执法。

那时正处于桓、灵交接期的宦官专制时代。太监侯览包庇家人在山阳地带残害百姓。建宁二年（公元169年），侯览回原籍替母亲以及自己修建超标陵墓。因嫌地皮不够大，他就搞强迁，强拆他人的祖屋、刨别人的祖坟！此外，侯览还涉及劫掠平民百姓财产，抢夺民女为妻为妾的恶行。张俭写奏折控告侯太监。结果遭侯览中途截留。于是张俭带队围击了侯览的寿冢和家宅并没收其家产，然后列举罪行再次上报。

侯览看到张俭多次举报自己，决定报复！他指使朱某联名诬告老乡张俭，说他与同郡名士夏馥等二十四人结为私党，要一起拿获治死罪！

张俭和夏馥闻讯决定逃命。张俭四处逃奔，难免每日困顿窘迫。他看到人烟就投宿。几乎所有平民百姓都知道，汉代法律规定包庇罪与犯人同刑！但是，一旦知道来人正是遭迫害的张俭时，人们无不同情与敬重，甘愿冒着家破人亡的危险而收留他。

一天，张俭流浪到东莱郡外黄县李笃家。县令毛钦手执兵器前来抓捕。一进屋李笃就说："张俭是钦犯，我怎敢窝藏他？假如他今天真来了，这等名士，您难道也非捉不可？"毛钦立即站起身，拍了拍李笃的肩膀："当年蘧伯玉以自己单独为君子而感到耻辱，你为何要独享仁义的专理？"李笃放心了，说："那好，那你我就一人一半，分享仁义。"

于是毛钦叹息告辞，无功而返。

然而，并非所有父母官都像毛钦。张俭自逃亡以来，不少人家因窝藏和收容他而遭官府诛杀甚至灭族，甚至有的小县因张俭路过而被毁。

张俭曾投奔老友孔褒，不巧东家不在。孔褒的弟弟孔融才十六岁，他同情无助的张俭，就自作主张将之藏匿在家里。不料没多久消息泄露了，张俭连夜逃走。孔褒、孔融却因此被逮捕入狱。包庇罪是要杀头的。然而由谁去领死呢？孔融说："是我孔融自拿主意把张俭藏匿在家中，应当由我坐罪！"哥哥孔褒辩论说："张俭是来投奔我的，不是弟弟的罪过。"

审判官拿不定主意，便找来他们母亲。母亲说："一家的事，由家长负责，罪在我身。"于是一家母子三口，争相赴死。此事上报朝廷，汉灵帝下诏：杀孔褒以抵罪。

孔融是历史名人，他的故事有很多，然而，最闻名的莫过于"孔融让梨"，说的就是孔融每次总把大的梨让给哥哥孔褒。

后世都把"孔融让梨"的故事视为经典与模范，却对更可歌可泣的事迹轻描淡写而过。孔融一家为承担包庇张俭的"罪"，争着去被砍头而呈现的无畏与慷慨，那才是更感动人心。帝师杨赐后来出任太尉，听到孔融的传闻，就聘他为幕僚，协助自己整肃官场。

张俭的同案犯是书生夏馥。他言行质直，品格高尚。虽然他不与宦官交往，但因声名太大而为宦官所畏惧。于是朝廷把他作为党魁处置。夏馥也选择了逃亡之路。当听到张俭一路逃亡一路给恩人留下祸害后，就叹息道："自己作孽，应由自己承当，却怎能凭空去牵连善良的人？如此一人逃命导致万家蒙难，有何面目活下去？"

于是他把胡须剃光，逃入深山老林，隐姓埋名。后来他到一家冶铸作坊当佣工，每天挖窑烧炭，贫困潦倒，形容憔悴。不觉两三年过去，没人发现。弟弟夏静不放心，历尽千辛万苦，才找到兄长。他带些缣帛当货币要接济夏馥。夏馥不肯接受。他对弟弟说："你这不就是没事找事吗？"

"党锢之祸"久久不得解除，夏馥也熬不到底而死于暗无天日之中。

张俭、夏馥这批士人在东汉末年"党锢之祸"的逃难经历，就以"望门投止"的成语故事流传至今。

"望门投止"留给后人印象最深刻的是孔融一家见仁见义，为救张俭而争着慷慨赴死的情节。这令人刻骨铭心！

夏馥等知识人士既保持不向黑势力屈服的高尚气节，又在逆境中为维护生命的崇高价值而顽强地生存、奋斗。这值得赞扬。在任何时候，生命都是最珍贵、最伟大的。

汉末有许多清流人士面临黑暗不甘屈服，表现出毅然决然的清风傲骨；更有许多人面对死亡慷慨就义的悲壮行为。多少豪情、多少感慨、更有多少辛酸与苦涩牵挂着我们的心。汉末清流是什么？是廉洁，是辛酸，是牺牲，是高亢壮烈的抗争，是慷慨赴死的豪情，是与黑暗不二立的意志。这就是我们民族血肉中遗传了两千年的基因。

5. 苍天已死

黄巾道长张角喊出"苍天已死，黄天当立"的口号，改变了历史进程。

⊙

曹操初出

"党锢之祸"令宦官更加气焰嚣张！太监大头目曹节势力尤盛，他先迁长乐卫尉，封育阳侯，增邑三千户，又迁车骑将军，转大长秋。之后还增封邑户达七千六百户，几乎成了万户侯。但他们不曾料到，自己的气数将尽，末日就要来临。他们眼前有诸如陈球、刘郃、刘纳、阳球以及何进等眼中钉，更有冉冉升起的未来之星：袁绍、袁术与曹操！

袁术与袁绍兄弟俩凭着父亲袁逢与叔父袁隗的关系，已经官居虎贲中郎将等要职。而与他们走在一起的曹操则是另一种类型。

因家庭关系，曹操从小生活在优越的环境中，得到了良好的贵族式经院教育。因养祖父曹腾的宦官身份，他成为太学生们嘲笑、鄙视的对象，被看成是出身寒门的"下等人"。

身份的卑微反而激励曹操勤奋好学、积极进取。他不喜欢董仲舒"罢黜百家，独尊儒术"的主张，厌恶建立在"天人感应"基础上的神鬼迷信与谶纬学说。他爱读诗书经学，更爱军事学著作，尤其是《孙子兵法》，他还在诗歌、书法、音乐方面独具天赋。加上他不修品行、任性好侠、放荡不羁，从而养成了独特的品性。曹操所具备的侠性、痞性正是此后历代愤青的特性，也正是他后来成为一代乱世领袖的基本素质。

曹操不认同养祖父生前所在的宦官集团，觉得那是污点。这也是他愤世嫉俗的原因。曹操十九岁那年正值第二次"党锢之祸"，被举为孝廉，入京师任洛阳北部尉，负责一方治安。

第一个被曹操拿下并以违反宵禁而棒杀的是宦官首领蹇硕的叔父蹇图！蹇

硕曾是全国最高军事长官，是汉灵帝最宠幸的太监。初出茅庐的曹操果然手段狠！居然拿宦官最大头子亲属的命来为仕途奠基，这说明曹操选择清流立场，而拒绝与宦官同流合污。二十三岁那年，曹操被调出京城，改任顿丘令。此时是熹平六年（公元177年），先帝桓帝的阳安长公主刘华到了谈婚论嫁的年龄，她最终下嫁给伏完。驸马爷伏完开始升官，不久便当上金吾将军。伏完与长公主没有子女。他再娶妾樊氏，育有一女伏寿。

同是熹平六年，朝廷还出了一件更大的事：太监王甫与程阿联手诬陷宋皇后，可悲的是汉灵帝刘宏不但不替老婆洗清冤屈，反而在老婆和太监之间选边站，任凭老婆遭太监诬陷，导致正宫娘娘被废！宋皇后蒙冤，导致她父亲宋酆及兄长宋奇连坐冤死。此事还莫名其妙地连累到二十三岁的曹操。他的这七品芝麻官顿丘令被罢免了。原来，这宋奇是曹仁与曹纯的姐夫。只因曹仁、曹纯此时没有功名，无职可撤，就把账算到远房堂兄曹操身上！谁让你也姓曹？说实在话，此事只表明，在宦官心目中的曹操太调皮捣蛋了，所以找碴教训教训。丢官的曹操为表明自己光明磊落，就想杀掉首恶太监张让给大家看看。这可从裴松之引用孙盛的《异同杂语》中的一段记述中看出。原文是这样的："太祖尝私入中常侍张让室，让觉之，乃舞手戟于庭，逾垣而出。才武绝人，莫之能害。"就是说曹操手执一柄格虎大戟潜入张让家中，但没动手就被发觉。府内卫士前来围攻，多亏曹操武艺高强！在庭院内挥舞大戟，无人能近，最后他跳墙而出。按此说，曹操当年分明是活脱脱的愤青一枚！刺张让成了他的第一份投名状。

因此，他结识了袁绍并参加了他的反宦官秘密团体。十年前袁绍已任濮阳县令，有好名声。不过，袁绍因母丧而辞官守制。虽隐居在家不通宾客，但他暗中结交清流人士张邈、何颙、许攸人，秘密策划反宦官行动。

·

青青河畔草

光和元年（公元178年）天象异常。按谶纬学说皇帝必须组织官员参透天象，以求化凶为吉。于是，汉灵帝在皇宫金商门的崇德殿召见杨赐、蔡邕、马日磾、卢植。这四位博学的谋臣均不约而同地提及：天灾人祸之中，人祸最为重要。他们决定联名弹劾乐松、程璜等太监，为表示不偏不倚也涉及部分清流人士。不料，奏折被大长秋曹节偷窥！他为了不暴露自己，就转身挑动朝臣内斗，让太监在一旁推波助澜。随后他鼓动汉灵帝牺牲蔡邕以平息争闹，于是蔡邕被流放朔方。这场因曹节偷窥奏章而酿成的朝廷风波被称为"金商门之祸"。

朔方就是指大西北的沙漠与草原交界处，那里正是匈奴及草原畜牧民族经常侵犯中原的地带。遭发配的蔡邕，从受人羡慕的朝廷官员沦落到遭万人唾弃的劳改犯，处境十分凄惨。

蔡邕毕竟是博学之士，面临逆境不丧志。在那里，他留下一首《饮马长城窟行》。这首歌谣后来收集在《乐府》中。然而收集在《乐府》中的《饮马长城窟行》有多首，哪首是蔡邕的？我们在《玉台新咏》中又看到一首署名为蔡邕的《饮马长城窟行》，与《乐府》同名歌曲内容相同，均以"青青河畔草"开头。为了便于区分，我们就称蔡邕的那首为《青青河畔草》。

青青河畔草，绵绵思远道。远道不可思，宿昔梦见之。梦见在我傍，忽觉在他乡。

他乡各异县，辗转不相见。枯桑知天风，海水知天寒。入门各自媚，谁肯相为言？

客从远方来，遗我双鲤鱼。呼儿烹鲤鱼，中有尺素书。长跪读素书，书中竟何如？

上言加餐食，下言长相忆。

蔡文豪流落朔方后十分孤单寂寞，因想家，就给夫人寄了一对鲤鱼并夹带了一份便书。他想象妻儿收到信物的情景，于是顺口哼了小曲，再写成诗。捎信人的脚骑彼时正停在城跟的泉窟前饮水，所以就选乐府曲牌《饮马长城窟行》为标题。

有人不赞同此乃蔡邕作品。理由是：蔡邕是东汉大文豪，是编纂书写洛阳太学《刻印熹平石经》的主笔，是"高大上"与"白富美"典型。他更多的作品是替伟人树碑立传的阳春白雪。而《青青河畔草》反映的是底层人们的悲苦情景，与其身份悬殊。甚至某些学者认为，《青青河畔草》不过是缠绵于儿女情长的郑音，是下里巴人之作。只能与佚名的《十九首》归于同一类，从而断定《青青河畔草》是假托之作。然而，这些学者可能不了解蔡邕因"金商门之祸"而被流放发配朔方的事实。蔡邕此时处境十分凄凉，也比普通人更深入社会底层。还有，有谁能证实郑音就是低档货？谁敢说"下里巴人"的《十九首》无珍品？其实，东汉佚名之作《十九首》几乎都是诗中珍品，与后来的三曹及"建安七子"的作品正是汉末魏初中原文化复苏的象征。其中《迢迢牵牛星》就是《十九首》的极品，当代人几乎是个个耳熟能详：

迢迢牵牛星，皎皎河汉女。纤纤擢素手，札札弄机杼。
终日不成章，泣涕零如雨。河汉清且浅，相去复几许？
盈盈一水间，脉脉不得语。

这"迢迢牵牛星，皎皎河汉女"莫不就是牛郎织女的原始版吗？虽说下里巴人，但胜过千万道的阳春白雪。用不着吆喝叫卖大家都能明白：人间爱与情之美，都倒映在这盈盈一水间。

在塞北，蔡邕经历了九个月被放逐的艰苦日子。随后遇到大赦，启程还乡。五原太守王智为他送行。酒喝足后，王智起舞为蔡邕助兴，然而蔡邕不理他。王智是太监头子王甫的弟弟，平时一副高高在上的样子见蔡邕不给他面子而引来宾客对他的嘲笑，就恼羞成怒："罪犯也敢轻侮我？"蔡邕拂袖而去。王智怀恨在心，就向皇上密告蔡邕心怀怨恨、诽谤朝廷！宦官们也纷纷造谣诬陷。蔡邕不敢回洛阳而回老家陈留。然而他在陈留也不敢长留，只好亡命天涯。

蔡邕的知己度尚曾是荆州刺史。他十分同情那些因得罪宦官而受冤枉的同道。不论过去是否相识，凡知道同志受难，度尚总是慷慨解囊帮助。因而，他被誉为清流"八厨"之一。所谓"厨"，就是挥金如土、助人为乐，为朋友两肋插刀之士，他的家是志士仁人的公共食堂。

只可惜，在第一次"党锢之祸"前夜，度尚被迁辽东太守。在异域，度尚将军壮志未酬身先死，在宦官们制造"党锢之祸"的血雨腥风中闭上了眼！古人重视叶落归根，想必度尚也在家乡徐、兖地区的山阳湖陆选墓地。流落江湖的蔡邕在泰山羊氏的帮助下拜访了度尚的家人，并写了《荆州刺史度尚碑》。在徐、兖地区，童生阮瑀和路粹仰慕蔡邕大名前来拜师求学。音乐基础优越的阮瑀，得到蔡邕的指导后，琴技水涨船高。阮家因此成为著名的音乐世家。

此后，蔡邕应邀远走江左吴会之地为顾雍授琴艺与书法。顾雍出自江东四大豪门的顾家，自幼才思敏捷、心静专一，拜师之后深受蔡邕的喜爱。顾雍这名字就是蔡邕给起的。因雍与邕同音，所以都说顾雍与老师蔡邕同名。由于得到顾家的全面照顾，蔡邕从此在东吴一待就是十二年。受到蔡老师的教诲，顾雍成为最出类拔萃的学生，后来是东吴第一任丞相。当然阮瑀、路粹也十分出色，他俩是曹操手下著名的才子与顾问。

蔡邕为度尚题碑，度尚生前也替别人树碑立传。元嘉元年（公元151年），那时度尚还只是会稽上虞令，当地一位十四岁少女曹娥殉父而死。度尚闻知十分感动，就上书朝廷，将她树立为全国道德楷模，并决定为曹娥立碑纪念，那就是曹娥碑。

既然蔡邕此时在江东，而度尚生前立的曹娥碑就在境内，蔡邕想顺路去观赏著名的曹娥碑。中平二年（公元185年），他来到会稽上虞。中秋的月光下，蔡邕在曹娥碑前仔细阅读着碑文，每字每句，细细品味！字迹模糊处便用手指逐字触摸辨识。蔡邕盛赞碑文言辞之美、风格之异。能得到蔡邕如此重视，可见碑文水平非同一般。其实蔡邕早已耳闻：操刀者就是大名赫赫的学者、度尚的外甥邯郸淳。

有人取来笔墨纸砚，让蔡邕留下墨宝。

这里"有人取来笔墨纸砚"的用语并没有直接的古文字依据，但要留下字迹，首先必须要有笔墨，至于是否讨了纸张，不得而知。不过可以想象，这"有人"正是学生顾雍。顾雍既当向导，又全程陪同了老师。见到老师高兴，想写点什么，他就把事先准备好的笔墨与绸布拿出来，让老师使用。随后，经当地县衙同意，请石匠小心地在石碑背面依样錾刻。刻出来的就是"黄绢幼妇外孙齑臼"八个字！文字题写在绢纺绸布上而不是直接写在碑阴的理由很简单：当地雨水频繁，而在碑阴雕刻文字不是一天半日可完工的，时间长了，墨迹很容易因雨水冲洗而消失或走样。所以，最可靠的做法是先在绸布上留下题字。

"黄绢幼妇外孙齑臼"八个字成为一桩历时一千八百多年的字谜公案，牵动了许多人的目光。

这事，我们先说到此为止，等凑齐曹娥碑碑文作者邯郸淳，以及提供答案的曹操、杨修等人之后，再详细品读。

王甫之死

前文已讲到刘宏偏信太监王甫，竟然冤屈了自己曾经心爱的宋皇后。

案情继续发酵。渐渐的，王甫造谣诬陷宋皇后及其一家人的真相被披露。他更多的恶行也越来越暴露无遗。汉灵帝刘宏冤杀皇后的案情也令自己难堪。

此时，陈球已是永乐少府。另一位清流人物刘郃也高居司徒之位。刘郃何许人也？他何德何能当上这一人之下万人之上的高官？原来，他就是光禄大夫刘倏的亲兄弟，兄弟俩本是河间王的宗室。刘宏就是因刘倏推荐才当上皇帝的。没有刘倏，哪有汉灵帝的今天？可刘倏却被宦官谋害了。后来汉灵帝终于弄明白了：皇帝怎能恩将仇报？他刘宏欠刘倏一份大恩情，更欠他一条命！所以只能通过给刘倏亲弟刘郃加官晋爵来弥补。据说，事前洛阳城已流传这样一首歌谣：

白盖小车何延延，河间来合谐！

童谣常被当作谶语，就是说：皇帝一定会派车马下河间，接刘郃进京当官以实现和谐。

到了京城，刘郃弄清了一件事：当年杀死刘倏的主谋就是太监王甫！此时王甫的劣迹已暴露无遗，也失去汉灵帝的宠信。于是刘郃萌生了替兄报仇的念头。他也知道，永乐少府陈球、步兵校尉刘纳、议郎阳球都对太监横行十分不满。要报仇，就得借助陈球、刘纳、阳球的力量。

一次聚会，阳球激动地拍着腿：

"要是我阳球做司隶校尉，这些人我怎么能放过呢？"

这就算是交心了。此后，刘郃、陈球、刘纳、阳球渐渐接近靠拢。陈球写信给刘郃：

公出自宗室，位登台鼎，天下瞻望，社稷镇卫，岂得雷同容容无违而已？今曹节等放纵为害，而久在左右，又公兄侍中受害节等，永乐太后所亲知也。今可表徙卫尉阳球为司隶校尉，以次收节等诛之。政出圣主，天下太平，可翘足而待也。

读了陈球的来信，刘郃果然向汉灵帝刘宏举荐阳球出任司隶校尉。

机会来了。

帝师杨赐之子杨彪任京兆尹。杨彪保持杨家清流家风，对那些鱼肉百姓、贪得无厌的宦官深为痛恶。他查实了王甫派人到长安霸占官家财产的事实后大怒，就向司隶校尉阳球举报！于是阳球与刘郃、陈球、刘纳联名参奏，要查办王甫及太尉段颎。

接到御批，阳球雷厉风行抓捕了王甫及其党羽！他在审判时用刑略重了一些，王甫熬不住疼痛，就死于杖下。死后，王甫遭碎尸示众。长期与宦党沆瀣一气的太尉段颎饮鸩自杀。杨彪与刘郃、陈球、刘纳等人终于替当年被曹节、王甫害死的窦武和陈蕃报了仇，也打击了宦官集团的嚣张气焰。

王甫之死令曹节产生兔死狐悲之感，于是他再次怂恿众太监进行反扑。曹节知道刘郃和阳球是程璜的女婿，于是他逼迫程璜捏造黑材料伪证俩女婿背后秘密结盟！程璜是太监，哪来的女儿？其实程璜无非是花钱从乡下买了穷苦的女孩，冒充女儿嫁给一些官员，目的无非是想找个高官当靠山。同时，曹节又利用了汉灵帝刘宏对太监的偏心，卑鄙地谋害了刘郃、阳球和陈球。

　　陈球是有名的学者，在洛阳太学有大批的粉丝与门生。他名下学生最出名的有卢植、郑玄、管宁与华歆。陈球遇难后，这些门生因敬仰老师的为人，多数奉行清廉的人生哲学。其中郑玄、管宁对东汉官僚政治极端厌恶与鄙视，终身不仕而隐居山林田野，研究学问，授徒讲学，其高风亮节赢得大众的尊重。

　　陈球的另一个门生是范阳卢植。卢植积极从政，继承陈球的遗志，继续反对宦官政治。卢植的门生有刘备和公孙瓒，自然不是等闲之辈。

⊙

新外戚集团

　　光和三年（公元180年），何贵人被封为皇后。何皇后九年前被选为采女入宫。只因父兄是做生猪买卖的商人，出身贫贱，所以只能充当低等宫女。或许是兄长何进、何苗担心妹妹受委屈，向太监行贿，这位何采女成了宫廷行走。就是说，她充当传唤联络的宫女。她处事谨慎，遵守宫中"七不"规范，特别是实践了"围裙之内不穿裤"这一条！终于有一天她遭到好色皇上的就地镇压！一番折腾，刘宏发现：原来宫中还有这么一个身高七尺一寸、体态匀称、曲线优美且光彩照人的美女！于是何采女升为贵人，继续蒙受雨露恩泽！种瓜得瓜，种豆得豆，广种薄收的刘宏皇帝在何贵人身上耕耘播种获得成功。进宫五年的何贵人生下汉灵帝的第一个儿子。生下皇子自然是宫中美人最大的荣誉！她晋升为皇后！一荣俱荣，何皇后的两位兄长也因此加官晋爵。

　　次年国舅何进从河南尹的职务上提升为大将军，二哥何苗为车骑将军。因出了皇后，何氏家族荣耀无比！何进高升大将军的事，太尉杨赐首先得到消息，于是他差幕僚孔融去贺喜。孔融因在"望门投止"事件中的表现深受弘农杨家的重视。

孔融得命，就急匆匆地赶去河南尹官府呈上拜帖与礼单，这本是好事一桩！当然，孔融指望何家能以礼相待，高格迎接。不料，不知是门房未能及时通报，还是何进的确有要事缠身没出来，等在门外的孔融连一口水都没喝到！等得不耐烦了，孔融一气之下就把拜帖礼单夺了过来，转头就走。这么一走，就出麻烦了：杨赐祝贺何进这事关系重大。清流派官员要联络外戚以孤立打击宦官集团。如今，任性的孔融把事办砸了！

回头没走几步，孔融就发觉自己太鲁莽了，但他觉得没面子不敢禀报杨赐，于是另投别门！

何进认为，孔融这么一走严重得罪了杨赐，势必破坏自己与清流官员的关系，十分恼怒！他想派剑客追杀孔融以挽回面子。迟疑未决之际，主簿陈琳劝告说："孔文举有盛名，将军如果与他结怨，四方之士就会相随而去了。不如以礼对待他，使天下人都知道将军的胸怀广大。"何进静心一想，觉得有理。他不但不记恨孔融，还以大将军身份，保举孔融为高第，升为侍御史。

孔融因祸得福，办错事却被提升。这或许是陈琳、孔融之间的第一次互动。后来，这两都名列"建安七子"榜单。通过此事，我们发觉高大上的孔融，原来在为人处世方面还是有欠缺的。他自小给人的聪明伶俐的印象被打了折扣：言过其实，办事无方！

当然这问题是仁者见仁，智者见智。对于孔融这人不能仅凭一时一事就下简单的结论。总的来说，他人品不错，才华也是有目共睹的。

河间姹女

熹平元年（公元172年）太后窦妙死了，汉灵帝的母亲董氏成为永乐太后。这位原本在乡间贫穷落魄的亭侯遗孀，一夜间从丑小鸭升华为白天鹅，反差之大令她自己眼花缭乱！然而她不懂皇太后的高贵身份，更不知道天下第一女人应有的风度。她凭本能以为，多少年来梦寐以求的发财机会终于来了！

此女一上位，身边立即形成一股以权捞钱的贪腐势力！永乐董太后就是总代表。从上位的第一天开始，她就不知疲倦地捞钱，不但自己捞，还开导皇帝也去捞！这对母子一商议就马上想到一桩效益最高的无本买卖：有偿转让官爵！朝堂"三公"直至地方州县官员，都可明码标价出售。谁出的钱多，官就由谁来当！

董氏老太开设小金库捞钱也就算了，就连掌天下、拥有国库的皇帝也设置西园大金库搜刮钱财，甚至将卖官鬻爵得到的巨款用于个人消费，太奇葩了！"西园"是什么名堂，是御花园？说是又不是，反正在太监当道的年代，这类名目总是特别时髦！

看来，"河间姹女工数钱，以钱为室金为堂，石上慊慊舂黄粱"的谶语果真兑现了：工于数钱的河间姹女正是解渎亭侯的遗孀董氏！如今成了永乐皇太后，却依然是卖官鬻爵的女贪官、工于数钱的守财奴！即使富得白玉为堂金作马，依然一毛不拔、吝啬不已。随后"梁下有悬鼓，我欲击之丞卿怒"也一语成谶：乾坤朗朗，天理昭昭，天下人的眼睛都在看着。他们惹得官怨民怨，离最终被算总账的日子已不远了。

太后董氏有两个亲侄儿，一个名董重，另一个名叫董承。董重沾董太后的光，当了骠骑将军。骠骑将军低于大将军，但略高于车骑将军，这三位将军是掌握天下兵马的最高统帅。宦官集团挟董重为同盟军，与外戚何进的权势相抗衡。而董承却被雪藏到董卓西凉军内，董卓又委托自己女婿牛辅好生照料。此后一段时间，董承成为沟通"两董"的一张名片！其实，永乐太后董氏与董卓除了同姓董之外，本是风马牛不相及的。

不过，不知不觉中，汉灵帝宫内出现了皇太后董氏的克星：她就是董氏的儿媳何皇后。

何皇后为灵帝育有大儿子刘辩。刘辩是长子又是嫡生，很可能是未来的皇储。所以，何皇后晋升为何太后之日，就是董太后的末日！这点，董氏心有不甘，于是也做准备：她儿子汉灵帝与王贵人有一个小儿子刘协，董氏就将刘协收养在自己的永乐宫中。她盘算着，只要促使儿子刘宏把刘协立为太子，再除掉何进、废掉何皇后就大功告成了。

董太后当然巴不得儿媳何皇后与何进都死掉。她从不隐瞒自己内心的这种想法。她曾恶狠狠地威胁何女："汝今辀张，恃汝兄耶！吾敕骠骑断何进头，如反手耳！"意思是别以为你哥哥何进多了不起，我只要一声令下，骠骑将军董重出手斩何进的头，不费吹灰之力！在董太后看来，有灵帝这把"保护伞"，自己和太监成一帮，又拥有董重这把刀，拔除任何人都不在话下。

婆媳二人各自打着如意算盘，只是机关算尽太聪明。后来的事实证明，两个女人的胜算率没有高低之分，她们对自己的未来均缺乏想象力，各自的末日也没相差几天。

这样，灵帝刘宏就夹在宦官十常侍、董太后与外戚何进这三座大山之间，东汉天下被搅得天昏地暗！汉祚不可避免地立即转衰，汉代江山气数将尽。

苍天已死，黄天当立

"党锢之祸"严重打击了广大读书人与清流人物，他们因绝望而"躺平"。然而"躺平"只是一种消极态度，对腐朽的制度毫无触动。同样失望的读书人中，有人选择其他道路。他们同样厌恶东汉的制度，但对皇朝权力本身却怀着极大的兴趣。既然因宦官剥夺了读书做官的前途，那么能否通过别的道路来实现？譬如煽动造反？张角就是其中之一！他一反消极"躺平"态度，积极主动地走向不觉悟的贫困人群，制造舆论、争取人心、扩大粉丝队伍。他不但要当"网红"还想当皇帝！

汉朝刘氏皇帝是通过董仲舒的天人感应、君权神授、人命天定的宿命论维护世袭统治的。其核心手段是散布迷信来愚弄民众。张角想到，自己完全可以玩弄那套装神弄鬼的迷信把戏！也就是说，天人感应那一套完全可以搬过来为己所用。

当年全国瘟疫流行，朝廷荒淫无道却无人过问民间疾苦。这时来了自称是大贤良师的大救星，他声称自己受上苍南华老仙之托，代天宣化，普救世人！他手握一部南华老仙授予的天书《太平要术》，它无所不知！这"天人"就是黄巾教主张角!

张角是巨鹿人氏。他率五百弟子游走民间,施符水为人治病。据说,用了太平道的符水的人只要参加"太平道"并一心一意拥护教义都能否极泰来!事实上,瘟疫中有人死亡也必有人康复,灭绝人类并非病毒的延续之道。这正好给了张教主机会:人们渴望生存,面对死亡与符水时为何不试喝符水?自然有人喝符水而生存。凡是病死了的被说成不诚心;而活下来的就说成是张教主救活的。于是他们感恩戴德跟太平道走!太平道越来越壮大!

教主张角兄弟三人,两弟是张宝与张梁。他把青、幽、徐、冀、荆、扬、兖、豫八州的太平道分成三十六方,各方均立统帅自封将军。光和七年(公元184年),张教主发布宣言:

苍天已死,黄天当立;岁在甲子,天下大吉。

这就是谶语啊!是张教主活学活用天人感应理论之创造。此时皇帝刘宏与司空大人为何不组织大臣和学者到金商门聚会,好好研究研究谶纬学?一旦张教主的谶语成真,那就追悔莫及了!

然而张教主的谶纬论火候不到。中平元年(公元184年)张教主弟子马元义、唐周等在勾结宫廷宦官头目封谞为内应时,唐周向大将军何进告密!何进抓捕封谞,立杀马元义。这可把张教主吓了一跳。

张教主决定星夜举兵进攻官府。他自称天公将军,兄弟张宝、张梁分别是地公将军、人公将军,四方道徒头裹黄巾参战,声势浩大,起义人数达四五十万之众,官军望风而逃。

大将军何进派中郎将卢植、皇甫嵩、朱俊,各引精兵分三路讨伐。各级官员王允、袁绍、袁术、孙坚、曹操、刘备等率兵围剿。最后张角被卢植击败,其余各路纷纷失败,黄巾造反被镇压了。

黄巾起义时王允是豫州刺史。他是这次平定黄巾军最重要的功臣之一。然而他疏忽了刘宏与太监的特殊关系!他从缴获的文件中搜到太监头目张让与黄巾军的秘密书信,就上交给灵帝刘宏。不想刘宏依然心疼"皇阿爸"张让,就开口批评。张让慌忙叩头求饶，未受处分。活过命来的张让伺机造谣反扑，王允、卢植反遭诬陷而入狱。这引起何进、杨赐、袁隗等高官的严重不安，他们纷纷联名上书求情，最终免王允、卢植一死。但交换条件是，他们不能继续当官。既然王允被罢，其手下的袁术、刘表等则伺机割据成为军阀。

太平道张教主的造反，虽弄死了苍天却未能立起黄天。他宣告的"苍天已死"立即生效；"黄天当立"将继续姗姗来迟，他死前没能夺得汉朝天下，他的黄天当立不过是一场黄粱美梦。

⊙

西园：政变与反政变

中平二年（公元185年）十月，杨赐死在司空的职位上。他一生两次任司徒、两次任司空、一次任太尉，那是一般人难以企及的高度。

杨赐死讯传来，弟子王朗弃官为恩师服丧。师情等同于父母之情啊！有人称赞王朗尊师的美德，认为他乃货真价实的孝廉！于是再次举荐王朗，这次让他到思贤如渴的曹操身边为官。但王朗以继续服丧为由婉辞。这也间接说明，王朗十分重视老师的情谊。

当然，杨赐离世丝毫不影响朝廷的实力格局。当时实力人物是何进、何苗兄弟以及董卓。董卓没有何进的实力，更没有汝南袁氏或弘农杨氏那么显赫的门第，但他毕竟掌握着粗野的西凉军，不失为一方豪强。不过此时，他声称效忠于何进，也与宦官对立。

何进在镇压黄巾军时壮大了力量，何家军遍及全国！为此张让、赵忠多次向灵帝发出警告！皇上刘宏当然不能容忍任何人的威望与势力超越自己！于是他成立以张让、赵忠为首的十常侍太监集团，把控朝廷要害环节。同时为切割分散大将军的兵权，他把西园经营成禁卫军机构，挖何进墙脚，把袁绍、曹操等八人立为西园八校尉，并授权小黄门蹇硕为总指挥。刘宏甚至规定，大将军何进也要受蹇硕指挥。

初看，这西园是个御花园的名字，实则是御林军的中枢机构。这玩意儿搞得相当玄乎！让人摸不着头脑。倘若把"西园"与明代皇帝通过太监之手开设的"东厂""西厂"一对照，读者就明白了：这西园似园却非园，而东厂显然不是厂！反正，那些玩意儿都要归太监经营管理。

汉灵帝外用外戚，内用太监！他一手制造了互相对立的两集团：以十常侍加西园的宦官集团与外戚何进为首的朝官集团。他看似小聪明，实则是为自己挖坑，最终坑害自家的江山。

不可避免，外戚何进与宦官集团的矛盾因此加剧！何进加强与汝南袁氏、弘农杨氏等清流家族的联络。于是，太傅袁隗、司空袁逢、杨彪、卢植及后起之秀袁术、袁绍等形成了与宦官对立的新清流团体。袁绍此时已经官升司隶校尉还兼任西园的副总管。此外，官居西园八校尉之一的曹操也正式加入了何进的团体。

刘宏看似会玩弄手段，但依然是人算不如天算。中平六年（公元189年）四月十一日，他在南宫嘉德殿轰然倒下一命呜呼。他一死，董太后想合法地把二皇子刘协立为太子的计谋就黄了。心急火燎的她为挽回局面，就与蹇硕及十常侍太监密谋定发动了一场宫廷政变，实现抢班夺权。政变步骤如下：

一、蹇硕预先设伏刀斧手。

二、宣何进入宫为刘宏守灵。

三、何进一入宫门立即将其斩首。

四、立次子刘协为帝，顺便做掉刘辩及何皇后。

然而，董太后与太监们疏忽了：内部有眼线！于是何进称病不进宫，秘密召集袁术、袁绍、曹操、陈琳等部署对策。安排定夺后，何进亲率西园副总管袁绍以及骑都尉丁原等调兵遣将戒备帝都并捕杀了蹇硕。得手之后，他拥立先帝的嫡生长子刘辩登基。何皇后被尊称为皇太后并临朝听政。二皇子刘协被封为陈留王，尊称董氏为太皇太后。大局遂定！太傅袁隗、太尉朱俊、司空袁逢等满朝文武同声庆贺。董太后惊得目瞪口呆然而已无回天之力。不过，她既然在宫内被口头尊称为太皇太后，也就略微放心了一些。

然而不到一个月，董太后因贪腐无度遭何进与"三公"联名弹劾。弹劾还指出：按照历朝惯例，诸侯的后妃是不能留住在京城的。董氏只是解渎亭侯的夫人，连做王妃的资格也不具备，所以必须遣回河间！

五月初六，执金吾丁原奉旨来到骠骑将军府，宣布撤销董重的骠骑将军之职！因羞辱难忍，董重自杀。董太后闻讯惶恐忧虑，于六月初七突然发病而亡。她的棺椁被送回河间配葬解渎亭侯刘苌。一生精明、工于数钱的董太后，登上国母高位，捞了全天下的财富，成了历史上超级女老虎。但那又有什么用？贪得再多，最终还是身败名裂！

董太后的二侄董承闻讯大惊，只好蛰伏西凉军中夹起尾巴做人。事实表明，此前董氏不把董重、董承放在同一个"篮子"里的做法是对了。

在袁术、袁绍、曹操、陈琳等人的推动下，何进做好了与宦官集团决战的最后准备。然而何进犯了低级错误，他被太监诱骗入宫遭砍杀！当年"九月辛亥政变"几乎又将重演！

然而，太监们的最后一搏没有奏效。一看到何进人头被太监们扔出宫墙外，袁术、袁绍、吴匡、曹操、卢植等人暴怒。他们率众挥刀杀进皇宫，驱赶并追杀太监，救回少帝刘辩、何太后及陈留王刘协。此后几十年内，皇宫不再有太监。宦官专制到此暂告一段落。没有了太监，也没了宦官专制，与其对立的清流这称呼也就没人用了。汉末清流的年代到此终结。

二、建安风骨

风骨，用当代的网络语言来解读的话，可说成是一种内含硬核的精神！"风"指的是气，是一种氛围，推而广之，可说成时尚、精神与思想境界！"骨"当然是指其中的"硬核"！对于建安年代的精英们，其"骨"、其"硬核"就是"积极向上，建立英雄伟业的人生理想"。其"风"、其"精神"就表现在奋斗过程中，把酒当歌的豪放；壮志难酬的惆怅与感慨。建安精英们从始到终所散发的那种雄健、深沉、慷慨、悲凉的风格就是那个时代的主调。

1. "挟天子以令诸侯"

董卓篡改，首开"挟天子以令诸侯"的政局。

⊙

汉宫楚声

前文说到袁术、袁绍、吴匡、曹操、卢植追杀了全部宦官，并救了被太监劫持的少帝刘辩、何太后及陈留王刘协。不料，他们在回朝路上遇到董卓的西凉军！

二十年前，董卓抱了太监王甫、曹节的大腿，取代张奂坐上西凉军的第一把交椅。从此成为一匹货真价实的"西北狼"！为巩固地位，他不失时机地勾结董太后，并把董承保护在自己的军中。

由于腐败与贪生怕死，董卓面对黄巾军时连遭败绩。只因有太监的庇护，他免受处分。正因为这些历史与现实，董卓内心显然是偏向宦官一边的。然而这次他却是打着反宦官的旗号进城的。

入城后，董卓发觉朝廷因何进被害而群龙无首，便自恃手中兵力最多，就想行废立之事以达到掌握朝廷大权的目的。他以何进被杀而何苗见死不救为由斩杀何苗，趁机接管何进、何苗指挥的御林军。事成之后，董卓临朝手按佩刀，提出了废立之事：立九岁的陈留王刘协为帝，废少帝刘辩为弘农王！

此事遭袁绍斥责。

董卓怒道："竖子敢然！天下之事，岂不在我？我欲为之，谁敢不从！尔谓董卓刀为不利乎！"

袁绍拔刀相向："天下刀锋利的，难道只有董公一个人吗？"双方各自抽刀在手，互不相让，场面火爆！

这场面吓坏了满朝文武，纷纷出面劝解。袁绍见位居太傅的亲叔袁隗当和事佬，便提刀向百官拱手作别，悬节东门弃官奔冀州而去。

董卓转身对太傅袁隗曰："汝侄无礼，吾看汝面，姑恕之。"

由董卓一手操纵，少帝刘辩被废，陈留王刘协不再是王而成了君。

董卓成功胁迫何太后和朝臣废少帝，立陈留王为献帝。他自称太师，独霸朝政。其实，军阀头子一手弄出来的小皇帝，充其量不过是一枚会吃饭的筹码。曹操见众大臣在董卓面前如此软弱无能，非常失望，于是秘密逃出洛阳。

曹操东逃的真实过程，是否真的上演过"捉放曹"与"滥杀吕伯奢一家"的戏段，不得而知。除演义外，真的找不出可信的文字记录。倒是第二次"党锢之祸"中出现过县令郭揖决定弃官而带范滂一同逃命的事。虽与"捉放曹"有点相似，但完全另有其时、另是他人。至于吕伯奢一家遭曹操、陈宫斩尽杀绝的事，如果真在洛阳郊外的成皋那地方发生过，曹操肯定逃不过政敌袁绍、袁术、孙策、孙权及刘备的猛烈抨击与鞭挞！比如，陈琳为袁绍代笔恶毒地骂过曹操祖宗三代，就没提所谓吕伯奢被灭门的话题；阮瑀也代替曹操恶狠狠地骂过孙权等人，可孙权从来没有引用吕伯奢被灭门的话题还击曹操。可见，所谓"曹操将吕伯奢灭门"的说法不可信。

这年十月，废少帝、唐妃与何太后一道被困于永安宫中，饮食起居日受怠慢，废帝刘辩终日以泪洗面。一日废少帝偶见双燕来庭，便触景生情，信口吟成一诗：

> 嫩草绿凝烟，袅袅双飞燕。洛水一条青，陌上人称羡。
> 远望碧云深，是吾旧宫殿。何人仗忠义，泄我心中怨！

不料有奸细偷听，密报董卓。董卓大喜，以为有了弑帝的把柄！于是他派李儒带武士十人，持鸩酒去毒杀废帝刘辩与何太后。刘辩的王妃唐姬见状，哭着要为母后与丈夫替死，遭李儒斥责。

眼见末日来临，何太后大骂死去的哥哥何进无谋，引贼入京，致有今日之祸。

此骂或许理由十足。但她忘记了，如果不是她屡次阻挠何进的除奸计划，如果不是她传唤何进入宫，那么何进就不会遭太监杀害！那样的话，何大将军至今依然令行天下、威风十足，谁敢在太岁头上动土？这位可怜的何家女，虽是杀猪家庭出身，自己却成为天字第一号的猪队友！先害了亲兄，再害了自己与儿子！如今不知后悔还甩锅！

饮下鸩酒，何太后一命呜呼！于是李儒转过来催逼废帝快点自尽！刘辩坚持自己死前先要送别太后，他唱着挽歌：

天地易兮日月翻，弃万乘兮退守藩。为臣逼兮命不久，大势去兮空泪潸！

唐姬一边和声跟唱一边起舞。夫唱妇随，两人总算是为死者送了终。

刘辩告别了母后，又回头向妻子唐姬作一番交代："卿王者妃，势不复为吏民妻，自爱。从此长辞！"话毕，夫妻泪落如雨。

看来，这位短命皇帝与他的两届前任相比，显然更懂礼节、更讲规矩、更重感情！

桓帝刘志、灵帝刘宏是汉代最不讲礼节、最不讲规矩、最缺乏人情的皇帝。同样，汉献帝后来对自己的大、小老婆伏氏、董氏所表现之冷血，对董承之死表示的冷漠，也十分不合情理。反观这位汉少帝刘辩，我们倒觉得他更具备人之常情。只可惜，十五岁不到的他就成为野心家的牺牲品。

刘辩去世以后，唐姬回到颍川娘家。父亲唐瑁远在会稽任太守，不忍心看十四岁的女儿就此终身凄苦悲伤，便屡次好言劝慰，鼓励她改嫁。唐姬却牢记刘辩临终之言，发誓终生不改嫁。后来李傕、郭汜作乱攻破长安。继续东出掳掠的李傕，在颍川抢得唐姬欲娶之，唐姬誓死不从。谋士贾诩听到消息，立即上报汉献帝。献帝刘协闻讯大惊，方知嫂夫人尚在人世，还差点遭手下逆臣的凌辱，他亦不胜伤感，于是下诏将唐姬接回，重新明确其弘农王妃的身份，并将其安置在刘辩的墓园内。此后的年月，刘辩心爱的唐姬显示了她难得的深情厚谊与坚贞不屈。她顶住军阀头子的霸凌，替死去的刘辩终生守陵。刘辩虽历尽不幸，却赢得了真正的爱情。

前文刘辩的两首诗，与同时期的《十九首》《胡笳十八拍》、三曹及"建安七子"的诗赋相比，几乎没有什么突出之处。但诗贵在情，刘辩在人生最艰辛时刻表达的悲愤，令人深深同情。

刘辩临死前吟的诗，近代文学大师鲁迅大为称赞，说那是"汉宫之楚声"。的确是啊！其实，全部汉文化就是吴楚文化的延续。虽然，楚汉之争，是刘邦的汉最终战胜了项羽的楚。但事实上，刘邦自己以及他的全套班底都来自原本的吴楚之地，他的汉与项羽的楚是一家人，也都是陈胜、吴广农民起义建立的张楚政权的继续。刘邦作为吴楚后人，是唱着"大风起兮云飞扬"而走进汉宫。历六百年传到刘辩这最后一代皇孙，他哭号着"天地易兮日月翻"而悲惨死去。从"大风起兮云飞扬"到"天地易兮日月翻"，完成了一个轮回！然而，当我们把那些与《离骚》《九歌》《九章》相比时，却同样感到一股浓烈的楚风骚韵！汉文化六百年还是保留了吴楚特有的那股气质与风格！

董卓因废了一位十五岁的少帝，立了一位九岁的献帝而威震四方。他开创了"挟天子以令诸侯"的局面。然而，他的克星却正从东方冉冉升起。

曹操最终回到老家谯郡。一到家，他就散家财、拉队伍、合义兵，建立了一支民团性质的军队。本家本族的夏侯惇、夏侯渊以及曹仁、曹纯、曹洪都聚集在曹氏大旗下。除曹氏、夏侯氏外，还有曹操的其他好友出钱出人，投资参股。这当中要数曹真的父亲秦邵最为突出，他不但积极参股，还为了救曹操一命，而牺牲了自己。

曹操有了队伍之后，就向全国广发英雄帖，号召全天下英雄联合起来，讨伐国贼董卓！

曹操深知，战争给大众留下的创伤是难以痊愈的，但以战制战却又是不得已的。讨伐董卓正是为了结束动乱恢复安宁！他又开始了兵营生活。自参与平定黄巾起义以来，曹操多数夜晚是在兵营中度过。那些不眠之夜，他听惯了夜风中军旗之猎猎、更号之悲鸣。他的思绪纠缠着所经历的血腥与惨痛，还有许多被牺牲的鲜活生命。他愿长歌当哭，为可悲可叹的往昔唱一曲挽歌。他想起了收集在乐府的《薤露行》《蒿里行》等曲牌，那都是汉初哀悼烈士田横的挽歌。曹操把历史灌进自己的思绪中，写成一曲新的《薤露行》。他低吟着，然后睡去：

> 惟汉廿二世，所任诚不良。沐猴而冠带，知小而谋强。
> 犹豫不敢断，因狩执君王。白虹为贯日，己亦先受殃。
> 贼臣持国柄，杀主灭宇京。荡覆帝基业，宗庙以燔丧。
> 播越西迁移，号泣而且行。瞻彼洛城郭，微子为哀伤。

《薤露行》开门见山直指汉代第二十二世灵帝朝廷，没有一个良臣。"沐猴而冠带"，就是说何进徒有外表、不堪大任，充其量不过是沐猴而冠，改不了卖猪肉营生的小摊贩本性。他还批评何进见小忘大，优柔寡断。不但最终办不成大事，还误国害己。接着他写国贼董卓弑君焚都败坏汉祚。他望着东京断垣残壁，心头涌上难以名状的苦痛，那宛如当年殷商遗臣微子在朝歌废墟放声哭诉亡国之悲伤！《薤露行》是一曲描述历史时事的挽歌，也是曹操最早的咏史诗。

曹操遣词造句朴实无华、不尚藻饰，然而感情深挚、气韵雄厚沉稳。全诗自然浑成的格调贯穿始终。我们可从中初步领略建安风骨。

成语"沐猴而冠"因此诗而来。

⊙

猪队友吕布

初平元年（公元190年）正月，曹操伐董卓的倡议得到关东十八路诸侯响应。渤海郡太守袁绍自称车骑将军出任总盟主，指挥东、南、北三个方向的大军合击洛阳。

破虏将军孙坚从长沙出发北上讨伐董卓。他沿途经过荆州与南阳。荆州刺史王睿与南阳太守张咨既不肯参与反董联盟，又企图阻拦孙军北上，于是被孙坚斩杀。荆州刺史王睿正是孙太守的顶头上司，而南阳太守张咨则是孙坚平级的同僚。孙坚斩王睿的道理是"道路不治，军资不具"。就是说，你王睿故意在道路上处处把关设卡，又不给我军需粮草，破坏讨贼大业，杀无赦！孙坚杀张咨的理由是"稽停义兵，使贼不时讨"，分明你张咨就是董贼帮凶，岂能留你？！孙坚手段果断坚决声势大涨，全国因之震动。孙坚到达鲁阳，袁术为扩大袁家势力范围，亲自上鲁阳会见孙坚进行拉拢。他答应给孙坚提供粮草，还要宰相亲叔袁隗保荐孙坚出任豫州刺史。这虽是一纸空文，但还是令孙坚信心百倍。他马不停蹄向北直指洛阳。

不过，袁术会见孙坚的目的并非表面的那么光明正大，他担心孙坚赖在鲁阳不走！因为那是他袁家的地面。所以孙坚一北上袁术就食言，不给粮草了。因后方粮草不继，孙坚每到一个驻地，就要分散士兵去筹粮。说是筹粮实际上还不如说是抢粮！当年的瘟疫与黄巾起义同时发生，饥荒是常事。孙坚抢粮董卓也抢粮，兵匪一家是常态。初平二年（公元191年）二月的夜晚，董卓部下的大将徐荣率军抢粮，发觉孙坚大营空荡荡的，于是发起袭击。只因分散出去抢粮的大部士兵未回，孙坚仓促应战，结果只率二十骑兵逃出命来，丢尽了面子！而抢了就跑的徐荣早已凯旋，捞足了面子。次日，孙坚才收拢分散各处筹粮的部下，重整旗鼓，向北占据阳人城（今河南汝州）。此时，董卓对讨董联军的主动进攻已经全面展开。董卓的中央军轻易地打败关东盟军王匡的一路，也击退了其他多路队伍。听到徐荣在南路成功袭击孙坚，董太师大喜。他要趁孙坚的新败，一鼓作气解决南路来敌。于是他又派胡轸、吕布分别为大都护、骑督，率精兵五千攻打孙坚。

胡轸是来复仇的。不久前他遭孙坚的忽悠而错失战机。这次，董卓给胡轸添加了骑督吕布以及步兵都督华雄等猛将，兵力不算多，但兵精将猛，战力强盛！大军到达广城时已经是下午了，此地离阳人城还有一段路。中央军本应休整明天再战。不料副帅吕布发话了：孙坚军被吓得弃城而逃了。兵贵神速啊！我军必须出其不意灭敌才对！可当中央军辛辛苦苦赶到阳人城下时，傻眼了：此城早已森严壁垒！对方强大着呢！同时，又累又渴的中央军正想吃点、喝点，休息一下。恰此时，城内钟鼓齐鸣，呐喊声四起。弄不懂，孙坚是虚张声势，还是真的要冲出城门。然而吕副帅又传出可怕的消息：敌军已经出城反攻！

胡轸全军慌忙逃窜。结果是己方各部因抢路而自相践踏，不战自溃！孙坚见状果然披挂出城掩杀。胡轸与骑督吕布带着骑兵夺路逃命。逃得慢的步兵死伤无数，步军都督华雄被追兵生生砍死。

这次，孙坚的确是托了吕副帅的福，从阳人城乘胜大反攻，向北占据了更靠近洛阳的大谷。

早年孙坚与董卓曾共同参与平定西凉的战争。董卓深知江东猛虎的厉害。这次在阳人城下吃了苦头之后，董卓不想硬拼了，于是派部将李傕当说客，游说孙坚接受董太师嫁女，不论配孙家哪位子侄，只要董、孙两家结为秦晋之好就行！而且李傕还让孙坚开列孙家子弟名单，由董太师委任为各地刺史、郡守，但这一揽子交易遭孙坚拒绝。李傕被驱逐出营。孙坚继续北进，直逼虎牢关，此地离洛阳城中心不到九十里。袁绍、曹操各路军队的官兵闻讯士气大振，从东向西加快进攻的步伐。各路义军即将异途同归会师洛阳城。

这年三月，董卓告诫部下："关东军败数矣，皆畏孤，无能为也。唯孙坚小戆，颇能用人，当语诸将，使知忌之。"他决定抢劫并纵火焚烧洛阳，然后劫持汉献帝、太傅王允等文武百官及十万百姓逃往长安！因为袁绍是十八路诸侯盟主。董卓一到长安，便拿袁氏家族开刀问斩。太傅袁隗一族五十余人被害。袁隗死后，王允替补出任太傅。这年，伏完接替丁原出任执金吾。他的女儿伏寿入掖庭，被汉献帝立为贵人。

孙坚率军入洛阳平乱、救火以安定局面。

在胜利的关键时刻盟军出现重大危机。袁氏兄弟利用有人举报孙坚私藏玉玺而发难。在大帐的帅座前，孙、袁拔刀相对！盟军发生内讧。袁术更是出兵占领孙坚的后方基地阳城，并向叔叔袁隗举荐周昂为豫州刺史。孙坚陷入多面受敌的不利状态。为了夺回后方基地，他从反董的第一线撤出军队以反击周昂以及背后的两袁兄弟。

关东十八路联军因内讧而分裂，讨伐董卓的战争即将半途而废。曹操为此痛心不已。他看到袁氏兄弟与声名赫赫的"江东猛虎"孙坚居然为玉玺这块小石头闹得人仰马翻，感到实在滑稽却又无奈。他孤掌难鸣，想冒险率孤军追击董卓以唤醒大家的初心。然而一切均为时已晚，谁也无力挽回局面。

孤军西进的曹军遭到徐荣的迎头痛击。徐荣之前已经胜了孙坚一局，如今又使曹操全军覆没！看来，他不是一般人物。对曹操的狼狈收场，盟军或袖手旁观，或趁早撤军大吉，没有安慰，没有同情。

关东十八路讨董联军就这样瓦解了。孤孤单单的曹操不得不召集残部投入袁绍门下，再通过夏侯惇到扬州招一千壮丁补充军队。袁绍并不把曹操当外人。他此时正和韩馥等多路诸侯密谋拥立幽州牧刘虞为新帝。此事虽高度机密，但袁绍还是把这想法和盘托出与曹操商量。他甚至爽快地拿出一块假玉玺来给曹操看，意思是想说："老弟你看，这大印都准备好了……"

关东十八路诸侯讨伐董卓，原本就是因为不能容忍董卓专权，不能容忍少帝与皇太后无辜被废被杀！至于董卓一手扶植的献帝，那事虽不合法，但已经是事实！而且少帝已死，不能复生。你袁绍搞的是什么名堂？你想换掉献帝，那不又成了新董卓？曹操对此十分失望，于是笑而恶焉。虽居人屋檐下，他还是间接地向袁绍表示不赞同。其实幽州牧刘虞本不愿意称帝！这表明关东联盟立新帝的计划告吹。曹操明白彼此之间已无合作的基础，于是率自己的千人小队伍，以平定黄巾余部的名义向洛阳以东开拔，联盟彻底解体。

轰轰烈烈的十八路诸侯反董联盟崩溃，曹操心有不甘却又无可奈何。回顾整个过程，他留下沙场诗《蒿里行》，这是唱给关东十八路诸侯反董联盟的一曲挽歌：

关东有义士，兴兵讨群凶。初期会盟津，乃心在咸阳。军合力不齐，踌躇而雁行。

势利使人争，嗣还自相戕。淮南弟称号，刻玺于北方。铠甲生虮虱，万姓以死亡。

白骨露于野，千里无鸡鸣。生民百遗一，念之断人肠。

而诗中的"淮南弟称号，刻玺于北方"就是说袁氏两兄弟，当弟的袁术在淮南要自立帝号。而北面当哥哥的袁绍，则是私刻玉玺，准备另立皇帝！这些出现在曹操诗中所记述的事，当然远早于《三国志》或《后汉书》的成书日期，从侧面佐证了相关历史情节的真实性。

我们从全诗看到，连年不断的战争，士兵的战衣、铠甲爬满了虫虱，大批大批的士兵与百姓因战火而牺牲，饿殍遍野、尸体满地、千里不闻鸡鸣。百姓死亡是到了百不存一的严重局面！想到这里，谁能不因过度哀伤而断肠？这充分说明，曹操完全明白战争给社会、给百姓、给士兵带来的灾难有多么严重。曹操常打胜仗，那只说明他善战。但善战非好战，用战争手段去平定战乱，本身是不得已的事。

细细品味曹操此诗，我们发现，曹诗朴实无华、悲凉慷慨的诗风始终如一。前面提到曹操的《薤露行》其实与这首《蒿里行》应该都是反董联盟瓦解前后的作品。

回到豫东鲁西后，曹操在朋友鲍信的支持下，大破黄巾军残部并驱逐南匈奴于扶罗势力，占领东郡作为大本营。

虽袁、曹曾有过一言不合的场合，但袁绍依然不食言，他上表推荐曹操为东郡太守。接着曹军又大破青州黄巾军，收编成一支战斗力极强的青州军。此后经多年打磨，曹军终成北方一股重要的军事割据势力，他顺理成章地当上兖州刺史。

献帝东归

然而，曹操还来不及高兴，就面临一场严峻考验：他与徐州太守陶谦结了仇，不得不重开战端。更意料不到的是：吕布乘机抢占曹操的后方基地。曹操几乎陷入无家可归的狼狈局面。在这一过程中，留守后方东郡的程昱、荀彧与夏侯惇,合力抵御吕布、陈宫的巨大压力,保住了鄄城、范县、东阿三县,为曹操东山再起留下据点。

导致吕布流窜山东的原因是发生了李傕、郭汜叛乱。

自太傅王允被董卓挟持到长安后,指望关东联军消灭董卓的梦想破灭。王允因此既无奈又不甘心。于是他巧施连环计反吕布杀掉董卓,以结束暴政。

董卓被杀,西凉军人心惶惶。董卓部将李傕、郭汜在贾诩的策动下发生暴乱。徐荣率军反击却因胡轸的背叛而被李、郭叛军击败。王允被李、郭叛军杀死,吕布仓皇出逃。董卓女婿牛辅抛弃自己的军队,携带大量金银财宝与亲信胡赤儿逃跑。胡赤儿一见金银财宝就恶念顿生,杀主子牛辅,抢得财富逃之夭夭。董卓旧部顿时瓦解。李、郭叛军烧杀掠夺,长安城鸡犬不宁!贾诩见祸闯大了,就投奔弘农张济。

初平三年(公元192年)七月,汉献帝着手实施东归还都洛阳的计划。可是,太尉杨彪、执金吾伏完手中无兵无卒,怎么办?他们收编了董卓女婿牛辅手下的杨奉与董承残部。其实杨奉、董承部是改编自黄巾白波军的,让匪军充当汉献帝的东归卫队,此实属无奈之举。注意,董承正就是董太后的侄儿。

董卓死了,他开创的"挟天子以令诸侯"的伟大事业由谁接盘?李傕、郭汜肯定不是那块料,也背不起董卓的这口黑锅。恰这时,汉献帝开始了东归洛阳的长征。于是,有人自觉不自觉地实践了董卓未尽的甩锅大业,那就是把"挟天子以令诸侯"的锅甩给了别人!只是不知道,"接盘侠"究竟是谁,究竟在何方?

甩锅的事暂时看不出眉目,东归路也并不轻松。从长安到洛阳,他们从第一年七月走到第二年夏末。一路上没有鲜花,更没有山呼万岁的笑脸,而是李傕不断地追赶、袭击,不时还遭遇郭汜、张济的叛变与打击,最后是托黄巾残部白波军的各山大王以及匈奴右贤王去卑之力,才勉强走出围堵追击。这事,如果问及"汉朝皇帝与黄巾军、与匈奴是什么关系"的话,那讽刺意义就太深刻了。反正,朋友与敌人、英雄与强盗的意义都不是永恒的。事实上,正是黄巾军的土匪残部变成了禁军。而原本是禁军的西凉李傕、郭汜却成为皇上的死敌!

东归长征最残酷的战争发生在兴平二年（公元195年）十一月庚辰日，地点是陕县曹阳，此地大抵在如今三门峡水库南岸，与山西芮城县的魏城遗址隔着黄河相对。

那天，李傕、张济、郭汜等率西凉军追到曹阳，对禁军发起进攻，禁军大败，军队损失殆尽。皇帝贴身的虎贲、羽林军余下不足百人。文武百官多数被李傕生擒活捉。追兵绕着帝营高声呼喊，众人无不大惊失色。

被包围了，东去洛阳的路被乱军控制了，怎么办？皇帝身边的军政大员反复争论，决定渡过黄河去北面的河东郡！那是黄巾白波军李乐的匪窝，李傕不敢过河。

禁军渡河过程很有戏剧性。记述过河情节的有《后汉书皇后纪》《袁弘汉纪》和《献帝纪》，前两部都从不同的角度指出：董承使人以刃胁夺伏寿皇后手中的绢缣，甚至"杀傍侍者，血溅后衣"。此事甚为凶险。"斫后"乃大逆不道！好在那事发生在最危急的夜间，没人一本正经地向董承问责。那是因皇帝、皇后息事宁人了呢，还是董承杀死了肇事者以澄清误会呢？不得而知。

不管怎样，当时协助汉献帝顺利登船过河功臣中的确有董承。《后汉书》记载与汉献帝同乘一船的有伏皇后、宋贵人、郭宫人、赵宫人、太尉杨彪、宗正刘艾、执金吾伏完、侍中种辑、罗邵、尚书文祯、郭溥、御史中丞杨众、侍郎赵泳、尚书令冯硕、中宫仆射伏德、侍郎王稠、羽林郎侯祈、卫将军董承、南郡太守左灵，及其他数十人。此时董女不是宫中成员，从而不入百官名列，但可能包含在"公府成员数十人"中。只因她后来成了贵妃，人们对董承有无"斫后"的动机无法完全排除。但有一点是清楚的："斫后"的疑问在前，董女当贵妃在后，其中不成因果关系。

兴平三年（公元196年），天子领导朝廷的"千里长征"终于渡过了黄河，安全地到达了北岸河东郡地面。他们在一户民宅之中暂歇。此时大家饿得慌，找口饭吃才要紧，于是长征朝廷移驻白波余帅李乐的兵营。这兵营就是土匪窝。在饥荒年代，匪窝粮草奇缺，士兵只能寻找树上残留的枣栗充饥。除天子之外，哪有更多的米面招待？百官饥饿难忍！

好在，邻郡河内太守张杨知道了。于是，数千人的运粮队伍浩浩荡荡地来了。每人背来小米作为贡饷。此乃及时雨啊！这正是河内太守张杨的大礼。于是，长征朝廷得到了第一顿晚餐！然后，汉献帝乘着李乐的牛车去安邑，那正是如今山西运城。

冬季寒冷，河东太守王邑也奉献了绵帛，并给公卿以下孝敬了红包。作为地主，王邑姗姗来迟，比隔壁的张杨还慢！不过有胜于无！王邑的行为总还算是雪中送炭。王邑与张杨一样，都不曾出现在当年关东十八路诸侯名单中，可见他们是董太师的人。考虑到当今天子与董太师的关系，这两位太守也算是自己人了。所以，面对各封疆大臣们的冷漠，河东、河内两位太守堪称是天下一、二号之大忠臣了。

"接盘侠"曹操

天子遭冷遇，出乎长征朝廷的意料。中原地带不是有雄镇天下的袁绍、袁术兄弟吗，他们怎么啦？董卓不顾袁绍、袁术反对，先废少帝再杀太后母子！后来竟然还杀了汝南袁氏兄弟一门宗亲五十余口。这使朝廷与袁氏兄弟结下深仇大恨！袁氏兄弟根本就不承认董卓立汉献帝的合法性！他们拒绝当"接盘侠"！其他诸侯多数是看着袁氏兄弟脸色办事的，此时自然装聋作哑。

面对关东诸侯的冷面孔，兴平三年（公元196年）汉献帝与长征内阁决定开会以提振信心：宣布定都安邑并改元为建安元年。这等于向天下宣告，伟大的东征胜利了。

从这天开始直到曹丕更元，总共延续二十五年时间，这就是建安年代。

然而因为饥饿与争权夺利，引发白波军内战。随后他们转而矛头对外，一致决定驱逐杨奉、董承。于是河内太守张杨只好当和事佬出面调停，杨奉、董承以筹备还都名义离境。其实，大家都在愁出路：朝廷得不到承认，怎么办？大臣们分析形势之后，决定把生存的希望寄托在曹操身上！

俗语常说：说曹操，曹操到。就当杨奉、董承刚到洛阳，曹操露面了。《三国志·魏书·武帝纪》对此事有记载：

"建安元年春正月，太祖军临武平，袁术所置陈相袁嗣降。太祖将迎天子，诸将或疑，荀彧、程昱劝之，乃遣曹洪将兵西迎，卫将军董承与袁术将苌奴拒险，洪不得进。"

就是说，汉献帝还在山西安邑，曹操就派曹洪以迎天子的名义去洛阳。结果先后遭董承以及一个称为苌奴的人拦阻。有人认为，苌奴是黄巾军的头目，也可能是进入关内的南匈奴的成员，此时他从属于袁术。苌奴与董承不是一条道上的人，但他们都担心曹洪蚕食自己地盘。

不过董承很快发觉，曹操对汉室并无抵触情绪。

当下曹操已经破定陶、庸丘、平定兖州，连续三败的吕布被挤到徐州与刘备钩心斗角。彻底翻身的曹操转身进军淮北、河南。获得大量领地后，曹操暂停脚步静观董承到洛阳后的动向。

由于河东安邑生存条件太差，献帝身边人的日子难过。同时，他们与那些以东迁英雄自居的白波军丘八们实在难以继续相处。这年入夏，白波军分家，胡才和李乐继续留安邑。另一支由韩暹带队，护送汉献帝回洛阳。残破不堪的洛阳同样不是天堂，张杨出资装修的杨安殿还没有竣工。

七月，献帝入住杨安殿。一众在洛阳住下后，张杨才发现日子不好过。小小的河内郡银两与粮草除开养自己的军队外，已无力负担汉献帝身边一帮人！另外朝中大小官员也瞧不起自己，甚至是董承、杨奉也自以为高人一等。还有就是韩暹的白波军匪兵悍将更难服侍。于是，他移师野王回到了自家地盘。他说："天子当与天下共之，朝廷自有公卿大臣，杨当出捍外难，何事京师？"他要甩手不管了。杨奉或许看出一点苗头，也自觉把手下带出城外。但其他人哪有此等觉悟？他们反而开始了争权夺利！内战让韩暹占了一点优势。董承也不吃亏，他女儿终于得到宠幸成了贵妃。于是韩暹、董承两家成了小朝廷的支柱。然而这支柱供不了一张张吃饭的嘴。张杨一走，洛阳城即刻面临断粮！到此地步，杨彪与董承等人才明白张杨自炒鱿鱼的苦衷。张太守临走时或许还吞下一句没说出口的话：对不起，我养不起诸位了！

这天下，能养得起这个朝廷的有谁？当然是袁术、袁绍、曹操！

袁术、袁绍的态度前文已经做过说明。虽杨彪是袁术的姑爷，他想到利用关系说动袁绍，但碰了一鼻子灰。董承本就不赞成杨彪的方案，他看到袁氏兄弟就头皮发麻！他姑妈董太后与高居骠骑将军之位的亲兄董重，与其说是被何进整死的，还不如说袁绍、袁术才是最大仇家。袁氏兄弟与董家有深仇大恨啊！千万别抱希望。于是杨彪决定借助曹操之力，一来自然是解决饥饿问题；二来利用曹操排挤韩暹，驱逐政敌。他的提议得到杨奉的支持。杨奉为何投支持票？有人说杨奉是受了董昭的影响，而董昭又与曹操保持良好的私人关系。当然更主要的是众人都想吃饱饭，当年能给洛阳带来粮食的人就只有曹操！

就这样，救星曹操率大军来了。不过曹操不是傻瓜。董卓想甩掉"挟天子以令诸侯"的黑锅，曹操能轻易捡起来就用？不成！曹操要把那口锅改为"奉天子以令不臣"。不过一千八百年来，天下人不依不饶，不买账。曹操想甩掉"挟天子以令诸侯"的锅？没门！那口黑锅就该牢牢地扣在他头上。

曹操那年一进洛阳就甩出三招：

一、曹操先拜见天子与众臣，诣阙贡献，禀公卿以下。大殿之上开礼单贡献大礼。"禀公卿以下"五个字解释起来就是：奖赏人人有份，但谁地位高，谁功劳大，得赏就多！礼物主要是粮食，也有丝绸绫罗，首先解决吃穿问题。曹操普遍行贿，收买人心。他因此成了洛阳大善人。

二、曹操使出了严厉的一招。他向众人表明，这次晋京，他一手拿的是礼品，另一手握的却是刀把子！刀刃直逼两大恶霸：韩暹、张杨！曹操与这俩素无往来，凭什么"因奏韩暹、张杨之罪"，而且到底是什么罪？语焉不详，至今也没人知道。有人怀疑那不过是董承与曹操的幕后交易。不过，曹操此举给汉献帝提供了一个当和事佬的机会。献帝以护驾有功为由赦免了韩暹和张杨。董昭原本是张杨的帐前司马，见张杨落魄他就趁机离开旧主改投曹操。其实董昭早已与曹操勾结。

敲山震虎起了效果：韩暹丢下军队单骑夜奔杨奉。杨奉本就十分紧张，于是他俩一道投奔袁术、刘备，然而他们却不明不白地被刘备杀了。猛将徐晃不盲从杨奉而改投曹操。

三、曹操"以洛阳残荒，遂移帝幸许"。这就是历史上著名的"迁都许县"。许县就是许昌，董承愿意去许县吗？事实上正是董承跟随曹操前往许都。曹操帮董承赶走强大的竞争对手张杨、韩暹与杨奉，他该感激得五体投地才对！他当然向汉献帝力陈迁都许昌的好处。

话说得如此顺风顺水，好像曹操此行十分潇洒似的。但在曹操看来，此行却是他终生难忘的恐怖经历：他是统兵到帝都洛阳来见驾的。按传统规矩，只有"三公"、大将军才有资格领兵朝见皇帝。即使是带兵的"三公"，要是想上殿觐见天子，大殿两边排列的仪仗虎贲就同时将手执的斧、钺、戟、铩等兵器架在其后肩上，寒光闪闪，让其不敢出口粗气！曹操不过是小小兖州刺史，没见过如此场面。曹操顿时感到肩项两侧斧、钺、戟、铩寒气逼人！吓得他汗流浃背！眼角掠过的官员，他只认得太尉杨彪，但此时他面色冰冷，严肃得像阎王！曹操不禁又是一个冷战：倘若有谁一声断喝，那斧那钺就可能砍断自己的脖子！

曹操依稀记得：大殿上，献帝封自己为司隶校尉，录尚书事。他连忙谢恩。可是，那有意义吗？不论自己任什么官，薪水都是自己发给自己的。皇上不但没有银两发薪，就连其与周边大臣、侍女的种种开销，也得由曹操开销。谁养活谁呀？谁要谢谁的恩啊？想到这，曹操平和多了。自此以后，为免不测，曹操尽量不去许昌，更不想上朝见皇帝了。

不过，恐惧心理是双方都有的。经历过李傕、郭汜之乱的汉献帝，心理成熟多了。袁绍、袁术嫌弃自己，而曹操却接收了自己这一班子，名义上还成了自己的臣子。他知道自己几斤几两，只要人家把自己当皇帝服侍，不再出李傕、郭汜，自己不再担惊受怕，吃好穿好，就先暂时过过太平日子再说。于是汉献帝刘协在许都当了过家家的皇帝。事实上，没地盘、没军队、缺食少穿的皇帝是被迫投靠了有权有势的新兴贵族曹操。

从这天开始，双方走上了豪门大族与皇权互相PK的漫长道路。皇帝遭遇豪门新贵族，他们之间，究竟是豪门支配皇权，还是分享皇权？这就是魏晋时代的特色！

对于曹操来说，身边有个汉献帝，就有利于防范其他豪强觊觎自己的地盘。同时曹操也不愁汉献帝及身边人夺走自己的军队与地盘。曹操不在乎出钱、出人、出力，提供条件，在自己地盘供养个皇帝与他的朝廷，保障皇上和文武官员过上体面的生活。

但曹操有底线：自己的生命、军队与地盘这三样东西不容别人觊觎！

事实上，汉献帝的确给曹操带来了不少好运。光从吸引人才这点来看，曹操就占了大便宜。这年，曹操因为拥护皇帝，全国各地有许多人才来投奔他，形成一支豪华的谋士队伍。他们是：荀彧、荀攸、郭嘉、程昱、董昭。知人善任的曹操充分发挥他们的作用，发展出了一个新局面。

建安二年（公元197年）正月，曹操遇到了难啃的硬骨头张绣。张绣是张济的侄儿，前不久张济死了，张绣继承了位子。原先投靠张济的贾诩，此时正继续辅佐张绣。说张绣难对付，难就难在贾诩身上！原本，张绣、贾诩已经归降曹操了。但曹操居然让张绣的婶婶陪宿。此举令张绣忍无可忍，于是发动叛乱，杀得曹操落荒而逃！曹操的部下猛将典韦、长子曹昂、侄子曹安民均战死。此后又多次与张绣交战，曹操始终没占到便宜，只因这位贾诩真不好对付！

不过到后来，也就是建安四年（公元199年）十一月，曹操还是招降了他们。曹操的谋士队伍中，如愿以偿地添加了贾诩！至此，曹操手下著名的五大谋士荀彧、荀攸、贾诩、程昱、郭嘉齐全。贾诩与曹操有杀子之仇，但得到善待。这说明，曹操不是小气量的人。

同时曹操还比较讲信用。他曾答应替汉献帝刘协消灭李傕、郭汜。两年后，曹操以裴茂为传令官率中郎将段煨讨伐李傕，灭了李家三族。裴茂因讨伐李傕之功晋爵封侯，后来官至尚书令，成了河东裴氏之祖。

同年曹操大军占领徐州，生擒并杀死吕布。此战不但有良将张辽归顺，连刘备也投奔了过来。

因胜仗，曹操顺便占有了吕布的部将秦宜禄弃妻杜氏。秦宜禄此前已接受袁术赐婚，弃妻杜氏留在吕布处。关羽曾希望曹操把杜氏赏给自己，只是未置可否。不过听关羽提的次数多了，他反倒想看看杜氏长什么模样。不料曹操一见就迷上了而留下自享，还把其儿子秦朗视同己出。曹操的食言气得关羽七窍生烟！后来，曹操带众官员陪同汉献帝去许田围猎时，关羽一时冲动欲杀曹操，刘备急忙制止。那一瞬恰被一旁的董承留意了，他决定拉拢刘备共谋大事。

孔融：小时了了，大未必佳？

《世说新语》中有一段有关孔融十岁那年的"鸡汤"故事。当时正值"党锢之祸"前夕，清流领袖河南尹李元礼官邸前车水马龙，拜访者极多。为提防宦官们干扰破坏，李府门前增加防卫，不让身份不明者乱窜。孔融想拜访李元礼却因此进不了门，于是就对门卫说："我是李府尹的亲戚，给我通报一下。"

其实李元礼为人很随和，听说有小孩求见就马上出来了。

谁家孩子？李府尹十分惊讶，他真的不认识眼前这小孩："请问，你是我什么亲戚呢？"孔融说："从前我的祖先仲尼和你家的祖先伯阳有师资之尊，因此，我和你是世交呀！"这仲尼是孔子的字，伯阳则是老子李耳的字，曾涉及一桩孔子问礼于老子的典故。他俩也被认为孔家与李家的老祖宗。

这回答令李元礼与满堂宾客惊讶不已！

贵宾陈韪迟来一步，听众人议论后，随口说："小时了了，大未必佳。"

孔融听着不顺耳，便反讥："我想陈老爷小时候一定很聪明！"陈韪蒙了，半天说不出话来。

小小年纪令人刮目相看！然而后来事实却证明，孔融成年之后，其办事能力的确不敢令人恭维。他的政绩非常低下。

孔融任北海相时，一次在路上看见一人在父墓前号啕大哭，脸色却一点不憔悴。于是孔融将此人杀了。他维护孝道，然而这方式着实无法恭维。

初平元年（公元190年）后，孔融在北海经营了六年。那时黄巾军败局已定，其残部张饶从冀州败退。孔融贸然率部倾巢出击，结果反被张饶打得狼狈逃跑，不仅没立功，连北海也弄丢了。他只好召集散兵退保朱虚县。朱虚太史慈是猛将，主动要求带兵退敌，却遭孔融无视。即便此时孔融依然不为即将发生的战争作丝毫准备，一门心思招待客人喝酒，还说是重视办学。然而，他办学尚空谈，表显儒术，追求虚名。他一生诗歌不多，但却留了以下诗句：

座上客恒满，樽中饮不空。

这真实地反映了他的理想与人生态度。

然而，现实无情。高朋满座，酒杯喝不空的日子又哪能长长久久？黄巾军突然再次来袭，孔融仓促应对不及，被黄巾军小头目管亥围困到小城都昌。多亏太史慈奋勇突围，并向临近的县令刘备求救，总共千把兵马的刘备杀败管亥，救了孔融。张饶、管亥之辈在黄巾军中均系无名小辈，同是无名小辈的刘备救了大名赫赫的北海孔融！就这样刘备逐渐上升了，而北海相孔融跌霸了。然他依然不肯吸取教训！

建安元年（公元196年）春夏之交，袁绍的儿子袁谭进攻北海。袁军破城而入，一场短兵相接的残酷巷战展开。最高长官孔融束手无策，却摆虚架子：任凭火光冲天杀声阵阵，他犹凭几读书，谈笑自若。好一副儒将风度！结果北海全城失陷。慌忙中，孔融只身逃命，妻儿都成了袁谭的战利品！这做派算什么名堂？后人给个名称：浮华！孔融因浮华害了自己。

对照口齿伶俐的少年孔融，此时俨然判若两人！这印证了陈韪的话："小时了了，大未必佳！"

好在天无绝人之路，孔融投奔许都。究竟是名人，还是杨赐一手栽培的，他与杨彪堪称世交。杨彪向汉献帝举荐孔融作大匠。这是一个不错的官职，相当于如今工业和信息化部与建设部的综合体。随后，孔融升任少府步入六卿之列。杨彪与孔融互相扶持。

然而杨彪的苦日子来了。建安二年（公元197年），鬼迷心窍的袁术在寿春称帝！这不就是明目张胆地挑战汉朝权威？许昌朝野震动！按汉律，伪帝袁术罪大恶极该灭九族！杨彪恰是袁术女婿！他几乎面临灭顶之灾！袁绍却趁机检举袁术！要曹操拿下杨彪问罪！事实上，袁绍秘密文书要曹操做掉的人不仅有杨彪，还有梁绍和孔融。

此事在《魏书·武帝纪》有记载：

袁绍宿与故太尉杨彪、大长秋梁绍、少府孔融有隙，欲使公以他过诛之。公曰："当今天下土崩瓦解，雄豪并起，辅相君长，人怀怏怏，各有自为之心，此上下相疑之秋也，虽以无嫌待之，犹惧未信；如有所除，则谁不自危？且夫起布衣，在尘垢之间，为庸人之所陵陷，可胜怨乎！高祖赦雍齿之雠而群情以安，如何忘之？"绍以为公外托公义，内实离异，深怀怨望。

这里的公是史书对曹操的尊称，绍就是袁绍。曹操表明了要暗护杨彪与孔融。袁绍因此对他不满，认为他是故意讲大道理推托，显然与自己离心离德。虽然袁术、袁绍都冷漠对待汉献帝东归，但两袁有不一样的地方：

袁术心怀异志。他此时控制江淮、江南广大富庶地区，兵精粮足，与其拥护刘协为皇帝，还不如自己干！于是袁术放消息，称自己手握传国玉玺，是真命天子。玉玺是怎么到袁术手中的？显然是个谜！不过，当年孙坚战死，其余部数千兵将都留在袁术的地面上。孙坚的儿子孙策即将成年之际，向袁术索回孙家军，袁术不肯。后来传说中孙策把玉玺给了袁术，才借回原属孙家军的一千士兵。这点证实了，十八诸侯结盟时，孙坚的确是把玉玺当战利品暗自保留了。袁术手中有了玉玺，还有不小的地盘。建安二年（197年）他称帝了。

袁绍不反对曹操当"接盘侠"收留汉献帝的小朝廷。但他不承认刘协的合法性，他要夺取更多的城池。此时天下不是刘协的，袁绍爱占多少就要多少。他乘曹操被张绣打得头破血流之际，向华北地区大发展，占领冀、幽、青、并四州，几乎控制了黄河以北的全部地区，一小半天下都纳入袁绍囊中。袁绍要占领更多的地盘，但不想公开称帝。他没有否定拥立其他刘姓宗亲为帝的初衷。

面对袁术称帝的事，大哥袁绍就不舒服了。他必须表态不赞同袁术！但毕竟是亲兄弟，怎么表达呢？他想到了袁术的女婿杨彪。杨彪此时正在汉献帝驾前当太尉，地位甚至在司空曹操之上。于是袁绍给老朋友曹操发文，以向世人表明自己与袁术划清界限！袁术称帝篡位的黑锅与我袁绍无关！

曹操婉拒了袁绍要收拾杨彪、孔融的要求。不过清查伪帝袁术流毒是头等大事啊，既然袁绍都能大义灭亲点名举报佢女婿杨彪，曹操岂能包庇？他总不能在大是大非问题上给人落下话柄吧。于是上本参奏，主张肃清袁术流毒，罢免杨彪的官职。

杨彪刚被罢官，孔融连忙来求情。他急坏了连朝服都顾不得穿就匆匆求见曹操。曹操说："这是陛下的意思。"孔融对曰："如果让成王杀绍公，周公可以说自己不知道吗？如今天下士人之所以仰慕明公您，是因为您聪明仁智，辅弼汉朝，举荐正直之士，斥退邪妄之人，致使四方和乐。如今却要杀害无辜之人，那么海内旁观侧听之人，谁也不会再肃敬待您了！我孔融还是鲁国一男子，明天便拂袖而去，不再来朝。"孔融口若悬河，喷出的正能量如滔滔洪水，看来曹操也难敌其势。

曹操听着听着心底暗暗发笑：要是我听信袁绍来文把你孔融一并拿下，谁来替你求情？

哪怕孔融哭着跪地求饶，曹操也照样一副官僚主义态度。孔融自己不知道，他面临的不是杨彪能不能救，而是自己有没有救的问题。

后来杨彪既没死也免了牢狱之灾，孔融照样当官。杨彪知道总甩不掉岳父袁术的阴影，别说是太尉，就是最下层的芝麻官也不能当了。不过为名誉起见他复官时先接受太常之职，然后以"脚老是抽筋"为由辞官，再也不过问朝廷大事。

孔融也弄清楚了，祸魁是袁绍！所以孔融对曹操的态度也转变了，双方暂时建立了良好关系。不过孔融清楚，自己是献帝的臣子而不附属于曹操。所以，他不因笑脸而盲从。

击鼓骂曹

身为少府的孔融是有资格向朝廷推荐贤人的。他朋友多，但最先想到的是祢衡。于是他把《荐祢衡表》呈报献帝。孔融称赞祢衡"淑质贞亮，英才卓砾。初涉艺文，升堂睹奥。目所一见，辄诵于口；耳所瞥闻，不忘于心。性与道合，思若有神……"还说"钧天广乐，必有奇丽之观；帝室皇居，必蓄非常之宝。若衡等辈，不可多得"。这是国宝啊，宜快快招进！孔融思贤如渴的心态尽显其中。《荐祢衡表》也堪称是一篇好文章。正由于此等佳作，曹丕后来把孔融列入"建安七子"之列！

招个贤人，汉献帝总不能自己来办吧，他赞扬了孔融的文采之后，就让人把文章念给百官听。让大家商议，推荐适合的岗位。

不过，这推荐表却出了一处纰漏："路粹、严象，亦用异才，擢拜台郎，衡宜与为比。如得龙跃天衢，振翼云汉，扬声紫微，垂光虹蜺，足以昭近署之多士，增四门之穆穆"。

孔融夸耀祢衡却偏拿路粹、严象当垫脚石，还狠狠地损了一下人家。

当然，孔融写推荐表时，这二人还刚刚以同科高才擢拜尚书郎。尚书郎是尚书台的普通文员，恐怕不及当今的主任科员，虽有飞黄腾达的机会，然此时犹不曾显山露水。但孔融也不能想当然就拿祢衡与路粹、严象比。未来各人机遇如何，成就如何，那都有些不确定性。路粹、严象就是具备不确定性的人物！孔融本就不该得罪人。首先，严象是荀彧推荐的人才之一，荀彧在朝中什么地位？就在孔融举荐祢衡之后不久，严象受到曹操重用，以督军、御史中丞身份去讨伐伪帝袁术。凑巧的是，仗还没开打，袁术就病死了！管他袁术怎么死，人家严象马到成功灭了袁术，那就是功臣！于是曹操提名严象当扬州刺史，比亲信夏侯惇、曹仁、曹洪更受重用！当然这严象挺倒霉的，当扬州刺史没几天，就遭遇打遍江南无敌手的小霸王孙策！严刺史除了光荣牺牲外，几乎没有其他选项。既然严象成了烈士，其高大上的形象就更加不可动摇了。所以，从"事后诸葛亮"的角度来看问题，孔融为抬高祢衡而贬严象，非常不妥当！当然死掉的严象为难不了活着的孔融。然而糟糕的是，另一个对象路粹还在。他与孔融同朝为官，想回避都避不了。路粹与严象同科擢拜尚书郎后，出任曹操的军咨祭酒，与另一才子阮瑀同典记室。路粹和阮瑀都是蔡邕的门生，其人品比阮瑀、比孔融、比"建安七子"其他人都差远了！孔融恰恰得罪了人品不佳的同僚，风险虽然一时看不到，却是致命的！

现在说说祢衡。其实孔融举荐时，祢衡早已在洛阳了。如何安置他，何处有空位都是个问题。总不能谁举荐谁安排吧？当然身为少府的孔融有权在自己管理的范围内安插，可皇室侍员是一个萝卜一个坑！没有新的用人指标就没有薪水空额。孔融的腰包也无法多开支一份薪水。他无力自己安排。

知道当年许昌的薪水与空缺问题的严重性吗？其实，首先为薪水与用人指标问题头痛的人是执金吾伏完将军。定都许昌，就要新建一支御林军与虎贲仪仗队。曹阳一战，御林军与虎贲只剩下不到百人。过黄河，因没船这百号人也不要了。他们到底是被李傕、郭汜斩杀还是投河自尽就不得而知了。到许昌，就只能把曹操驻守许昌的现有军队整建制地搬来，全部吃穿开销以及长官薪金由原来部队负责！想额外招人，哪来的银两？全国各郡县哪有过一个傻瓜向献帝中央主动交纳银子、大米？朝廷开销都得向曹操伸手去要。甚至天子与伏完将军自己每日的开销都由曹操提供。毕竟曹操控制的地域也不太大，粮草和银子是有限的。而且，曹操与所有军阀一样，财政开支的大头是养兵备战！所以，伏完将军觉得既然御林军属于曹军编制，自己又没独立的银两养他们，他这个执金吾就干不了。于是他交出印绶请辞，自降职务为中散大夫。国丈尚且如此，孔融就更无计可施了。祢衡就一直留居驿站待分配。时间一长，祢衡感到受怠慢，原本口无遮拦的本性显形。

总归还是有人来驿站搞面试，招个把人从业。当发觉祢衡没落实岗位就问，为何不应聘陈群或司马朗门下的职务？祢衡不屑地回答："我怎么能和杀猪卖肉的人结交呢？"这表明，祢衡牢记，是孔少府把自己举荐给天子的，陈群、司马朗那种档次他看不上。

既然想竞聘最高层，那就涉及才能多高的问题。于是有人要他评价荀彧、赵融。祢衡知道荀彧长得帅，而赵融因发福肚子都肥了，于是说："荀文若可以借他的小白脸去吊丧，赵稚长可以让他管理厨房膳食。"好像荀彧是凭面孔吃饭的，而赵融无非是个只会吃肉膘的大菜师傅！祢衡还认为天下有点才能的人是"大儿孔文举，小儿杨德祖。其余人平平庸庸，不值一提。"孔文举、杨德祖就是孔融和杨修。把孔融和杨修都说成儿子，祢衡这牛吹得够大了。当然，他说说大话，仅是为了炫耀炫耀自己的语言艺术。

此时，曹操想招个口舌伶俐的人替自己把招降书信传达给刘表。当听到祢衡就要召见。不料，祢衡发觉不是天子召见，就不去。他隐隐感到曹操与孔融不对路，还觉得曹操长期怠慢了自己！

接着，祢衡参加了一场迎宾的大宴会。这是一种自娱自乐的热闹场合，没有专业乐队助兴，而由赴宴者主动出场表演。其中就有祢衡擅长的鼓曲节目。

演出的要求是：所有参演者必须服装整齐。哪怕是业余演员，上场前都要换上统一的专门服装。

轮到祢衡了。他一上场，不待更衣就演奏自己最拿手的《渔阳鼓曲》。其容貌姿态与众不同，鼓曲声音悲壮富有节奏，听者无不感慨。祢衡俨然成了一颗红星！边走边表演的他正在兴头上，不觉来到曹操的席前。曹操身边的属员见状就呵斥道："鼓史为何不换衣服，就胆敢轻率进见？"祢衡听了便回答说："然也！"只见他三下五除二，把自己的衣服剥得一干二净，赤身裸体站在曹操面前。等别人送过专用衣服之后，才从头开始击鼓演奏，离开时脸色无一丝愧意。曹操笑着自我解嘲道："本想羞辱一下祢衡，没想祢衡反而羞辱了我。"

事后孔融数落祢衡，顺便提及曹操对他有诚意，正要让他完成一项重要使命。祢衡答应去给曹操赔罪。孔融再次向曹操通融，说祢衡要亲自来谢罪。曹操大喜，命令营门守卫耐心等候：有客人来就通报。祢衡果然来了，却穿着普通单衣、缠着普通头巾，手里拿着三尺长的大杖，坐在大营门口，用大杖捶着地大骂曹操。

曹操生气地放话给孔融："祢衡这小子，我真想杀他的话，就像杀死鸟雀、老鼠罢了。但这个人一向有虚名，远近的人会认为我不能容他，现在把他送给刘表，你认为怎么样？"

相对而言，一介布衣居然在大庭广众之下辱骂当朝丞相，丞相曹操却忍气吞声，而只在祢衡的最知心朋友孔融面前诉说了几句。看来，曹操不是老虎屁股摸不得的人物，其气量不算太小。这在民国之前两千年来天朝的大人物中是难得一见的。或许正因如此，就更有人认为他奸诈、阴险和毒辣。对于这点，曹操自然不甘心。他要检验一下自己：给祢衡换个好东家，他会怎样？天下恰有一位好东家，那就是荆州刘表！刘表为人仗义疏财、乐于助人，在桓、灵两帝制造"党锢之祸"时，就被誉为"八厨"与"江表八俊"之一，堪称当年天底下待人处世最为宽厚的贤人之一。曹操也知道，要让刘表这样的人物放弃荆独、投降自己不是容易的事，但利用祢衡去检验一下刘大善人是否货真价实，倒是一个机会。曹操要看看，刘表将如何善待这位近乎疯狂的祢才子。

让祢衡当朝廷特使给刘表下书！这份差使还是蛮体面的。祢衡是否满意？

事实上他高高兴兴地接受并立即出发了。

　　不出所料，刘表没对统一的问题明确表态，只以一句"有待从长计议"而结束了交涉。就是说，刘表不向曹操投降！这事情背后有其他原因：袁绍早就出面来拉拢刘表。再说，刘表兵强马壮，荆襄又是富裕之地，不经一战，刘表岂能甘心投降？但刘表是温良恭俭让的谦谦君子，公事无话可谈，待客之道却不能不讲究。他对朝廷使者祢衡表示了最大的热情，一番寒暄，两人只恨相见太晚！刘表认定祢衡是知己。他挽留祢衡长住荆州，委以重任，与自己共事。

　　然而没多久，祢衡又管不住嘴巴，言语中多有轻慢刘表，甚至不乏冒犯、侮辱的言辞。渐渐的，刘表忍受不了，觉得羞耻。于是他找借口，把祢衡支出去。刘表明知江夏太守黄祖脾气暴躁，却偏把祢衡送过去。然而想不到的是，祢衡此去就回不来了。

　　一开始，黄祖善待祢衡。祢衡负责黄祖文书方面的事务十分尽职。黄祖拉着他的手说："先生，这正合我的意，和我心中要说的话一样啊。"其实，祢衡经历了曹操、刘表之后，确实学乖了。他已学会克制自己：为生存就得尽量不得罪人。相当长的一段时间里，他竟然在粗人黄祖手下谨慎地过日子。

　　黄祖的长子黄射，此时为章陵太守，对祢衡尤其友善。在一次宴会上祢衡一气呵成写了一篇《鹦鹉赋》，令众人喝彩。其实，祢衡是借鹦鹉诉说自己的不幸：闭以雕笼，剪其翅羽，每天只能"顺笼槛以俯仰，窥户牖以踟蹰。"全赋每一诗句，都表达自己对自由的渴望。该赋寓意深刻，写人状物惟妙惟肖，情感丰富，给后世留下深沉绵远的影响。孔融赏识祢衡果然没错！

　　但祢衡在江夏的好日子没过多久，就遇上了大麻烦。事情发生在一次宴会上。那次黄祖在大船上宴请宾客，祢衡喝了些酒又故意冒犯领导了。说着说着，他出言不逊把东家黄祖称呼为"死老头！"这使得黄祖在众人面前很难堪。气急败坏的黄祖威胁要抽祢衡的耳光！还没等动手，祢衡更是肆无忌惮地破口大骂黄祖的十八代祖宗了。黄祖忍无可忍就下令杀死祢衡。

　　黄射闻讯急得赤脚来救，迟了！这年祢衡二十六岁。他是建安年代最有才华的文艺家之一。虽因某种原因，文艺批评家曹丕开列的"建安七子"中没有祢衡，但他的文学成就不亚于"建安七子"中的任何一位。祢衡死了，黄祖也清醒了。他反悔了，于是厚葬了祢衡。

祢衡在世，大家觉得他怪，容纳不下他！等他死了，人们又觉得可惜，怀念他。因他的名篇《鹦鹉赋》，武汉长江鹦鹉洲成了延续快两千年的名胜古迹。那里，祢衡墓修了又修，延续至今。

《鹦鹉赋》的全文如下：

惟西域之灵鸟兮，挺自然之奇姿。体全精之妙质兮，合火德之明辉。

性辩慧而能言兮，才聪明以识机。故其嬉游高峻，栖跱幽深。

飞不妄集，翔必择林。绀趾丹觜，绿衣翠衿。采采丽容，咬咬好音。

虽同族于羽毛，固殊智而异心。配鸾皇而等美，焉比德于众禽？

于是羡芳声之远畅，伟灵表之可嘉。命虞人于陇坻，诏伯益于流沙。

跨昆仑而播弋，冠云霓而张罗。虽纲维之备设，终一目之所加。

且其容止闲暇，守植安停。逼之不惧，抚之不惊。

宁顺从以远害，不违迕以丧生。故献全者受赏，而伤肌者被刑。

尔乃归穷委命，离群丧侣。闭以雕笼，翦其翅羽。流飘万里，崎岖重阻。

逾岷越障，载罹寒暑。女辞家而适人，臣出身而事主。

彼贤哲之逢患，犹栖迟以羁旅。矧禽鸟之微物，能驯扰以安处！

眷西路而长怀，望故乡而延伫。忖陋体之腥臊，亦何劳于鼎俎？

嗟禄命之衰薄，奚遭时之险巇？岂言语以阶乱，将不密以致危？

痛母子之永隔，哀伉俪之生离。匪余年之足惜，愍众雏之无知。

背蛮夷之下国，侍君子之光仪。惧名实之不符，耻才能之无奇。

羡西都之沃壤，识苦乐之异宜。怀代越之悠思，故每言而称斯。

若乃少昊司辰，蓐收整辔。严霜初降，凉风萧瑟。长吟远慕，哀鸣感类。

音声凄以激扬，容貌惨以憔悴。闻之者悲伤，见之者陨泪。

放臣为之屡叹，弃妻为之欷歔。

感平生之游处，若埙篪之相须。何今日之两绝，若胡越之异区？

顺笼槛以俯仰，窥户牖以踟蹰。想昆山之高岳，思邓林之扶疏。

顾六翮之残毁，虽奋迅其焉如？心怀归而弗果，徒怨毒于一隅。

苟竭心于所事，敢背惠而忘初？讬轻鄙之微命，委陋贱之薄躯。

期守死以报德，甘尽辞以效愚。恃隆恩于既往，庶弥久而不渝。

阅读《三国演义》小说或观看《三国演义》电视剧的朋友，习惯于把曹操看成国贼，感到击鼓骂贼或裸衣骂贼的祢衡很正义凛然、很解气，是个大英雄。也有人以为祢衡性格怪异、太自恋、很不合群、不谙世事、顶撞上司、对抗威权。他在那个年代，当然会被上司、被威权整得头破血流，甚至丧失性命。祢衡是人生的失败者，是悲剧。还有人持另外一种看法。年轻率真的祢衡不像《三国演义》电视连续剧中的那样，他不是因恼怒曹操"欺君罔上"而开骂。祢衡骂曹操，是因为曹操自恃高人一等而傲慢、不能平等待人。同样，祢衡也骂刘表，更骂黄祖，绝非因为祢衡是汉朝纲常伦理的捍卫士，而是他内心自发形成的那种不甘被驱使，不甘被奴役的反威权意识与平等意识。

祢衡是很有才能、很有个性的年轻人。只因为他的自主意识，导致天下处处不能容忍而惨遭杀害。城府深的曹操把祢衡当烫手山芋打发了出去；宽厚仁慈的刘表又把他弄到大恶人黄祖手下；鲁莽的黄祖重用了祢衡，却又因一言不合就杀了他！关键是，那年代，人的生命如同蝼蚁，不论是眼界开阔的曹操、菩萨心肠的刘表，还是粗野鲁莽的黄祖，他们都一样有权力剥夺任何一条性命，就像伸个手指碾死一只蝼蚁那么简单！

但在祢衡看来，我是我，你是你。各人社会地位不同但人格尊严相等，从而我没有必要从属于你。建安年代祢衡最早认识到人格平等，他是自我意识的觉醒者，自我价值、自我人格的意识者。正因为他的自我意识，就有了追求平等的愿望。从而导致他自发地否定与拒绝大人物的权威。这些，在世俗的目光中，就变成"性格怪异、自恋、不合群、不谙世事、顶撞上司、对抗威权"的疯子。

然而，正因为祢衡有了"自我意识"，他才显得十分可贵。

唐代诗人李白为祢衡之死而感叹：

魏帝营八极，蚁观一祢衡。黄祖斗筲人，杀之受恶名。吴江赋《鹦鹉》，落笔超群英。

锵锵振金玉，句句欲飞鸣。鸷鹗啄孤凤，千春伤我情。五岳起方寸，隐然讵可平？

才高竟何施，寡识冒天刑。至今芳洲上，兰蕙不忍生。

鹦鹉洲埋葬了祢衡，兰蕙因之痛不欲生了。

董承与衣带密诏

建安四年（公元199年），史涣、曹仁占领原先张杨河内郡，曹操的势力范围扩张到黄河以北，终于与老大哥袁绍亲密接触了。此前盘踞河内郡的势力经历了三次内部倾轧：先是建安三年（公元198年）太守张杨出兵救援吕布，却遭部下杨丑反对，张杨被杀，杨丑夺河内。接着是张杨旧部眭固为主报仇而杀杨丑。事后势单力孤的眭固欲北投袁绍。虎视眈眈的曹操抓住机会，派史涣、曹仁袭击眭固，夺取河内。

曹操因此深深地得罪了袁绍！

这也充分说明，曹操自开放许昌迎请汉献帝以来，开创了大发展的局面。他"挟天子以令诸侯"之路走对了。走对路的人当然还有董承，他当初力请曹操进洛阳。

投桃报李，曹操把一路护送天子东归有功的白波将军韩暹、胡才、李乐，还有从长安出发的杨奉以及朝廷太守张杨和王邑一并驱逐！剩下董承一人风景独好。全部东归长征的功劳几乎归他独揽！迁都许昌后，董承不但没有失势，反而步步高升。建安四年董承得到了仪同三司的车骑将军职务，与当年他兄长董重的骠骑将军已不相上下！女儿成了汉献帝的妃子，然后一步步上位，最终取代宋贵人，成为宫中仅次于伏皇后的女二号。是董承能力超群，还是命运垂青？当然，董承谋得车骑将军的具体时间还有待细分确定。

自杨彪退职后，董承开始想象着自己的万里鹏程：前面只有一座高山，那就是官居司空的曹操！凭借命运的垂青，董承是否能再次弯道超车取代或超越曹操？当然，此时许都还有一位名人，他就是刚投靠曹操的刘备。他被封为后将军。这位后将军虽不够董承的车骑将军的级别，但刘备被汉献帝称为皇叔。然而刘备前面也有一座高山曹操！董承发觉这皇叔有用，想拉之为"移山"的盟友。

董承就主动找来刘备。他把掌握在自己手中的一桩天大的秘密抖了出来：原来董承手中握有汉献帝血写的"衣带密诏"！董承称，诏书是皇上用血在绸布上写的，皇后用针线把密诏缝入衣带中，然后带出宫来。董承虽没有向皇叔出示真件，然而信誓旦旦地保证，此事千真万确。自己可以提着脑袋作担保！他告诉皇叔，建安四年三月，汉献帝密授的旨意，授权他"纠合忠义两全之烈士，殄灭奸党"！自己今日正是奉旨找刘备来共图大业的。至于待殄灭的"奸党"是谁？不言而喻。

这当中有点问题。明白人都知道，绸布上的血迹，几天之后就发黑了，然后就黑得与碳、墨几乎没两样，肉眼能区分吗？那时的人没有化验技术，谁能证明这衣带上的诏书没有猫腻？谁知道那上面是血，还是碳墨？即便是血，谁知道是皇上的DNA，太监或奴仆的DNA，还是家禽畜生鸡鸭猪狗的DNA？

写血书，只适合在紧急状态下、众目睽睽之下、在狱中没有笔墨纸砚的场合才采取的手段。所以，皇上真的要发密诏，为何不能直接用笔在绢纺绸缎上书写，然后盖上玉玺或后玺？一桩正经事，就这样被"血书"二字戏剧化了。既然密诏缝在衣服内，血写的可用，笔墨写的加盖玉玺怎么就不可用？

特别，董承还特指，是皇后用针线把密诏缝入衣带。这么一说，皇后与皇上都是衣带诏的同谋人。然而，皇后是伏寿而非董贵人！皇后伏寿的父亲伏完此前还是执金吾，是保卫皇帝的辅国将军，如今虽换位，照样是皇上的人，为何传旨给董承却回避真正的国丈伏完？所以这衣带血诏，确实有那么一点点别样的噱头。

刘备堪称是盖世英雄。辛苦半生好不容易被曹操接纳，到了天子身边当后将军。如今却突然听到董承口述皇帝的"衣带密诏"！刘备即使不被吓出一身冷汗，也难免狐疑重重！只凭董承的一面之词就要卷入如此惊天大案，那风险着实太大！从血雨腥风中走来的刘备可不是莽汉剽子！他当场只是空口诺诺而不留声色，但心中却是盘算着如何摆脱这场是非。于是刘备转入"后园种菜"，韬晦了好一阵。正巧这时，在寿春称帝的袁术难熬内乱与外患的严重打击，特别是江东小霸王孙策咄咄逼人的攻势，因而决定要北上避难。机会难得！刘备觉得自己可以脱身了。

刘备主动向曹操请缨，愿带兵拦截袁术！无巧不成书，曹操身边的超级智囊团成员荀彧、郭嘉和程昱都不在。曹操看到皇叔的一片恳切之情，就同意了。他当即拨给刘备五万兵马。自然，刘备并非与袁术拼命而是直奔徐州，那曾经是自己实现理想的地方。

等郭嘉、程昱回来要阻止时，已经迟了。忠于曹操的车骑将军兼徐州刺史车胄事先没得到警报，但他知道刘备来者不善，于是设宴为刘备接风，想在酒席中夺回兵马指挥权。不料，车胄身边的谋士陈珪、陈登父子是刘备的深喉。车胄计谋还未付诸行动，皇叔早已知情。车胄下马迎请刘备，忽见关羽拍马单手拖刀而来。方欲问时，关羽出其不意变成双手挥刀就砍。车胄来不及反应就中拖刀计而死于非命！徐州又被刘备夺取！

曹操为此愤怒至极，后悔当初没接受程昱杀死刘备的主张。

此时"衣带诏案件"还没有暴露。车骑将军车胄被杀之后，帝都洛阳的董承正式接替车胄出任车骑将军。也就是说，董承拿到所谓的衣带诏时还没正式荣任车骑将军。

建安五年（公元200年）正月初九，董承拉拢起来的秘密小集团被破获，谋杀曹操的计划落空，一场美梦化为乌有。涉案的除董承外，偏将军王子服、长水校尉种辑、议郎吴子兰被一锅端惨遭砍头。根据当时家族连坐的律例，董承的女儿董贵人也不能幸免，被抓捕处死。汉献帝身边少了一位宠妃。不过，他完全可以发布赦免令，免除董贵人的死罪，因为他是皇帝！然而他没有那样做。堂堂的汉献帝只想证明，曹操一直是自己的爱卿，董承的那衣带诏与己毫无关联，而且根本就没听说过。

董贵人被杀现场震惊了伏皇后。她给老爸伏完去了一信，向父亲哭诉曹操的凶狠，要老爸设法除掉曹操！那信照样很顺利地寄了出去并交到他老爸手里。这说明，皇帝、皇后完全可以向外传送谋杀曹操的明文书信，丝毫没必要搞成神神秘秘的血书衣带诏，更无须亲手把文件缝入衣带。

真实历史中，董承并非善类，更不是大汉朝的忠臣良将。他只是工于数钱、卖官鬻爵的董太后的余脉旁支，前骠骑将军董重的兄弟。董承与宦官集团或董卓势力的渊源都很深。刘备原本就没有真正卷入阴谋，在不得已的情况下，他还是找了个借口逃向徐州。

说也巧，衣带诏案前夕，有位宾客从江南来，他就是王朗。

王朗来自东海王氏家族。与东海王氏同宗的还有相邻的琅琊王氏。关东十八路诸侯结盟讨伐董卓时，孙坚出征第一刀斩杀的就是荆州刺史王睿。王睿来自琅琊王氏。在王朗、王睿之前，不论是东海王氏，还是琅琊王氏，他们的名气都不怎么出众。但自王朗之后，东海王氏与琅琊王氏就逐渐登上历史舞台，扮演重要角色了。

王朗为老师杨赐服丧多年之后，徐州陶谦征聘他为徐州治中从事。此时正值李傕、郭汜叛乱，王朗与赵煜作为使者到长安向汉献帝进贡，以表达徐州广大人民群众对皇室的爱戴。这记马屁拍得及时，龙颜大悦，王朗升迁为会稽太守。建安元年（公元196年），会稽遭受猛将太史慈强攻，孤军奋战的王朗坚持抵抗，虽败而不降。后来从海路逃亡到东冶。没料到，江东名将贺齐随即攻占东冶（今福建福州），王朗被俘。当年冶铁技术从海外传来，此处成了冶铁基地，从而得名东冶。孙策非常尊重王朗，并要重用他。但王朗不从而隐居曲阿（今江苏丹阳）。这或许与孙坚斩杀琅琊王睿有关，都说东海王朗与琅琊王氏同宗。面对王朗的拒绝，孙策也只好任其来去自由。当时投降孙策的还有豫章太守华歆。曹操知道之后，上表皇上，要征召王朗、华歆回朝廷。王朗辗转数年才到达许都，被任命为谏议大夫，参司空军事。华歆受孙策挽留一时没能脱身。说这么多，无非是说明，王朗、华歆都是魏晋时代的重要人物。曹操处理完董承案，就举办宴会欢迎王朗等回归的官员。

酒喝多了，曹操也难免信口开河，借醉意对着众人发了一通议论。说他好不容易在中原地区置备了这一份家当。这年代，州郡、城池每一分地盘都非常重要，是赖以生存的饭碗！可"不能学当年你王朗那样麻痹，弄丢会稽而失去饭碗！"酒意滥筋的曹操，举王朗的例子讲自己，却没有顾及王朗的感受。言者无心，听着有意。虽系酒中之言，却令王朗十分难堪。

王朗深受忠君爱国教育，他认为自己当会稽太守是为天子守天下，而非替自己保饭碗。他丢失城池，既对不起皇上又令自己十分狼狈。在这种情况下，他投奔许昌实在是无奈之举。曹丞相是自己心目中的正人君子。君子该成人之美，而不该取笑落魄之人，更不该把受挫折来投奔自己的人看成落水狗，随意挖苦取笑。王朗的脸色十分难看，不禁仰头长叹："言行举止要表现得恰如其分真是太难了。"曹操奇怪："为什么这么说？"王朗回答："像我那样，当年既为汉吏，不能保境安民，所以'未可折而折'。而您在今天这个场合，原本当尽地主之谊，体现恭敬好客、折节求贤的气度，想不到却如此对待新来的客人。这就是'可折而不折'了。"

其实，刚解决董承案的曹操是利用醉酒的方式来暗示自己坚守的底线：不能轻易放弃弟兄们打下来的任何州郡，不放弃自己建立的军队。否则，就要像王朗失去会稽一样无家可归。他的意思很清楚，天子和文武百官可以在许昌设朝廷、当皇帝。我曹操保证皇上安全，不能再让新出的宦官赵忠、张让那样的野心家绑架朝廷。也不允许董卓威逼天子劫持百官。更不让李傕、郭汜一路追杀围攻朝廷。我曹操还可以向朝廷提供各种开销。但这地盘是我曹操一众兄弟拼命挣下来的，是我们赖以生存的饭碗！这就绝不允许董承这种白眼狼施展阴谋诡计，轻易抢走！

王朗因不满东家曹操而顶嘴，批评其言论不专业！

因为王朗能直面曹操摆出不同观点，据理争辩，反而让曹操放心：王朗是心怀坦荡之人。从此，王朗得到了曹操的信任与重用。我们可以看到，曹操与王朗之间讨论问题时能保持一种争而不破的气氛，这很难得。此时袁术死了；董承也自取灭亡；杨彪也已经得到平反。王朗是杨赐的学生，与杨彪算是杨门的师兄弟。杨彪陪同王朗全程参加了这次曹操的宴会。大概是作为安慰，曹操保留了杨彪"三公"的待遇以颐养天年。杨彪的儿子杨修也被曹操聘为司空府的掾员。就在这年，与杨修同龄的周瑜已经与美女小乔成亲了，而且成了东吴大军的男二号。

建安五年（公元200年）春季，曹操处理完董承案，就亲征刘备收复徐州。惊惶中的刘备求助著名学者郑玄，请他修书一份向袁绍求救。前文说过，郑玄与卢植都是清流陈球的门生。郑玄虽不愿入仕，但在华北各路军阀头目中都拥有很高的声望。看在刘备是卢植门生的份上，郑玄出面救师侄一把，不论是情是理都应该。

出于不让曹操一家独大的战略考虑，袁绍决定与刘备结盟，再拉拢刘表、孙策一起结盟！只是孙策与刘表是世仇，结盟不易。孙策只是口头表态而一时没有出兵夹击曹操。

不料，徐州战局发展太快，刘备一战即溃，只身逃奔到离徐州最近的青州。他的家眷与关羽一众均被曹操擒获。这不怪刘备无能，更不是关公、张飞武艺不精，只因为手下士兵全是从曹操的许昌那边拐骗来的，另一部分是用计谋杀徐州刺史车胄强行接管的。这些官兵遇到老东家曹操，就不战而从，被招了回去。曹操收回徐州，派遣臧霸、孙观、孙康等人驻军山东以牵制青州袁谭，自己率军回许昌。此时的青州刺史袁谭正是袁绍的大公子。袁大公子迎接刘备到平原城。袁绍又迎皇叔到邺城，袁绍、刘备正式结为联盟。自刘备成军以来，先后投靠了公孙瓒、陶谦、吕布、曹操四军头。如今的袁绍成了刘备投靠的第五个东家。刘备随后的历程，还将有刘表、孙权与刘璋三位东家可供继续投靠。很快，曹操收到袁绍发出的宣战书。曹、袁这对曾经的盟友就此撕破了脸皮，决定彼此命运的大战就此展开。

2.志在千里

曹操诗《龟虽寿》曰："老骥伏枥，志在千里。烈士暮年，壮心不已！"

⊙

陈琳、郭嘉

袁绍的宣战书就是著名的讨曹檄文。文章是由陈琳执笔，一气呵成的。正式留档文件名称是《为袁绍檄豫州文》。文中列举了曹操七宗大罪，每宗罪均该杀剐凌迟。檄文一开头就把曹操骂了个狗血喷头！曹操的祖宗三代都没逃过。

头宗罪说："司空曹操，祖父中常侍腾，与左悺、徐璜并作妖孽，饕餮放横，伤化虐民；父嵩，乞匄携养，因赃假位，舆金辇璧，输货权门，窃盗鼎司，倾覆重器。操赘阉遗丑，本无懿德，犭票狡锋协，好乱乐祸。"

檄文痛骂曹操是"黑三代""三代黑"。他爷爷是太监，与臭名昭著的"茅厕五侯"左悺、徐璜同流合污；他父亲曹嵩是收养自路边来历不明的小叫花子，终生贪腐成性；曹操本人是赘阉遗丑，为人狡猾无比，一生无事生非，是社会上最没出息的小混混！

曹操的第二宗罪是滥杀无辜："而操遂承资跋扈，恣行凶忒，割剥元元，残贤害善。故九江太守边让，英才俊伟，天下知名；直言正色，论不阿谀；身首被枭悬之诛，妻孥受灰灭之咎"。

曹操的第三宗罪是盗墓贼！这是令曹操最难堪的一宗罪。光天化日之下，他组织军队去盗墓！这简直是无耻之尤。其余各宗罪就不一一列举。

檄文最后宣布：不论是谁，凡能获得曹操人头者，封为五千户侯，赏钱五千万！曹操部下偏将官吏只要投降，都既往不咎。讨曹檄文广宣恩信，大加厚赏，布告天下，让大家都知道如今皇上有难了，人人必须协力共除国贼。大家遵守此檄文就像遵守律令一样！

檄文送达曹操面前时，他正因病躺在床上。曹操一生都苦于一种头痛病。那病来时翻江倒海难以忍受，去时又或如一阵风！莫不是当代人常常遇到的那种"痛风"？这真说不准。反正当时，曹操正卧读这篇檄文读到末了，竟惊出一身冷汗，无意中翕然而起。说怪也怪，曹操痛风全消！这檄文太刺激人了。

讨贼檄文当然是骂人的。发檄文的目的是为讨伐敌人作舆论动员的，是用来激昂军士斗志的。讨贼檄文哪需要歌功颂德？哪有必要强调客观评价、中肯批评之类？再说，曹操的确做过不少错事，到时候，人家来找你算账，你也只好认真面对！

陈琳是建安才子，这篇讨贼檄文对曹操之骂，达到淋漓尽致的地步，其文笔有如刀剑，笔笔刻画得撕心裂肺。对于那些不了解曹操的人，读了就会完全接受陈琳的观点，不由得对曹操心存厌恶。

檄文的作用达到了。当然，要让汉献帝因檄文而弃曹亲袁也不太可能。毕竟两年前，袁绍不仅不承认献帝刘协，还打算立别人来当皇帝。同时袁绍还想过救兄弟袁术，彼时同胞弟弟袁术自立为伪帝，对抗许都政权。然而在汉献帝看来，这袁刘反曹联盟，不过是另一对李催、郭汜而已。

前文，我们已经知道这陈琳早就当过汉灵帝时大将军何进的主簿。在清除东汉最后一批太监时，出过不少好建议。只是何进这种人才不配位，听不进正确主张，最后被害。何进死后陈琳易主，成为袁绍帅帐前公文操刀手。这篇讨曹檄文，因为《三国演义》成为家喻户晓的名作。

陈琳文笔犀利，诗歌也颇有成就。他在袁绍阵营时，到过北部边关考察，深入地体验了边关戍卒与役卒的艰辛和不幸。收集于《乐府》的多篇《饮马长城窟行》中，就有陈琳的一篇：

饮马长城窟，水寒伤马骨。往谓长城吏，慎莫稽留太原卒！官作自有程，举筑谐汝声！

男儿宁当格斗死，何能怫郁筑长城。长城何连连，连连三千里。边城多健少，内舍多寡妇。

作书与内舍，便嫁莫留住。

善待新姑嫜，时时念我故夫子！报书往边地，君今出语一何鄙？身在祸难中，何为稽留他家子？

生男慎莫举，生女哺用脯。君独不见长城下，死人骸骨相撑拄。结发行事君，慊慊心意关。

明知边地苦，贱妾何能久自全？

前面提到蔡邕的《青青河畔草》与此诗同样用了乐府的《饮马长城窟行》标题。陈琳在这首诗歌中，通过一个服徭役修筑长城的太原卒与妻子家书往来，陈述两人之间的生死之恋。那是又一版本的万喜良与孟姜女之间的悲凄故事。这不是一人一家之悲哀，而是成千上万冤魂孤鬼的悲哀，也是一个民族的悲壮史实。

都说建安诗歌往往弥漫着一股悲凉、惨烈的气氛，不仅曹诗这样，蔡诗这样，陈琳的《饮马长城窟行》也同样如此。这是建安时代共同的风骨！不管作者属何阵营，在何区域，均有建安风骨。

说了一些陈琳的事，我们还想说说另一个人，他就是郭嘉。初看起来，我们貌似是故意把曹操与袁绍撇在一边了，把他们之间发生的战争看淡了。其实，古人中也有说公道话的：凭君莫话封侯事，一将功成万骨枯。没有累累白骨作铺垫，哪有英雄人物的丰功伟绩？所以说点良心话，说点平常人的寻常事，说说原野上千年的冤魂野鬼、累累白骨，说说咱的心酸事，也正是为了衬托英雄好汉的伟大。陈琳、郭嘉这两人的分量显然不如曹操、袁绍。但我们在此讲陈琳、郭嘉，恰正是为了烘托战事。原先陈琳、郭嘉都同在袁绍阵营，但后来郭嘉归曹，两人处于对立的阵营中效忠不同的主子。所以，我们讲交战双方的谋士，其实也就是讲战事的本身。

曹操是善于听取别人意见的。他的许多谋士在不同场合，都能及时发表看法，让他从百花齐放、百家争鸣中获益。郭嘉本就是从袁绍阵营来的，他当然更熟悉敌营情况，更知道对方的行事规则。面对最强大的对手袁绍，曹操更注意听取郭嘉的建议。

早在收复徐州之初，曹操就担心自己一旦出兵攻击刘备，袁绍可能偷袭后方。当时，郭嘉告诉曹操："绍中性迟而多疑，其谋士各相妒忌，不足忧也。刘备新整军兵，众心未服，丞相引兵东征，一战可定矣。"郭嘉的分析意见，增强了曹操的决心。他果然迅速平定徐州，免除了两面作战的风险。

不过，局面依然不利于曹操。这不仅在于双方兵力的差距，还在于袁绍早就做过大量的工作，目的是孤立、包围曹操。特别是刘表、张绣、孙策都因袁绍的事先鼓动而要对曹操图谋不轨！所以曹操收到袁绍的宣战檄文后，更是忧心忡忡。面对不安局面，郭嘉冷静地说："孙策刚刚吞并了江东，所诛杀的都是些英雄豪杰，他是能让人效死力之人。但是孙策这个人轻率而不善于防备，虽然他拥有百万之众，却和他一个人来到中原没什么两样。如果有刺客伏击，那他就不过是一人之敌罢了。在我看来，孙策必定要死于刺客之手。"

事情果然与郭嘉的预料没有两样。就在孙策扬言渡江北上不久，他轻身到丹徒的山林中打猎。因他宝马跑得很快，他就丢下随从而孤身面对三个弯弓欲射的刺客！孙策杀死一刺客的同时中了两支毒箭而死。孙策一死曹操大喜！他非常钦佩郭嘉之预见！

其实，郭嘉曾在袁绍门下，只因贤人太多，看花了眼的袁绍，怎么也注意不到年纪轻轻的郭嘉。所以郭嘉走穴，转入曹营。曹操与郭嘉搭档，堪称是知人善用的典型。就在袁曹大战前夕，郭嘉一连举出十条理由，以证明"公有十胜，绍有十败"，鼓励曹操勇敢向前攻击袁绍。

⊙

战官渡

一场决定曹操与袁绍政治命运的决战在官渡发生，历史上称为官渡之战。战争延续一年多。在双方总共牺牲八万八千军马之后，终于落下帷幕：曹胜袁败！

用四个字概括这场战争是否太简单了？其实参与此战的武圣关二爷，谈及此战也只用了十四个字，那就是"斩颜良，诛文丑，解白马之围，以奉报"曹公。官渡之战是关二爷替曹操打赢的。

是啊，袁绍唯一拿得出手的哼哈二将颜良、文丑都被武圣一刀斩了，他袁绍还有什么戏可唱？所以武圣公用十四个字带过官渡之战，还是比较妥当的。当然，小看官渡之战，令曹操不服。在曹操记忆中，斩颜良，诛文丑只是官渡之战前夕发生在白马与延津两个渡口的序幕之战，远不是官渡之战的全部。

原先，曹、袁两军分据黄河南北两岸。建安五年（公元200年）春，袁绍进军黎阳。此时，曹操的东郡太守刘延驻守黄河白马要寨。曹操听说袁军大将颜良即将发起白马攻城战，就亲自率军去解救刘延。延津渡口守将于禁报告曹操：袁军大将文丑要增援颜良。于是，曹操指示于禁在延津收集大小船只和渡河工具，佯渡黄河！文丑发觉于禁的异动，就担心曹军过河采取"掏肛术"袭击自己的后队，于是停在延津渡北岸构筑工事不走了。

曹军继续佯攻，但曹操本人暗中率张辽、关羽轻骑迅速开进增援刘延。两军对阵，关羽望见了颜良麾盖，便只身策马前去，张辽率骑兵在关羽身后紧追。关羽入袁军营阵，没遭到阻挡。颜良正在麾盖下，见关公纵马驰来，方欲问时，关公赤兔马快，早已来到面前，只见举刀砍来，颜良猝不及防，被砍杀于马下。于是曹操挥动手中大旗，张辽、徐晃率军队冲杀，刘延开城门出击，里外夹攻，袁军四散溃败。白马之围遂解。

关公此战神勇无比！

我们注意到颜良与徐州车胄都有"方欲问时"，就"猝不及防"被关二爷斩杀的那一瞬间！可能颜良与车胄一样，都不曾料到关羽是来杀自己的。因为颜良面前的关羽是刘备的义弟，此时刘备是与袁大帅同坐帅帐的副帅。颜良还注意到张辽带着马队在关羽身后紧追。莫非关羽前来投奔失散多时的大哥刘备的计划暴露了？于是颜良看着关羽策马拖刀而来，不令阻拦，自己也留在麾盖下不动，一点动手厮杀的念头也没有。他正想等着二爷先开口打招呼，自己再好言安慰，没料到拖刀的关二爷突然双手挥来夺命的一刀！

如果真又要这样的拖刀计，那关二爷斩颜良就胜之不武了。也难说，那正是曹操动出的歪点子，故设迷魂阵，安排张辽追关羽，让颜良上当。但不管怎么说，除了关二爷，没人能像他一样干脆利落地砍倒颜良。关羽因立此大功，被封汉寿亭侯！

虽初战告捷，曹操下令将人员、粮草和军备撤出白马城，运回后方，以集中力量。原先滞留在延津北岸的文丑见到撤退的曹军，就渡河到南岸，对运粮车队发起进攻！此时曹操能指挥的骑兵才六百骑上下，不足以迎敌。于是他令徐晃等全部下马潜伏下来！而故意将车上的物资抛撒得满路都是。袁军见状纷纷上前抢夺。战场上缴获越多，功劳簿上记载就越多，将来封赏也越大啊！当兵的哪有不贪功的？于是队形大乱。看准局面，徐晃等突然上马冲杀。袁军大败，文丑在乱军之中遭砍杀。

白马、延津两仗，曹操大挫袁绍锐气。但曹操心中有数：该见好就收，究竟实力不如人，拖不得。曹操继续收缩力量撤回官渡固守，以确保许昌。

袁绍明显吃亏了。他本想成全刘备、关羽兄弟团圆，却不料看错关羽而损兵折将。他内心怨恨，却又不便撕破脸杀掉刘备。恰此时，前黄巾军旧部刘辟在汝南反叛，侵扰曹操后方。于是袁绍决定让刘备到汝南刘辟那边去。这也导致曹操不得不让曹仁分兵南下。曹仁这一走，近二十年就一直活动于豫南、襄阳及荆州一带。

袁绍大军继续在官渡挤压曹军，锋芒指向许昌，两军之间爆发了一场全面的攻防战。七月，双方已对峙了近百天，均毫无胜算的希望。曹操蒙受难以想象的压力，内心害怕，甚至产生放弃的念头，这正是最艰难的日子！曹操写信给留守许都的尚书令荀彧，荀彧见信立即提醒他："在战争双方都疲惫不堪之际，谁后退谁被动，谁放弃谁灭亡。战机恰就在这时出现。"

直到十月，曹操果然获得战机！袁绍内部出现问题了：许攸叛逃归曹。许攸指出袁军的粮草基地在乌巢，那正是袁绍的命门。于是曹操夜袭乌巢并成功烧毁全部粮草。夜间熊熊烈火的效应甚至超过夜袭成功本身！而袁绍派张郃、高览夜袭曹操大本营却没得逞。二将担心无功而返将遭军令处分，又看到乌巢夜空被烈火烧红，他们猜想袁绍大势已去，于是率众投降曹操。这导致袁绍军心动荡，内部分裂，大军最后崩溃。

袁绍仓皇带八百名骑兵逃走，曹军先后收编、歼灭、坑杀袁军七万余人，还得到张郃、高览夜袭部队中的全部骑兵。曹操把骑兵组成著名的虎豹骑，分别归曹纯与张辽统领，却没给关二爷配马添兵。关羽知道曹操难以信任自己，而只有大哥刘备才是知己。于是他脱离曹操，过五关斩六将、千里寻哥而去。

战争以曹操的胜利而告一段落。袁绍彻底跌霸了。战后袁绍虽军力依然占优，但信心全无，一年后便死了。陈琳改投袁家二公子袁尚。

曹操继续进攻袁绍的儿子袁谭、袁尚，连战皆捷。先前力主北进的郭嘉却建议退兵，大家为此摸不着头脑。郭嘉说："袁谭、袁尚素来互不相服，又有郭图、逢纪这样的谋臣在当中掺和，必然要反目。不如先南征刘表，静待其变，变成而后击之，一举可定也。"

果然，袁绍教子无方，儿子袁谭、袁尚互相猜忌对立。失去压力的袁谭、袁尚反目成仇互相残杀。终于让曹操得到不战而逐个收拾残局的机会。

曹操进驻邺城时，袁尚逃跑，陈琳无处可逃只好投降，但内心做好了被杀头的准备。见到陈琳，曹操能不生气吗？就问："你还敢来见我！当初你为袁绍写檄文，数落我的过错也就算了，为什么还要骂我的祖宗三代？"听到曹操说气话，陈琳放心了：曹操不会杀自己！于是可怜兮兮地认错："我那时候是被形势所迫，没办法啊！就好像一支已经被搭在弓弦上的箭，不得不发了。"曹操想想也是如此，陈琳不过是袁绍的工具而已。这工具别人能用，自己怎么就不能用了？于是收留并重用了陈琳。陈琳最早当过何进的主簿，那时曹操与陈琳参与了结束宦官专制的过程。曹操从陈琳处得知：何进死后，何咸娶了尹氏为妻并育有一子何晏。但不久何咸又死了，余下孤儿寡母，日子十分惨淡。两人禁不住为此唏嘘。于是曹操纳寡妇尹氏为妾，收何晏为养子。

曹军休整之后再战，斩杀袁谭，击败袁尚、袁熙，控制了河北的全部疆域。

⊙

东临碣石，以观沧海

袁尚、袁熙北逃依附乌桓。为免除外患，建安十二年（公元207年）二月，曹操决定远征辽东。这年八月，曹操率郭嘉、张辽、徐晃、张郃、张绣、韩浩、史涣、曹纯、牵招及儿子曹植，北出卢龙塞，堑山堙谷五百余里，直指乌桓老巢柳城。官渡战后建立的精锐的虎豹骑，这次也随曹纯与张辽一道出征。

乌桓大本营柳城就在如今的辽宁省朝阳市范围内。在离柳城不远的白狼山下，曹操的远征军与乌桓单于蹋顿、辽西单于楼班、北平单于能臣抵之以及袁尚、袁熙的残部发生激战。曹操登山看着自己的爱将张辽，指挥数千的虎豹骑出其不意，一下子冲乱了敌方数万骑兵，斩杀了乌桓首领蹋顿。接着，一举拿下其国都柳城，俘虏数十万当地军民！此战对辽东军阀公孙康产生了极大的震慑。他献出袁尚、袁熙的首级并上表顺从中央朝廷。

曹操取得重大胜利！这也是他首次开疆辟土之战，确保了汉朝以来的北部边疆。当年九月他挥师还朝。一路班师，朔风渐起，大雁伴行，马蹄声疾，万众南下，归心似箭。全体官兵，风餐露宿，辛苦劳顿。十月初大军途经北戴河附近的碣石山。此山乃观海的绝妙之处。

当年夏天出关远征时，本应路过此处。只因夏季暴雨绵延、道路泥泞，曹操被迫改变行军路线而错失机会。如今曹操踌躇满志，他正要登山望海以偿夙愿。

但见眼前：天高海阔，水天一线。身后的高山与面前的大海隔离了尘世喧嚣；雄关漫道拉远了战火狼烟；巨浪荡尽了血雨腥风；大风吹远了战马悲啸。

久久肃立的曹操禁不住豪情满怀、诗意喷涌：

天蓝蓝兮水澹澹，飞浪拍岸兮岛礁竦峙，银沙绵绵兮山清水洁，水汽滋润兮树木丛生，百草丰茂兮生生不息……

从午后到傍晚，曹操在此高歌低吟。他如痴如醉，不肯移步，不愿回头。

又是风起、浪兴；日落、月升；星转、斗移。军营掌灯时辰已过，曹操方从诗情意境中醒来：幸甚至哉，不虚此行啊！他欣然落笔，千古名篇《观沧海》就此诞生了：

东临碣石，以观沧海。水何澹澹，山岛竦峙。树木丛生，百草丰茂。秋风萧瑟，洪波涌起。

日月之行，若出其中。星汉灿烂，若出其里。幸甚至哉，歌以咏志。

在这里，诗人曹操惊叹大海包容天地万物、吞吐日月星辰之波澜壮阔。全诗气势雄伟磅礴，格调悲壮深沉。他全然进入无我的状态，只字不提自己冒巨大风险、孤军深入、远征乌桓、侥幸取胜的惊险战争经历，没有流露丝毫自我吹嘘、炫耀表功的粗俗与肤浅，也没有为皇朝歌功颂德的厚颜与无聊。他不俗不媚、通透豁达、正气凛然。仁者乐山，智者乐水。他果然是智者啊！化身入水，达到了诗我融合、有诗无我的境界！

正因为这种无我境界，此诗两千年来广为传颂，称赞不断！这种诗情意境与他的固有风骨以及人生态度密切相连。其实，诗就是我，有诗无我，就是我的超脱、我的新生，肉体的我升华为人格之诗、风骨之诗。建安一代，曹操等时代文人就这样展示了建安风骨。

《观沧海》后来收录在乐府歌辞《步出夏门行》专辑中。细看前后文时，发觉《观沧海》之前有一段《艳》的序曲。从而，此诗不能割离其整体的文脉来单独赏析。夏门就是洛阳城北门，《步出夏门行》专辑中各诗文均与曹操出洛阳、平定华北、消灭袁氏势力、远征辽东有关。把《观沧海》与《艳》的序曲联系起来看，它的确又是一曲沙场诗。序曲是这样的：

云行雨步，超越九江之皋。临观异同，心意怀游豫，不知当复何从？
经过至我碣石，心惆怅我东海。

意思是说：本欲驾云帆轻装远征辽东，却不料时值夏初，冀东一带大雨滂沱，道路积水，浅不通车马，深不载舟船，全军踟蹰难行。面对困境，我意踌躇，思绪远越南国的九江庐山，忧心荆州军阀刘表是否蠢蠢欲动图谋不轨，抄我后方？真想回师南征，早点收拾了他们！

一路上，北伐和南征两种不同意见，令我犹豫，不知如何取舍。

到达碣石，更是心事重重惆怅不已，真想亲自向东面的大海面诉，替我解忧。

当然，曹操手下高人众多，求天求海还不如求己。谋士郭嘉力劝曹公大胆前进。他指出：东吴孙权刚接手家业，对外逞强还有待时日；荆州刘表兵多将广，经济富裕，但他偏心偏爱，处理宗室内务有失公允，内部大麻烦正困扰着他，同样无须担忧。况且，江东孙家与荆州刘表有你死我活的世仇，随时会燃起战火，他们不敢北向轻举妄动。

采纳郭嘉的意见，曹操求河北名士田楷指路。于是出敌之不意，改出卢龙塞走山路，绕过泥泞之道，打了关键的一场胜仗，从而统一了中国北方。只可惜，征途艰难，郭嘉中途折寿，没能随大军凯旋。

如果说《观沧海》体现了曹操的诗升华到无我，最后达到诗我融合的境界，那么《步出夏门行》中另一首《龟虽寿》的诗，则体现了他从诗境转回现实，返回一个不认天命、不受命运摆布而充满理性和理想的真我，返回一个"老骥伏枥，志在千里。烈士暮年，壮心不已"的曹操。

　　神龟虽寿，犹有竟时。腾蛇乘雾，终为土灰。老骥伏枥，志在千里。烈士暮年，壮心不已。

　　盈缩之期，不但在天；养怡之福，可得永年。幸甚至哉，歌以咏志。

同是建安十二年（公元207年）远征乌桓时的诗作，当时曹操五十三岁了。在那年代，人过五十，就属老年。此时塞外已是秋风萧瑟，黄昏日暮，老年人难免心中悲凉。他不时回想横尸遍野的战场，无数鲜活的生命只因战乱顿时化为孤魂野鬼。曹操感慨：对人来说生命仅一次而已，有了今生，就没有来世。人必须随时面临挫折，而且一生之中没有复位键可按。遭遇困难与挫折时，只能硬着头皮向前，无法回头再做选择，没有第二次生命历程。生命可贵，自己如此，其他人也一样。所以诗文一开头就提出"神龟虽寿，犹有竟时。腾蛇乘雾，终为土灰"的警告。生命有限，人生短暂，爱护生命，珍惜生命吧！这是曹操的醒悟，是洞见，是人性的觉醒。

"盈缩之期，不但在天"：人生的曲折亏盈不全取决于天意，更在于自己对命运的抗争，在于自己对生命的把握。

"我是谁？"或"人啊！你是什么？"这原本是希腊人首先提出的哲学与人生观的基本问题，同样进入中国文学与艺术的殿堂，成为中国的诗人苦苦追索的基本命题之一。诗《龟虽寿》寻求的答案，是从远征军中的一匹老马得到启发：虽然不得不圈伏于马枥前，但目光始终流露着不甘！它依然期望着重返千里之外辽阔草原的那一天。这正就是烈士暮年的自己啊，生命不息，壮心不已！

诗意泉涌，哲理如斯。我咏诗，诗就是我。绵绵不断的思索是诗，奋斗不息的生命就是我！这就是曹操的《龟虽寿》的核心！

如今的人都觉得诗人是一个很荣耀的身份，不知多少人在梦中发觉自己已成为诗人而兴奋。可惜在曹操之前，两汉之中几乎很少有官员或文化名人愿意被冠以诗人的称号。自董仲舒提倡"罢黜百家，独尊儒术"以来，文人的灵魂被哲学毒化了。为了入仕做官，他们热衷于写那些歌颂帝王功德的大赋、致力于没完没了地注释儒家经书，还有就是装神弄鬼地编制谶纬的鬼话。害得当时的文人不屑写诗也不会写诗。我们在前面谈到蔡邕，在落难流放之际写了《青青河畔草》那样的名篇，也没直接署名收藏，差点与《十九首》一样成了佚名氏作品。直到"党锢之祸"发生后，汉祚衰败，才有诸如曹操这样离经叛道者在文坛崛起，以诗歌的形式给魏晋文坛带来了自由活跃的空气。曹操鞍马为文，横槊赋诗，其"梗概多气"的风骨及其积极进取的精神，给当今的我们留下了巨大的财富。

要问建安风骨何处有？曹操诗中你去找！我们觉得《观沧海》《龟虽寿》还有后面将要提到《短歌行》是曹诗中风骨最鲜明的作品。蕴含其中的精华，就是建安风骨！

⊙

《胡笳十八拍》

说到建安风骨，不能不说到蔡文姬的《胡笳十八拍》。

当年，大文豪蔡邕因在董卓问题上的不当表现，被王允逮捕入狱！最后在李傕、郭汜叛乱前夕死于狱中，死得不明不白！不过，王允比蔡邕也不过多活了两天。他们都是那一代中国士人的悲哀。

蔡邕长期遭宦官集团的打压与排挤，他原本与王允是同一战壕的清流战友。只是董卓为收买人心而在专权之际提拔了长期被打压的蔡邕，给了他一些机遇与好处。这本身不是问题。就连王允当上太傅，也因为董卓杀害了袁隗才空出了宰相的官位。

其他清流官员经历也是如此。比如杨彪，早在中平六年（公元189年）那一年内，就先当司空，再换太尉，"三公"高位他一人在半年内经历了两个！其实那时董卓刚入京，他的胡作非为给杨彪提供了机会。这不排除董卓内心中十分厌恶王允与杨彪这些清流出身的政敌，只是为了巩固自身权力而不得不将就。所以，蔡邕在董卓乱政时升了官本身毫无不妥之处。只是，蔡邕看到董卓血淋淋的下场而突感世道无常，于是在王允的庆功宴上，悲天悯人，对董卓的知遇之恩流露出不当表现，或许那正是蔡邕情感特别丰富而已。不过，此事对于是非观过度鲜明的王允来说，是不可原谅的。他因此暴跳如雷！导致六十一岁的蔡邕被捕入狱！原本，这是可避免的不幸。如果王允为人处世能稍通融一些，有点刚柔互济的余地，就不至于出现悲剧。蔡邕感情丰富，而王允铁面无情，做事太绝对化！其实，铲除了董卓之后，倘若王允能对董卓余部区别对待，留有余地，就可能避免李傕、郭汜发动的那场叛乱。他自己也就不至于死于暴乱。刚烈过度就易折，那正是他的缺点。

蔡邕是当时最著名的学者之一。学者多数爱书，他当然不例外。特别因为他长期担任皇家图书馆（或翰林苑）编修。据记载，他家馆存书画近万卷！所以当时传闻，他是当年私人藏书最多的人。

当董卓把汉献帝与文武百官从洛阳劫持到长安时，王粲也随汉献帝到达长安。王粲就是汉灵帝司空王畅的孙子。王粲记得祖父常提及忘年交的蔡邕，于是一到长安就去拜访他！前文曾说过，蔡邕正是王畅的门生。他对王粲的文才也早有所闻，见面后发觉果然名不虚传！赞赏之余，他许诺将家中书画赠送给王粲。就这样，王粲、蔡邕这一少一老成了忘年交！

其后蔡邕下狱。临死前，蔡邕果然不食言，将家藏的六千卷书籍装车发运到王粲家。要知道，当年书卷除少量是丝绢画作之外，多是成卷的竹简，所以体量很大！那年代用"学富五车"来形容某位学者的学识广博，就源于竹简书是以车载来衡量的。蔡邕赠送王粲的全部书籍一连装了好几车,才全部运完。王粲的学问原本不低,这批书到他手里之后,更是如虎添翼!足以让他成为"建安七子"的学术领头羊!

显然,蔡邕的藏书还不止这个数字。他的万册图书中还留有四千册归女儿蔡文姬。就在蔡邕把六千卷书画赠送给王粲之际,发生了李傕、郭汜的叛乱!原先接受汉帝国庇护而迁入黄河边鄂尔多斯及河东汾河流域定居的南匈奴,夹杂在乱军中进城掳掠抢劫。著名才女蔡琰被匈奴兵作为人质带走,当了匈奴左贤王刘豹的妃子。她沦落异域十几年,替胡人生儿育女!既然蔡文姬自己都被掠夺了,就别提财富银两,更不用提书画了。其后果,估计是被匈奴人付之一炬了。前文已经提过,刘豹是南匈奴单于于扶罗之子。

蔡邕饱含诗情的文化DNA完全传给了女儿蔡文姬。这位才女一生曲折坎坷。她没有仕途的渴望,没有对荣华富贵的追求。在与命运的拼搏中,她用血、用泪把人生的不幸写成《胡笳十八拍》。此诗篇的华彩与各朝各代人们各自的命运产生共鸣,千年吟唱,流传到今,成为一部传世经典。

她是弱女,却又洋溢着女中丈夫的豪气。读《胡笳十八拍》任何一拍,都令人刻骨铭心,其慷慨悲壮的格调,不知胜过许多英雄豪杰!

《胡笳十八拍·第十拍》:

城头烽火不曾灭,疆场征战何时歇?杀气朝朝冲塞门,胡风夜夜吹边月。

故乡隔兮音尘绝,哭无声兮气将咽。一生辛苦兮缘别离,十拍悲深兮泪成血。

因风衰俗怨、国恨家仇而迸发的悲凉慷慨之情,全然洋溢于表矣!

曹操打胜官渡之战后,统一了华北,也从袁绍手中接管对匈奴的控制权。出于对文友蔡邕的怀念,他出高价从匈奴左贤王手中赎回蔡文姬。蔡文姬于建安十二年(公元207年)归汉后,因一身的悲惨经历难以忘怀,又写下两首《悲愤诗》。一首是乐府风格,另一首则是骚体风格。以下抄录骚体《悲愤诗》:

嗟薄祜兮遭世患，宗族殄兮门户单。身执略兮入西关，历险阻兮之羌蛮。
山谷眇兮路漫漫，眷东顾兮但悲叹。冥当寝兮不能安，饥当食兮不能餐。
常流涕兮眦不干，薄志节兮念死难。虽苟活兮无形颜，惟彼方兮远阳精。
阴气凝兮雪夏零，沙漠壅兮尘冥冥。有草木兮春不荣，人似兽兮食臭腥。
言兜离兮状窈停，岁聿暮兮时迈征。夜悠长兮禁门扃，不能寝兮起屏营。
登胡殿兮临广庭，玄云合兮翳月星。北风厉兮肃泠泠，胡笳动兮边马鸣。
孤雁归兮声嘤嘤，乐人兴兮弹琴筝。音相和兮悲且清，心吐思兮胸愤盈。
欲舒气兮恐彼惊，含哀咽兮涕沾颈。家既迎兮当归宁，临长路兮捐所生。
儿呼母兮啼失声，我掩耳兮不忍听。追持我兮走茕茕，顿复起兮毁颜形。
还顾之兮破人情，心怛绝兮死复生。

蔡文姬哀叹自己福分浅薄偏逢乱世，家势不旺无力庇佑自己，因而遭掳掠西过函谷关。从"身执略兮入西关"这句表明，蔡文姬是写自己先在中原被掠进函谷关，而不是写自己后来被匈奴掠走的事。对照另一首五言体的《悲愤诗》写同一事件时，就点明董卓西凉军"来兵皆胡羌"，掠夺关东之后，就火烧洛阳"长驱西入关"。就是说，蔡文姬先是被董卓西凉军绑架的，而西凉军的主力是由胡羌人组成。这事发生在初平元年（公元190年）。或许，蔡文姬入函谷关后，一度恢复自由，父女团聚。但两年之后又发生了不幸，父亲蔡邕被杀，李榷、郭汜又发动暴乱，一度参与随同暴乱的匈奴在兴平二年（公元195年）还乘机抢劫。至于父亲之死以及蔡文姬何时被南匈奴抢掠成为左贤王刘豹的妻子，或许是因政治问题太敏感，蔡文姬有意曲笔回避。

悲愤诗更写到离开中原到朔方后，自然环境、人文风俗的巨大差异，生活遭遇的巨大困难，身心经历的巨大磨难。诗句"北风厉兮肃泠泠，胡笳动兮边马鸣"生动表达了身在异域凄凉、孤单，以及有身不能还，有国不能归的幽怨。

命运真捉弄人。当迎来机会，政府召唤自己回家回国时，却又因在异邦育儿生女，出现了骨肉难以分离的切肤之痛。自己回国了，却要把骨肉留在异域！这生离死别再次折磨着不幸女人的身心！

蔡琰《悲愤诗》对悲情的人生经历作了细致的描绘、渲染，淋漓尽致地哭诉内心的凄惶痛苦。

孤雁归兮声嘤嘤，含哀咽兮涕沾颈。

全诗堪称字字血泪。然而，优美细腻的文笔又点得全诗处处闪亮。

其实蔡文姬的《胡笳十八拍》也是典型的悲愤诗。由于她与建安文人基本处于同一时代，又有曾同到邺城交流的经历，她也被归入建安文人集团。然而蔡文姬悲愤的诗风与慷慨悲凉的建安风骨既有联系，却又别具一格，我们在此仅能简略介绍。

⊙

割席分坐

在官渡之战前，曹操就已加强与孙策兄弟的联系。先是扬州刺史严象举十五岁的孙权为秀才，随后孙升为奉义校尉。曹操让儿子曹彰求娶孙策堂妹，再让曹仁之女远嫁东吴充当孙策弟媳，以联姻来巩固曹孙两家关系。随着曹操政治与军事的顺利发展，还因孙策早逝孙权初立，孙曹双方都有继续改善关系的机会。汉献帝也批复了从东吴引进能臣奏折，其中就有名声在外的王朗与华歆。其中先行的王朗已得到重用。随着关系进一步缓和，华歆也请求以友好使者的名义过江任职。孙权眼看留不住人就答应送客。

当年孙权为华歆送行场面十分感人。各界千余人都赶来为华歆送行，并附带了巨额礼金。华歆全部收下，暗中却作了标记。临行之日，他又原物全部返还。他说："我本来就不曾拒绝诸位好意，所以收了这么多的礼物。但想到，我这次本来是无罪之身单车远行，一路孤零零的。但如果怀藏璧玉，就有遭强人劫杀的可能。望宾朋好友能为我想一个万全之策！"那年代，兵匪一家，没有法度，谁也无法保证这一路上众多金银珍宝不被抢劫！于是大家只好收回，并称赞他品德高尚。真正的心思只有华歆自己才明白：此去恩怨全消。他日一旦相遇，就各为其主不徇私情。

华歆到许昌，就被授任为议郎、尚书，再转升侍中，与谏议大夫王朗持平，甚至接近了尚书令荀彧的地位。由于各自的出身与经历，他们都成为当年的"网红"。当了"网红"就自然粉丝无数，也有各自的"水军"。粉丝或"水军"总以抹黑其他"网红"为天职，古今中外如出一辙。

有粉丝赞扬华歆，就有"水军"挖出《割席分坐》的一段故事来挖苦，并引出结论：与管宁比，华歆实在难于启齿！

《割席分坐》的故事是这样的：管宁和华歆原本是好友，同席看书学习研究学问。虽同是陈球的学生，但志向不同。华歆是入世的，一心想当大人物办大事，内心向往的是花花绿绿的世界；管宁则不一样，他洁身自好，面对人世间的荣华富贵毫不动色。管宁发奋研究学问、探索真理而不愿媚世从俗。有一天，两人一起在园中锄地种菜，看到地上有片金子，管宁依旧挥锄，就像看到瓦石一样。华歆却拣在手中犹豫不决，瞥见管宁不屑的脸色，才扔下金子。

他们两人还曾坐在一张席上读书。门前突然热闹起来，原来有贵人乘豪车车经过。管宁像往常一样目不斜视，华歆却克制不住，丢下书外出凑热闹。管宁生气了，于是拔剑，把席一割为二，分席而坐，并对华歆说："你不再是我的朋友了。"

这故事流传至今近两千年。结论都是管宁高尚，华歆浮躁。然而我们不排除这是水军故意贬低华歆的小动作。事实上，汉代中国的乡间耕地，随便挥动锄头就能刨出黄金的可能性几乎没有。而在现代人目光中，这故事反而令人感到华歆更像是正常人。

针对有人企图通过"水军"来贬低华歆，于是另一支"水军"编了以下故事贬王朗：

华歆、王朗一同乘船逃难，途中遇到一个人想搭他们的船同走，华歆不同意。王朗却说："幸好船还宽敞，怎么不行呢？"后来有兵马追上来要抓那人。王朗想推卸责任，要丢下搭船的人。华歆说："最初我对带不带他表示犹豫，正是考虑到这个情况。既然已经接受了他的请求，怎么能够因为情况紧迫就把人家抛弃了呢？"于是继续带着那人一起逃跑。

根据这个故事来评价的话，华歆品行高于王朗。

其实，同一故事把王朗换成郑泰，把乘船改为在陕西武关的小路步行，其他情节照搬不误，则又变成另一则称赞华歆品行高于郑泰的事例。这完全是在搞模板填充游戏！毫无真实感。

当然，王朗的"水军"也不甘示弱。他们指出：王朗面对孙策，不怕硬，不吃软，孤军抵抗了近一年不投降！战败被俘，不怕杀头，更不因孙策的高度礼遇就投降！反而因此得到孙策的敬重。王朗没有丝毫变节与奴颜媚骨。华歆就不一样了，见孙策气势汹汹，他就主动献城投降。然而，他既然投降却不忠心，在孙曹双边讨好，想另择东家。这样一说，华歆的风骨就比王朗差了一大截！其实，我们讲这些，不是想对历史上的华歆、王朗定个什么样的面谱。而只是说古今中外，历来都有许多的"水军"队伍，他们总想通过编造八卦故事来混淆是非。演喜剧也好，演悲剧也罢，历史真相往往不及"水军"的八卦故事那么精彩。

这里我们提及《世说新语》，它的确收集了许多名人逸事，但其中也不乏是"水军"炮制的鸡汤传奇。但由于来源广泛，内容不拘一格。《世说新语》倒是给我们提供了那年代许多人的行事风格。事实上也为我们研究魏晋风流提供了许多鲜活的事例。

从这角度来说，华歆与王朗的角色，一点也不比曹操的郭嘉、荀彧、荀攸、程昱、贾诩差。

孔融之死

建安十三年（公元208年）六月，朝廷"三公"只有司空曹操依然在职。于是他上书，要求撤销"三公"制恢复丞相制，他改任汉丞相，另设御史大夫负责司空的部分职责。谁适合当御史大夫？汉献帝特地召见光禄勋郗虑与少府孔融商议。刘协问孔融："郗虑有什么特长？"孔融回答说："他知道天下大道，但不能让他掌握权柄。"很显然，皇上让孔融先表态，目的是要让孔融主动推荐郗虑为御史候选人，而留一个谦虚大度的好名声。谁知孔融就是不知进退，直截了当地贬郗虑不配！郗虑不由地火冒三丈！扬起笏板反驳："孔融你当北海国宰相时，政事松散，人民流散，你哪里适合掌权啊？"这对活宝，恬不知耻地为争夺御史大夫的职位而互相攻击。御前咨询会变成两人骂山门的即兴表演。汉献帝刘协无奈，下诏书命令郗虑和孔融和解。最终还是把郗虑从光禄勋升迁为御史大夫，地位仅次于曹操。孔融也调级为太中大夫，可惜这名称好听，却连少府的那点实权也没了。就为此事，两人结下深仇。

事实上孔融因在言语上拿捏不住分寸而闯的祸还真不少。

这年七月，刘备在新野袭击了夏侯惇。曹操只因没找到适合的借口而没对刘表动武。如今可是刘表的搭子挑衅了。于是曹操决定攻占荆州以摧毁刘表、刘备联盟。

孔融闻言就到大本营劝阻。曹操疑惑：我讨伐刘表、刘备，关你孔融什么事？他确信，孔融出于对刘备的私人感情而阻挠军机大事！于是厉声叱责："如有再谏者，必斩！"

孔融内心不服，退出后逢人便说，曹操出兵是以至不仁伐至仁，安得不败乎！他公开给曹操扣上"至不仁"的帽子，反而奉承敌军刘表、刘备为"至仁"，还诅咒曹操必吃败仗。这话没被曹操听到也就算了，却千不该万不该地被郗虑的宾客听到了。新科御史大夫郗虑原本不是曹操的属下，但他想利用曹操报复孔融的想法又是迫切的。郗虑干脆向曹操打小报告，只是有些不巧，曹操出征了。

征途中曹操联想到孔融也曾反对征讨袁绍、反对远征乌桓，甚至讽刺曹操征乌桓是劳民伤财，是为苏武去报丁零偷了牛羊的仇。在其他事情上，孔融也不停地跟曹操抬杠！比如，因为歉收，曹操下戒酒令；曹丕娶妻结婚，孔融无不嬉笑谩骂。曹操本就对孔融没好印象，至此就更加深了成见。

然而，孔融为人心直口快，做事光明磊落，不太搞阴谋诡计。曹操想直接给孔融定罪不太容易，再说，以言论整人本身是脏事，曹操怕脏了手，就忍了。

孔融在竞争中失利，表明他失去影响力了。哪知，他家依然宾客满门。孔融喝酒中途又自豪高叹："座上客常满，樽中酒不空，吾无忧矣！"失利不失态的孔融依然我行我素摆阔气、搞浮华、纠集同类、妄议皇家大事！孔融有同类，也必有异类！在当时的情况下，想乘机对孔融落井下石的人也不在少数。因此曹操不动手整孔融，自然会有人冲锋陷阵。

前文我们曾说过：路粹是个记仇的人！孔融早在《荐祢衡书》中狠狠地踩了路粹与严象一脚！此时路粹依然保留朝官编制，他留守许都而没有随曹操去邺城。这年八月，他把收集到的有关孔融的黑材料写成奏折，并以"招合徒众""欲图不轨""谤讪朝廷""不遵超仪"四大罪名弹劾孔融。

郗虑先打小报告，路粹随后在殿前提交弹劾状。新老冤家同时出手，两面夹攻，孔融所面临的形势极端不妙。

受理弹劾书之后，孔融立即被停职。这与御史大夫郗虑的立场有很大的关系！

原本对官员的弹劾案子，一律归御史大夫郗虑主管。丞相当然也可以过问，甚至可以插手。但自建安十年（公元205年）之后，曹操把他的官邸及军事指挥机构都迁往邺城，基本不去许昌。这次孔融案发时，曹操正率兵征讨荆州刘表。整个案子就全归郗虑主持。这样一来审判官郗虑与控方路粹均是被告的仇敌，审判结果可想而知。

事情糟糕到如此地步，孔融也发急了，此时唯一能救他的人只有曹操了。他因此给曹操去信求援：我孔融崇拜李元礼，难道当年你曹操不也一样把李元礼当偶像？

据说孔融收到曹操回复，那就是《曹操与孔融书》。回复内容全文如下：

孤与文举既非旧好，又与鸿豫亦无恩纪，然愿人之相美不乐人之相伤，是以区区思协欢好，又知二君群小所构，孤为人臣，进不能风化海内，退不能道德和人，然抚养战士，杀身为国，破浮华交会之徒斗有余矣！

信中的文举、鸿豫就分别是孔融、郗虑的字。曹操全文称孤道寡的，更像是后来当魏公的口气。但三国时期已是礼崩乐坏，称孤道寡成为各路军阀草头王的口头禅。曹操复信拒绝调停孔融与郗虑的矛盾。不但如此，曹操在言语中还影射孔融是浮华交合之徒。

不过最后，孔融被定的罪名却没有路粹所述的"招合徒众""欲图不轨""谤讪朝廷"这些。官方布告的孔融罪行是十六个字：

> 违天反道，败伦乱礼，虽肆市朝，犹恨其晚。

就是说，孔融没有被以"浮华交合"定罪，而是涉及"不遵超仪"的罪行。具体说就是不孝言论！然路粹的弹劾奏折中并没有涉及不孝的只言片语，显然是因为审讯过程中孔融依然口无遮拦、信口多言获罪。自我增添致命的不孝罪证。他的辩答词就有对爸妈不孝之言："父之于子，当有何亲？论其本意，实为情欲发耳。子之于母，亦复奚为？譬如物寄瓶中，出则离矣。"这在当时就是离经叛道啊！严重违反了汉帝国的价值观。"忠孝礼智信"所规范的意识形态准则中，排第二位的就是"孝"。孔融公开煽动不孝，就是大逆不道，就是死罪！这样说来，是孔融自己在法庭上语无伦次，胡言乱语，是他自取灭亡！与曹操、郗虑、路粹和孔融之间的任何私人恩怨没关系。

钦差奉旨上门抓捕太中大夫孔融引起一片惊恐。孔融有两个孩子，大的九岁，小的八岁。他们照常在家玩琢钉的游戏。看着无辜的孩子，知道自身难逃一死，孔融对钦差说："希望罪责仅限于罪臣一身，两个儿子可以保全性命吗？"八岁的那个孩子从容地说："大人，岂见覆巢之下，安有完卵乎？"果然不一会儿，逮捕孩子的差人也接踵而至了。

稚子不稚啊！孩子口中的"覆巢之下，安有完卵"成了一千八百年来的经典成语。它出自孔融那位过分早熟的孩子之口，更加深了故事的悲剧感。

建安十三年（公元208年）九月二十九日孔融被处死并抛尸于市，全家株连而死，两个孩子自然不能幸免。孔融生前高朋好友无数，落难时，却几乎无人敢出面为他说句公道话，也没人上刑场告别与收尸。最后还好有位名叫脂习的人从外地赶来，冒险为他收了尸。

孔融从道德楷模沦为离经叛道的"不孝之徒"，他死得不甚明白。或许，他的《临终诗》道出了其中原委：

言多令事败。器漏苦不密。河溃蚁孔端。山坏由猿穴。涓涓江汉流。天窗通冥室。谗邪害公正。

浮云翳白日。靡辞无忠诚。华繁竟不实。人有两三心。安能合为一。三人成市虎。浸渍解胶漆。

生存多所虑。长寝万事毕。

孔融的人生很有特色，也很典型。我们无法把他写成顶天立地的英雄，只好用他的《临终诗》来宣布他人生之末路。"建安七子"之一的孔融诗文不少，《临终诗》最能体现那个世道无常的社会以及他个人的悲剧人生。

孔融死后，曹操或许想起了他，觉得这人豪爽直言，光明磊落，还经常跟自己拌嘴。一旦身边少了孔融，曹操就太寂寞了，觉得有点可惜。于是，他抓住路粹私下低价拍卖一头退役毛驴的事，动用军法砍了他的头。郗虑也没逃过，曹操又借机罢了他的官。借此，他替孔融出了一口气。

这年，曹操收拾了襄阳刘表的儿子刘综，继续乘胜南下到了长江边。

3. 青青子衿，悠悠我心

英年早逝的郭嘉是曹操心中挥之不去的影子。

⊙

《短歌行》

"青青子衿，悠悠我心"的诗句来自《短歌行》。这首诗据说是曹操在建安十三年（公元208年）赤壁大战前夕写就的。苏东坡称曹操"酾酒临江，横槊赋诗"，指的就是《短歌行》。对此诗，考究颇多，结论自然也多。但不论吟诗那夜是明月当空，还是因冬至回暖而江面薄雾弥漫；也不论诗人是横槊船头，还是快马扬鞭在南征路上，反正《短歌行》是曹操谱写的新诗。

　　对酒当歌，人生几何！譬如朝露，去日苦多。慨当以慷，忧思难忘。何以解忧？唯有杜康。

　　青青子衿，悠悠我心。但为君故，沉吟至今。呦呦鹿鸣，食野之苹。我有嘉宾，鼓瑟吹笙。

　　明明如月，何时可掇？忧从中来，不可断绝。越陌度阡，枉用相存。契阔谈宴，心念旧恩。

　　月明星稀，乌鹊南飞。绕树三匝，何枝可依？山不厌高，海不厌深，周公吐哺，天下归心。

瑰丽的生命宛如晨露之晶莹却转瞬即逝，岁月的苦难总是滔滔不绝，挥之不去。举杯时慨当以慷，心底依然忧愁绵绵。以酒浇愁却不解忧，想解忧又依赖杜康。这是人生难以解脱的迷圈。

对酒当歌是魏晋时代人生之咏叹调，也是曹操对人生短促的感慨。酒文化以及感叹人生，正是建安风骨共同的特色。

开头这几句抒发感慨之后返回正题。诗中令曹操苦苦沉吟的青青子衿确有其人。广义来说，那就是与曹操密切合作的同仁志士。狭义来说，就是已逝的郭嘉。如今郭公走了，但愿有更多志士能人依然笙瑟一堂共图大业。想掇天上的明月与我同行，但何时能实现呢？真心希望的是各地有识之士与新老朋友能越陌度阡，前来握手相会、共叙人生情谊。月光下南飞的鸟鹊啊，你们绕树三圈，何处是归宿？山不厌高，海不厌深，周公求才心切啊，我于此礼贤下士。来吧，天下归心！

此前曹操方得襄阳又取樊城，五千铁骑追逐并超越刘备于长坂坡，抢先占领荆州。他踌躇满志、雄心勃勃，正欲顺流东下，问道金陵。面对更加辽阔的国土、更加神秘莫测的世界，他更渴望天下的人才前来共事。

随后，虽然赤壁战败，统一的进程受挫，但曹操对人才的渴望始终不渝。

刘表手下的和洽就被曹操聘为丞相掾。和洽就人才问题发表了一番高论："社会上的人才，才德各殊，谁能兼备？俭朴清廉的人自己居家过日子可能是把好手，治理国家未必过失会少。"这正是曹操的想法啊！建安十五年（公元210年）春，曹操发布了惊世骇俗的《求贤令》，其中说：

自古受命及中兴之君，曷尝不得贤人君子与之共治天下者乎？及其得贤也，曾不出闾巷，岂幸相遇哉？上之人求取之耳。今天下尚未定，此特求贤之急时也。"孟公绰为赵、魏老则优，不可以为滕、薛大夫。"若必廉士而后可用，则齐桓其何以霸世！今天下得无有被褐怀玉而钓于渭滨者乎？又得无有盗嫂受金而未遇无知者乎？二三子其佐我明扬仄陋，唯才是举，吾得而用之。

《求贤令》中，所谓"惊世骇俗"者，莫过于一反汉代延续六百年的规矩，"礼义廉耻"不再具有一票否决权，而更强调了办事能力与效果。令中所举"陈平盗嫂"的例子，听起来相当另类，但汉代有谁不知道陈平？整个《求贤令》的中心就是"唯才是举"，也就是"不管黑猫白猫，捉到老鼠就是好猫"。

"周公吐哺，天下归心。"重视人才的曹操，因《求贤令》兵强马壮！

⊙《铜雀台赋》与邺下文人集团

后人也把邺城称为邺都，那因为它是许都与洛阳之外的第三大政治、军事及文化中心，具备都城的基本要素。邺城本是袁绍的大本营。建安九年（公元204年）曹操打败袁尚之后，就占领了此地，置重兵防守并改为自己的大本营，在此安置了自己的家眷。

由于出了董承事件，曹操担心一旦自己带兵外出打仗，家眷有可能被劫持，所以他不能安家许都而是安在邺城。这样曹家的儿子们只要不随军磨炼，其余时间都在邺城！曹操还决心要把邺城建成全国的文化中心。

说起邺城，大家就会想到铜雀台。

多数当代中国人听到铜雀台与《三国演义》诸葛孔明智激周瑜有关。孔明说曹操建铜雀台，是用来迎娶天下美女大乔与小乔的。孔明甚至全文背诵曹植写的《铜雀台赋》来证明。当听到其中诗句"揽二乔于东南兮，乐朝夕之与共"时，气得周公瑾拍案而起，指北大骂："老贼欺吾太甚！"曹操狼子野心昭然若揭。然而此事不真。赤壁大战发生于建安十三年（公元208年），孔明全文背诵曹植写的《铜雀台赋》给周瑜听的时间就是这年。然而，在建安十五年（公元210年）冬天，铜雀台竣工典礼在邺城举行。会上，除了举行将领们的比武盛典外，还让各文官写诗赋词道贺。曹操特地让他的两个儿子曹丕、曹植各自交出考卷让大家公开评比。

曹丕文采奕奕，他的《登台赋》写得非常好，得到大家的好评。其中"飞间崛其特起，层楼俨以承天"语出惊人，堪称金句！

然而，一打开曹植写的《铜雀台赋》，百官顿时张口结舌。原来所有赞美的言辞都说给曹丕了，大臣们再也找不出更好的言辞。曹植这首《铜雀台赋》文辞之华美，想象之瑰丽，的确难以形容。就因他这份文采甚得老爸的欢心。曹丕、曹植兄弟竞技，小弟曹植先赢一分！

建安十五年冬天，曹植的《铜雀台赋》才第一次面世。所以，诸葛孔明在建安十三年背诵曹植写的《铜雀台赋》给周瑜听，显然是造假！

避开造假的话题，曹植的《铜雀台赋》真的写得很美，不佩服不行！

从明后而嬉游兮，登层台以娱情。见太府之广开兮，观圣德之所营。
建高门之嵯峨兮，浮双阙乎太清。立中天之华观兮，连飞阁乎西城。
临漳水之长流兮，望园果之滋荣。仰春风之和穆兮，听百鸟之悲鸣。
天云垣其既立兮，家愿得而获逞。扬仁化于宇内兮，尽肃恭于上京。
惟桓文之为盛兮，岂足方乎圣明！
休矣美矣！惠泽远扬。翼佐我皇家兮，宁彼四方。
同天地之规量兮，齐日月之晖光。永贵尊而无极兮，等年寿于东王。
…………

细品曹植的《铜雀台赋》可以发现，与其父辈朴实无华的风格相比，建安曹丕、曹植这辈人更讲究用词、用字。

铜雀台东侧有铜雀园，是邺下文人创作活动的乐园。这文人集团就包含曹操、曹丕、曹植、曹彪及王粲、刘桢、陈琳、阮瑀、徐干、应场，还有杨修、吴质、邯郸淳、繁钦、丁仪与丁廙兄弟、女诗人蔡琰等，这些人经常聚集于此。如果考虑到大人物的随车跟帮，邺下文人团体几乎有百人之众，此处留下不少他们的名篇。

出于利益考量，曹丕与曹植身边分别形成两个不同的朋友圈。其中，曹丕四友是：陈群、司马懿、吴质、朱铄；曹植四友是：杨修、邯郸淳、丁仪与丁廙兄弟。最早与曹丕、曹植一道到达邺城的丞相秘书阮瑀却因为不合群，没有出现在世子朋友圈中。

同胞兄弟的曹丕与曹植的朋友圈难以融合。这事看似问题明了，却又复杂。为了争得父亲的欢心，兄弟俩钩心斗角，由来已久。儿童时代的手足之情到此时已经蜕尽。在他们的周围，各有一批人为其效力，出谋划策，集中到一点是赢得继承权。陈群、吴质是曹丕的智囊团；杨修、丁仪是曹植的拥护者。

丁仪投向曹植，乃出于对曹丕的怨恨。原本，曹操听说丁仪才干非凡，准备把爱女清河公主嫁给他。征询曹丕意见时，曹丕说："丁仪有只眼睛几乎瞎了，妹妹嫁他不会幸福的。"于是作罢。清河公主嫁给了夏侯惇的公子夏侯琳。人家那是亲上加亲，丁仪哪能明白其中的缘故？他发觉自己被踢，就怀疑曹丕从中作梗。既然如此，丁仪自然因敌视曹丕而倒向曹植一边。

　　杨修也在邺城陪伴曹家诸公子谈文论道。之所以这样，是经衣带诏事件之后，杨彪与曹操的隔阂已经消除。杨彪原本就不看好董承，更为董承的野心而不安。杨修成为世子伴读团成员的原因，是曹操看在杨彪的份上，将杨修留在身边办事，是想栽培、重用他，想提供机会以延续杨家四代"三公"的辉煌。杨修也的确善解人意，对曹操的言行举动、思想感情最了解。样样公事办得称心如意。杨修深知曹植受到曹操赏识。曹植也知道杨修的地位和作用，并钦慕他的才智。因此，双方主动靠拢，建立起不同寻常的友谊。这事可以从曹植给杨修的信得到验证。曹植在信中说："数日不见，思子为劳，想同之也。"说明了他们关系非同一般。

⊙

释义"黄绢幼妇"

　　出现在邺城的还有个称为邯郸淳的人，在大家心目中貌似比较陌生。不过大凡首批来到邺城铜雀园与铜雀台的人，总归是有几把刷子的，尤其是几个特别年长的。原本我们都以为邺下文人要数曹操最老。其实不然，邯郸淳老哥才是真正的长者，他足足比曹操年长二十三岁。就是说，邯郸淳甚至比曹操要高一辈，是这批邺下文人中爷爷级的长老！凭这点，就不禁令人肃然起敬！首先，邯郸淳是人人景仰的书法大师；他还是专著《笑林》的唯一作者；同时他又擅长诗赋文章。

　　曹操因久闻其名，特地在刘表的儿子刘琮投降之际亲自下襄阳，与邯郸淳会见，并将他请到邺城铜雀台，进入邺下文人集团。为了全面锻炼培养曹植，曹操特地安排邯郸淳给曹植陪读。于是，曹植、杨修与丁仪兄弟就对邯郸淳有了更多的接触与了解。

　　元嘉元年度尚竖曹娥碑，为全国树立了一位道德楷模。中平二年（公元

185年），流亡中的蔡邕因仰慕曹娥碑文而特地去欣赏，并在曹娥碑的背面刻下"黄绢幼妇外孙齑臼"八字。这是什么意思？好学多闻的曹操想必是多次阅读过碑文的手抄本。他在一次行军途中想起这个问题，于是就请教众人。只有杨修一人不假思索就说自己懂。曹操一愣，就让杨修暂时不揭穿谜底，容自己再想想。骑马走出三十里后，曹操才悟出那是在赞扬曹娥碑正面的碑文之妙，于是让杨修把"绝妙好辞"的谜底公开。曹操内心十分佩服，承认自己智力落后杨修足足三十里！

天才杨修怎么做到不假思索就懂了？

其实，蔡邕是反复读了曹娥碑文之后，才想出用这"八字谜"来表达自己的赞叹之意。曹操、杨修倘若没看到真实碑文，那是很难有真实体验的。没有内心对碑文的佩服之情，就很难产生绝妙好辞的意境。

解铃还须系铃人！关键就在于邯郸淳。邯郸淳就是曹娥碑的操刀人与题写者。他与蔡邕同是书法家，也同样为名人写碑文。他们惺惺相惜，互相仰慕，不可免地希望交流切磋。后来，蔡邕之所以要去会稽现场去欣赏曹娥碑，是因为他不满足于纸面文字交流，而非要切身体会不可。他迫切希望亲临其境，看到景物。

老汉邯郸淳自然也有年轻的时候。他曾游学四方，去过洛阳太学，听过经学、文学，也切磋其他学问与艺术。他最痴迷的是书法，于是拜扶风的大书法家曹喜为师，磨炼书法艺术，随后便周游各地。邯郸淳的娘舅就是度尚。度尚出任荆州刺史前，就在会稽郡属的上虞当县令，邯郸淳得以随舅舅到会稽上虞。汉桓帝元嘉元年（公元151年）是皇太后梁妠死后第一年，度尚正好在上虞。曹娥江流过上虞城，县令度尚沿江考察知道曹娥江取名的秘密，那跟一个流传已久的凄凉故事有关：

相依为命的曹盱、曹娥父女住在曹娥江边。父亲曹盱不但是当地著名的歌星，还是乐器演奏的好手，更奇特的是他能边唱边演奏乐器自我伴唱。高兴时他还能和着曲调在祭祀仪式上尽情舞蹈，堪称当地的艺术天才！凭一身的艺术天赋，众人推举他与神灵沟通并取悦神仙。就是说，他成了社区的祭司，祭司也算是巫师吧。反正，祭司、巫师就是民众的精神领袖与意识形态的指路人。

因此曹盱在民众中威望很高。每年的端午节都是民俗祭祀潮神的日子，当地的潮神正是春秋战国时期著名的伍子胥。祭司曹盱就是迎神仪式的总导演。汉安三年（公元144年），汉顺帝刘保驾崩了。而汉安二年刘保还健在，就是这年端午节，曹娥江发生了悲剧。这天，祭司曹盱执桨操船，驾着主祭船去上游迎伍子胥的神灵。逆水行舟偏遭遇大风浪，迎神主祭船不幸被风浪打翻，曹盱落江失踪。悲痛的人们沿江救援却没有结果，连尸体都没看到。十四岁的曹娥呼喊着父亲、沿江号哭，一直寻至第十七天依然不见父亲遗体。她绝望至极，于是投身入江。五天之后，两具尸体浮出水面：只见曹娥死死地抱住了父亲！很显然，曹娥生命的最后一刻，找到了父亲的遗体！

度尚被这个故事所感动，发觉这是对老百姓进行忠孝礼义教育的鲜活材料。于是他上报朝廷，要为曹娥立碑纪念，并把曹娥树立为全国的道德楷模。请到圣旨后，度尚就让邯郸淳写碑文替曹娥立传，规定三天内必须完成此项光荣任务。

当时的少年邯郸淳也不含糊。三天后在大众的注目下，持笔蘸墨一气呵成，洋洋洒洒就是一大篇。邯郸淳不愧是大才子！整编碑文行文如潮、精华喷涌！碑文全文如下：

孝女曹娥者，上虞曹盱之女也。

其先与周同祖，末胄荒流，爰来适居。盱能抚节安歌，婆娑乐神。

以汉安二年五月，时迎伍君。逆涛而上，为水所淹，不得其尸。

时娥年十四，号慕思盱，哀吟泽畔，旬有七日，遂自投江死，经五日抱父尸出。

以汉安迄于元嘉元年，青龙在辛卯，莫之有表。

度尚设祭诔之，辞曰：

伊惟孝女，晔晔之姿。偏其反而，令色孔仪。窈窕淑女，巧笑倩兮。宜其家室，在洽之阳。

待礼未施，嗟伤慈父。彼苍伊何？无父孰怙！诉神告哀，赴江永号，视死如归。

是以眇然轻绝，投入沙泥。翩翩孝女，载沉载浮。或泊洲屿，或在中流。或趋湍濑，或还波涛。

千夫失声，悼痛万余。观者填道，云集路衢。流泪掩涕，惊恸国都。是以哀姜哭市，杞崩城隅。

或有剋面引镜，劈耳用刀。坐台待水，抱树而烧。

於戏孝女，德茂此俦。何者大国，防礼自修。岂况庶贱，露屋草茅。不扶自直，不研而雕。

越梁过宋，比之有殊。哀此贞厉，千载不渝。呜呼哀哉！

乱曰：

铭勒金石，质之乾坤。岁数历祀，立墓起坟。光于后土，显照天人。生贱死贵，义之利门。

何怅华落，雕零早分。葩艳窈窕，永世配神。若尧二女，为湘夫人。时效仿佛，以昭后昆。

不觉二十多年过去，度尚死了，蔡邕也被迫流亡，其间蔡邕的上虞行是低调的，陪同者只可能是门生顾雍。但蔡邕与邯郸淳之间惺惺相惜之情早已客观存在。

又是二十年过去蔡邕死了，为刘表所敬重的邯郸淳还在襄阳。曹操占领襄阳后，邀邯郸淳入邺城。此后邯郸淳又与杨修一道在曹植身边，终日研究文章诗词。邯郸淳与杨修是祖孙级的隔代交，讨论起来更无禁戒。想必杨修早就与邯郸淳讨论过"黄绢幼妇外孙齑臼"的疑问。由于蔡邕已死，顾雍又远在东吴，在许昌与邺城的权力圈内，深知其中奥秘的人就只有邯郸淳了。其答案，杨修可以说是近水楼台先得月。

邯郸淳的碑文赞扬的是曹娥，也间接肯定了度尚。而蔡邕的"黄绢幼妇外孙齑臼"八个字，则完全是称赞邯郸淳的文笔辞藻。这还有疑问吗？

生子当如孙仲谋

阮瑀出自陈留郡的望族，早年师从蔡邕。十岁时就因"少有俊才，应机捷丽"被誉为"童子奇才，朗朗无双"，并被采录为第五梯队继续培养。在长达二十年的求学过程中，他亲眼看到外戚与宦官集团灰飞烟灭，随后又经历董卓专权及联军讨董、诸侯纷争。其恩师蔡邕也在纷争动乱中被害。年轻的阮瑀因厌恶与恐惧而产生了避祸的念头。他隐居家乡陈留。

汉末三国时期人才辈出。但面对时局纷乱，有不少人选择退隐山林以躲避战火。诸葛孔明如此，阮瑀也如此。各地豪强势力为了争得这些隐士，都花了不少工夫。大家比较熟悉的刘备三顾茅庐就是一例。但是并非每个老板都有刘备的好脾气，也并非每个隐士都像孔明那样可待价而沽，最终盼到心仪的明主。阮瑀无论如何也不肯出山当官，但他的平静生活没能维持多久。

陈留归兖州刺史曹操管辖。他的从弟曹洪听闻阮瑀的名气，就派人征召他为自己的书记官，然而不愁吃穿的阮瑀婉拒了。曹洪以为阮瑀瞧不起自己而大怒，借故将阮瑀抓来并暴打了一顿，阮瑀更是反感：不管你曹洪来硬的还是软的，我偏不吃你那一套。我从来没想过要跟丘八去杀人放火。

曹操不信此事，也想试试。他多次派人征召阮瑀进刺史衙门，自然免不了遭拒绝。曹操心有不甘，变着花样继续来。如此反复，不胜其烦，阮瑀干脆离家逃入深山。曹操无奈之下，派人放火烧山，逼得阮瑀无处可逃！本着"苟全性命于乱世，不求闻达于诸侯"的心态，阮瑀只得屈服下山。

都说曹操重视人才、爱护人才，但从他对阮瑀的行为来看不令人信服。其实这只是起步阶段，曹操身边的骨干只限于夏侯惇、曹洪、曹仁、于禁等兵头。只是到后来，曹操陷入与陶谦、吕布的恶战，他杀了边让，得罪了陈宫、张邈，导致失去兖州大本营。更有甚者，连老巢东郡也失去大部。如果不是荀彧、程昱及韩浩的能力与机智，曹操早就无立身之地！从全力支持自己的荀彧、程昱、韩浩，以及转向与自己对立的边让、陈宫、张邈等人身上，曹操才深刻反思出知识人士的重要性！所以，在放火烧山逼阮瑀下山时期的曹操，就是杀边让，得罪陈宫、张邈的曹操，而非后来特别重视人才的曹操。试想，当年的阮瑀多么无奈！既然违心地出世奋斗，那也得遇上知己才对，只要意气相投共同奋斗，那也不妨作为自己第二选择。可偏偏是曹操！他十分失望，心有不甘。失望之余，阮瑀写了两首《咏史诗》流露当时的心迹：

其一：

误哉秦穆公，身没从三良。忠臣不违命，随躯就死亡。低头窥圹户，仰视日月光。

谁谓此可处，恩义不可忘。路人为流涕，黄鸟鸣高桑。

其二：

燕丹善勇士，荆轲为上宾。图尽擢匕首，长驱西入秦。素车驾白马，相送易水津。

渐离击筑歌，悲声感路人。举座同咨嗟，叹气若青云。

前一首诗讲秦穆公与子车奄息、子车仲行、子车针虎等臣子一道饮酒，喝到热烈处，穆公为彼此间的融洽感慨万分："生共此乐，死共此哀"。子车三良同声许诺。这与后来的刘关张桃园结义颇为类似。后来秦穆公死，三良果然殉葬同死。诗的第二首是说荆轲与燕太子丹结为知己。他向太子丹承诺了行刺秦王的事。虽然因搭档秦舞阳不是合格人选，机会也尚未成熟。荆轲面临两难选择之际，还是义无反顾地在易水边告辞。"风萧萧兮易水寒，壮士一去兮不复还"。高渐离悲壮高亢的歌声，把荆轲送向远方。在图穷匕见的最后搏斗中，荆轲死于暴秦的剑下。荆轲虽有心杀贼，却无力还天，最终以一死报知己。

通过这两首诗，阮瑀想表达的是：幸遇知音，结交知己，士为知己者死，那也不失为人生一畅事。可是，你曹操是秦穆公，是太子丹吗？即使是，我阮瑀应该像子车兄弟或荆轲那样无谓地牺牲？

建安年代，不少人都在珍惜性命的问题上有所启蒙。阮瑀也不例外，他珍惜性命的观念就朴素地存在。曹操放火烧山时，阮瑀选择下山过日子，那就是珍惜生命啊！他选择隐居而脱离政治，那不正是为了和平的生活？那就是珍惜生命啊！阮瑀奉行的人生哲学是"苟全性命于乱世，不求闻达于诸侯"，基本原则就是保全性命、过和平生活，那正出于重视生命的伟大价值！阮瑀的《七哀诗》更是表达了他珍惜生命的强烈愿望。

丁年难再遇，富贵不重来。良时忽一过，身体为土灰。冥冥九泉室，漫漫长夜台。

身尽气力索，精魂靡所能。嘉肴设不御，旨酒盈觞杯。出圹望故乡，但见蒿与莱。

"良时忽一过，身体为土灰"一句最体现生命的主题。

被山火逼出来的阮瑀，人是到了曹操的衙门但灵魂不到。所以，我们可以设想：阮瑀这一系列诗除讨论生命价值外，更是对曹家一系列行为的失望！

于是他以冷暴力回应曹操：不与语！任你满脸堆笑还是杀气腾腾，我始终如一：不开口。这样的不合作行为，曹操看多了，心里难免恼恨。

据说，曹操拿出侮辱人格的一招惩罚阮瑀。那一招就与后来让祢衡表演击鼓的手段一样恶劣。一次军中宴会，曹操将阮瑀安置在艺人宴席，让他在宴会上给众人表演一个节目，以此降低其人格，对其一番羞辱。但精通音律并善于演奏乐器的阮瑀却不反感。只见他神情自若，抚弦而歌，"为曲既捷，音声殊妙"，获得满场喝彩！据说，在宴席上他不但演奏民乐，还唱了自编琴歌：

奕奕天门开，大魏应期运。青盖巡九州，在东西人怨。

士为知己死，女为悦者玩。恩义苟敷畅，他人焉能乱。

有人说，此曲表明阮瑀思想改变了，他要奉承曹操的大魏政权了。对此笔者不以为然。

阮瑀与曹操长期处于冷战状态，且被曹操孤立，那境况的确不好。其实军中类似阮瑀那样心情压抑者也不在少数。或许曹操想缓和一下气氛，就举办一个以自助形式自娱自乐的联欢酒会。阮瑀精通乐器演奏，还受过大琴师蔡邕的指点。大凡精通音乐的人，都愿意向大众表演，以结识知音。所以上台表演是正常不过的事。但要说阮瑀此曲表明他要奉承曹操的大魏政权、转而宣布效忠曹操，那就是严重误解了。这次军中宴会，应该是兴平年间在兖州或陈留举办的。曹操是在建安十八年（公元213年）才被封为魏公、建安二十一年（公元216年）加封魏王，那时才有以邺城为中心所谓的曹氏魏国。而阮瑀却在建安十七年（公元212年）就死了。他一生不知道大魏与曹操家族有何关系！兴平年号在建安前，当时，曹操的最高身份也就是兖州刺史，根本谈不上什么魏公、魏王。战国时期，陈留属魏国。所以，阮瑀琴歌中的大魏是指举办地陈留属于战国时期的魏国地域，而非指曹操已是魏王。此魏非彼魏也！所以诗中"奕奕天门开，大魏应期运"一句的大魏不是曹魏，而只是指曹军发迹的地点是战国魏地。

注意，阮瑀又表达了"士为知己死"的信念，不过那也只是提醒：你们曹家办事要更地道些，才会有士为知己死的局面。

这次宴会气氛热烈，看似阮瑀心情挺好，完全没有平常那副冷若冰霜的神情。

至于会议主持人安排阮瑀与乐器表演者同席，还让他单独表演。是否意味着曹操把阮瑀看成艺人，侮辱他的人格？这种军中自助性娱乐表演的原则应该是能者多劳，不是下等人才的登台献丑。典型的例子有曹操自己后来"横槊赋诗"的典故。赤壁之战前夕，曹操率大军饮马长江，与孙权、刘备联军决战。是夜，明月皎洁，他在大江之上置酒设乐，欢宴诸将。酒酣，曹操取槊立于船头，慷慨而歌。这显然就是官兵不分，自娱自乐嘛！更典型的是群英会组织者周瑜大都督，他自己上场舞剑献唱，丝毫没有自我侮辱的问题。周瑜精通音律、善于演奏，都被视为高尚的风格。说更早的，汉朝成立之前的鸿门宴上，项庄、项伯在席前舞剑助兴，没人说是谁的人格受侮辱。所以我们不认为这当中，有宴会举办者故意侮辱谁的问题。当然，后来另有酒会轮到祢衡表演，因没有换表演服装而遭到曹操随从的斥责。这种斥责的确是对表演者的不尊重，而且是不应该发生的。

阮瑀在宴席上的表现，比以往的冷暴力形象更受到众人欢迎。那是他融入曹操团队的标志。阮瑀有文学家的一面，又有艺术表演家的一面。不过他这个不是以文章吸引人却是以音乐征服人，他含而不露的却是文采。

阮瑀加入曹操集团后，历任曹操的军谋祭酒、仓曹掾属史等职，专门负责檄文及文书工作。他才思敏捷，对于东家要求的公文书信，只要目标明确、对象清楚，总能一挥而就。读他的文章，曹操总发现自己无法增减半字！事实上，阮瑀的绝大多数文件都佚失了，流传至今的甚少。说不清到底哪些文件是曹操特别欣赏的。

后来陈琳也来了，曹操声讨各路诸侯的檄文，就由阮、陈分工了。而之前，都由阮瑀单独操刀。两人风格大相径庭：陈琳是尖牙利嘴、骂声连连、高声断喝中挟带着暴风骤雨。而阮瑀却相反，他风度翩翩、委婉劲健，感人而又逼人。翩翩之下杀人不见血，温良恭俭让中暗伏惊雷！陈琳的檄文是替袁绍骂曹操出名的，而阮瑀的檄文却是替曹操教训孙权出名的。

阮瑀在其生命最后一年写的《为曹公作书与孙权》，就是其文风的典型。那年是建安十六年（公元211年），曹操经过三年多的厉兵秣马，军事实力又有所增强，特别是利用巢湖搞造船、训练水军，补上了水军不如东吴的弱点。同时东吴的大都督周瑜已死，接班人鲁肃、吕蒙又远在洞庭湖与湘江，忙于与关羽争夺湘桂三郡、争夺湘江水道以维护东吴对岭南交趾的控制权，从而顾不上大后方。曹操想乘机从合肥巢湖南下，占据长江北岸出口，然后进入长江，迫使东吴陷入两面交战的不利局面。其实就是曹操不甘赤壁之败，不甘荆州被东吴占据，要寻机复仇！但他又不愿意被人看成是小肚鸡肠、睚眦必报之小人。于是，他需要发一篇对东吴的宣战书，向全天下诉说自己的仁义心肠，对孙权之一片苦衷。我光明正大，出威武之师、仁义之军，水陆并进。虽稳操胜券但还是希望孙权不要执迷不悟，不忘旧情而重归于好。所以，本次讨孙檄文不是泼妇骂街，而是恩威并施，处处体现长者对小辈的规劝，动之以情、晓之以理、示之以威，最后才展示雷霆万钧之势，彻底摧毁对方的意志！曹操对东吴的宣战书，这不是第一篇。早在建安十三年就发过。当时的战书中称："今统雄兵百万，上将千员，欲与将军会猎于江夏……"信中使用了炫耀武力的挑衅性语言，挑起了赤壁大战。不知那信是否也出自阮瑀之笔？反正时势变行情改，凡事不能一成不变。阮瑀行文的风格大变，一开头出现的就是以下内容：

> 离绝以来，于今三年，无一日而忘前好。亦犹姻媾之义，恩情已深；违异
> 之恨，中间尚浅也。孤怀此心，君岂同哉！
> ⋯⋯⋯⋯⋯

这"离绝"二字指的就是建安十三年冬至时火烧赤壁的那把火造成的割裂吧！信中说了，那事虽令人不快，然而孤不但不怨恨，反而是无日不怀念曾经的深情厚谊。这犹如一日夫妻百日恩啊！彼此间虽有浅浅的误会，但哪能与恩情比？孤一直心怀此意，你怎能不这样想？

接着，文章解释曹孙两家没有利害冲突，与历史上韩信、彭宠、卢绾、英布结怨于高祖都不同。你孙权占有江东，江东本就不是我曹操的，孤没野心啊！你孙权进攻合肥欺负扬州刺史刘馥，孤也没多计较，你退兵就好，咱友谊反而加深了。像当年朱浮有明显过失还受保护，像当年苏武的副手张胜因图谋暴露而无法挽救，卫律却依然救下了苏武，也像贲赫得罪诸王而不死，我曹操就像对待朱浮、苏武、贲赫一样偏心爱护于你啊！造成你我间种种误会的，就是那个该死的刘备，他从中挑拨离间。孤不原谅的是他而不是你！

文章接下来就讲到曹操肩负重大使命，要荡平天下，怀集异类！我曹操担心你下一步如何收场。别以为过去周瑜多厉害，不论是赤壁，还是争夺了一年光景的江陵战场，那不过都是我曹操给他点小便宜占占而已。如今你不再有周瑜了，怎么办？

文章写到这里，就要亮出底牌让对方瞧瞧：我曹操在巢湖造大船，训练水军，坚船利甲定让你知道厉害。你以为靠水军就能守住江东？数千里江防，处处都可以是突破点，定让你防不胜防，最终你将一溃千里。

最后，曹操直截了当地给孙权开出投降条件：逮捕张昭，捉拿刘备。那样的话，朝廷论功行赏，可保证你继续掌管江表，享荣华富贵。

文章末了还劝告孙权不要在岭南交趾的广大偏远地区浪费过大力量。那边，本可以不劳而定，于孤益贵。是故，你按兵守次，遣书致意就可以定局面了。

不管怎么说，只要贤契你回心转意，重新牵手共叙友情，那必将濯鳞清流，飞翼天衢。吉日良时就在眼前，我曹操在此表示祝贺了！

全文读来，顿感其思绪飞动、事典繁富、韵律回荡，仿佛感到其振翅翩翩、长空腾举之妙，果然文如其人。阮瑀文字儒雅足见功底之深！此篇《与孙权书》不愧是宣战檄文之范例。

文章在建安十六年（公元211年）写成，并对外发布。东吴方面的文武大臣经过辩论，决定在长江北岸连通巢湖的濡须口建立水军要塞以储备军事物资，派步兵协助防守，准备即将来临的大战。

建安十七年（公元212年），经过充分准备的曹操率四十万大军南下发动进攻。曹军在濡须口遭遇东吴的顽强抵抗，始终进不了长江。当看到孙权率东吴水军从濡须口进入江北水网增援时，曹操知道遇到了劲敌！他好奇，登上山坡，窥测吴军严整的阵容。敌方大船青罗盖下坐着沉着淡定的孙权！曹操禁不住感叹曰："生子当如孙仲谋……"

双方僵持到第二年雨季，长江水位不断上涨。显然，东吴占据了天时、地利。曹操知道，该趁早收场了。就在此时孙权来了书信，信中称：

孤与丞相，彼此皆汉朝臣宰。丞相不思报国安民，乃妄动干戈，残虐生灵，岂仁人之所为哉？即日春水方生，公当速去。如其不然，复有赤壁之祸矣。公宜自思焉。

书背后孙权又批两行："足下不死，孤不得安。"

这场曹孙之战，阮瑀的宣战书有如乱谈情之糖衣炮弹，不能不说其威力够大。只可惜，最后还是孙权笑了。孙权的回书让曹操识相了：真不该让赤壁之祸重蹈覆辙。此时，他发觉孙权这个人挺讲诚信！于是执信边读边叹，转而大笑曰："孙仲谋不欺我也！"

曹军退走。这次四十万曹军主动出征，虽战场只有小输而无大败，但始终被困在狭小的水道内，进不了长江，舒张不开庞大的身躯，耗了许多粮草军需，丝毫好处也没有得到，反而是士气低落。随后，曹军总结此战的教训是：

交战书发得太早了，以至东吴方做了充分准备，并在濡须口建立了水军要寨。若以后再打，务必保持秘密，要乘敌不备再发动进攻！

其实孙权并不想把兵力消耗在与曹操的血拼中，因为长江中游还有一场战争在进行。孙权要等曹操退军后，继续向西增援鲁肃与吕蒙。当时，刘备与孔明正会聚公安，而关羽出兵三万，进逼益阳城下，他要攻破鲁肃、甘宁五千士兵组成的益水防线，然后抄吕蒙后路，以彻底挫败其夺取长沙、零陵与桂阳三郡以及湘江水道的险恶图谋。当然，等孙权援军到达巴陵时，关羽已经退兵，东吴收回长沙三郡后见好就收。双方握手言和，以湘江为界。

回过头来评论一下战争动员问题：一篇好的宣战书对战争结果有多大的作用？前次是袁绍、曹操的官渡之战，陈琳骂街式的讨曹檄文雷霆万钧，而曹操没有回文。一开头袁绍声势浩大，然而最终结局是檄文写得好的袁绍方面惨败。这次，阮瑀替曹操写的宣战书更妙，曹操出兵也是雄赳赳气昂昂，结果却十分难看。看来，宣战书写得好，不等于就打了胜仗。

《与孙权书》发布后一年，阮瑀就死了。那年中原地带瘟疫继续蔓延。从黄巾起义一直到建安年代瘟疫不曾断根，造成大量的人口减员，阮瑀也在这年因染上疾病而死。继孔融之后，他是"建安七子"中第二位离开人世的。阮瑀留下了刚满三岁的儿子阮籍与侄孙阮咸。阮家三代均不同凡响。

快递给荀彧的那只空食盒

建安十七年（公元212年），曹操的一号谋士荀彧也死了，他死在寿春。有人说他自杀而死，也有人说他忧郁而死，没有定论。曹操十分惋惜，予以厚葬。由于曹操不愿意在许昌跑龙套，同时更担心董承那样的人时刻暗算自己，所以他常住邺城。这样，荀彧事实上是曹操驻许昌的代表。以往，每当曹操有重大军事行动，常招呼荀彧归队，但这次南征却没有让荀彧同行，而是将他派往寿春。就在大军出发前夕，他收到曹操寄来的一封信，打开一看，原来是个空食盒！

荀彧感到不妙，莫非曹操要对自己断供？因为许都献帝御前百官吃皇粮享受"国企待遇"，那皇粮是由曹操特供拨给。但受编制限制，一旦雇员超标人均薪水就会减少。而曹操的大军以及他的属员则是不吃皇粮而享受"私企待遇"。问题是曹氏私企待遇远远高于"国企"！尚书令荀彧在"国企"享受的是私企待遇。一旦停供，那生活来源就成大问题了。更关键的是，断供意味着失去了曹操的信任！荀彧知道，曹操不高兴了。导火索是在出征前的一次朝会上，董昭等朝臣提出要封曹操为魏公。但荀彧以为曹操已人臣一品，没有任何官员可比了。封了公爵，有了自己的封地，就一定更加疏远了皇帝与朝廷。当初提出"奉天子以令不臣"，其本意是让曹操当中兴大臣，振兴汉家天下，而不是与皇朝对立。

也或许，荀彧误解了空食盒的意思。曹操或许暗示自己不能向朝廷交权，而必须有独立的地位，那就是必须有魏公的名号。那样就能既有封地又能保住军队，还能保住本班子每人的食盒。给荀彧空食盒，那跟十二年前调侃王朗失去会稽就像砸了自家饭碗一样，让荀彧从中体会。

当然，因为荀彧的反对票，令曹操当魏公的愿望被搁置。此事的确让曹操不快。但还有最关键的，那事得从衣带诏案说起。当年董承要谋杀曹操以实现夺权的案件被破，董承父女死。在旁的伏皇后看到曹操如此威势以及董贵人的悲惨下场，不免兔死狐悲，担心哪天会轮到自己。于是她给老爸伏完书信，描述曹操逞凶逼宫、如何残暴，请老爸设法除掉曹操！此信传出宫外，到伏完手中。与身处深宫坐井观天的女儿不同，也与利欲熏心的董承不同，伏完一向低调行事，明哲保身。他收到书信后很无奈，于是向老朋友荀彧求助。荀彧为人厚道，对朋友讲诚信，而且曹操一向听得进他的劝解。伏完相信荀彧不会出卖自己及伏寿，于是让荀彧看了信件，想通过他婉转地转劝曹操，让女儿得到一些安慰。

但作为汉室和曹操皆信任的中间人，荀彧显然对伏皇后极为气愤，但为了伏完对自己的信任，他隐而不发，不向任何人透露一丝风声。

过了许久，伏完没看到荀彧有什么表示。于是，他又想到小舅子（爱妾樊氏之弟）樊普。前面不是说过，伏完娶桓帝的阳安长公主刘华为妻吗？怎么会有樊普这个小舅子？答案是：刘华公主没有生育，所以伏完另娶樊氏为妾生了伏寿。

樊普看信后，就回避伏完，两人再也不来往了。国丈伏完一直得不到荀彧或樊普的明确答复，内心越发不安。他不与女儿商量便主动求贬为屯骑校尉，从而远离是非、远离宫廷，去军垦农场。

事实上，樊普一看到伏后的信就慌了手脚。他想也没想，就在第一时间上交曹操了。曹操大惊却不动声色，暗中提高安全防范。从此，他不再去许昌城。他只留丞相长史王必代理自己坐镇许都，城外由夏侯惇驻军警戒，城内由侄儿曹休带禁军协助。献帝身边百官对曹操不感冒的，只要不挑衅王必、曹休也就随他去了。

又是七年过去了，伏完死了。荀彧为伏完保密的义务也就到头了。他思前想后，觉得伏皇后终将闯下大祸！荀彧向曹操进言，废伏后，立曹操女儿为新皇后。荀彧说："伏后无子凶邪，从前与其父书，言辞丑恶，当废。明公可进女为皇后"。

嗯？从前与其父书？原来你已经知道了？曹操发觉自己曾最亲信之人，原来长期包庇了一件别人针对自己的阴谋，连樊普都不如。他要荀彧讲清楚！这下，荀彧知道含混不过去了，只得请罪。

因荀彧是颍川士人集团的代表，海内人脉厚重，曹操暂且掩盖此事不提，表面看对荀彧的信任一如从前，但因此埋下了心结。

荀彧死后，曹操便后悔，授谥号太尉予以厚葬。谥号太尉高于曹操的司空职位！可见曹操不是虚情假意。荀彧有五子，形成了一个有影响的颍川荀氏家族。荀彧空出的尚书令职务被东吴来降的华歆接替了。果然是外来的和尚好念经啊，华歆就这样赶上并超越曹操嫡系的许多参谋干事！

建安十八年（公元213年），曹操被正式封为魏公。魏以邺城为都，建立了实际的诸侯国。荀彧虽死，他留下"以女配帝"的建议还是被曹操采纳了。就是这年，曹操同时向汉献帝进献曹宪、曹节、曹华三个女儿，以安慰皇上的情绪。许都的朝廷为此支付了绢帛五万匹作为聘礼，献帝也分别封她们为夫人。

建安十九年（公元214年），曹操再次与孙权交战，虽有一定战果，但依然没达到占领要寨濡须口的目的。曹军虽不是旱鸭子，但依然只是池塘鸭，照样被困在巢湖进不了长江。此战途中，随军的谋士荀攸不幸病死。他也曾因不赞成曹操谋求魏王王位，一度弄得曹操很不开心。但他一死，曹操却痛哭流涕。

这年十一月，曹操班师北还。此前曹操嫁女汉献帝，三个年轻貌美的妃子令黄脸婆伏寿严重失色。于是更换皇后的事将必然会发生。当年宣布更迭皇后的策书是这样写的：皇后伏寿，由卑贱而得入宫，以至登上皇后尊位，自处显位，到现在二十四年。既没有文王母、武王母那样的徽音之美，而又缺乏谨慎修身养怡之福，却阴险地怀抱妒害，包藏祸心，不可以承奉天命，祀奉祖宗。现在派御史大夫郗虑持符节策书诏令，把皇后玺绶缴上来，退去中宫，迁往其他馆舍。

唉！可悲伤啊！伏寿咎由自取，未受审讯，幸甚幸甚！

策书是谁写的？没有说明，但肯定是以汉献帝的名义宣布的。此时，汉宫已经没有太监了。没有太监出面执法，就由朝廷官员代替。御史大夫郗虑与副手华歆一道统兵奉旨入宫，逼伏寿让出正宫之位迁入冷宫！伏寿紧闭门户匿藏墙壁中，被华歆伸手牵出。当时汉献帝在外殿，郗虑陪坐在身旁。被废伏后披头散发并赤着脚，边走边哭，经过献帝面前时告别道：

"妾身就此告别，难道皇上就不能救救我吗？"

"我也不知我的性命还能延续到何时！"献帝回答着，回头望着自己的臣子郗虑说："郗公！天下难道有这样的事吗？"

是啊，天下有这样的皇帝吗？伏寿毕竟是你的女人，皇帝让不让她睡正宫那才是关键。如果皇帝此前不御笔亲批"更迭皇后的策书"，谁敢罢皇后？问题是身边已经有了皇后接班人，是到了更换皇后的时候了。联想到灵帝的宋皇后蒙冤，发现灵帝、献帝这对父子都有冷血基因：不太在乎自己老婆是否含冤，反正伏寿无生命危险，不过就是失宠而已。

曹操当然希望女儿当皇后，却避得远远的，苦活让别人干。汉献帝当然也不会亲自动手把老婆拖进冷宫。华歆当着汉献帝的面，把废皇后伏寿一把抓出。这一手够狠！华歆明白：这苦活，自己不干谁干？替领导干苦活，起码干了不吃明亏。

荀彧一死，华歆接替了尚书令。这职位令好多人眼红！华歆是明白人：可代替荀彧的人多的是。原本那位置怎么说也轮不到自己，那不就因为自己不怕苦、不怕累，才得到的回报吗？

华歆知道，多干苦差事，就是向曹操递了投名状！这点，曹操看在心里。然而，他还是有点不放心，还需要观察一下：华歆对老东家江东孙权态度如何。

建安二十一年（公元216年）五月，汉献帝晋升曹操为魏王，赐九锡，钟繇出任魏王宰相，相府设在邺城。钟繇是书法家，更是曹操的重要谋士之一，他长期代表曹操处理关西与西凉事务。这里，注意区分钟繇的魏王宰相与曹操的汉丞相。魏王曹操是集汉朝军政大权于一身的汉丞相；钟繇只是魏王曹操的宰相，他只限于处理藩国魏的行政事务，而且没有军权。在邺城，钟繇征聘名仕魏讽为魏相府西掾曹。当然魏讽只是钟繇的雇员，而非曹操的直属雇员。曹操相府的西掾曹、东掾曹则是大名赫赫的司马懿与蒋济，这俩都比魏讽更厉害！

曹操升任魏王之后办成的第一件大事就是征讨汉中张鲁，以进一步威慑蜀中的刘备。对此，刘备十分紧张。还好，由于此前与孙权签订了长沙三郡换荆州的条约，彼此改善了关系。于是刘备向战略合作伙伴孙权提出建议：乘虚袭击曹操的大后方，抢占他的地盘！孙权自然知道刘备的意图，但也认为此时是个抢夺曹操后方的机会。于是孙权便进攻合肥。曹操十分恼火，他不得不放弃与刘备的战争，回头征罚东吴！

冬天，魏王曹操大军南下，华歆充军师。华歆曾当过豫章太守，还曾被拥立过扬州刺史。他对淮南与江北一带的天文地理、风土人情非常熟悉，特别是濡须口那一带。曹操前几仗与东吴孙权的战争就发生在濡须口。不知，这位原本投靠孙家的华歆能否有出色的表现？

对华歆来说，撕破脸去当军师向老东家孙权发起进攻，这又是一份苦活！但每份苦活只要做得好，就能排除曹操对自己的误解：我华歆不亲孙权！于是他排除一切杂念，更不念与孙家的旧情，欣然随军南下。建安二十二年（公元

217年）年初，大军到达巢湖东岸的居巢，战争刚打响。只因此时瘟疫肆虐，孙权提议停战，主动退兵，曹操同样不想再打，于是双方缔约罢战。由于是东吴主动求和还先退了兵，这仗让曹军长了脸，华歆经受了考验！

回师许昌后，原御史大夫郗虑被贬，华歆取而代之，成为新任的御史大夫！

讲战争胜负也不能只是对将帅的歌功颂德，更包含对苦难与不幸的回忆。死亡与流离失所是战争强加给双方将士与劳苦大众的直接灾难。总体来说，无数的将士相继失去了性命。绵延不绝的战争致使东汉末年的瘟疫无法消弭，那正是战争给人类社会带来的次生灾难。有时，这种次生灾难比战争本身带来的灾难更严重！

学一声驴叫，为王粲送行

这次，王粲满怀雄心壮志随军参战。然而他没被敌军砍杀，却在回师时染上了瘟疫而死。

王粲是山阳高平人，十七岁孤身外出谋生。他先到洛阳，再去长安，然后是荆州与邺城。自离家后，他几十年蹉跎异乡。他追梦一生，眼看一切近在眼前，梦想就要实现，一切伸手可得之际，生命突然就结束了，一切就此止步！王粲的人生就像战地濡须口外长流不息的江水，滔滔东流，一去不复返了。弃我去者，昨日之日不可留！

其实，王粲只是个书生，本非好战之人。他写有不少沙场诗，多是描述战争给百姓与普通人家造成的灾难，控诉军阀的残暴与无道，是坚持反战立场、控诉战争罪行的。《七哀诗三首·其一》就是代表作。

西京乱无象，豺虎方遘患。复弃中国去，委身适荆蛮。亲戚对我悲，朋友相追攀。

出门无所见，白骨蔽平原。路有饥妇人，抱子弃草间。顾闻号泣声，挥涕独不还。

　　未知身死处，何能两相完？驱马弃之去，不忍听此言。南登霸陵岸，回首望长安。悟彼下泉人，喟然伤心肝。

　　原本一心反战的王粲，却死在征途中，这不是很讽刺吗？其实那正是人生的无奈。

　　初平元年（公元190年），十七岁的王粲从东京洛阳到西京长安。在那里，他与蔡邕成了忘年交。蔡邕赠送的六千册图书使他成了精神富翁。王粲踌躇满志，以为人生从此扬帆启航，却不料连年的军阀混战，给他当头浇了一盆盆冷水。他目睹西京战乱而处处"豺虎满堂，白骨蔽野"。生者有国不能待、有家不能还，死者尸骸蔽野无人收。《七哀诗三首·其一》就是那时写的，抒发了他与志士仁人"南登霸陵岸，回首望长安"的心情。面对逆境王粲仍不死心，他要走遍天涯海角，哪怕是流落荆蛮，也要找出人间正义。诗中的荆蛮之地其实是指荆州，他要去投靠荆州刺史刘表。刘表与蔡邕一样，都是王粲先祖的学生。王粲要到边疆去，在荆州这地方凭自己的才华，创业立功，当留名千古的英雄：

　　荆轲为燕使，送者盈水滨。缟素易水上，涕泣不可挥。

　　这是王粲的言志诗，荆轲是他的榜样！也许他不知道，儒雅的阮瑀也曾是荆轲的崇拜者。

　　荆州刺史刘表讲义气、关心朋友、急人所难。他高兴地迎接王粲并延入幕府。从此王粲有了大展才华的机会，《登楼赋》《初征赋》《咏史诗》《从军诗》《从军诗五首》《七哀诗三首》等优秀作品源源不绝，犹如井喷。那是王粲才华横溢的年月。

　　然而，不像曹操、袁绍、袁术、刘备、孙权那么雄心勃勃，刘表个性因循守旧，导致许多投奔者大为失望。王粲在荆州除诗风文采得到高度发扬外，也因缺乏机会而抑郁。特别是一桩不成功的婚姻严重挫伤了他的自尊心。

刘表出自对恩师王畅的感激，决定要把自家千金嫁给王粲。然而，事情并非想象的那么便当，问题就出在王粲身上。人们总喜欢把有才能的年轻人说成风流才子。然而"五短身材、其貌不扬"的王粲怎么也配不上风流二字，刘家千金死活不肯嫁他。这令刘表进退不得了：硬嫁的话，势必让女儿怀恨终身；然而食言悔婚又要被别人看不起。而且嫁女至王家的事已经传了出去，怎么办？凑巧，一道来投奔的还有王粲的堂兄王凯。于是，刘表招王凯为婿。这样，不改嫁女王家的初衷，还能让女儿接受。只是偷梁换柱的结果，让王粲吃了个空心汤团！此情此景，王粲情何以堪？

虽然有挫折，王粲还是在荆州诗名远扬，他堪称是成功人士。只是，他从不知满足：越是成功，抱负就越大，抱负越大就越感到失望。这成了他一生难以摆脱的困局。

世人对"什么是成功"的话题，往往有两种截然不同的态度：一种人看破红尘不随风入俗。他们以为，人们应该远离世俗而接近自然，享受自由与平静，追求精神的高尚。而世俗的功名、财富、权力、地位则是一切腐败与罪恶之源。他们与世无争却志向高远，所追求的成功超越于世俗之外，是一种更高的境界与领域。因而他们往往被视为"世外高人"。许多思想家、哲学家与科学家倾向于这样的追求。这"世外"二字，表明他们选择的是出世的人生观。建安才子阮瑀被曹操放火烧山逼出来之前，就是坚持了出世的态度。

另一种人则是渴望在现实生活中实现自己的人生价值。他们以为：人的一生，必须有追求，有理想，要奋斗！不能因罪恶与腐败而一概否定功名、财富、权力、地位。有时恰相反，功名、财富、权力、地位正是被公认为成功与社会价值的体现。这就不能把自己置身于尘世之外。这种人属于入世一族。王粲有强烈的人生追求，他当然是入世的。他不是反对战争吗，却为何又投身战场？那就是因为战争是世俗社会不可避免的事件，既然不可避免，就只能正视它，面对它。要以最后一战消灭战争。这就可以理解王粲之所以卷入战争的原因。

王粲死了，消息传到邺城。

邺城聚集着曹丕、曹植兄弟及其他建安才子如陈琳、刘桢、应场与徐干，还有邺下文人集团的许多成员。他们都曾在铜雀楼、铜雀园与王粲弦歌一堂，都是知心朋友。如今王粲先走了，世子曹丕亲率众文友送葬。追悼会上，曹植写下了《王仲宣诔》。诔就是悼文或祭词。这篇洋洋洒洒的悼词，其中"延首叹息，雨泣交颈"表达了对王粲的无比眷恋之情。其他各人均奉命为王粲写了各自的诔文奉祭。

最后告别的时刻到了，曹丕想起了王粲生前有一样特殊癖好。于是他提议说："仲宣平日最爱听驴叫，让我们学一次驴叫，为他送行吧！"

于是，墓地响起一片真假混杂的驴吼。

驴声冲散了众人头上冬日之雾霾，抖落心间阵阵的悲凉。用驴声为朋友送葬，堪称标新立异！但我们不知：驴悲嘶，体现的正是建安才子们与众不同的风格。

不想，王粲的追悼会成为余下"建安四子"的最后聚会。送葬后没几天，陈琳与刘桢、应场、徐干相继死去，"建安七子"集体告别尘世。显然，他们是集体遭遇瘟疫了。如果他们就是因这次聚会染疫而亡，就太令人遗憾了。

"建安七子"是具有建安风骨的象征性人物群体，但并非全部代表，所以"建安七子"虽死但建安风骨犹存。因为从狭义上讲，曹操、曹丕、曹植这一家父子就是建安文人的骨干与主力。从地域上说，建安风骨中的那种"积极向上、建立英雄伟业的人生理想""壮志难酬伴生的惆怅"以及"把酒当歌的豪迈"并不局限于中原地区，而是遍及全国。而从历史岁月的维度来看，建安风骨又是一种承前启后的文化传承。它既是汉末清流的延续，又是随后正始风流的先行。

曹丕主持了公元初的文艺座谈会？

《典论》是一部巨著，其中《典论·文论》是中国文学史上第一部系统性的文学批评。曹丕受曹操的精心培育，自然是魏晋时代出类拔萃的诗人与文学家。建安十二年曹操北征乌桓，或许因为曹丕刚与美女甄妃新婚，曹操便让他以五官中郎将身份留守邺城。他长期驻守此地，顺便协助父亲经营邺下文人俱乐部。由于邺城保持着良好的文化氛围，这个文化团体人才辈出、硕果累累。邺城成为当年中国的文化中心。邺下文人因自身的差异，爱好、能力、思维方式各自不同，文学修养、文字风格、专攻方向与成就也各不相同。在当时相对宽松的环境下，他们有了相对自由的自主意识，思想比较开放。思想一开放，就有了各自独立的发展方向，出现了竞争。

自由必定产生竞争，竞争中便或多或少地出现"文人相轻"的倾向。想必当时，邺城发生了一场文化大讨论，更可能是一席酒局。那酒局是否能称为文艺座谈会？难以下结论。反正曹丕作为一方领袖参与了酒局，发表了讲话。后来他把这酒局讲话收录在《典论·文论》中。《典论》算是曹丕针对当年意识形态的状况写下的总结。然而，自始皇大帝以来，代代皇上都有一次或多次"扫四旧运动"！甚至到了最后明、清两朝，也以编写出版《永乐大典》或《康熙字典》为由，收集销毁大量民间保藏的书籍。哪怕事实证明绝大多数书籍对当年皇上毫无害处，也宁可付之一炬而不皱眉头。曹丕《典论》的完整版本难得一见，手抄本自然更是毫无踪迹。如今，也只有残缺不全的《典论·文论》片段留给我们，这实在无奈。只要残本犹存，我们都不妨看看。

曹丕以不赞成"文人相轻"为话题进入议论。他举例孔融、王粲、陈琳、阮瑀、刘桢、应玚与徐干七人，说他们"于学无所遗，于辞无所假，咸自以骋骥騄于千里，仰齐足而并驰。以此相服，亦良难矣！"这七人，就是"建安七子"。《典论·文论》就是"建安七子"提法的源头。七人除孔融外，其余六人都是邺下文艺俱乐部成员。曹丕不忘孔融的原因，是因为他一度与曹家关系密切，也曾指点过曹丕。总体来说，曹丕在《典论·文论》中的观点，还是很客观公正而且很有见地的。

曹丕在批评文人相轻的过程中，无差别地肯定了"建安七子"不同的发展方向。无形之中，他提倡了文化多元化的思路，鼓励多元竞争、宽容差异发展这些新理念。这是否出于无视董仲舒"独尊儒术"而放任自由的思想？这是否蕴含了文学的自觉？还有，曹丕鼓励"诗赋欲丽"，就能因此说他主张"为艺术而艺术"？这些，我们无法作肯定或否定回答，还是希望读者去思考。

曹丕在文学批评方面是有想象力的。他提出"文以气为主，气之清浊有体，不可力强而致"的观点以及"年寿有时而尽，荣乐止乎其身，二者必至之常期，未若文章之无穷"的见解，是值得欣赏的。

作为有闲一族的邺下文人，致力于文学、致力于竞争，将魏晋文化发扬光大。这与春秋战国时期的诸子百家类似。诸子百家多数人也属于有闲阶层。当然不能顾名思义，不是所有不通过自己辛勤耕作而不愁吃穿的人，都称为有闲阶层。在生活有保障的情况下，有闲阶层是那些能埋头从事学术、科学、文化研究的人。皇帝、官员、太监、小偷、妓女等不能称为有闲阶层。虽然他们一刻也不得闲，整天忙于维护统治，忙于服侍主子，忙于偷盗抢劫或做皮肉生意，与我们把全神贯注于学术研究的人完全不同。世界史上，希腊雅典的三哲（苏格拉底、柏拉图、亚里士多德）、毕达哥拉斯学派、托勒玫、梭罗都算是有闲阶层，他们是学术得到发展的重要开拓者。可惜，这个属于有闲阶层的邺下文人俱乐部太孤单，延续时间也太短。花开花落，他们没等到下一个文艺与学术的春天。

曹丕是王子，又是邺下文人集团事实上的领袖。他既写得一手好文，又具有诗歌天赋。他提倡的"诗赋欲丽"，自己就是实践者。他的沙场诗《燕歌行二首》就洋溢着他自倡的文采。

其一

秋风萧瑟天气凉，草木摇落露为霜，群燕辞归鹄南翔。念君客游思断肠，慊慊思归恋故乡，何为淹留寄他方？贱妾茕茕守空房，忧来思君不敢忘，不觉泪下沾衣裳。援琴鸣弦发清商，短歌微吟不能长。明月皎皎照我床，星汉西流夜未央。牵牛织女遥相望，尔独何辜限河梁。

其二

别日何易会日难，山川悠远路漫漫。郁陶思君未敢言，寄声浮云往不还。涕零雨面毁形颜，谁能怀忧独不叹。展诗清歌仰自宽，乐往哀来摧肺肝。耿耿伏枕不能眠，披衣出户步东西。仰看星月观云间，飞鸽晨鸣声可怜，留连顾怀不能存。

这是现存最早的七言诗。句句押韵，用词既延续了其父亲清峻、通脱的传统，又具有绵延、华丽的风格。这一种全新的格调，诗句流转婉约、缠绵悱恻，情、色、声丰富无二。

此诗所写的不是大漠孤烟，不是气吞万里的金戈铁马，而是从军嫂的角度看战争：因战乱流离而叹哀怨、诉思恋。其效果就如同写孟姜女哭倒城墙一样，同样会增强悲剧感。

击鼓骂曹操的祢衡，虽文采奕奕，但因被视为另类而没被曹丕列入建安才子名单中。还有杨修，他聪明伶俐，给曹操当文书官期间，写过不少的文章，也不缺席邺下文化的活动。但杨修与丁仪、丁廙兄弟一样是曹植的朋友，从而不入曹丕的法眼。"建安七子"中没有他们的姓名。此外还有路粹，他因卷入与孔融的纠纷，又因违反军纪被处死，所以建安文人集团不包含他。

其实，杨修是那个年代典型的才子。"建安七子"死后，邺下文人集团中也就是他脱颖而出，接替阮瑀、路粹与陈琳，成为曹操身边最重要的秘书官。

⊙
鸡肋之战

建安二十四年（公元219年）正月，夏侯渊在汉中被蜀将黄忠斩杀，局势被动。六十五岁高龄的曹操被迫亲自出马，率军穿越太白山抵达阳平关。很快，曹军又陷入一场与老对手刘备的拉锯战。几个月打下来，战线依然不进不退，难决胜负。

这是农历五月下旬的傍晚，魏王曹操在帐篷内用餐。面前一盘鸡汤，鸡肉切成一块块的半露在鸡汤中，他大口地喝着汤，有时夹出鸡块咬几口。平常吃惯烧鸡的魏王，显然对今晚的鸡汤有点始料未及。曹操是谯郡人。谯郡就是现在安徽亳州，不远处有个称符里集的地方，当时天下闻名的烧鸡就是出自那里。先锋官夏侯惇是曹操的从弟。他从小就知道，魏王最喜欢的就是老家口味的烧鸡。这次出征汉中，他特别挑选从谯郡来的庖官服侍领导，让他每天准备一只活鸡，按老家的风味为曹操烤出不同的口味。夏侯先锋官对魏王说："大王每天食一只鸡，那是必须完成的任务，绝对不可以马虎了事。"

三军统帅最危险的场所不一定是沙场，甚至与饮食起居也密切相关！沙场老将夏侯惇、韩浩都关心主将的饮食起居。不过，他俩毕竟都是重要将领，即使保卫三军统帅的责任重大，也用不着亲自去过问魏王吃不吃鸡的问题。那事要由军需官出面安排才对。关键是，军需官曹休负责三军粮草补给的押运，此时正忙碌在长安、秦岭到汉中漫长的运输线上。

那些年瘟疫肆虐，全国病死的人数众多。当时，人们不知道细菌，更不知道病毒，往往以为瘟疫是天降的，是道士、巫婆施巫术的结果。这汉中与湘西、鄂西、巴东是连成一片的。这一地带本就是一片充满鬼神迷信的世界，各种奇门遁甲的花样无奇不有。除迷信的观念外，奇门遁甲中的巫、蛊、傩中不乏可怕的真货：比如施蛊投毒、污水播病等等。或许，那些对借住荆湘地区时间较长的刘备一派影响不大，但对初入者曹魏或孙吴的势力就是一场考验。

东吴三任都督中的周瑜、鲁肃都不是死在战场上，而是莫名其妙地英年早逝在湘鄂巴交界的水网地带，是瘟疫还是有关敌手的阴谋论，难有定论。东吴第三任都督吕蒙虽说此时还活着，但刚上任即频传他疾病缠身，还能活多久，谁也没有把握。三军因疾病而遭夺帅，是禁忌。东吴三帅不明不白地致死或生病，不能不引起进驻汉中曹军的格外关切。

曹操的贴身警卫许褚，是粗人一个，只适合当卫士。而关系到统帅安危的事，应由中护军韩浩全面负责。想知道中护军是什么角色？不妨参照长期出任中护军职务的赵子龙，也可参照东吴的宋谦或贾华。韩浩的资历相当老，早年就带一路义军参与关东联盟讨董战争。董卓曾把韩浩的舅舅杜阳扣为人质逼韩浩投降，但遭拒绝。韩浩虽败却因而闻名于诸侯。但时运不济，他多年之后才在曹军混到夏侯惇副官的职位。但一有机会，他就露出锋芒。兴平元年（公元194年），曹操陶谦大战，韩浩随夏侯惇留守东郡。此时，无处落脚的吕布乘虚闯入。他令部下伪降，然后绑架夏侯惇为人质，曹军立刻大乱。韩浩挺身而出，表示坚决不接受要挟！他快刀斩乱麻的办事风格震慑了绑架者，不但破坏了吕布的阴谋，还成功解救了夏侯惇。于是夏侯惇向曹操推荐韩浩，曹操提升他为中护军！韩浩从此以负责中护军保护曹统帅。除尽职警卫外，他还经常过问魏王的食谱，避免统帅的安全受威胁。只是，那段时间山南雨水太多，塌方、泥石流频发，加上蜀军经常骚扰后勤通道，造成活鸡一时断供。有一天，不知是费了多少工夫，韩浩才从山民手中弄到一只老母鸡。老母鸡肉质坚韧骨头硬，宜于烧鸡汤却不适合烧烤。为此事，韩浩还特地在曹操面前解释又解释。边食边若有所思的魏王，忽然对身边人唠叨不已而心烦！于是摆摆手，这位中护军与其他人才悻悻离开。

光啃鸡骨头不喝酒的晚餐显得有些单调。谁都知道，魏王平时喜欢杜康！只是前几天，禁军统领许褚贪杯误事，中了蜀将张飞的埋伏，损失了大批军需品不说，还差点搭上他的小命。为此，魏王一再训斥：从今往后除非胜利庆功，军中一律禁酒！其实，煮熟的老母鸡是一道下酒好菜。看着今晚曹操餐桌缺酒，左右随员很不是味道，但谁也不敢去拍马屁讨没趣。

众人发觉魏王正陷入沉思。他在思索什么？进入汉中以来，形势发展越来越不容乐观。对手蜀军总采用守势与自己耗着，既不主动正面进攻，也不放弃厘毫阵地，只是不断地骚扰后勤供应线。虽然两军在阳平关一线有过几次擦枪走火的照面，但一直打不起大仗。

倘若这样耗下去，速战速胜的前景就越来越渺茫。同时，不好的消息也不断从后方传来：刘备下令留守荆州的关羽北伐，进攻襄阳以威胁都城许昌。还有就是孟达蠢蠢欲动，房陵申耽、申仪兄弟心怀鬼胎，陷入汉中的曹军无法安心。掌灯了，魏王还坐着不动。脑海中闪过邺城，那边安宁吗？

忽然，他高叫了一声：鸡肋！左右闻声却不解何意。接着又是一声：鸡肋！行军主簿杨修也来了，见状，就拂手让众人各就各位散开。

此时正是全军营各哨位统一确定"通关密语"的时刻。届时兵营栅门全面静默，严禁帐篷之间串门来往。查哨的长官或因其他重要军情需要进出栅门或互相走动者，需要以"通关密语"来回答哨兵的查问。所谓"通关密语"也就是口令。如果有人宵禁后还在走动而答错"通关密语"，那后果严重：不是被当"奸细"处理，就是立马人头落地！中护军韩浩就负责分发"通关密语"。

不过"通关密语"的确定者是最高统帅曹操。

中护军韩浩通报求见，要求明示今晚"通关密语"。魏王：鸡肋！

再问一句确实还是：鸡肋！

中护军听懂了，匆忙拜别出帐布置。用什么词汇当通关密语，本就无所闻，只要你不忘记、不报错就行了。再说，用过一次的通关密语，就不大会有第二次的机会了。鸡肋不鸡肋的，有区别吗？

故事说到此，历史上有关鸡肋的说法基本雷同。但据《三国志》中裴松之引用的注释或罗贯中的《三国演义》就丰富了故事情节：

行军主簿杨修是个超级聪明的人物。他从鸡肋中听出名堂，于是便嘱咐自己的勤务兵与文书抄写员为明日准备归程，各自打点好行装再睡。先锋官夏侯惇听说后大惊，悄悄地请杨修到自己的帐中探问消息。杨修附耳密语，说是从今晚的通关密语可以判断出"魏王不日将退兵归也！"鸡肋者，食之无肉，弃之可惜。这就有如穷山恶水的汉中，进，难以取胜；退，又于心不甘。如果继续维持战争，士兵死伤不说，还要从长安运来大量军需，穿越艰难的蜀道维持开销！这仗不如不打！

行军主簿就是总司的战地秘书，他的话能不信吗？于是夏侯惇以下部众也跟着打点行装。

不想，魏王是个具有高度责任心的统帅。半夜时分，他提把护身大斧查营，于是发现问题了。

他忙下令全体官兵马上睡觉，确保精力明天上战场打仗！然后把夏侯惇叫进大帐与杨修对质。

双方道出缘由，真相大白！据说曹操勃然大怒，要以造谣乱军罪，将杨修、夏侯惇依次推出斩首。但事后证明，不但是夏侯惇没死，杨修也没被杀。真相究竟如何，还有待确认。

曹军面临的战争果然是一场鸡肋战。久经沙场的魏主曹操是当时最出色的战略战术家，面临这样的局面，他能不果断做出决定？既然，军中的先锋官以及核心幕僚杨修都在正式命令下达之前就让部下收拾行装准备回家，这也正说明了一个严重问题：军中的厌战情绪在上升，士气不再了。这几天曹操派兵四处寻战，其实也正是为自己的战术转移打掩护：打场小胜仗，制造个班师的借口。杨修不过是猜透了主帅的心头秘密，抢先说出口而已。

建安二十四年（公元219年）农历五月底六月初，曹操率军从汉中退兵回朝。他一生在马背上指挥了无数的战争，胜多负少，却在六十五岁这年，亲自下汉中指挥了一场憋屈的鸡肋之战。

班师队伍中果然有杨修，他没死。但年过六十的中护军韩浩却有点不妙，究竟岁月不饶人啊！韩浩搭档、中领军史涣在建安十四年去世，此后十年间，韩浩不仅是中护军，还兼中领军，其责任之大、负担之重可见而知。过劳易病，得病就有风险啊！不过，罗贯中笔下的韩浩，与这里的不同。《三国演义》中，韩浩是前长沙太守韩玄的亲弟，在上一年的汉中天荡山大战中就被蜀汉五虎上将黄忠一刀斩于马下，丢了性命。但事实上，中护军韩浩一直守在曹操身边，没有被轻易派出与敌军对仗。再说，韩浩与长沙太守韩玄风马牛不相及，更不会是兄弟。

鸡肋风波后最先离世的不是杨修，而是韩浩。韩浩死后，曹休、曹真分别接替了中领军与中护军的职务。曹休与曹真是曹仁、曹洪之后的第二代曹家将。这里反复说韩浩，是想强调魏晋时期中护军的重要性。

曹操大军退出汉中花了一个月的工夫，曹军一走汉中就归刘备了。于是，蜀中身份最高的朝廷命官马超牵头联名向汉献帝上书，举荐刘备为汉中王。称王之后，刘备就拜关羽为前将军、假节钺，授予调兵遣将的生杀大权。这显然是鼓励他北伐攻占襄阳、樊城，威逼许昌！

就在关二爷发威之际，豫南陆浑县发生了严重暴乱。好汉孙狼当带头大哥发动起义！义军攻破县城杀死主簿，烧杀抢掠之后南下投奔关二爷。关羽大喜，将全部义军收编为部属并补充了粮草、兵器、服装，任命孙狼为司令，回陆浑打游击。许都以南的梁郏、陆浑群盗以孙狼为榜样，纷纷响应。借天时地利，关二爷声势浩大。连战不利的曹仁丢失了樊城，被困襄阳。

建安二十四年夏，曹操决定让曹植出任南中郎将，行征虏将军，带兵援助曹仁固守襄阳。不料曹植却喝得酩酊大醉！是故意违命，还是意志消沉而染了酒瘾？曹操对他失望至极！

此时，邺城破获一起针对曹丕的谋反案！祸首是魏王府的西曹掾魏讽。曹丕对此，刀剑无情毫不手软！办案过程难免波及有关政敌。此事难免对曹植、杨修产生难以估量的影响。鉴于世间频传曹丕、曹植兄弟的矛盾。曹操决定让曹植挂帅抵御关羽，无非要向天下展示曹家兄弟团结一致、共同对敌的形象。同时也是表达对曹植的信任与安抚。却不料在关键时刻他竟然如此丢脸！曹操难免狐疑：曹植的密友杨修是否泄露了什么？出了不该出的馊主意？杨修要冒性命攸关的风险了！

曹操只好亲自上阵，派于禁、庞统先行救援曹仁。不料八月一到，暴雨突发江水猛涨，于禁、庞统遭遇水淹七军的灭顶之灾。庞统被杀，于禁投降。空前的胜利令关羽威震中原，以至于荆州刺史胡修、南乡太守傅方都投降了关羽。虽然此二人乃吃空饷之辈，但造成的影响依然难以估计。许都失去屏蔽而暴露在关羽的军刀前。怎么办？各位纷纷提议曹操迁移许都。

此时，曹操丞相府的军司马、西曹掾司马懿与东曹掾蒋济献计了。那就是后人称其为"驱狼吞虎"的毒计：鼓动东吴抢占荆州！这好似狼群撕咬老虎屁股！至少解除了关羽对襄阳的威胁。曹操大喜！不过这也证实了他的预见：手下这司马懿果然是个深藏不露的狠角色！这虽不是司马懿与蒋济之间的第一次合作，却是第一次获得成功的重要计策。

司马懿奉命南去东吴，事情马上出现转机。东吴吕蒙果然白衣渡江袭取公安、南郡！曹操立即派徐晃长驱直入，每次都直冲蜀军营盘正门连拔六处大营，关羽败退。顺便解释一个貌似笑话的问题，就是"吕蒙白衣渡江"，是不是东吴士兵个个穿白衣，不分白天黑夜沿江岸偷袭关羽无数的烽火台？为何穿白衣而不穿黑衣？那不是太招摇而突显荒唐？

其实所谓"白衣"不过就是指吴军脱下军装，看上去像是纯一派生意人的便衣打扮，不露盔甲兵器罢了。这里"白衣"是指民间便装。

吕蒙渡江袭击加上徐晃反攻连胜，关羽被迫进入人生末路：走麦城！

关二爷最后失败了。有人因此批评他不经请示汇报便自作主张发起襄樊之战！然此说有失公道。因为自从吕蒙夺长沙、零陵、桂阳三郡之后，关羽在荆州控制区只限于南郡、公安周边地区，而且南郡名义上是东吴的！所以刘备、诸葛亮最后一次离开公安回四川时对关羽的安排是："乃封，拜元勋，以羽为襄阳太守、荡寇将军，驻江北。"就是说，关羽的合法身份是襄阳太守而不是南郡太守。南郡是东吴的，而襄阳却是曹仁的地盘！关羽要成为名副其实的襄阳太守，就只能打下襄阳！所以北伐是既定方针，而非机会主义盲动，关羽北伐无可指责。

"驱狼吞虎"，此计眼光开阔，既准又狠，然用心却又十分狠毒！司马懿代表曹操下东吴，办事沉着稳健，在丝毫不失原则的前提下，与东吴结成战略同盟！可见司马懿绝非寻常之辈！他终于露出原形！

发觉关羽陷入绝路，曹操移师摩陂靠前指挥。

⊙ 杨修之死

曹操为何把指挥部设在摩陂而不更靠前指挥？那是因为摩陂这地方紧挨许昌，处于邺城与襄阳的南北中间点。进可攻荆襄，退可保洛阳与邺都，驻扎原地就确保了许昌。此时曹魏大本营邺都发生的大案还没有落下帷幕。内忧外患迫使曹操既不能太靠前，也不能太向后。邺城究竟发生了什么事？

那就是魏讽案！案发之际曹操还在汉中。留守邺城的曹丕突然接到长乐卫尉陈祎的自首，披露了一桩天大的谋反阴谋。陈祎这人后来无从查证。可能因涉案人太多，案后为保护证人，将其埋名隐姓了。他那长乐卫尉的身份，名义上是王太后长乐宫的武官。魏王曹操的母亲早已作古，邺城没有王太后，然而她专用的长乐宫照样存在，亲兵卫队也照样配置。长乐卫尉陈祎手下还有长乐司马、长乐户将等属员。其官阶年薪二千石属于高干阶层！

陈祎举报称：邺城存在一个地下司令部。领头是魏讽，他是魏丞相钟繇府中的西曹掾，是当时当地的"网红"与舆论领袖。他要乘曹操远征汉中之际乘虚起事，指令陈祎除掉曹丕，控制邺城。卷入阴谋的人大批是荆州籍或有在荆州成长的经历。从而有人怀疑此次行动配合了关羽北伐！

就在举事前夕，陈祎无法克制内心的恐惧。反复权衡利弊之后，他向曹丕自首告发了同谋！

曹丕当机立断，立即实施抓捕。领头的魏讽首先下狱，接着是张绣的儿子张泉。张泉也是王宫卫尉，既然陈祎自首，不主动坦白的张泉自然就是极端危险分子。经秘密审讯后，魏讽与张泉首先被砍头。

这次谋反的主角魏讽是沛县人，常以苏秦、张仪自比，口才极佳，言语极具煽动性与鼓动力，堪称当年邺都的"网红"，后世将他归于浮华一族。当年，能在邺都当"网红"的，都是精英中的精英。时任魏国相国钟繇很欣赏魏讽，于是聘其为西曹掾。西曹掾负责王国第一、第二、第三梯队组成名单。一旦入梯队，那就是飞黄腾达的起步！于是邺都上层子弟趋之若鹜！其中包括张绣的儿子张泉、王粲的两个儿子、黄门侍郎刘廙的弟弟刘伟、荆州名士宋忠的儿子以及将门虎子文钦等，多数是荆州人士。邺城荆州人士多，是有原因的。当年荆州牧刘综投降后，曹操把荆州人士全安置到邺都。这些年通过关二爷的外宣系统，邺都的人都知道：凡跟随刘备的荆州人才，如赖恭、许靖、李严、黄忠、魏延、霍峻等，哪个不受重用？目前还留在荆州的人士，也个个托关二爷的福活得如鱼得水，简直是进入了天堂！相反，不幸流落到邺都的荆州人士，那就前途渺茫了。心中之苦有谁知？所以，大家要翻身，就要团结在能人魏讽周围，等待机会！

当时也有人看出魏讽终将因其浮躁的做派而出问题。与钟繇地位相当的官员王昶、傅巽、刘晔都向朋友或家人警告：魏讽肯定会造反的！刘廙不愿意弟弟刘伟与魏讽走得太近，就提醒：魏讽这人华而不实，不修德行，整天编织关系网，必将扰乱社会。他让兄弟不要再跟魏讽来往。只是刘伟鬼迷心窍，怎么也听不进大哥的话。就这样，魏讽成了年轻人的反面典型，年轻人被引入歧途。

案子收网了，涉案的年轻人要被杀头！除了魏讽、张泉外，还有王粲的两个儿子、刘伟以及荆州名士宋忠的儿子等几十人，因连坐而死的人比这还多！曹操一代的荆州老臣，除张绣、王粲已经死亡之外，钟繇、刘廙、繁钦、杨俊等也受连累而暂时降级或免官，这些人也吓出一身冷汗！

此时的曹丕已经忘记当初学驴叫为王粲送行时的私人情谊，把王粲的两个儿子也杀了。曹操正在摩陂军中得知王粲断了后，不禁叹息："如果我在，不会让仲宣绝后！"后来，曹操亲自主持了将王业过继给王粲做养子的仪式。王业是刘表女婿王凯之子，与王粲血脉最近。王业后来有王宏、王弼两子，原先蔡邕的六千藏书就传到王弼手中。王弼勤奋好学、饱览典籍，特别热衷于研究玄学。最终脱颖而出，成为玄学界的领袖。

文钦与曹操同是谯郡人，父亲文稷建安中期是曹操的骑将。少年文钦以名将之子的身份活跃于邺城。魏讽案发，有人招供文钦与魏讽有辞语相连！于是入狱。过堂时，判官也不细加核实，便掠答数百定为死罪。曹操赦免了文钦，他因此对曹家感恩戴德，成了魏末的名将。

魏讽案表面看似浮华，实质却包藏祸心。这给曹丕以及后人提了醒、留下了教训。

曹操对曹丕在处理魏讽案中的表现相当满意。而曹植却因醉酒辜负曹操的重托，杨修也失去曹操对其的最后一点信任。不管杨修与重大的魏讽案有无直接关联，但与魏讽一样，都被曹丕视为危险人物！反正卷入世子之位争夺的，其失败方的军师一定是很不幸的。魏讽案注定了杨修的结局。

其实，在曹丕、曹植中确立谁为太子，是一个反复权衡的过程。到了建安二十二年（公元217年），曹操还不曾拿定主意，于是找来老搭子贾诩，想听他怎么说。不料贾诩城府深，他默然不答。曹操急了："跟你说话，怎么一言不发？"贾诩这才开口："我正在思考。"曹操又问："你想什么呢？"贾诩说："我想当初袁绍、刘表父子。"谁都知道，袁绍、刘表一世英名，却在最后时刻而蒙羞。那只因为他们都偏心于小儿子，选错了接班人。曹操哈哈大笑。此后，又经历两年考验，两个儿子各自交出了自己的答卷。

看来，交接班的日子就要到了。

建安二十四年（公元219年）年底，关羽遭斩杀，吕蒙也病死了。据说吕蒙死前还是站着的，貌似没什么异常，却突然倒地暴毙！吕蒙还没活到关羽的年纪，他们之间没人笑到最后。此时曹操已回到洛阳，他对荆州的归属更迭已经看淡了。

有一天两个老头故地相逢，那正是魏王曹操与东汉末任太尉杨彪。曹操问："杨公为何瘦成这样？"曹操这不是明知故问吗？当年杨彪把一个活生生的儿子托付给曹操。前些日子，曹操却从摩陂前线托人送来杨修的死亡通知书和装满一车的金银珠宝。杨彪缺财宝吗？人内心的痛苦能用银两来弥补吗？曹操的手段，能让杨彪不痛心、不瘦吗？

杨彪叹了口气："愧无日磾先见之明啊，犹怀老牛舐犊之爱。"这里的日磾，不是指已故的老同事马日磾，而是前汉大儒金日磾。金日磾担心儿子闯祸便杀了他！杨彪却因老牛舐犊之情，怎么也舍不得让杨修就这样先死！

那是这老哥俩生前最后一次会面，谈论的话题竟然是杨修之死！因此不欢而散。杨修是杨彪唯一的儿子，曾经风云无比的弘农杨氏嫡系独苗就此夭折了。其实何止是弘农杨氏，不可一世的汝南袁氏不是早就断根了？就连辉煌四百多年的两汉朝廷也早已名存实亡了，如今已是曹、刘、孙天下三分了。一切都已是无可奈何风吹去！

曹操双眼迷离，望着风烛残年的杨彪步步远去，心中暗叹：没几天了！

次日，东吴送来了关羽的首级。

又过几天，就过大年了。建安二十五年（公元220年）新年伊始，曹操死了。

三、『正始之音』

曹操死后。曹丕僭越成功，改朝换代当了新皇帝，建立了魏朝。新兴贵族集团参与新朝廷以分享利益，同时也发生了分化改组。从新贵族中走出的许多名士，他们登台亮相发出自己的声音，表达自己的观点。这又是个百家争鸣的时代。自魏朝成立之后，相对稳定且延续时间较长的是正始年号，后人把这一代名士间的争鸣称为"正始之音"。争鸣是时代的特色，也展示了各自的风度。这与前辈所呈现的建安风骨有何关联？我们不妨往下细看。

1. 浮华岁月

　　魏初，弥漫于朝野间的浮华之风最令皇上不安。

⊙

曹丕称帝

　　那年，因曹操之死而受影响最大的是许都、邺城与洛阳。

　　许都，汉献帝居住于此。曹操"挟天子以令诸侯"最大的受害者莫过于汉献帝。曹操死了，他自然是最大的获益者：解放了，他恢复了至高无上的地位！这正是他多年所期盼的。我们可设想，那时许都内外都笼罩在欢乐气氛中：山呼万岁、放假三日、全国大庆！随后天子传令刘备领兵回京整肃朝纲。天子还责成孙权放弃割据，等待发落。天子更要在全国范围内开展彻底清除曹操流毒的运动！然后全国实行新政！不过，当年许都却保持着惊人的低调，只是大家若有所思：曹操之后，谁将提供维持费？谁继续给我们提供午餐与晚餐？人们发觉，有人向北出发了。那人就是新科御史大夫华歆。他往何处去？

　　魏王曹操死在洛阳，谏议大夫贾逵负责丧事。此前洛阳民众因繁重劳役而普遍心怀怨恨。曹操死去，此处阵阵骚动！青州兵一听说主帅升天便以为从此不用去打仗了，于是兴高采烈地敲锣击鼓，一批批散伙回家。曹家班夏侯惇、曹洪、曹仁、贾诩、董昭等人看在眼里急在心头。他们主张立即严明军纪！贾逵却以为：魏王已殂，继嗣的新王还未拥立，此时最好还是对动乱进行安抚！他贴出告示：选择回家的青州兵，凡路遥远者，发证明文书，退伍兵凭着公文可以沿途得到官府提供的免费午餐。如此一来，一场骚动平息了。

面对不安定的气氛，贾逵没有封锁消息，而是派使者讣告各地，召主官进京吊丧。

曹丕接到通知却依然留邺城，倒是他兄弟曹彰率军从长安赶来！他一下马就问："先王的玺绶在哪里？"显然，他有问鼎最高权力的动机。贾逵厉声回答："太子在邺，国有储副。先王的玺绶不是君侯你该问的！"说得曹彰无言以对。他放下架子去邺城向曹丕交出兵符令节。兄弟抱头痛哭一场！随后，贾逵与文武百官决定把曹操遗体入殓，由夏侯尚护灵前往邺城。

夏侯尚是继夏侯惇、夏侯渊、曹洪、曹仁之后曹家将中最出类拔萃者。他比黄忠在蜀军内的地位高多了。他与刚提升的中领军曹休、中护军曹真是二代曹家将的"三剑客"！为何选夏侯尚为护灵将官而非曹休、曹真呢？因为夏侯尚与曹丕的关系特别密切。他既是三京驻军总司令夏侯惇的侄子，又深受魏世子曹丕的赏识，护灵去邺都非他莫属。另一护灵人是贾逵。就是说，夏侯尚将是新朝皇帝的第一武将！

谈了许都与洛阳，而此时的邺城又处于一种怎样的状态呢？

当时，魏王世子曹丕就在邺城。父丧当日曹丕便放声痛哭，但不奔丧洛阳。闻知父亲灵柩至邺，曹丕打算率官员出城十里伏道迎接。正当殿堂哭丧之际，司马懿的弟弟、中庶子司马孚与尚书陈矫高声劝曹丕宣布继承大统。然而众多文武却主张等待许都汉献帝的圣旨，另一些官员主张让曹操的遗孀卞氏出魏王太后懿旨，宣布曹丕继位。

恰此时，华歆策马而来。众人狐疑不定：会不会是"善者不来，来者不善"？是的，众人对这位东吴叛臣犹不放心。

须臾间，华歆入城，众人连忙询问来意。华歆反问："今魏王薨逝，天下震动，何不早请世子嗣位？"这华歆不是去洛阳奔丧，而是直到邺城拥立曹丕，可见此人城府之深！

华歆此言正中众官下怀，大家终于定了心。华歆称已经请得献帝圣旨：封曹丕为魏王、丞相、冀州牧。于是曹丕兴高采烈地接下老爸的全套衣钵。为了对华歆、贾逵感恩戴德，魏王曹丕即位后，立即拜华歆为魏王相国，任命贾逵为魏王国都邺城令。此时贾家公子贾充才三岁，命里注定将来会成为名人。

建安二十五年（公元220年）十月二十九日，曹丕带着心爱的郭夫人到临颍县繁城接受汉献帝的禅让，成为魏朝第一任皇帝，改元黄初元年，定都洛阳。

汉灵帝光和年间张角预测："苍天已死，黄天当立，岁在甲子，天下大吉。"这苍天确如其所言，立即死亡。然而，黄天并没有立起来，而是事过三十五年之后才出现曹丕的黄初元年。这黄初应对了黄天。然而一千八百年来，献帝禅让曹丕的事总是被定性为阴谋论的曹魏篡汉。其实东汉早已死亡，曹丕称帝，一个以曹魏为标志的强大的贵族群体诞生，是历史的必然进程。从总体来说，曹家对汉献帝以及后代的优待还是有始有终的，遵守了诺言。不过，曹丕的妹子曹节却在被追索玉玺时大发雷霆。她把玉玺摔下白玉石阶诅咒道："天不祚尔！"

卸位后汉献帝改任山阳公，带上家小开始了他减租减息、施医治病的新生活。

曹丕毫不在意妹妹的恶毒咒语。他忙于自己的正经事：改革朝廷吏制，恢复"三公"制等，把老爸一辈的元老华歆、贾诩、王朗及夏侯惇、曹仁、曹洪摆上荣誉性"三公"及"大将军""骠骑将军"高位，而让原太子班的谋臣钟繇、董昭、陈群等进入实权的"六卿"之位，他更是让第二代曹家将夏侯尚、曹休、曹真分别出任征南将军、征东将军、镇西将军这些实掌军权的关键岗位。改革吏制的同时，曹丕重视水利建设，继续推行屯田制。这些举措，保证了政权的平稳过渡。

这年发生的吴蜀夷陵之战，又让曹丕赢得坐山观虎斗的战略优势。他顺利地渡过改朝换代的历史性考验。

当了皇帝，曹丕的日子丰富多彩了。青少年时期他在曹操面前毕恭毕敬、谨小慎微。十七岁那年，曹军攻占邺城俘获二十一岁的美女甄宓，曹丕不在乎年龄差异，更不忌讳对方是袁熙的老婆，就与她成婚。此后婚姻生活规规矩矩，他虽也另置妾室，但与甄氏十六年的恩爱也堪称模范。他们育有一子，那就是曹叡。作为曹操膝下的第一位孙子，聪明过人的曹叡深受宠爱。每当官员聚会，曹叡常在宴席上与侍中近臣并列同坐。曹操曾亲口告诉他："你是继承家族基业的第三代了。"

然曹操一死，曹叡却遭遇了一段难堪的经历。曹丕受禅当皇帝，他意识到自己的一切待遇都该超过父亲，便把不谙世道的甄夫人留在邺城旧王府，而把另一位夫人随身带走，她就是郭夫人。她比甄氏小一岁，但比曹丕大三岁。郭夫人是何人？她就是闻名的郭女王！这女王不是职位而是她的字。她父亲郭永奇曾当过南郡太守，他特别喜欢刚出生的宝贝女儿，便在家人面前夸耀说"此乃我女中王也"。然而，她三岁丧父，此后便流离乱世，无适合的出嫁对象而成了剩女。直到三十岁那年才被曹操选去服侍二十七岁的曹丕。

事实证明，郭女王比甄氏更有心机，手段也更高明。最终导致甄妃与郭女王命运发生了翻天覆地的变化！甄氏被赐死！郭女王当了皇后。

解决了后妃的麻烦之后，曹丕把注意力集中到兄弟内部，他要提防所有御弟对帝位的觊觎。他严厉限制同胞兄弟曹彰、曹植、曹熊相互之间的来往，剥脱夺他们的行动自由。那位先交出军权，然后兄弟拥抱痛哭一场的曹彰，不到一年就神秘死去，接着曹熊也死了。这件事招致舆论普遍怀疑，以致有流言说，御弟是被毒死的。另一御弟曹植没死，但他的幕僚被一锅端了：杨修在魏讽案后被处死；丁仪、丁廙兄弟俩随之被满门抄斩；只剩下老态龙钟的邯郸淳。他因胆小，不问政治，不敢为曹植出主意而留下一命。曹植本人遭严格监视。因此他整日借酒浇愁、郁郁寡欢，处境十分令人同情，这致使皇太后卞氏内心不安。她正是曹丕与曹植的生母。曹丕为了回避母亲对自己说气话，就向百官宣布了口谕：禁止女人干政！就是说，曹丕不仅担心本族兄弟，就连母亲也提防了。

·

老克勒见识了新时尚

杨修、丁仪、丁廙之后，曹植的四友只剩下邯郸淳。他垂垂老矣，甚至比曹操还长二十岁！曹丕没有忘记这老头，就请他到洛阳城委以博士给事中的荣誉职务。于是邯郸淳写了一篇长达千余字的《投壶赋》献给曹丕。文帝以为写得好赐帛千匹。邯郸淳知道曹植的日子不好过但不便多话，只因那是人家的家事。次年老头去世了，文帝御赐的千匹绢纺正好作棺材本安葬自己。

多才多艺的邯郸淳淡泊名利。他一生没走举秀才、察孝廉求取功名之路，功名场上是空白的。刘表曾把他作为储备人才，但没用在政界。刘表死后刘综降，邯郸淳已经是近八十岁的老头了。曹操将他接到邺城，因他书法一流，总有派上用场的机会。邯郸淳终究是个名人，知道他的还大有人在。比如王粲、蔡琰，还有前会稽太守王朗。人们终于知道这位爷爷级的人物竟然就是曹娥碑文的撰写人。于是曹丕、曹植争向曹操提出要求，把邯郸淳配到自己的文学馆。此时曹操还偏心曹植，于是曹植如愿。只是邯郸淳老矣！他时日无多。不过能陪王子读书是莫大的荣誉，起码有一份束脩供养老，比留在宾馆里热一餐冷一顿强多了。

邯郸淳至死不忘与曹植的首次会面，那堪称是一千五百年前版的"刘姥姥进大观园"。那是一个夏天，白天气温高，邯郸淳就起了个大早上王子府。门人传达，曹植十分欢喜，于是派人请老人入座客厅、香茗招待。老人局促地等待着。他听到了王子的声音，却总不见人来。

先是佣人为王子打水洗澡。浴毕就去化妆间，王子在那里搽粉、化妆。看样子，他一时半会不会出来。我们不妨猜测一下曹植往身上敷的是什么粉？如果猜得不错的话，那就是珍珠粉！它不但用于皮肤美容，还可以冲奶饮用！如今这就叫作珍珠奶茶！可邯郸淳不这样认为。他认为那是"五石散"，其全部知识产权归何晏！曹操收养了许多养子：比如曹真、秦朗。秦朗与曹真后来都成了魏国的将军。而邯郸淳想到的何晏则是曹操的女婿，也曾是养子。何晏本是何进的孙子，七岁时父亲死了，寡母改嫁曹操为妾，何晏一度改姓曹。然而，他自小就不情愿地跟着曹氏兄弟一起成长。他因浑身皮肤粉嫩雪白而招致曹丕妒忌，曹丕骂他"假子"！这就是不承认他是兄弟。何晏心中的苦闷难以言表，便独自一人苦思冥想。他在地上画个方框，自己站进去却不让别人进去。曹操看见了奇怪，问他那代表什么意思。何晏说，我画的地方是何家的房子。我姓何可以住在里面。别人不可以！曹操发觉他很有想法，让他保留何姓！长大后，曹操把金乡公主嫁给他，于是养子成了女婿。与后来成为军事将领的秦朗不同，曹丕不肯任用何晏。何晏是那个年代时尚生活的倡导者。他推广使用美容品五石散，风靡魏晋天下。

不过，敷过粉的曹王子依然披头散发没加梳理。按例行程序王子开始了晨练节目。只见他赤着上身跳起胡舞，然后又耍了一套五禽戏，玩手技跳丸，最后是舞剑！这分明是一整套规定的健身运动！

健身结束，曹植进入书房，高声朗诵诗文、台词与其他文学作品。文字总数长达上千字！这就是曹王子的晨课！

到此，晨课结束。王子这才衣冠整洁地到客厅问候客人。与邯郸淳一番礼仪之后便轻松交谈。一开话题，曹植便先是天文地理、物种造化，然后再评今论古、英雄豪杰，接着又背诵古今名文、赋、诔以及讨论政治时事，随后还论述军情态势。畅论之后设宴款待邯郸淳先生。宴席上，又是王子一人滔滔不绝，无人可比。作陪的，不论丁氏兄弟还是快嘴杨修，几乎插不上话！一副新贵族的做派，令老克勒邯郸淳眼花缭乱。出来后他逢人必赞曹王子的风度，还说他的才识堪比天人！

称邯郸淳为老克勒，那是因为一千八百年前的他也曾拥过有自己的时髦与气派。他不是古板的经学家、理学家，而为人风趣幽默，热衷于娱乐与艺术；他的《笑林》，集那个年代的许多笑话、噱头、善喻、讥讽、幽默趣事之大成；他的《艺经》记录了当时流行的投壶、米夹、掷砖、马射、弹棋、棋局、食籁等各种娱乐游艺技巧。而那些正是古代上层人时髦与高尚生活方式的象征。当这位老克勒发出一声惊叹"天人"的时候，意味着一种新的风度、新的时尚开始了。

经历这场面后，邯郸淳去曹王子府邸的时候，就注意避开曹植早上功课的时间。其实，曹植王子也有对酒的嗜好，王子醉酒失态也是一种风度啊，可邯郸淳却是隐匿不提。可见，老克勒终究是老克勒，什么该说什么不该说，他有分寸！

曹王子的这种做派、贵族风度，有人欣赏，有人不以为然，更有人冠以浮华的恶评予以贬低。当然，各人生活品位可以完全不同。愿模仿，是出于你自觉；不喜欢、不看、不过问是你的权力。生活方式是根据自身条件取舍的，哪有一律强求的道理？

其实，曹家的其他王子，也是各有一套功课的。文绉绉的何晏可能更接近曹植，他们同样爱酒酗酒，同样喜欢华丽的服装，更爱敷粉甚至吸食五石散，特别喜欢广交同道，筹备清谈派对。但何晏清楚：他与其他曹姓王子不是一类人。何晏也想做官出出风头，但没机会。既然如此，他就把注意力放在玄学研究上。他的玄学，是把老庄的"道"取值为"无"，以"无"为出发点解释儒学的教义，并将其人生追求归结成"无为"，由此开始了他形而上的追索。相应的，其办事风格是以务虚为本。此时，因玄学清谈成为一种时髦的社交形式，何晏就逐渐被树为当年的一面旗帜。玄学成了当年贵族最崇尚的话题。清谈派对论玄学，逐步演化为一种最高时尚。

黄初五年（公元224年）四月，曹丕恢复洛阳太学，恢复招收太学生，制定考试法，置春秋谷梁博士。自此之后，全国学子蜂拥而入，上述的这批"官二代"以自身优势，引导了舆论，树立了新风尚。太学内的论坛、讲堂应运而生，这些"官二代"、"官三代"利用这里开展学术沙龙活动，他们以老庄思想糅合儒家经义，谈玄析理，放荡不羁。名士风流，盛于洛下。他们无所顾忌滔滔而言的风格，与六七十年前桓、灵二帝实行"党锢"政策时代的清流官员李膺、洛阳太学学生领袖郭泰等人举办学人聚会的清议有类似之处，均颇受官场与民间的重视。洛阳太学再次成为学术中心与舆论中心，影响力比曾经的邺下文人集团更盛！

《洛神赋》

　　因兄弟失和，曹植遭到曹丕的监视与限制，情绪十分压抑。一个被压抑的人，总处于悲伤与愤怒情绪的不断交替中，常常陷入忧郁或亢奋。一个忧郁且愤怒的天才、悲愤与激动的诗人如果不发出世纪之吼，不唱出绝世之歌，则一定会失去表现自己的机会。曹植没有失去机会。随着建安年代渐去渐远，正始名士呱呱坠地之际，曹植的《洛神赋》诞生了。不过，由于王子的敦厚、诗人的文雅，《洛神赋》不是长歌当哭，也不是世纪之吼，而是一曲婉转绵延的旷世之音。它如歌如诉，倾诉心音，不知因此迷倒了多少后世粉丝。

　　曹植被赶回陈留王的封地鄄城。每年一次来洛阳朝觐曹丕后都必须回去。黄初三年（公元222年），曹植再次回家，途经洛水，他触景生情写成一赋，取名《感鄄赋》。见题思意，那就是曹植回鄄城途中有感。他把这赋抄寄给曹丕、曹叡父子欣赏。后来，曹丕驾崩，明帝曹叡登基。曹叡忽然为自己的身世多愁善感了起来，从洛神身上想到了不幸死亡的母亲。他甚至发觉《感鄄赋》中的"鄄"与生母的姓"甄"字形相似，容易混淆，于是将《感鄄赋》改为《洛神赋》，说是为了避讳，更是避免出现不必要的联想。这点，或许只有曹叡自己才想得太多，别人不至于那么敏感。

　　这篇诗文最终以《洛神赋》流传开了。大意是这样的：曹植乘车东出洛阳，背向伊阙，一路远行。洛阳城越去越远，此时太阳西下，车马劳顿，于是他在花草繁茂的洛水河滩高处下车，到芝草茂盛的田园边遛马。王子流连徜徉于阳林间，波光浩渺的洛水顺着他的目光流逝于远方。王子头脑恍惚，精神迷离，眼下一片迷茫。忽然，他精移神骇，忽焉思散，双眼向上却看到洛河女神宓妃！注意，眼前的女神不是地中海美女河神达芙妮，而是黑头发黄皮肤的东方美人。《洛神赋》讲述人神之间的一场邂逅、追求与交流。全文如下：

　　黄初三年，余朝京师，还济洛川。古人有言，斯水之神，名曰宓妃。感宋玉对楚王神女之事，遂作斯赋。其词曰：

　　余从京域，言归东藩。背伊阙，越轘辕，经通谷，陵景山。日既西倾，车殆马烦。尔乃税驾乎蘅皋，秣驷乎芝田，容与乎阳林，流眄乎洛川。于是精移神骇，忽焉思散。俯则未察，仰以殊观，睹一丽人，于岩之畔。乃援御者而告之曰："尔有觌于彼者乎？彼何人斯？若此之艳也！"御者对曰："臣闻河洛之神，名曰宓妃。然则君王之所见也，无乃是乎？其状若何？臣愿闻之。"

　　余告之曰：其形也，翩若惊鸿，婉若游龙。荣曜秋菊，华茂春松。仿佛兮若轻云之蔽月，飘飖兮若流风之回雪。远而望之，皎若太阳升朝霞；迫而察之，灼若芙蕖出渌波。秾纤得衷，修短合度。肩若削成，腰如约素。延颈秀项，皓质呈露。芳泽无加，铅华弗御。云髻峨峨，修眉联娟。丹唇外朗，皓齿内鲜，明眸善睐，靥辅承权。瑰姿艳逸，仪静体闲。柔情绰态，媚于语言。奇服旷世，骨像应图。披罗衣之璀璨兮，珥瑶碧之华琚。戴金翠之首饰，缀明珠以耀躯。践远游之文履，曳雾绡之轻裾。微幽兰之芳蔼兮，步踟蹰于山隅。于是忽焉纵体，以遨以嬉。左倚采旄，右荫桂旗。攘皓腕于神浒兮，采湍濑之玄芝。

　　余情悦其淑美兮，心振荡而不怡。无良媒以接欢兮，托微波而通辞。愿诚素之先达兮，解玉佩以要之。嗟佳人之信修兮，羌习礼而明诗。抗琼珶以和予兮，指潜渊而为期。执眷眷之款实兮，惧斯灵之我欺。感交甫之弃言兮，怅犹豫而狐疑。收和颜而静志兮，申礼防以自持。

　　于是洛灵感焉，徙倚彷徨，神光离合，乍阴乍阳。竦轻躯以鹤立，若将飞而未翔。践椒涂之郁烈，步蘅薄而流芳。超长吟以永慕兮，声哀厉而弥长。

　　尔乃众灵杂遝，命俦啸侣，或戏清流，或翔神渚，或采明珠，或拾翠羽。从南湘之二妃，携汉滨之游女。叹匏瓜之无匹兮，咏牵牛之独处。扬轻袿之猗靡兮，翳修袖以延伫。体迅飞凫，飘忽若神，凌波微步，罗袜生尘。动无常则，若危若安。进止难期，若往若还。转眄流精，光润玉颜。含辞未吐，气若幽兰。华容婀娜，令我忘餐。

　　于是屏翳收风，川后静波。冯夷鸣鼓，女娲清歌。腾文鱼以警乘，鸣玉鸾以偕逝。六龙俨其齐首，载云车之容裔，鲸鲵踊而夹毂，水禽翔而为卫。

　　于是越北沚，过南冈，纡素领，回清阳，动朱唇以徐言，陈交接之大纲。

恨人神之道殊兮，怨盛年之莫当。抗罗袂以掩涕兮，泪流襟之浪浪。悼良会之永绝兮，哀一逝而异乡。无微情以效爱兮，献江南之明珰。虽潜处于太阴，长寄心于君王。忽不悟其所舍，怅神宵而蔽光。

于是背下陵高，足往神留，遗情想象，顾望怀愁。冀灵体之复形，御轻舟而上溯。浮长川而忘返，思绵绵而增慕。夜耿耿而不寐，沾繁霜而至曙。命仆夫而就驾，吾将归乎东路。揽騑辔以抗策，怅盘桓而不能去。

其实，"虽潜处于太阴，长寄心于君王"，是曹植借神女之口表达自己无时无刻不牢记对天子的忠心，只是彼此之间有如人神罔隔，要让天子理解自己太不容易了！分明是同父同母的骨肉兄弟，却被视为你死我活的仇家。分明是忠心一片，却无法彼此明白。这正是帝王家内部的悲剧！当代学者朱东润理解曹植的这种状态。他在《中国历代文学作品选》中这样评价《洛神赋》："或系假托洛神寄寓对君主的思慕，反映衷情不能相通的苦闷"，这结论说得在理。

然而，人们往往不满足于单一的理解。不少人把宓妃想象成曹丕的前夫人甄妃，并以曹叡把《感甄赋》改为《洛神赋》为根据，说《洛神赋》是一场曹植与甄妃叔嫂之间的一场生死苦恋。这怎么说呢？诗歌并非都是叙事诗，诗情与画意一样是含蓄而不直白的。想象丰富是好事，人们从这个或那个角度去发挥想象，都并无不可。

不知是否真的发生过曹叡将母亲的遗物玉镂金带枕向曹植出示的事。我们以为，那物品适合在女性间馈赠观赏，但在男性之间出现那种物品授受关系，则是匪夷所思。好像只有《三国演义》中诸葛亮为刺激或侮辱敌方，把女人服装送给司马懿。当曹叡还是小孩的时候，他怕父亲曹丕，更怕那位郭皇后。他断然不敢把保存的生母用品出示给任何人。他人小城府深，为争取自己能当上太子以便继承帝位，不惜牺牲自尊，违心地喊陷害亲妈的郭皇后为妈！只因曹丕实在没有更适合的后代，曹叡才当上太子，此后他继续低调苦熬到曹丕行将入土的那一刻。即便登基称帝，他还照样敬郭妈为皇太后。为亲妈平反，给甄妃以荣誉，那的确是曹叡长年压在心头的真实感情。或许是到后来，他才有可能向曹植暗示自己与父亲曹丕不一样，想让曹植放心自己。然而，曹叡最终还是与父亲一样，非常不放心曹植。

所以，把《洛神赋》想象成曹植与甄妃的一场苦恋，这美好的故事只适合深埋于各人心中。

笔者不相信那所谓的叔嫂恋。理由很简单：如果有那层关系，甄妃就自我解放了，她绝不会去埋怨曹丕的寡情了，夫妻各做各人的美梦。没爱就没恨，甄妃也就不至于遭横祸了。

曹丕肯定也看过《感鄄赋》，但不知他对此能发表什么观点？当了皇帝的曹丕再也不是文学评论家了，从而没有第二篇典论发表。但是，《洛神赋》的确把典论中的"诗赋欲丽"这点发挥到了淋漓尽致的地步。有人说曹丕的典论体现了建安文人的"文学自觉"，提倡了"为艺术而艺术"。还不如说是曹植的《洛神赋》是实现了曹丕想做却没做到的事。

《洛神赋》也体现出，建安风骨从前期的古朴、豪放、慷慨、悲凉出现了某些演变，延伸出浪漫主义因素。人们赞扬曹王子"骨气奇高，词彩华茂，情兼雅怨，体被文质，粲溢今古，卓尔不群"，这些话是贴切的。我们可将曹王子的姿容、神韵以及文采辞章都看成是建安风骨的延伸，但我们又不妨把曹植想象成另一种风格的开始。因为曹植并不崇尚玄学，不参与民间的清谈，他的精神状态属于建安时代，只是随时间发展其风骨发生了某些变化。

为爱情而"躺平"

曹丕称帝后，夏侯尚升为荆州刺史、假节南部军事。显然他此时已是曹魏南方战区总指挥。与当了十几年襄阳太守的曹仁比，夏侯尚权力更大。荆州同时与吴、蜀两国接壤，是曹魏的战略要地。关羽兵败之后，与荆州毗邻的上庸郡被孟达与刘封占据。夏侯尚雄心勃勃，想拓疆扩土建功立业又一时难从东吴手中捞到便宜，于是把目光投向上庸。上庸地势险要、易守难攻。夏侯尚反过来认为，正因为上庸地形险恶，蜀军一定会疏于防范，只要大胆，用奇兵突袭，就有可能马到成功。于是他派大将徐晃为先锋突袭上庸！其时正值孟达、刘封争权夺利之时，夏侯尚因势利导，在孟达的里应外合下，击败了刘封取得上庸，然后又平定了周边九县。他一鸣惊人，一口气夺下大片疆土，功绩一点也不逊色于曹家军的老前辈夏侯惇、曹仁、曹洪。这一战，夏侯尚威名大振，被加封为征南大将军。

随后东吴胜了夷陵之仗，孙权因此食言了。原先他答应，让儿子孙登北上娶曹家公主并充当人质留住许都。如今不提往事，孙登留在东吴不动。难道曹家虎女不配孙家犬子？难道曹家公主就成剩女无人可嫁？曹丕大怒！黄初三年（公元222年）九月，他决定兵分三路，全面伐吴！

第一路是曹休、张辽、臧霸联军出寿春经和县渡口进入长江，与东吴的建威将军吕范的江防舰队对抗，准备向南岸发起进攻；第二路是驻合肥的大将军曹仁，率猛将常雕、王双及数万精兵，要一举攻占由东吴小将朱桓五千士兵把守的濡须口；第三路是曹丕皇帝御驾亲征，指挥夏侯尚、曹真、张郃、徐晃分路包抄诸葛瑾把守的南郡。由于荆州兵力不足，东吴的潘璋、杨粲匆忙增援诸葛瑾。

然而曹军的优势并没有得到的发挥。

第一路，魏吴两军陷入苦战，一时胜负难分。不过，长江突发大风浪，吕范水军的一些战船搁浅长江北岸。水军冒险弃船上岸，正值曹休骑兵赶到，捕杀了弃船上岸的吴军，占了便宜。

第三路，夏侯尚大军与东吴诸葛瑾隔江对峙。夏侯尚水陆并进，攻破吴军局部防线，诸葛瑾初战受挫。然而当曹军张郃搭浮桥想继续过岸进击时，遭遇潘璋援军。突遇强敌，张郃等撤军北归。这次曹军没攻占城池地皮，但袭击了诸葛瑾的防线。在遭遇援军时见好就收，果断退出战场，算是搞了一场实战演习，达到练兵目的。

关键的战事是在第二路。老将曹仁数万大军进攻濡须口，与东吴小将朱桓的五千兵对阵，然而老将曹仁完全失去水准。

原本，守备濡须口的东吴士兵因兵力悬殊而恐慌，小将朱桓却信心满满地发动战地动员！他吹嘘己方有战胜强敌的巨大优势，言语之中流露着一股霸气。他仿佛丝毫不把曹仁放在眼里。朱桓的这种自信，大大地感染了手下将士，紧张情绪一扫而光！

战鼓一擂，双方开打。曹仁先派儿子曹泰进攻濡须城，以吸引住朱桓的主力，暗中派猛将常雕率领诸葛虔等人，乘船袭击东吴后方基地中州。曹仁自己率领万余精锐，留在后方，随时准备发动总攻。中州正是安顿东吴将校妻子儿女的后勤基地。面对曹仁的攻势，朱桓先示弱后退，诱敌深入，曹军各支部队因此拉开了距离，分散成各自孤立的状态。见时机成熟，朱桓果断命令严圭、骆统率水军精锐增援中州，让"空城"濡须口暴露给曹泰。曹泰果然下令攻城。兵源不足的朱桓不是分兵把守，而是果断弃守为攻，集中仅有的兵力大反攻！终于以勇取胜，大破曹泰。同时，严圭、骆统的水军势不可当，大破曹魏水军，魏将常雕被斩杀。魏军大量战船或被抢、被毁。朱桓击败曹泰后，乘胜追击，生擒勇将王双。就这样，曹仁的攻势被彻底瓦解。曹仁被迫撤退，途中又遭孙桓追杀，好不容易在牛金的掩护下逃出命来。混战中不知曹仁是否受重伤，两个月后，便是黄初四年，曹仁就死了！长史蒋济整顿魏方兵马暂为代管，然后由司马懿接手。曹仁残军连同勇将牛金易了主。

这次曹魏算是吃了大亏。然而因湘西剿匪任务繁重，孙权提议停战和谈。曹丕罢兵而退，悄然放弃东吴孙登公子以驸马身份当人质的要求。

不过，曹丕开了一场庆功会。还是有人心不甘，那人正是曹丕。他又组织了两次南征，结果都不顺利。第三次战役更是乏味，曹军不得已撤退。不料，曹丕居然在途中遭遇失联的东吴五百名散兵游勇！这支有点饥饿的丘八要抢劫皇上！只是饥不择食走了眼，错把天子的副车当真货，于是屠杀了车夫卫兵，把车辆、羽盖抢走，车上就缺曹丕。小曹见状乘机收起华丽羽盖，以牺牲别驾为代价逃出。

连续三次遭曹丕的军事进攻，导致孙权放弃和谈幻想，他宣布成立东吴帝国与曹魏分庭抗礼。

如果说曹丕几次南征都不过是练兵，并且在军事行动中培植亲信的话，那倒是达到了全部目的。

天子曹丕是夏侯尚的后台，每次战争，不论功劳大小，都轮到夏侯尚记功受赏。几场战争之后，夏侯尚累计被封赏，成为食禄达一千九百户的大侯爷，甚至超过夏侯惇、曹仁、曹洪等第一代曹家将的水准！这种好运气，无人可比！

《魏书》记录有曹丕对夏侯尚的评价，其中说："尚自少侍从，尽诚竭节，虽云异姓，其犹骨肉，是以入为腹心，出当爪牙。"夏侯尚是曹丕的终身心腹，这一点也不假。他们不仅是君臣还是私下至交，甚至是亲上加亲：夏侯尚甚至是御妹夫。然而正因为这亲上加亲，他们互相得罪了对方。

御妹德阳乡主不是曹操的亲生女儿，而是认养的。曹姓养子养女的话题，让人很容易想起曹操的养子曹真。的确，德阳乡主就是曹真的妹妹。曹真原本姓秦不姓曹，他父亲是秦邵。兴平年间，曹操散家财招兵聚义讨伐董卓，秦邵首先响应而共同起事。随后曹操遭官府追捕，被迫躲进秦邵府内，秦邵忙跟曹操互换了衣冠。追兵冲进来要抓逃犯，秦邵迎上前去说，你们要抓的人就是我！于是秦邵死了，曹操活了下来。曹操收养了秦家子女。男孩就是曹真，女孩就是德阳乡主。兄妹俩从小跟曹昂、曹丕一起长大。曹操把德阳乡主嫁给夏侯尚，就是为巩固与夏侯家亲上加亲的关系。

黄初五年（公元224年），夏侯尚改封昌陵乡侯。夏侯尚此时已不满足成为黄脸婆的德阳乡主，便纳了美姜。不料因此打翻了家里的醋罐，德阳乡主岂肯善罢甘休，于是争吵连连。越是争吵夏侯将军就越疏远御妹，与曹操其他妾生的弟妹不同，曹真兄妹从小与曹丕一起的日子最多，感情也最深。所以御妹遭受冷暴力的流言一传到天子耳中，曹丕便以领导、兄长、大舅的不同身份规劝夏侯将军顺礼仪、守家法。但被美色迷住心窍的夏侯将军依然我行我素。这令曹丕情何以堪！一边是哭哭啼啼的御妹，另一边是执迷不悟的妹夫夏侯尚，还要考虑镇西将军曹真的感受。曹丕于是下狠心：找夏侯尚谈话的同时派人绞杀了他那位心肝宝贝。曹丕杀人多的是，管你是豪门大族还是文人墨客，哪怕是手足兄弟、结发艳妻，一不如意就杀，他眨过眼？如今为维护一下皇室的尊严，杀一个小妾算什么？御妹夫总该体谅这一片苦心。这事，天子觉得自己干脆利落，完全体现圣上排人所忧、助人为乐的伟大胸怀。

但问题却不那么简单。夏侯将军难以接受皇上的越俎代庖。他觉得自己这男人当得太窝囊、太没出息了。夏侯尚怒火中烧，不但没与德阳乡主破镜重圆，反而连军事会议也不参加了。岂止是军事会议，一切公务活动都不见他的影子。他彻底"躺平"了！这一躺，就再也没起来。

爱之越深，刺激越大，悲伤过度的他精神恍惚，陷入崩溃状态。他分明已经把爱妾安葬了，却摆脱不了天人永隔的思念，几天后他又梦中见她复活了。于是他跑去把坟墓挖开，与心爱的女人再次相会。堂堂征南大将军去搞刨尸相会，这分明是对天子的不满！失望至极的曹丕突然想起前朝臣子杜袭对夏侯尚的不屑，于是感慨道："当初杜袭看不起夏侯尚，看来也是有原因的啊！"

黄初六年（公元225年），夏侯尚渐渐病入膏肓。曹丕数次上门探视，夏侯尚很感动，拉着皇上的手哭泣不已。看来，此时君臣之间已经互相谅解了，但夏侯尚依然放不下对死人的那份感情。一个原本是铁石心肠的战将，却对自己的爱妾如此真情，如此念念不忘！在战乱时代，这种武将真是太难得了。看来，早在那时浪漫的贵族情怀已经开始蔓延，甚至是扎根到夏侯尚的心中。

看过三国历史与三国小说的我们，心目中有两个夏侯尚：一个是京剧《定军山》中被当猴耍的那个"小、矮、挫"，最终在交换俘虏时，被五虎上将老黄忠的背后一箭夺走性命；另一个是看重个人私密、用行动来申诉人格尊严之人。他不爱金枝玉叶却拈花惹草，全身心地爱上一名普通女孩。这就是与魏朝一号大将身份不相容的夏侯尚。

黄初七年（公元226年）四月，第二代曹家将"拿摩温"夏侯尚死了。他在魏文帝曹丕之前抢先向阎王报到。

自夏侯尚"躺平"之后，得到好处的就是此前尚处于边缘的司马懿！前面说过，曹仁一死，蒋济代管了曹仁的旧部。蒋济这人贪财、胆小、不肯冒风险。他的密友司马懿却是雄才大略，通过司马懿的高明操作，曹仁这支军队的指挥权逐渐落入司马懿手中。也就是说，曹仁死了，司马懿才初步染指了一小部分军权，但仍不满足。一旦夏侯尚"躺平"了，真正的权力真空出现了，司马懿有机会了。此时，征东大将军曹休驻寿春，领着张辽、臧霸对孙权严阵以待，插手不了夏侯尚的军务。而曹真为镇西将军，负责镇守西北边境，都督雍凉诸军事，重点是防止刘备的扩张。这样，长期被排除在军权之外的司马懿终于有了转机。曹丕因私生活无度，精力不济，许多事自己管不了，就不可避免地重用了自己的随从司马懿！他全然忽略了曹操的告诫。当然，他也没料到，曹休、曹真居然都在司马懿之前死去。

夏侯尚与心爱的女人只开花不结果，而与金枝玉叶的德阳乡主却育下了一子二女：夏侯玄、夏侯徽与另一妹妹夏侯氏，这三位后来均声名显赫，尤其是那位玉树临风的夏侯玄公子。他继承了昌陵乡侯的爵位。然而曹丕却只封他一个散骑黄门侍郎，而不给实权。曹丕说，散骑侍郎是革命接班人的摇篮期。其意义是"今便以参散骑之选，方使少在吾门下知指归，便大用之矣。天下之士，欲使皆先历散骑，然后出据州郡，是吾本意也"。司马懿在夏侯尚死前已经搞定了儿女亲家关系，那就是让长子司马师娶夏侯徽为妻。同样，司马懿与荀彧的后人也结成儿女亲家，司马家族的婚姻网遍及文武百官。

自曹丕当僭主篡得刘氏皇权的第一天开始，另一双觊觎江山社稷的眼睛就已经出现了。他就是司马懿！曹操生前说得不错，那人鹰视狼顾，心怀叵测！

其实，在夏侯尚"躺平"不干的时候，还有一种可能：赋闲的骠骑将军曹洪重新出山，兼领贤侄夏侯尚的那批兵马！然而，那苗头还没出土就被扼杀了：就在夏侯尚死前三个月，曹洪就已经遭横祸了。他的一名门客犯了大案，该处死。曹丕认为案犯的东家曹洪该连坐同死，于是把曹洪打入大牢等待处决。此案惊动朝野上下，群臣纷纷前去求情，但无效。

后来，有人解释了这个问题：根源是曹洪为人吝啬，早就让曹丕讨厌了。曹丕年轻时曾向曹洪借绢百匹，但遭拒绝，因此记恨在心。然而我们觉得，曹洪不肯借绢的事与小气无关。他是不愿意在曹丕、曹植兄弟间选边排队。因为他明白，一旦介入太子争位战，必遭曹操严厉的惩罚。而曹丕要杀曹洪的真实原因，是两位国师刘放与孙资对曹丕吹了耳边风，间接提醒他要注意功高震主的曹洪。两位国师辅佐了曹操、曹丕两代皇帝。关键是此二人与司马懿私交甚密。

骠骑将军曹洪是武将，与两位国师没啥交情，却与司马懿有很深的过节，在司马懿眼中，曹洪是死对头，还是绊脚石。再说，曹操对司马懿形成"鹰视狼顾"的坏印象，也与曹洪的观点有关。历史上就是曹操派曹洪出面征辟司马懿，却因司马懿装神弄鬼而作罢。在曹洪看来，虽阮瑀与司马懿都拒绝应聘，但阮瑀老实本分，而司马懿诡计多端！因此曹洪内心鄙视司马懿。司马懿被录用以来，曹洪从来没给过他好脸色。他甚至在曹操面前不止一次地说司马懿的坏话。如今曹操死了，曹洪的大后台没了，司马懿当然幸灾乐祸，并耐心地等待踢他一脚的时机。

百官当然不能接受处死曹洪的判决。于是他们不顾禁令，走后门找卞太后去了。卞太后一听气极了。她训斥曹丕："当年要不是曹洪相救，我们母子哪会有今天？"这说的就是曹军被大将徐荣杀得全军覆没的那次。当时曹操狼狈至极，只好徒步逃命，幸亏遇到曹洪，曹洪把唯一的坐骑让给曹操，自己转身步行与追兵搏斗，曹操逃出一命。

老妈该说的话都说了。但她知道，曹丕曾对百官下过一道不让妇人干政的口谕。所以自己的话，儿子不一定肯听。她还知道，对曹丕来说，有个女人简直就是一剂药！她有能力让曹丕百依百顺。这个女人就是儿媳妇郭女王！于是卞太后给郭女王传过去一句话："曹洪要是死了，第二天我便让皇儿废了你！"

果然是一物降一物。卞太后搞不定儿子却治得住儿媳妇，儿媳妇不敢公开跟婆婆叫板却能把控老公。于是，郭女王也加入为曹洪求情的队伍。曹丕终于退缩了，撤回处死曹洪的决定。不过，曹洪虽保住了命，但其官职、爵位、封地被统统削去。跟曹操出生入死一辈子，混了一个骠骑将军的空闲名号也被褫夺了。从此，老将军曹洪再也没了以往的威风了，过问夏侯尚军务的可能性被彻底排除了。司马懿如愿以偿！

送行了夏侯尚并处理好曹洪的事，精疲力竭的曹丕死了。临死前夕，他才确立皇储。只因当时曹叡不过是一个十几岁的孩子，曹丕放心不下，于是替曹叡安排了四位辅政大臣：他们是曹休、曹真、陈群、司马懿。司马懿突破两代曹家将的封锁，取代夏侯尚，得以与曹休、曹真并列为伍！

太子曹叡继位，他就是魏明帝。尊奉卞太后为太皇太后继续住永乐宫，郭女王为皇太后居永安宫，新年号太和元年从次年算起。过后，曹叡追封生母甄氏为文昭皇后。

蒹葭倚玉树

事实证明，曹叡是魏朝历届皇帝中最能干的。这点，从他刚一登基就得到证明。曹丕三次南征都无功而返，东吴却乘机搞了一次大规模的湘西剿匪，迅速安定了内部。由于江夏郡除夏口外，还有大片地域由魏将文聘控制。野心膨胀的东吴想一举驱赶文聘，将整个江夏郡收归囊中。此事令魏朝文武百官十分紧张，对刚登基的魏明帝来说，更是严峻的考验。但曹叡深知：魏属江夏经过文聘多年的苦心经营，东吴阴谋很难得逞！他没有慌里慌张地调兵遣将，只派治书侍御史荀禹去劳军。果然，文聘不负所望。曹叡此举令群臣口服心服。接着，徐晃摆平上庸，大功归司马懿。

十二月曹叡大封群臣，提升钟繇为太傅，曹休为大司马，曹真为大将军，华歆为太尉，王朗为司徒，陈群为司空，司马懿如愿以偿得到曹洪的骠骑将军之职。

魏明帝曹叡对几个方向同时用兵都取得胜利，百官越发信服他。青海当年归韩遂的西平郡管辖。韩遂死后局势不稳，叛变屡屡发生，长期困扰着曹丕、曹叡。太和元年（公元227年），曹叡派郝昭斩杀叛乱分子麹英，把当地豪门族人迁徙中原，以弥补战乱与瘟疫损失的人口。当地豪门郭芝、郭立也被强迁到中原了。曹叡看上了郭芝的侄女郭氏，于是选为采女入宫。此事对西平郭家来说，是天大的喜事；然而对正宫毛皇后来说，却是迎来"扫帚星"。

几场仗下来，曹叡赢得了和平建设的大好时期。他制订了振兴洛阳的宏伟计划，重点是兴建皇家宫殿群！每个大工程都需要隆重的开工典礼。明帝派出身边的贵人助兴，不少都有散骑侍郎的头衔。然此时，散骑侍郎之职已人数众多，导致鱼龙混杂，权力被严重削弱。比如连续担任曹操、曹丕和曹叡秘书的刘放与孙资，本就贵为"三代帝师"，还跻身散骑侍郎多吃一份空饷。新科皇后毛氏的亲弟毛曾，也挂着散骑侍郎的名号招摇过市。在皇家宫殿的开工庆典仪式上，夏侯玄与毛曾等人坐在一排，夏侯玄感到很别扭而流露出十分不屑的神情。不知道小舅子是否汇报了，反正曹叡非常生气：褫夺夏侯玄的散骑侍郎，贬为羽林监，年俸禄也大幅削减。

整个社会普遍同情夏侯玄，认为毛曾这种角色与夏侯玄共坐，简直是鱼目混珠，是"蒹葭倚玉树"了。当然，也有人认为夏侯玄何必因为与国舅同排就如此不开心？那只说明夏侯玄太清高了，曹叡也太失水准了。当然，最终吃大亏的还是夏侯玄！

夏侯玄虽然因父亲晚年花心，父母爆发家庭内战，导致他享受不到温暖。但他毕竟是曹操的外孙，从小在宫廷得到良好的教育，所接触的人物均是上等的贵族与一流名士，养成了一种贵族特有的风范。与人相处，他既高尚又平易近人，浑身散发着高贵的气质。夏侯玄在宫廷内的朋友，有高他一辈的诸曹王子，也有同辈的表兄曹爽等，这些人超凡脱俗、优雅飘逸。在宫外，时任骑都尉的李丰也是他的至交。《世说新语》就提到：

一个春末夏初的日子，天正下着雨，夏侯玄与客人一道扫墓拜祭。现场，夏侯玄靠着一根柱子写祭文。突然，闪电从头上划过，响雷如一把巨斧劈裂了夏侯玄背靠的柱子，他身上的衣服烧焦了一片。同行的宾客、随从无不大惊失色，急于躲闪而跌跌撞撞。回观夏侯公子，发觉他面不改色，身不移位，笔下依然行云流水，大家无不惊讶失声。

风度翩翩的公子哥中还有一人同样引人瞩目，那就是李丰（字安国）。人们发现，阳光的夏侯玄任何时候都显得刚强、坚毅、超脱与挺拔，而李丰却在失意、颓悔而愁容满面时展示出特别令人难忘的美好神态。于是民间有了"夏侯太初朗朗如日月之入怀，李安国颓唐如玉山之将崩"的美句。

夏侯玄流连于清谈论坛与各界交流学问、讨论玄学。他的文韬武略、渊博的学识深受各界的追捧。清谈论坛相当于当下微信群或朋友圈。不过，当时是借助酒席或茶馆面对面开展的。与夏侯玄同拜散骑侍郎的还有司马师。司马师，字子元，雅有风采，沉毅多大略，擅长总揽各种事务，他是夏侯玄的妹夫，也是玄学同道与群友。他在清谈群中也有美誉，几乎与夏侯玄、何晏齐名。"网红"何晏就曾这样称赞这两位侄辈才俊：

唯深也，故能通天下之志，夏侯泰初是也；唯几也，故能成天下之务，司马子元是也；唯神也，不疾而速，不行而至，吾闻其语，未见其人。

何晏此话的大意是：夏侯玄见识宏远，眼界开阔；司马师（字子元）精于治理天下大小事务；至于谁能像神一样"不疾而速，不行而至"，我只听有那样的人，却从来没亲眼见过。这里，何晏是通过赞扬夏侯玄与司马师来抬高自己。三人行，夏侯泰初"唯深"；司马师"唯几"；就不知谁能达到"唯神"的境界？显然，在何晏眼中，那两人都不是，谁能与"唯神"对号入座？何晏好像在问自己，更像是问大家。其实，此时的确是何晏的玄学研究造诣最深。他从老庄的无为学说出发，立论确立了"天地万物皆以无为本"的本体论体系，这正成为正始年代玄学的理论基础。

就这样，洛阳清谈名士的朋友圈在不断地扩大，豪门大族除夏侯玄、何晏、邓飏、李丰、司马师外，还有更多的人正陆续入圈。

傅粉何郎与好色荀粲

何晏长期遭曹丕冷落，直到魏明帝即位才盼来机会。他被封为驸马都尉。何晏是大众眼里的一枝花。他何家的姑奶奶，就是汉灵帝的正宫娘娘！何家后族的DNA强大，连男性后代也个个玉树临风、皮肤光亮洁白，加上他注意仪容，会见朋友前总要打扮一番，从而不少人怀疑他雪白的皮肤是擦了粉。

魏明帝也猜度他。是啊，他每天都消耗不少五石散粉，不会全敷在皮肤上吧？为验证，魏明帝在大热天传唤何晏，不容他在家吃饭就来。见面后，曹叡赐他一碗热腾腾的面。何晏饿了，便一口气吃得碗底朝天。这面既辣又烫，因为吃得太快，何晏满头大汗！曹叡瞪大了眼睛看着他擦汗。真弄不懂，何晏擦过汗的脸更亮更白了！显然何晏的白皮肤是遗传。当然，他每天吃五石散，也会让皮肤更加白嫩。何晏的粉丝结成朋友圈，即使其中有些人没水平高谈阔论玄学，也会聚在一起交流养颜养生的体会。那时代的年轻人多把吃石粉看成时尚。从而人们以"傅粉何郎"来传颂他。唐代名相宋璟的《梅花赋并序》中就有"俨如傅粉，是谓何郎"的词句。同样诗人刘禹锡也用"何郎独在无恩泽，不似当初傅粉时"来议论何晏。这就是名士啊！

鲁迅先生分析过何晏所爱好的那药的基本配方。一旦吃了那药，皮肤就会嫩得怕衣服擦伤，所以吃药的魏晋时尚人士一般都穿又宽又大的衣服。要么就穿旧衣服，旧衣服久经磨损而起毛露絮，毛茸茸的不会擦伤皮肤。这就造成"网红"何晏及其粉丝都迷恋上宽大休闲的衣服，或者反复磨损过甚至有破洞的旧衣服，名士的服装自然又是一种时尚。吃药还有另一种效应：上瘾！上瘾就得继续去吃，这导致当年时尚人物普遍吃药，连续吃药。所以，鲁迅先生把吃药、醉酒、玄学清谈当作魏晋风流的重要特征。然而，要成为那年代名士最基本的却是：有理论、有立场、有观点，而且善辩，语言含蓄风趣，有深度，令人回味耐琢磨。

何晏是学问家，是清谈家，还是金枝玉叶的贵族！所以慕名而来与之结交的人更多，但最终地位相当，学问水平相近而谈得来的，才是他清谈群的核心成员。该群的VIP就有前文已经提到的夏侯玄、司马师，以及名士诸葛诞、邓飏、李丰等。随后又增加了荀彧的幼子荀粲、河东的裴徽与傅嘏。

荀粲、傅嘏进入京师的清谈群较早。他们都以清谈与辩论的高手出现。荀粲与何晏志同道合，都是玄学研究的高人。但荀粲性情简贵，尚学术，不尚功名利禄，有一种洒脱不羁的性格。自然，清谈群也不能就你一家，其他志同道合者，照样可以自立山头，自立门面。于是群聊的清谈之风风靡整个京师。这既是学术交流，也是时尚推广，更是舆论导向，魏朝的年轻书生无不为之倾倒。就这样，自黄初开始直到正始年间，一种崭新的名士风度悄然出现与发展。

只因为洛阳清谈论坛后来遭到取缔，绝大多数正始名士在高平陵政变中遭到屠杀，所以洛阳清谈留下的直接文字记录不多。好在，名士荀粲是洛阳清谈群的常客，本人又淡泊名利，所以朝廷以浮华案取缔清谈群时，他未遭遇严厉打击。荀粲又早死，没遭高平陵政变之祸。所以，晋朝名士何邵毫无忌讳地替他写了《荀粲传》。《荀粲传》中留下了荀粲有关玄学论坛的辩论记录。因此，魏晋时期，最早研究清谈辩论玄学且留下原始文字记录的就是荀粲。

荀粲在兄弟中排行第五，是荀彧最小的儿子。当年荀彧接到曹操的空食盒而自寻短见时，他才两岁。他从小聪颖过人，善谈玄理，争辩起来，四个哥哥往往说不过他。

父亲荀彧与族兄荀攸都是曹操最依仗的谋士。但荀粲却说父亲比不上荀攸。这是事关父亲形象的大问题，几个当哥哥的自然不服，就与他辩论。荀粲指出"彧立德高整，轨仪以训物，而攸不治外形，缜密自居而已"，此言意指荀攸高明在于注重内涵，而不像父亲注重仪表、风度、名誉那种外延。的确，以"缜密自居"的荀攸就比荀彧外向型的处事待物方式高了那么一点点，因而荀攸也比父亲足足多活了八年！

各位兄长听他这么一说，均无言以对。最骇人听闻的是荀粲公然非难孔夫子所提倡的"六经"。在一次家庭讨论会上，喜欢《易经》的荀粲却拿圣徒子贡之言挑战儒家经典。子贡曰："夫子之文章，可得而闻也；夫子之言性与天道，不可得而闻也。"荀粲说，既然可得可闻的孔子之文章，却不涉及老先生最精华之言性与天道。那么他老先生整理出来的六籍虽存，也就不过是圣人之糠秕罢了。

此话一出，全家哗然。

老二荀俣坚持说"六经"的文字就是圣人的思想精华。他反驳说："《易传》上也说，圣人设立卦象来穷尽易的深义，并用系辞来表达《易经》的内容，怎么能说不可闻、不可见呢？"

荀粲回答说："最精深的原理，是难以用外物或卦象来图示的。卦象所图示的，不是卦象之外的含义；系辞所表达的，也不是系辞之外的含义。所以说，象外之意，系表之言，才蕴含了其中深而没说透的原理。"所有在场的人，没有一个能驳倒荀粲。

荀粲的话可以这样来想象，你可以用小数点、0到9的各数字写出3、3.1、3.14、3.141、3.1415、3.14159等数据。但这些表示的仅仅是数据而已，只是圆周率 π 的米糠而非其精髓。完全精确的 π 是无法用有限个数字符号表达出来的。π 蕴含着正多边形边数无限增加而与圆无限逼近的美好情景，不是几个数字所能表达的。同样，有一些深奥的哲理，是很难用有限的文字、符号表达透彻的。所以，所有我们看到的那些已经成书、成经的圣人典籍，也不过只是一些奥秘思想表面脱落下来的碎米或糠秕罢了，而非完整地表达了圣人的思想。真理深藏于比经典更高更深之处，它是一种可意会的玄念，而非三言两语就能表达清楚的。

　　这样的争论首先发生在荀家内部，原因在于颍川荀氏家族是个官宦大族。远祖不说，老爸荀彧就是在尚书令位上去世的，死后追授了太尉的荣誉职位。大哥荀恽是曹操的女婿，此时身居万岁亭侯领虎贲中郎将；二哥荀俣是御史中丞；三哥荀诜比较短寿，生前是大将军从事中郎；四哥荀顗后来升尚书令，再往后还是西晋开国元勋而位居"三公"。荀粲的姐姐是本朝顾命大臣陈群的夫人。颍川荀氏家族在魏晋两朝，均是名门大族。像这样的家庭，能不期望这位聪明过人的小弟荀粲也金榜题名，成为朝廷栋梁？所以合力培养他理所当然，只是荀粲个性简贵，推崇玄学而看低名教。他不轻易结交常人，更没有兴趣走青史留名的官场正路，表现出强烈的自我意识。既然如此，家族只能顺从他个人意愿，任其发展。不过有一点：不孝有三，无后为大！他的青春、他的婚姻大事，要由大家庭做主。考虑到荀粲还有过一段惊世骇俗的好色理论："妇人德不足称，当以色为主！"老将曹洪有个漂亮女儿，荀粲爱漂亮女人，当哥当姐的帮他出力就是了。曹洪与荀家门当户对，只是这两年风水不对，曹洪得罪魏文帝曹丕而被夺了先前的荣誉地位。这对不想当官的荀粲来说，毫无关系！荀粲的姐夫就是陈群，或许就是这位姐姐起了作用，曹、荀两家一拍即合。荀粲来到帝都洛阳，隆重迎娶了曹洪家漂亮的千金小姐。

　　虽然荀粲不求新娘有德，但是这新娘温柔可亲，难道荀粲真的会拒绝妇德而选择狐狸精？同样荀粲不求上进，不想当官，而曹洪家族早因遭受打击而厌腻了官场生涯。这样一对男才女貌，小两口志趣相投，婚姻十分美满。

　　因相亲而新到洛阳的荀粲很快受到夏侯玄、何晏的欢迎。都说荀粲个性简贵，不轻易结交常人，然而所交之辈皆一时俊杰！事实果然如此！玄学群增添了新群友。此时，洛阳清谈玄友介于老群友夏侯玄、何晏与新群友荀粲之间还有傅嘏和裴徽。傅嘏是当朝尚书傅巽的侄儿，此时已是司空陈群的幕僚。裴徽是河东裴氏之后，尚书令裴茂之子。他们同样痴迷于玄学。荀粲到京师入群后，首先聚谈的对象就是傅嘏与裴徽。他们三位群友相知相识成朋友的过程，可参看西晋大臣何劭的《荀粲传》：

> 太和初，（荀粲）到京邑与傅嘏谈。嘏善名理而粲尚玄远，宗致虽同，仓卒时或有格而不相得意。裴徽通彼我之怀，为二家骑驿。顷之，粲与嘏善。夏侯玄亦亲。常谓嘏、玄曰："子等在世涂间，功名必胜我，但识劣我耳！"嘏难曰："能盛功名者，识也。天下孰有本不足而末有余者邪？"粲曰："功名者，志局之所奖也。然则志局自一物耳，固非识之所独济也。我以能使子等为贵，然未必齐子等所为也。"

就是说，太和初年（公元227年），初到洛阳的荀粲参加玄学群友的第一次活动，就与傅嘏对谈，第三者裴徽居中沟通。傅嘏擅长概念与原理，而荀粲专长于玄妙幽远的形而上学与抽象。两人虽然宗旨相同，但因第一次交谈，仓促间难免有对方不容易理解的地方。这时候，裴徽发挥了从中调和、沟通的作用。从此，荀粲、傅嘏、夏侯玄成了好朋友。后来有一次，在与夏侯玄、傅嘏、裴徽见面时，荀粲说："将来，诸位在尘世间的功名地位一定胜过我，但学识嘛，就要比我差那么一些！"傅嘏不服，就反击诘问："善于获得功名的人，必定是以知识广博为基础的，天下哪有本不足而末有余的？"荀粲告诉傅嘏："功名，不过是对你志向的奖励，但志向只不过是目标之一，而非知识的唯一发挥之处。我可以促使诸位荣华富贵，但我不能支持各位的所有作为。"他们时时清谈论道，玩得不亦乐乎。这种相当高深的认识论层面的辩论，如果不是建立在神交的基础上，一定是玩不转的。而且，从他们彼此间相互戏昵的语气以及无所顾忌的言语，也看得出他们几人间的亲密关系。但是，细细品味，不论从人品、理想与追求还是宽容与狭隘各方面来衡量，荀粲与傅嘏之间的高低上下之分还是很明显的。

在建安年代，当年的名士是以邺下文人集团为代表的。他们以诗赋会友。诗以言情，建安年代展示给世人的风骨往往可从诗赋中得到体现，所以那个时代的诗赋特别繁荣。魏黄初、青龙直至正始年代，名士热衷于清谈，热衷于对玄理研究与形而上学的探索。他们要标新立异，展示自己的理念，用高深的洞见以及幽默深刻的言辞吸引人。所以魏初正始名士，往往更重视各自的学术造诣，他们通过清谈、辩论的途径传播自己的理论，以争取更多的社会支持。清谈与书面的论文不同，它可以直接用对话、问难、答辩等面对面的方式进行，使相关内容往纵深处发展，以达到对话者以至旁听者的互相欣赏而接受。当年的论坛，玄妙高深的立意，妙语连珠的应答言辞，总是最精彩也最引人回味的。

"四聪"与"八达"

曹操、曹丕父子，一个"挟天子以令诸侯"，一个僭越篡位。他们的作为均与董仲舒提倡的纲常伦理相违背。所以，魏武、魏文二帝不提倡独尊儒术也不打压诸子百家。然而随着魏政权的确立，如何巩固统治又提上议事日程，朝廷又将留恋纲常伦理的初衷。

风靡京师的清谈聚会，往往被官府视为异类、朋党。参与清谈论坛的对象基本上都是官位不高的读书人。他们信口开河、牢骚满腹，以关心天下事为由而妄议朝廷、任意褒贬或互相抬举，给朝廷添堵。他们简直就是旧时代的洛阳嬉皮士！比如，按圣上旨意提升毛曾并将夏侯玄降级，这本就不容民意妄加评论的，但清谈群却用"蒹葭倚玉树"来损毛曾，抬高夏侯玄！更关键的是，曹叡与他爸曹丕一样对曹植始终不放心！而夏侯玄、何晏在曹叡心目中与皇叔曹植几乎无二：怀才不遇以及对权力的欲望。这正是最令人反感的！于是有人想到用在孔融身上的贬义词：浮华！什么是浮华？华而不实！曹植没太子的硬核却要与两代皇储比苗头，那不算浮华算什么？夏侯玄、何晏没实权官位，却空谈大道理，不是浮华又是什么？

曹操儿子、养子众多，养在身边都十分宠爱从而受到良好的教育。他们与曹叡年龄不相上下，却能文尚武、渊博善谈。此外，还有诸多曹家将的后代，如夏侯惇、夏侯渊、曹仁、曹洪的后代也都是那些王子的玩伴。但性格内向的曹叡与他们合不来。究其原因，他从小就有点结巴。一旦结巴就内向，一内向就孤僻，不免妒忌夸夸其谈的同龄人。其实曹氏王子中还有曹彪、曹林、曹宇、秦朗等都比较务实，不浮华，然而曹叡和他们照样也不大合得来。曹叡的不合群或许另有原因：他幼年时因生母惨死而造成的心理创伤难于消弭！

当然，曹叡幼年时也不是一个朋友都没有，曹爽就是难得的玩伴。曹爽有点马大哈，对各方都客客气气，但大家对他并不怎么交心。他言辞不及何晏、夏侯玄，地位又比不过曹家其他王子，从而也有孤独的时候。于是他一有机会就去找曹叡，因而很早就得到曹叡的信任。

就在洛阳这些青年贵族满腹牢骚之际，朝廷发生了些大事。太和二年（公元228年）五月，东吴鄱阳太守周鲂假降，引诱魏大司马曹休出动十万大军分三路进攻。曹休遭遇的对手竟然是陆逊！就在命悬一线之际，贾逵赶来救下曹休一命。不料，刚从绝望中获救的曹休转而恼羞成怒，指责贾逵营救来迟！甚至逼迫贾逵收拾残局，从而引发了二人的矛盾。面对败仗后的将帅不和，明帝曹叡只好和稀泥，两边都不得罪。打败仗后几个月，曹休在羞愧中死去。

随着夏侯尚与曹休的去世，原本最有实力的二代曹家将只剩下曹真。本来排位在后的司马懿地位骤升，无形中得以取代夏侯尚与曹休。这样一来，曹魏的命运就取决于司马懿父子如何PK曹真父子。然而曹叡对此毫无危机感。令他不安的另有其人，就是皇叔曹植。

这年，司徒王朗死了。当然，说王朗被诸葛亮骂死是没有依据的。在魏文帝时代，垂垂老矣的王朗经曹丕特许，由人抬着座椅上朝退朝。他早就没能力骑马上战场了，更不至于屈尊给低位的司马懿当军师。倒是司马懿早瞄准了王朗的儿子王肃，让司马昭求娶王肃的女儿王元姬。王元姬后来成为晋朝开元国母。王朗死后，司徒这把交椅的候选人是董昭。只是他谦虚、摆姿态谦让，前后拖了四年才接位。其实此时，曹叡身边还有活动力的元老就只有司徒董昭与司空陈群了。然而这俩"公爵"只是花瓶而无实权。花瓶归花瓶，关键时开个口、表个态那作用还是很大的。比如董昭发觉新兴的青年贵族聚众清谈的事令皇上不快，就厉声斥责浮华之风！他宣布京师无处不在的聊天群为"朋党"，是洛阳嬉皮士，非得取缔不可！

事实上对清谈群更为不满的，恐怕是"三代帝师"刘放与孙资。因为清谈群间接批评的皇家政策，正来自刘放或孙资的笔下。在国师看来，那些年轻人搞异端邪说！然而不争气的是，刘放、孙资与吏部尚书卫臻的儿子刘熙、孙密与卫烈正陷入异端邪说之泥坑！这三个热衷清谈玄学的纨绔子弟正是浮华帮的"三豫"。

"洛阳嬉皮士"被皇朝污名为"浮华朋党"或"潜毁之端"，他们遭到取缔，参与成员遭禁锢。这次禁锢与桓、灵两帝时期的党锢有类似之处：禁止清谈群的继续存在，阻断了"朋党"的政治动向。但不同之处是：桓、灵两帝的党锢是太监操刀镇压清流；而魏明帝的党锢只是取缔却没有流血。魏明帝没因反浮华而杀人，就连禁锢也只是设定了年限，而非终身。

魏明帝发布的批浮华诏书内容如下：

> 兵乱以来，经学废绝，后生进趣，不由典谟。岂训导未洽，将进用者不以德显乎？其郎吏学通一经，才任牧民，博士课试，擢其高第者，亟用；其浮华不务道本者，皆罢退之。

这里的"罢退"就相当于"双开"：剥夺名誉与地位，免官禁锢。据《三国志·诸葛诞传》：

> 是时，当世俊士散骑常侍夏侯玄、尚书诸葛诞、邓飏之徒，共相题表，以玄畴四人为四聪，诞备八人为八达，中书监刘放子熙、中书令孙资子密、吏部尚书卫臻子烈三人，咸不及比，以父居势位，容之为三豫，凡十五人。帝以构长浮华，皆免官废锢。

并州刺史毕轨与邺城丁谧遭到拘捕。曹叡这一巴掌打到国师刘放、孙资的儿辈头上，是令人始料未及的。

就是说，涉及开除的成员达十五人。十五人是由以夏侯玄为代表的"四聪"；以诸葛诞为代表的"八达"；以及刘熙、孙密、卫烈三位年轻人。最后三位不够"四聪""八达"级别而被列为"三豫"。这里"四聪""八达""三豫"意指四位"聪"的级别，八位"达"的级别，还有三位属于"豫"的级别。"豫"通"预"，即预备成员。他们均遭禁锢。有人通过排查，得出十五人名单是：夏侯玄、何晏、李丰、诸葛诞、邓飏、毕轨、李胜、丁谧、裴徽、荀粲、刘陶以及刘熙、孙密、卫烈。但是，这名单是后人排查得出的，实际上"四聪""八达"具体名单究竟如何，难以确定。细读《三国志·诸葛诞传》，就可发现：并州刺史毕轨不属于"四聪""八达""三豫"的成员，邺城丁谧亦如此。毕轨系另案处理而一并宣布的。况且，这毕轨早就不是什么年轻贵族了，更不是什么吃药敷粉清谈玄学的时髦小生，而是纯正的老官僚！早在明帝还是太子时，毕轨就是太子文学。明帝曹叡登基后，毕轨转任并州刺史，成了封疆大臣，本就是曹叡的心腹。

为了厘清其中的蹊跷，不能不回顾当年并州发生的事。并州辖区应在如今的山西北部，河北西部，内蒙古察哈尔、绥远那些地方。曹操时代，鲜卑首领步度根归化而定居此处。毕轨刺史任内，步度根及鲜卑人戴胡阿狼泥与外叛的鲜卑首领轲比能暗中勾结，内外夹击，毕轨战败。

此后，替魏朝挽回面子的是曹叡的一位皇叔，他率军远征再次打败鲜卑，逼降鲜卑大将戴胡阿狼泥，把鲜卑两酋长步度根、轲比能全部驱逐到漠北，巩固了魏朝北部边疆。这位皇叔不是曹彰，而是秦朗。此次他以骁骑将军的身份挂帅远征。与戴绿帽子而不知丑的生父秦宜禄相反，秦朗是个顶天立地的好汉。他生母杜氏曾是寡妇，却令魏武帝曹操、武圣关二爷及天下第一好汉吕布为之竞相折腰，三人生死相拼！不能不说是人间极品！

秦朗立了大功，却给中护军蒋济提供了弹劾毕轨的机会。毕轨遭论罪与浮华案并轨处理。毕轨远在北疆，与京师清谈玄学毫不相干，与浮华案更是风马牛不相及。把他也并入浮华案，显然是制造"混账"！没有什么行为比涂改账目，狸猫换太子的"混账"行为更令人惶惑了。中护军蒋济是怎么回事？我们没有发现他随同秦朗参与平叛战争。就是说，蒋济与并州再次平定没有多少关联，他与毕轨也罕有交集。可他这次不但蹚浑水，还搞"混账"。这与他平时明哲保身，闷声发大财的处事风格明显不同。

浮华案核心成员"四聪""八达"名单含含糊糊，而边缘的"三豫"人物却清清楚楚。显然，这是个不该糊涂的糊涂案！现在可以问：原本浮华案遭清算的十五人有没有傅嘏？是否因为毕轨与浮华案一并处理，毕轨取代了原本属于傅嘏的位置？傅嘏是司空掾。陈群是顾命大臣，顾命大臣必须时刻维护皇上的威严。皇上厌恶浮华，陈群与董昭积极上本取缔浮华。照理陈阁老本就不该庇护自己手下的傅嘏。这或许是蒋济看准机会，弹劾毕轨，把毕轨塞进十五人名单。那样一来，不就可以张冠李戴开脱傅嘏，从而化解陈群的尴尬？其实，陈群与司马懿本都是曹丕太子时代的好友，司马懿也早就把陈群的儿子陈泰扶上并州刺史或雍州刺史的高位，培养成自己的心腹。蒋济作为司马懿的战略伙伴，出手收拾浮华帮是可以理解的。至于开脱傅嘏，那也是看在陈群的面子上。其实每个臣子都有义务弹劾其他官员。蒋济这次见义勇为当然毋庸置疑。

自此，我们注意到傅嘏开始与落难的夏侯玄、何晏、诸葛诞等原群友进行了切割。此事，夏侯玄等人不与之计较，但何晏内心对傅嘏有了嫌隙。

丁谧落入"浮华案"的"四聪""八达""三豫"名单中也是一桩咄咄怪事。

丁谧是典军校尉丁斐之子，此时常住邺城，官居闲职，没机会参与洛阳的那些清谈群。他与京师飘起的那股浮华泡沫基本上是八竿子打不着的，其被捕的原因仅仅是：对曹氏王爷不礼貌。

自曹丕进洛阳当皇帝之后，就有一大批贵人跟着去了洛阳，邺城顿时冷清了下来。于是房地产生意萧条，许多豪宅低价出租也没人过问。闲居邺城的丁谧廉价租了一套豪宅常住。不想有一天，曹氏诸王中的某位路过此地，注意到了这套房。于是长驱直入，如入无人之境。丁谧见来人架子挺大，便表现出一副不屑理睬的神气，交脚卧在大厅的躺椅上不起身。王爷自然没好气，但丁谧更是对这位私闯民宅的不速之客感到极端恼怒。他于是大声吩咐身边仆人："此何等人，促呵使去。"

王爷不但吃了闭门羹，还遭羞辱，于是恼羞成怒：好你个狂生丁谧，竟敢如此无礼，简直无法无天！于是他到京师告了御状。结果，董昭吩咐有司将丁谧逮捕入狱。然而，把丁谧打成"浮华分子"，那不纯粹是拿大帽子压人，搞打击报复吗？与毕轨一样，要把丁谧治成其他什么罪都行，但说他因涉及清谈而犯案，确有点牛头不对马嘴。

这样说来，浮华案"四聪""八达""三豫"的十五人名单中，是否还有异数？我们对傅嘏不在十五人名单中感到疑惑，更为司马师落榜感到惊奇：莫不是后人偷梁换柱，让毕轨、丁谧代替了傅嘏与司马师？

事实上，魏明帝曹叡处理浮华案，没有滥用威权手段，只是通过官媒上纲上线地批判一通意识形态错误而已。曹叡的实际操作不过是"高高举起，却轻轻放下"。有人甚至以为，曹叡反浮华不过是出于对皇叔曹植的不安。老爸曹丕与皇叔曹植为争夺王储曾发生过诸多不愉快，曹叡登基以来也继续闹别扭，这当中情节各不相同，然而有一点类似的是：民间总有一股潮流是偏向皇叔曹植的。而眼下这批有叛逆倾向的浮华分子与落魄的皇叔更有不少共鸣之处。一旦双方勾结，将十分可怕！所以，曹叡的反浮华，是杀鸡儆猴！是做给曹植及他的粉丝看的。

其实，太和二年（公元228年）发生过的一场虚拟政变，就有曹植的因素。那事至今依然令曹叡耿耿于怀，记忆犹新：

太和二年春，诸葛亮出祁山伐魏，天水、南安、安定三郡官民叛变响应。魏明帝曹叡派遣大将军曹真都督带兵上前线，皇上亲自督战长安。此战，以右将军张郃街亭大胜为开头，迅速平定了局面。诸葛亮被迫挥泪斩马谡，回师成都。犒赏三军之后曹叡回师洛阳。应该说，他是曹操之后最善于征战的一位皇帝。不过，他却差一点成为一次谣言的受害者。

就在曹叡班师还没有到达洛阳之际，不知何处传来谣言，称皇上驾崩！还谣传说，随驾去的文武官员已经在长安迎立雍丘王曹植。此事非同小可！

留在京师洛阳的大小官员均感到恐慌不已。直到皇驾进入洛阳，百官跪拜迎接，还有官员悄悄偷看皇上的面容，以判断皇上到底是否被调包！只有太皇太后一眼认出孙子，于是喜极而泣。她向曹叡说出原委，要追查谣言的源头。不想，天子曹叡宽容地说："天下皆言，将何所推？"于是追究谣言源头的事情就此作罢。

不管这谣言背景如何，反映出来的事实，却令曹叡不敢麻痹大意。那就是雍丘王曹植依然被看成帝位的备胎！一旦自己有个三长两短，曹植就又自然而然地成为新帝！这不仅是老爸曹丕的梦魇，同样也是自己头脑中一道挥之不去的阴影。浮华案的确体现出新兴一代贵族向皇权讨价还价的意图，展示了贵族与名士群体的自觉意识。但曹叡更警惕的还是家族内部的权争。所以，在制造浮华案打压舆论的时候，曹叡加强了对皇叔曹植的监视。其手法一点也不逊于老爸曹丕。整出个浮华案，说穿了就是让家里人看看：外人不是也说皇叔您有点浮华吗，今日就请您看看这些浮华才子的下场。

太和六年，曹植再次迁为陈思王。也就是这年，董昭正式接任司徒职位，他上书皇上，主张严厉处罚浮华案涉案成员。首先被抓捕的，是涉案的李胜；接着又在邺城抓捕了对曹氏王爷无礼的丁谧，还要重新立案审查尚书诸葛诞之流。

当然，涉浮华案的其他年轻人几乎个个是"官二代"，不是曹家血缘至亲就是重臣之后，都是贵族。要对他们进行刑事处罚的话，阻力颇大。随后，魏明帝也在考虑是否有必要继续借"反浮华"来给曹植施加压力的问题。他也在找一套更合适的化解方案。正巧，这年十一月二十八日曹植死了，压在魏明帝心头的那块巨石就消失了。"浮华案"对明帝而言也顿时变得索然无味了。为省事，他下令把李胜、丁谧全释放了。既然抓住的现行都放了，还有必要把已经革职禁锢了两年的诸葛诞之流拿出来炒冷饭？于是浮华案渐趋尾声。就浮华案全过程来说，曹叡有私心，但掌握住了分寸，没酿出人命事故。

⊙

荀令伤神

自卞太后救下曹洪不久，曹丕便死了。此时曹休正作为魏国之顶梁柱得到重用。考虑到曹休是曹洪的从子，曹洪又是魏武帝曹操的救命恩人，于是曹叡重新拜曹洪为后将军，改封为乐城侯。不久司马懿另有重用，他占据的骠骑将军官位又回到曹洪手中。折腾一圈，曹洪总算在临死前恢复了名誉。既然讲到曹洪，大家自然想起他的姑爷荀粲。当年曹洪的千金小姐是荀粲心中的女神。

功夫不负有心人，荀粲最终如愿以偿抱得美人归。美丽动人的曹小姐委屈吗？没有！荀粲是著名的"留香荀郎"荀彧的小儿子。"留香荀郎"是什么意思？据说荀彧去过的地方，几天后还能留有他的香气，因此，他不知成了多少北国美女的梦中情人。才子荀粲肯定继承了父亲的全部基因。这样的情郎难道天下还有第二人？曹千金自是欣慰。小夫妻郎情妾意，日子美满。

执子之手，与子偕老！或许这正是这对佳人才子的唯一心愿。哪怕是遭遇太和四年以来浮华案的寒流，涉案人员被罢官、被剥夺功名、被禁锢几年不得重入政界。然而，这对不羡功名的荀粲来说，毫无影响。他们的小日子依然温暖如春。

不觉几年，好日子就这样过去了。这年进入冬天，曹小姐却不幸染上了热病！什么是热病？就是发烧不退吧！这恐怕是东汉以来的大瘟疫一直没有断根的结果。那场瘟疫让中原大地丧失了众多人口，到魏太和、青龙年间依然到处肆虐！

荀粲遍访天下良医，却找不到妙手回春的神药。只见美人一天天地憔悴消瘦下去，精神一日不如一日。寒冷的冬日夜里，发着高烧的美人，双颊通红，身子烫得像一团火。她不停地翻滚身子，嘴里发出喃喃呓语。眼看着妻子被疾病折磨得不成人样，才子心若刀割，恨不得代她承受。

忽然他脱光上衣，冲出门外，跑到寒冷的庭院，用赤裸的上身拥抱着冰雪！他浑身冻得像冰块，然后回屋紧紧抱起妻子，以让她降温，减少痛苦。荀粲为救美人，像是疯了似的来回奔波着。他仿佛要化为忙碌的蜘蛛，用情丝编织成网，留住美人的魂、美人的魄，永远不离开自己。

只无奈，天不遂人愿，美人最终还是香消玉殒，一缕芳魂随风而去！

荀粲忘不了她回光返照的最后时刻：妻子意外地清醒，伸出手指抹去荀郎眼角的泪珠，平静地说，她要走了……

"不！"荀粲伸开双臂抱了过去，她的眼神制止了他，让他拿过一把剪刀和梳妆台上的一对凤凰钗，让他为自己插上凤钗，而将另一只钗留给他。她用剪刀剪断腰带，分一人一半，然后闭上了眼，夫妻就此分离。后人以"分钗"隐喻夫妻的生离死别，典故就来自这里。真想不到在兵荒马乱的年代，居然有如此唯美主义的浪漫男女！

吊丧仪式结束，再悲痛也得让死者入土为安。就在殡葬前一刻，原来清谈闲聊群的群友傅嘏赶来了。此时荀粲已经只有神伤没有眼泪。傅嘏忙上前劝慰："世间妇人才色并茂的难得一遇。可你想娶女人的标准，是好色而不重才，那不难呀！时至今日，你为何如此苦苦煎熬？"荀粲答复说："佳人此去再也回不来了！虽说不算是倾国倾城之色，但我这辈子再也不想遇到别的了。"荀才子继续为佳人之逝而痛悼不已。一年多之后是景初二年，荀粲终于闭上眼，去世时才二十九岁。史书曰："粲简贵，不能与常人交接，所交皆一时俊杰。至葬夕，赴者才十余人，皆同时知名士也，哭之，感动路人。"这十余人就是夏侯玄、裴徽之流。长歌当哭，只因他们在患难中失去了年轻的知己。

荀粲死后一千八百年间，他的身世以"荀令伤神"的惑溺话题流传于世间。他这种"燕婉自丧"的做派，被认为是自甘堕落没出息。他成了正人君子时时刻刻讥讽的对象，而傅嘏之言却得到普遍的赞同。这或许证明了，即使同时是清谈群友，荀粲与傅嘏之间的观念也差异巨大。当然还有另一因素：傅嘏是清谈群友中少数以见风使舵而赢得一生荣华富贵的人物。凭他在司马晋朝的舆论优势，出书立说，十分成功。其家族甚至加之以"傅子"的桂冠，以图将之推入诸子百家之列。只是隋唐编辑晋史的大人物出于谨慎，严重地延缓了傅子入列的进程。

荀粲妻子死亡的事在其朋友圈中闹得沸沸扬扬。然而，另有一个大帅哥早两年就死了老婆的事，却十分低调。那帅哥是司马师，他死掉的妻子是金枝玉叶的夏侯徽。别看夏侯徽死时才二十四岁，她已为司马师留下了五个女儿。夏侯徽是名士夏侯玄的亲妹妹，魏武帝曹操的外孙女。夏侯徽死的那年就是青龙二年（公元234年），正是浮华案发，夏侯玄遭禁锢的日子。当然，没有任何事实证明，夏侯徽与浮华案有丝毫关系。她的死另有原因。只是父亲夏侯尚已不在人间，兄弟夏侯玄因涉浮华案遭到禁锢，政治上已被列入另类，难以出来关心自己的妹妹。而婆家又是位高权重的司马懿家族，其中的蹊跷，只要他们一家封嘴，就没有消息外泄，也没人提出疑问。所以夏侯徽之死被低调处理了。既然有蹊跷，就难免有知情人。时间长了，消息还是会被泄露的。流传的消息无人辟谣，就会被写上后世的史书。这史书就是《晋书》，该书公然指证夏侯徽是被谋杀的！《晋书·列传第一》记载："景怀夏侯皇后，讳徽，字媛容，沛国谯人也。父尚，魏征南大将军。母曹氏，魏德阳乡主。后雅有识度，帝每有所为，必豫筹画。魏明帝世，宣帝居上将之重，诸子并有雄才大略。后知帝非魏之纯臣，而后既魏氏之甥，帝深忌之。青龙二年，遂以鸩崩，时年二十四，葬峻平陵。"

《晋书》是唐代宰相房玄龄主持编写的，所以人物称呼都是后代人的口吻。文中的"景怀夏侯皇后"以及"后"就是指夏侯徽，文中的"帝"指司马师，而"宣帝"指的是司马懿。那就是说，身份高贵的夏侯徽与司马师结合后，原本也是夫唱妇随，夫妻和睦。甚至夫君面临政治选择之际，夏侯夫人往往能协助出主意想办法。到魏明帝时期，她的公公司马懿荣登上将之位，她的儿子个个雄才大略。恰在此时，夏侯夫人却发觉家庭中某些不利于朝廷的重大证据，看清夫君心有旁骛，不是魏朝的纯臣！而夏侯徽恰是曹魏武帝的外甥女，这令她十分不安与矛盾，更令司马家族深为恐慌。为了灭口，夏侯徽在青龙二年被下毒而死，安葬于峻平陵。那年她才二十四岁。或许，从这天开始，尽管夏侯玄还把司马师看成妹夫，但司马师内心却暗伏杀机。这不是仇恨，而是出于对真相的恐惧。

或许整个过程安排得十分周密，又没有人透露丝毫风声，此事终于瞒天过海，没引起朝廷与亲属的怀疑。这就像《红楼梦》中的秦可卿死了，死后葬礼又隆重无比，哪有人会去查个究竟？倒是后来，晋武帝司马炎登基时，差点露出马脚：他追封司马师为景帝，封司马师的遗孀羊徽瑜为弘训太后，却不追封司马师的原配夫人夏侯徽！这分明是不承认原配夫人夏侯徽的地位。于是来问题了：原配夫人夏侯徽怎么啦？羊徽瑜是夏侯徽死后司马师的填房夫人，她发现其中的麻烦。于是她屡次向司马炎进言，司马炎最终才恍然大悟，匆忙补封夏侯徽为景怀皇后，从而继续掩盖当年司马家族内部发生的那起肮脏的谋杀事件。既然晋武帝继续隐瞒，司马师杀妻自然成了历史悬案。其实悬案不悬，《晋书》就公然打了皇家的脸，其《列传第一》就公然道出了谋杀的真相。司马家族子孙均不与否认。那真相还有可疑之处吗？

就在这年，山阳公刘协也死了。他被安葬于山阳云台山的竹林附近。这片竹林，因后来的"竹林七贤"而闻名于世。

帝都洛阳的基建工程进展飞速，城内遍布宫殿建筑群，豪华无比的新建皇家宫殿恢复了以往帝王的荣耀与威权。它象征着一个繁华盛世即将出现。享乐与荣耀也正向魏明帝曹叡招手。曹叡分批带着嫔妃逐个观赏验收，盘算着如何将宫殿分配给心爱的美人们，同时更需要招收更多天下美女充实其中。一天，皇上曹叡带着他的宠妃到处游玩观赏。一路风光无限，曹叡心中好不惬意！正是心花怒放之际，车驾来到新建的御花园北园，新宠的郭妃忽然发觉毛皇后没到现场，就悄悄问皇上一声，要不要通知皇后也来？天子摇了摇头，然后警告一众随从：不许走漏今天的消息！

次日，毛皇后遇见皇帝，行礼后随口问一声：昨天愉快吗？不料这一问，大祸临头：毛皇后被打入冷宫，随即赐死。前一天随从中的多人被砍头。还不是有人不忠，不顾禁令泄露了昨天天子的行踪？曹叡的这种做法简直不可思议！

郭妃因此有机会被册封为明元皇后。她的叔父郭立为骑都尉、从父郭芝为虎贲中郎将。

不料，好日子太短暂了。一年光景不到就在年底（公元239年），一代明君魏明帝曹叡驾崩了。他为后继者留下了四项重大遗产：

一、遍布洛阳城不曾竣工的巨大宫殿群成了烂尾工程；二、浮华案禁锢期满的贵族群体重新登台表演；三、日趋强大的司马家族难以克制的野心；四、因家族利益而与司马家族勾结的西平籍后党。

2. 争鸣的时代

正始年间，只因皇上的一句话便诱发了文人间一场大鸣大放。

⊙

辅政大臣

青龙三年（公元235年），曹叡因没有儿子就秘密从宗室中收养了曹芳为养子，封为齐王。明帝曹叡驾崩前夕，曹芳才八岁。魏文帝曹丕有言在先，不能让女人干政。一旦八岁的曹芳登基，就不能出现太后临朝听政的旧例，而要通过指定辅佐大臣实现平稳过渡。然而曹叡死得突然，导致帝位交替过程十分短促，辅佐大臣的指定，成了迷。这当中就有几种不同的说法。其中最重要的当然是司马家族的说法：司马懿意外地中了上上签，从中得到极大好处；另一种是曹氏宗族的说法，显然是心有不甘。

按司马家族说法：曹叡驾崩前夕把曹芳托孤给老臣司马懿。

其时，司马懿远在辽东的襄平，那是军阀公孙渊的老巢。司马懿在景初二年（公元238年）正月奉命远征辽东，经过近一年的征战，占领了全辽东，杀死公孙渊。司马懿以胜利者的姿态住进襄平公孙渊的白屋。

记得这年春天司马老将刚踏上征途，刘放、孙资等亲友都来相送。他一时兴起，感慨放歌、吟诗道别：

天地开辟，日月重光。遭遇际会，毕力遐方。将扫逋秽，还过故乡。
肃清万里，总齐八荒。告成归老，待罪舞阳。

诗文十分通透与明白。司马懿挑明，不要信"阴谋论"的胡言，他不恋高位，更无野心。在远征大功告成之日告老回乡！

魏武帝生前以鹰视狼顾来描述司马懿是否过分了？好在，文帝、明帝父子两代不为所动，一如既往地信任司马懿。这次，明帝又在最后时刻把司马懿列入辅政大臣班子中。司马将军真的有点感动！

那时呼唤司马懿归来，只能通过驿站传递诏书的办法。巧的是，最后一份诏书到达的前一晚，司马懿声称自己做了一个怪梦：天子头枕在他的膝盖上，让司马老头看自己的脸。司马懿一看，与平时所见大不一样，内心涌上一股不祥之感。原来，前三天中已有五道诏书到达，内容前后不一，司马懿难以心定，也无法判断。但这最后一份诏书与前五份完全不同，内容直接明白："间侧息司马懿到，到便直排阁入，视吾面。"一看就清楚，诏书的熟悉笔迹，知道是刘放、孙资所为。好运来了！于是他乘追锋车自白屋出发，以一昼夜四百里的速度风雨兼程。这刘放、孙资虽然远在京城，但司马老将军没有忘记他们。早在冬初，平辽战事已经局面大定，老将上报的功劳簿上没有忘记给刘放、孙资加上关键一笔：他俩的锦囊妙计助我平定辽东！在皇宫机要室内足不出户的刘放、孙资就因千里外的重大战事而记功封侯！谁知道那子虚乌有的锦囊妙计，究竟是啥？

追锋车终于到了帝都嘉福殿，曹叡在病床上手握司马懿："我日复一日挣扎着不死，就是为了等你啊！就托你与曹爽共同辅佐……"司马懿不由得注视曹叡一眼，说道："陛下还记得先帝曾嘱咐我服侍陛下您吗？"对于已过花甲之年的司马懿来说，这是他到嘉福殿悼别的第二位皇帝了。十三年前跟他一道接受先帝遗诏的曹休、曹真、陈群已经不在人间了。

昏暗得如梦境的宫殿弥漫着一种深沉的哀恸与诡谲。或许那意味着，一场关系到许多人命运的大搏斗即将揭开序幕。

另一位辅政大臣是曹爽，他是曹真之子。虽然司马懿曾在当年两王子争王储之位的排队中，正确地选择了曹丕。但由于曹操的紧箍咒，曹丕还是在司马懿前头设了夏侯尚、曹休、曹真三道防线。但令人难以置信的是，如今这些防线一道无存。夏侯尚、曹休、曹真全都先死于司马懿！不过，即使没有这些人，也不等于曹叡非得挑选曹爽与司马懿为辅政大臣。

但是，按曹氏宗族说法，曹叡确定新帝辅政大臣的过程不像司马家族说得那么简单。头几版的辅政大臣候选名单中，根本就没有司马懿。

曹叡最早任命皇叔燕王曹宇为大将军。让他与领军将军夏侯献、屯骑校尉曹肇、武卫将军曹爽、骁骑将军秦朗共同辅政。很明显，这五位都是皇亲国戚。这当中，就数燕王曹宇地位最高，皇室更倚重于他。《三国志》称：燕王为人谦恭，他推辞任命。不知是真客气还是假客气，他一推辞，就让曹叡更改了四次成命。然而夏侯献、曹肇、曹爽、秦朗却非要他当带头大哥不可。

这燕王曹宇，虽不是卞太后生的，却是曹冲的同母兄弟；而夏侯献则是魏武帝曹操外孙、前一号大将军夏侯惇之孙，父亲夏侯楙当过安西将军，就是说夏侯献是两代名将之后；而曹肇是曹休长子、曹洪的从孙，他潇洒风流，深得魏明帝宠信；秦朗是曹操养子。然而秦朗在曹操家受的教育却大不一样，他像曹彰、曹真一样尚武。小说《三国演义》也讲到秦朗。在诸葛亮与司马懿斗智斗勇中，秦朗接受司马懿命令引兵一万去劫蜀寨，结果中埋伏。小说中具体地描述了秦朗壮烈牺牲的过程："此时秦朗所引一万兵，都被蜀兵围住，箭如飞蝗。秦朗死于乱军之中。"但事实上，秦朗没有成为司马懿属下，更不曾死在蜀魏战场。前文已经提到，秦朗率军击败了鲜卑两大酋长轲比能和步度根的叛乱，安定了北部边疆。就是说，曹操子孙中，此时还有秦朗这样的帅才人物。皇亲国戚中他最有能力与司马懿抗衡。

然而事实却证明，曹宇辜负了皇室其他成员的期望。他的谦逊正中曹叡两位宠臣的下怀。

那两位宠臣是中书监刘放、中书令孙资。从曹操、曹丕到曹叡，十多年来这两个人辅佐了三代领导人，他们的意见皇上特别爱听，堪称三代帝师！出于身份，这俩总是对功臣们笑脸相迎，却不料，曹肇、夏侯献、秦朗等人偏不喜欢那种被宠幸的内臣，怀疑他俩老是背后向皇上进谗言，说功臣们的坏话。所以面对他俩的笑脸，功臣们往往不搭理。眼看着魏明帝时日无多，幼主无力，而曹宇、曹肇、夏侯献、秦朗等人又咄咄逼人，国之大秘的刘、孙二人心如刀割！他俩不得不担心：一旦皇上甩手西去，自己肯定没好果子吃！

《汉晋春秋》《资治通鉴》等资料都记述了曹叡临死前发生的这样一桩事：一天，夏侯献和曹肇这对皇室的纨绔子弟在皇宫中嘀嘀咕咕。恰此时刘放、孙资走过来。夏侯献和曹肇不但不打招呼，而且连看也不看他们一眼，继续自说自话。只见其中一位指着身边的一棵树说："公鸡占这棵树也够久了……"另一位回答道："看它还能再占几天？"

这棵树，正是宫廷的报时树。公鸡每晚上树栖止、早上啼鸣报晓。

这两个皇家子弟口无遮拦，或是言者无心，但闻者却是这两位宠贵，心中不禁发毛："那不就是说咱俩吗？"等夏侯献和曹肇离开后，刘放拉了拉孙资，说要商量一下。孙资说："已经没有办法挽回了啊！"

刘放说："我们都被别人当成鸡，将要进汤锅煮了，还有什么不可以做的呢？干吧。"

这件事成了后来事变的导火索。

景初二年（公元238年）十二月二十七日，大将军曹宇与曹爽到大殿看望明帝，一阵商议后，留下曹爽继续伺候皇上，曹宇出殿要找曹肇交代些相关的事。

刘放看到了机会。于是，他拉着孙资到曹叡面前，哭着说："皇帝您呼吸微弱，一旦有什么不合适，天下您要托付给谁啊？"

曹叡说："你没有听说托付给燕王曹宇了吗？"

刘放奏曰："圣上，您忘记了先帝的规定了吗？藩王不能够作为辅政大臣。并且，陛下，您现在还在生病中，曹肇和秦朗都已经与宫中伺候您的妃子们嬉戏了。燕王曹宇派兵在宫门南面，不让我们随便出入。这就是历史上竖刁与赵高的作为啊！"

刘放接着继续说："现在太子幼弱，境外有强敌，境内有饥民，皇上您不能没有远虑啊！您不能把祖宗的家业托付给这几个平凡的人。别看您全用了曹家的人，知人知面不知心啊。您看您不过卧病这两三天，宫内宫外的消息都堵塞了，社稷危殆，作为您的臣子，我们真的好痛心！"

曹叡闻言不禁大为惶恐，便问："那托付给谁呢？"

此时皇上身边除了刘放、孙资外，只有曹爽。刘放就说，"曹爽！"

皇上看着曹爽问："你一个人行吗？"

突如其来的变化，曹爽吓得汗流浃背，双膝跪地不能言语。

刘放踢了踢他，小声交代道："臣以死保证，绝不负陛下所托。"曹爽机械地嘟哝着相同的话。

就这样，曹叡改立曹爽为大将军，然而仔细一想，又觉得曹爽有点窝囊，曹叡犹豫了。两位宠臣见状，马上建议招回远征辽东的太尉司马懿一起辅政，曹叡点了点头。

由于刘放、孙资顽强地坚持，曹叡第五次改变主意，终于用上了司马懿。

这方案遭到曹肇等人的坚决反对。

然而太迟了。曹肇的反对意见越是激烈，就越起反作用，导致魏明帝大怒。气愤中，皇上毅然决然拍板重用曹爽、司马懿。曹宇、夏侯献、曹肇、秦朗不但被踢出局，还被罢免了所有官职！就是说，皇族中的曹宇、夏侯献、曹肇、秦朗全成了布衣，别说辅政，连军权都没了。原本他们曹家就是依靠刀把子夺天下的。然而曹家皇帝这次却主动卸下所有自家人的刀把子，交给了窝囊的曹爽与足智多谋的司马懿！

领军将军夏侯献没有参与辩论，他是皇宫卫戍部队的总管，所以一直留在宫中。曹叡安排定夺，就派人把他招来，亲自告诉他：我已经好些了，你快出去吧。

这里，我们假设是曹叡意气用事才剥夺了曹氏宗亲的军权，但从他老爸曹丕夺曹彰的军权，临死前要杀曹洪的事联系起来看，曹叡、曹丕有一个共同的DNA：更担心家族内部夺权！

由谁当辅佐大臣的事先后争论了五次，每次决定后，都由曹叡亲手把黄色专用纸交给刘放，让他书写成诏书发出去。这就是上文提到"三天五诏书"的实际内幕。前四道诏书中，前后诏书意见总是截然相反，但辅佐大臣一直没司马懿的份。调令变来变去，总不许他途经洛阳。只有这最后一次是调他回洛阳辅政新帝。这事真够吊诡！

⊙

中护军：蒋济、夏侯玄与司马师

曹叡归天，曹芳登基，确立正始年号平反冤假错案。这对因浮华案而遭打压的那些人来说，堪称是天降喜事。他们全部官复原职，夏侯玄、司马师先后恢复为散骑常侍。因陈群的因素，傅嘏没受浮华案影响，待陈群一死，曹爽让傅嘏与夏侯玄、司马师同列。何晏当然出头了，不再是驸马都尉而成为吏部尚书，事事向曹爽请示汇报。后人都说何晏"曲合于曹爽"，与之共同秉政。然而，辅政大臣一正一副，除了曹爽就是司马懿，全体官员都在辅政大臣领导下工作。何晏跟随曹爽被说是"曲合"，那他该跟随司马懿？当时又没几个人知道司马懿将是真龙天子的爷爷，曹爽排名于司马懿之前，属员紧跟曹爽才更符合常情。

除夏侯玄、司马师、傅嘏与何晏外，在浮华案中吃过亏的邓飏、丁谧、李胜得到重用：邓飏、丁谧同列尚书与何晏类似。李胜出任洛阳尹，地位重要但与普通郡守差不多。在那个职位上，李胜一干就是八九年，他不算飞黄腾达，但也算是受到器重。老家伙毕轨此时身居司隶校尉，地位关键。在浮华案中被誉为"八达"之首位的诸葛诞离京执掌扬州军务，不久升至镇东将军，几乎相当于此前曹休的地位。还有一位清谈群辩友是裴徽，他也被举为冀州刺史。就是说，正始年代一开始，大批浮华才子被重用了。这些人，五年前被魏明帝一巴掌打入地下，如今东山再起，浮华变风华！他们重登政坛，令人刮目相看。正始之音的新局面就这样开启了。

获得平反的年轻人指点江山，挥斥方遒。他们风华正茂，小日子过得如日中天，那是属于他们的芳华时代。相反，司马懿及其家族在步步退缩，被迫蛰伏。

夏侯玄官复十七岁时期的职务：散骑常侍，后来改任中护军。其中经历了多次内部交易。中护军这位子是三千禁军的指挥，权力很大，油水不少。前任是司马懿密友蒋济。再往前有曹真，曹真前是韩浩。蒋济原本与司马懿同为东、西曹掾。改任中护军之后蒋济一干就是三十多年，眼下都七十岁了。与西曹掾的司马懿相比，蒋济相当不长进，是龟兔赛跑的后进者。当上辅佐大臣的司马懿有心要拉兄弟一把，但碍于曹爽而没开口。

中护军与中领军的上级是领军将军，但领军将军不能兼领中护军或中领军。但此前，夏侯献被曹叡撤职，空出领军将军。曹爽注意到司马懿与蒋济的关系，就顺水推舟提名蒋济填补领军将军，而蒋济必须交出中护军职位。这对蒋济来说是"名升权缩"。为此事，司马懿犹豫了好一阵，就找蒋济通气。《魏略》记载了他们的私下交流：

> 护军总统诸将，任主武官选举，前后当此官者，不能止货略。故蒋济为护军时，有谣言"欲求牙门，当得千匹；百人督，五百匹"。宣王与济善，间以问济，济无以解之，因戏曰："洛中市买，一钱不足则不行。"遂相对欢笑。

《魏略》是晋代时编写的，文中的宣王就是司马懿。中护军肩负全军武官的举荐任务，在买官卖官严重的年代，此职务贪腐频发。蒋济负责期间，尤其严重。举荐一名牙门将，可得千匹绢绸，举荐小小的百人督连长，也开价五百匹。显然是个肥缺！司马懿咨询蒋济时，就想知道蒋济是否愿意放弃发财而升官。对于卖官行径，蒋济无言以对，就诙谐地答复说：那正像洛阳城内市场买卖，缺一文也不行的呀。于是两人会心一笑。可见，司马老将军与蒋济何等知心！

权衡利弊之后，曹爽、司马懿达成交易：蒋济升任领军将军，夏侯玄出任中护军。

夏侯玄为人坦荡，不计较得失。他出任中护军后，并不像蒋济那样卖官求利，从而没有腐败记录。即使到后来夏侯玄被司马师刻意冤杀之后，不知有多少人为讨好司马家族不惜用黑材料要污名夏侯玄，却始终未能得逞。《魏略》是在司马家族控制舆论的时代由鱼豢编写的，书中也只称："玄代济，故不能止绝人事。"就是说，即使是《魏略》也没敢公开诽谤夏侯玄。而《世说新语》则公开赞扬夏侯玄："玄世名知人，为中护军，拔用武官，参戟牙门，无非俊杰，多牧州典郡。立法垂教，于今皆为后式。"所以不论是屈从司马家族的舆论，还是别的史料，对夏侯玄均是赞誉多，而无反面记录。

就在夏侯玄担任中护军时期，司马懿还是以长辈的身份关心世侄，主动关心并询问其对朝廷大事的看法。这点，一度令夏侯玄十分感动。他心地坦然，一点也不曾怀疑亲妹妹夏侯徽的死因，更不知司马家各成员暗埋夏侯徽冤死的心结，处心积虑要防范夏侯家！他依然深信：夏侯、司马是通家之好。于是，夏侯玄就认真写了一封长长的改革奏折，请司马前辈转呈皇上。

这爷俩之间的全部交流，也都记录在《时事议》中。夏侯玄的改革建议相当长，我们归结成以下三点：

第一，简化地方行政机构，加强中央集权。

第二，改革行政区划，撤除权力过大、机构臃肿的郡。

第三，改革九品中正制，恢复五等爵制。

阅读后，司马懿回信答复，无非是口头夸耀几声：贤侄，你真行！不过这事不能性急，还是等待贤能之人来办吧。

表面话虽这么说，司马懿还是抑制不住内心冲动，他就回过头找来蒋济，让他以上司的名义给夏侯玄当头一棒。蒋济利用朝廷议事时上书驳斥："……国家的法度，唯有济世之才编改纲法才能流于后世，岂是平庸之辈可改之？最终不仅无益于治理国家，还损害百姓……"

蒋济问，你夏侯玄是济世之才吗？改革可不是尔等平庸之辈该谈的，不准！这好似阿Q遇到赵秀才：你也配革命？不准！司马懿当面挑出夏侯玄的心里话，写成奏折，然而又发觉不对自己胃口，于是背后怂恿他人出面打棍子！这种道德品格与他的声望实在不匹配。看来，城府深不可测的司马懿也会偶尔克制不住而露峥嵘！这里，司马懿的"贤能之人"与蒋济的"济世之才"虽没指明是谁，但从随后的局势发展，那均非自己人司马师、司马昭莫属！果然，等十年之后司马师、司马昭掌握朝政大权，夏侯玄的改革意见都经他们之手付诸实现了。所以，司马懿、蒋济反对改革是假，他们不让别人改，而要等司马家主政之后再改，那有利于培育司马家的天下。当然，高平陵事变之前，以上对司马懿的评论均为时过早，不能令众人信服。因为，"阴谋论"的话题在当时无实证！

改革遭遇了阻力，然夏侯玄没太当回事。因为尚书台实权把握在正始才子手中，其他各方面的变革还是取得了进展。而且，事过之后，司马懿恢复了他一派大度高尚的气质：他与曹爽大将军一样，继续勉励夏侯玄，更关心他的职务提升。

虽然如此，人们还是应该警惕一件事。俗话说，"不怕贼偷，就怕贼惦记！"夏侯玄是否被别人惦记上了？如果那样的话，势必在不知不觉中陷入无休止的政治旋涡，甚至要拿生命作赌注。然而，夏侯玄没感觉。

彼时，曹爽为彰显自己的军事才能与政绩，正策划一起跨道骆谷去进攻蜀汉刘禅的军事行动。

原本，曹魏这种利用驰骋中原的大部队改打山地战，进攻西蜀的战争，已经多次告吹。夏侯渊的定军山之战、曹操的鸡肋之战以及以后曹真、司马懿策划进攻蜀汉的战争多数以失败告终。曹爽大将军在没有做充分的物资准备与思想准备的情况下，却要冒险，那只能说明他太想当一回"猪队长"。

对此事，司马懿既不愿卷入冒险，也不劝阻别人。既然要打，他就建议：提拔新秀夏侯玄贤侄出任"征西将军，假节都督雍、凉州诸军事"，协助总司令曹爽。这"征西将军，假节都督雍、凉州诸军事"不就是曹真死后，曾交到司马懿肩上的全副重任吗？这堪称是司马懿呕心沥血培养夏侯玄贤侄的全部心思！司马懿还让自己的次子司马昭为征蜀将军、亲信郭淮为先锋官，接受夏侯玄将军的指挥。说司马懿不支持这场战争吧，他把司马昭及心腹之将郭淮都交给夏侯玄了！不过这事情的背后还暗藏一笔交易：司马懿用征西将军，用雍、凉州大都督换夏侯玄的中护军！司马师接任中护军！这笔交易令曹爽很爽，毕竟被提拔的夏侯玄是自己的表兄弟！

中护军司马师从父亲手中请来石苞出任中护军司马。这职位相当于一个参谋处处长。石苞是寒门出身。在建安二十三年（公元218年），他与邓艾都还只是在军垦农场的小知青。一天，他俩驾车送曹操的谒者郭玄信回邺城。一路有十几里，他们边走边谈，郭玄信惊奇地发觉两人谈吐非同寻常！便说："凭你们的才学，将来能做公卿宰相。"石苞答："我们是赶车的，怎么能够做公卿宰相呢！"这种回答，更得郭玄信的赏识。到邺城后，郭玄信向丞相府西曹掾司马懿举荐了这两人，但一时没被录用。邓艾后来出任典农功曹，这是一个搞田地的小官；石苞却留在邺城以卖铁为生。中间几经周折，到了曹叡的青龙年间，石苞辗转到长安，偶遇司马懿。司马懿记起举荐信，擢升石苞为尚书郎，成为司马师的得力助手。司马懿也记起了邓艾，他先录邓艾为太尉府的掾属，随后转任中护军长水校尉。司马懿果然慧眼识英才，石苞与邓艾后来均成为晋代不同凡响的大人物！

当上中护军的司马师与他师叔蒋济完全不一样。他委屈自己去干那中级官员，绝非出于贪图每次卖官而得的"千匹、五百匹"绢绸那点蝇头小利，而是看上了三千禁军在帝都的警卫权力，看重的是中护军诸多可利用的潜能。这正所谓，利欲熏心者看中的是银两钱财，而雄图大略者关注的则是强力与机会。这真是蒋济与司马师的差异。

有中护军这把交椅，司马师在京畿重地掌握了三千禁军；他还有向全军选拔和推荐预备军官的权力！利用这项权力，司马师有机会笼络军内少壮派并与之结成死党。

或许是家族的使命感唤醒了司马师的责任心。他与其他恢复声誉的浮华案友不同：别人喜形于色，他却沉默寡言，不知不觉中，他与曾经的清谈群友疏远了，而把目标指向那些埋头苦干却不甘寂寞的有为青年，把他们选拔为后备军。果然，为了晋升，京城内外的许多中下级军官主动攀结与依附司马师。于是逐渐形成以他为中心的网络，结成经常聚会的秘密群体。这个群体不是夸夸其谈的清谈群，而是秘密联络，组织纪律性极强且又利益与共的朋友圈。

不久，石苞、贾充、钟会、邓艾、傅嘏等都进入了这个地下朋友圈。其中还有一对亲兄弟，他们就是成倅与成济。为笼络与安抚这对成氏兄弟，司马师堪称费尽心机。这点，就连旁边的贾充看了都吃醋。

不知不觉间，司马师把洛阳城内的秘密朋友圈转换成一支达到三千人规模的地下军官团。就是说，司马师手中的三千御林军加三千地下军官团，总共是六千精锐！大大超过曹羲的那支皇宫禁军。

司马师与原大舅爷夏侯玄不再亲密无间了。其中原委，只能各人自己去猜测了。不过，与司马师不一样，司马昭自从到夏侯玄帐前充当征蜀将军以来，就被夏侯玄视为心腹兄弟。司马昭内心也真心佩服夏侯玄，他一度也觉得夏侯大哥为人挺正派。

当了征西将军之后的夏侯玄，带着先锋官郭淮、讨蜀护军夏侯霸、征蜀将军司马昭等六七万兵马进入骆谷通道，发起进攻。然而就在抢关之战即将展开之际，先锋官郭淮连同他的队伍失联了！郭淮"辄拔军出"！这"辄"字什么意思？就是自作主张、突然行动。司马懿让亲信郭淮充当先锋官，在大战发生之际，郭淮却不请示不汇报，擅自带领着自己的两万关中子弟兵逃离战场！魏军陷入紧急状态！征蜀将军司马昭的兵营暴露在最前沿。好在西蜀的主将费祎、王平重在防御，只派少量游击队骚扰。而司马昭拥有老爸"坚卧不动"的定力，任你谩骂侮辱，我骂不还口，打不还手，一如既往卧在大营内不出头。蜀军游击队啃不动，也只好见好就收。司马昭后撤的请示也得到夏侯玄同意，于是有惊无险地退离险境。此仗打得窝窝囊囊，一直坚持到曹爽同意全线退兵为止。劳师动众辛苦一场，却颜面尽失。曹爽、夏侯玄丢尽名将夏侯尚与曹真的脸！

郭淮一直是司马懿的直接下属和得力将领，临阵脱逃，令总指挥们措手不及！从来没有领过大军、打过大战的曹爽、夏侯玄更无可奈何。

郭淮是老资格了。当曹丕还是五官中郎将的时候，郭淮是其门下专管缉捕盗匪的贼曹，后来转为丞相兵曹议令史，与司马懿、蒋济同僚。到魏明帝时代，司马懿是西北大都督，郭淮为雍州刺史协同司马懿作战。所以，这次他是带着司马懿的锦囊妙计上场的。既然司马懿置身事外，郭淮当然是消极应对，关键时刻不执行军令，带着两万精锐避战开小差。郭淮此行显然是存心让曹爽与夏侯玄出洋相！他因逃得早保全了手下两万人马，但给整个战局造成危害是不争的事实。然而，曹爽因自己原始决策有误在先，心中有愧。他与夏侯玄只好自认倒霉不找替死鬼，不拿郭淮问罪。

司马昭这次总算是在战场上镀过了一层金。之后，他按老爸的主意，不当征蜀将军而随曹爽等班师洛阳。回到洛阳，司马昭一忧一喜：忧的是母亲张文华死了，喜的是夫人王元姬生了第二个儿子司马攸。司马昭决定把司马攸过继给司马师。

虽西征失败，但大将军曹爽依然强势。这是因为他的干将毌丘俭远征高句丽获得巨大成功。原来，司马懿杀公孙渊之后就回师，高句丽乘虚偷袭辽东以及整个东北。得到警报后毌丘俭奉命出征。大军所向披靡，高句丽溃败。毌丘俭将军北平挹娄国，南灭濊貊，再往南占领了辰韩等八国。魏朝国界最北一直抵达肃慎南界，南至全朝鲜半岛。这次大胜，让曹爽、夏侯玄恢复了颜面。

黄初年间，曹叡是太子，曹爽是太子的"陌上少年"——玩伴。如今，这"陌上少年"变成顾命大臣了。曹爽还保持低调的风格，对同为顾命大臣的司马懿相当恭敬，遇事并不专擅。"以司马懿年德并高，恒父事之"。不过，自辅政两年以来，曹爽慢慢习惯了朝廷的办事规则，手下人也对自己恭敬有加，于是他变了！他发觉，天下大小事都集中于尚书处，而让自己与另一个顾命大臣司马懿"同录尚书事"，分享权力，有时真不方便。他巴不得尚书业务归自己单独处理。曹爽身边的尚书丁谧看出了苗头。于是他给曹爽出主意：升司马懿级别、增加待遇，不再让他继续录尚书处。

正始六年（公元245年），曹爽的弟弟曹羲上表皇帝曹芳，高度称颂司马懿劳苦功高，建议朝廷提高其待遇，减轻负担，升为大司马。于是，大家举手同意。只是，以前历任大司马夏侯惇、曹休都因劳累过度而殉职于岗位上，所以在众人的眼中，大司马是个不祥的职务。朝廷大会商议的结果是司马懿改任太傅，太傅之上不再设大司马，以确保司马懿在朝廷中职务最高。同时，根据司马懿提名，蒋济接替了太尉之职，高柔填补陈群空出的司空之职。一人之下万人之上的司马懿再也不必去尚书处过问繁杂事务了。

这样，表面上司马懿、蒋济、高柔荣誉高升，占据高位的"三公"形成朋友圈。年轻的曹爽单人录尚书事，一手操办尚书台的繁杂事务。然而，"三公"虽落入司马懿以及朋友手中，但实权旁落。这导致曹爽府前车水马龙，而司马家门庭冷落。面对此情此景，童谣曰：

曹爽之势热如汤，太傅父子冷如浆，李丰兄弟如游光。

童谣为何拿中间人物李丰兄弟说事？不知道。

李丰因是夏侯玄的朋友，在浮华案中同样呛了水。正始年间升任侍中、尚书仆射。李丰兄弟李翼也成了俸禄两千石的封疆大臣。说他们兄弟"游光"，就是说他在曹爽与司马懿之间不选边站，自由自在地做官。这立场有何不当，我们看不出。时人不看好肤浅的曹爽，同时又看不出司马懿是真龙天子，反而感到其为人过分吊诡。所以一时拿不定主意的李丰，既不偏心曹爽，也不亲近司马懿。至于硬要说，上司马家的船才是光明大道，李丰肯定没那觉悟。同样，他也没有丝毫危机感，美男子李丰不但外表好，而且人缘好，处处讨人欢喜。他儿子李韬更是出类拔萃，早就被皇室瞄上了，内定驸马就是他！未婚妻就是魏明帝的女儿齐长公主。李丰算是皇亲国戚了。所以不到迫不得已之时，司马家族不至于要难为李家。

正始八年（公元247年），曹芳十六岁了，就要到取消辅政、独立处理国家大事的年龄了。同时他已娶妻立了皇后。但郭太后宠着曹芳，常住皇宫不肯走。这年四月，曹爽采纳尚书何晏、丁谧等人的意见，以皇帝已经成年，过分溺爱不利于成长为由，派人把郭太后劝回永宁宫安享天年。

临分别，郭太后拉着皇帝痛哭，久久不分。此情此景，成了一桩轰动朝野的大事，成了当年最令人感动与同情的话题。此事被编成故事，流落坊间，成为一把无形的政治利刃指向尚书台。郭太后不但怀恨曹爽把持的尚书台，而且怀恨何晏、丁谧、邓飏等人，民间也舆论涌动，怀疑尚书台干预宫廷。

同时，皇帝的成年就意味着曹爽与司马懿双辅政的年代结束。曹爽与司马懿手中一人一票的否决权也将结束。由于曹爽的排位在前，又是宗室成员，结束辅政后可获得许多优先于司马懿的特权。而失去辅政身份的司马懿，就可能变成另一个王朗或钟繇，成为政治花瓶！司马家族的权势好像不在了！面对曹爽一伙紧锣密鼓中的和平演变，当家人司马懿不得不忧心忡忡。

这年四月，司马懿原配夫人张春华死去。虽然这几年，司马懿宠爱妾而对原配张夫人不太感冒。但此时张春华死去，却让司马懿心中的郁闷增添了几分沉重感，于是卧床称病，不去上朝了。

他内心不希望自己成为政治花瓶。有无应对的手段？司马懿陷入苦苦思索。手段或许还有的，那就是动兵放血大屠杀！用武装手段对付曹爽的和平演变！只是，有没有那胆略？有没有那种机会？还有一点就是：儿子司马师那点小本经营够开销吗？司马懿难于下决心，于是"躺平"。

"躺平"既可以获得舆论的同情并秘密积蓄力量；"躺平"更有利于麻痹敌手，静待对方出错。

人们终于发现，造成司马家族不景气的全部原因都是那个尚书台。于是有人谤曰："台中有三狗，二狗崖柴不可当，一狗凭默作疽囊。"又说："三狗皆欲啮人，而谧尤甚也。"意思是说尚书台有丁谧、何晏和邓飏那三只狗，都要咬人。其中丁谧最为凶恶。就是说，丁谧、何晏屡屡出招，气势逼人，连郭太后都招架不住。

架空司马懿这一招是尚书丁谧的主意，据说丁谧是三国最毒的一柄软刀子。他因此被认为是曹爽身边最凶恶的狗头军师，这注定其最终性命不保。

另外是邓飏，他因"以官易妇邓玄茂"而声名狼藉。据说，那就是一起涉嫌以官位易美人的幕后交易。事情是这样的：魏名将臧霸在魏明帝期间去世。邓飏就举荐臧霸后人臧艾为黄门侍郎以保功臣的世家地位。不料臧艾不是好料，他突然发现自己无法继承父亲留下的美姜，既然不能公开享用，还不如双手敬献给邓飏以答谢其举荐之恩，还可以杜绝于己不利的流言蜚语。消息传开，以"正人君子"标榜的邓飏顿时成为众人暗中讥讽的目标。舆论把伪君子邓飏与丁谧、何晏并列，更有利于佐证被曹爽把持的尚书台简直就是狗窝！

史料对臧霸的两个儿子臧艾、臧舜的记述虽然极简略，但均属正面肯定，而无涉及霸占父姜，或是逼嫁父姜以谋官的不好名声。再说臧霸是曹操手下名将。他死后，长子臧艾得到黄门侍郎这样的好职务，是依律例办事，无须幕后交易。从而可以对"以官易妇邓玄茂"流言存疑。

甚至，原本出任尚书的还有诸葛诞，他离开尚书台之后，战功卓著，成了征东大将军。但同样不被魏晋舆论看好。他也被仇家暗喻为犬：

当年三国三家政权都有官居要职的琅琊籍诸葛氏成员，他们是西蜀的诸葛亮、东吴的诸葛瑾与诸葛恪父子以及曹魏的诸葛诞。有人把诸葛三家分别以龙、虎、犬相称。意思是诸葛家族都很厉害，就是卖命于曹魏的诸葛诞被喻为"犬"，仿佛遭到歧视。究其原因，很可能是因为诸葛诞与何晏、邓飏、丁谧、李胜等都被列为正始名士，长期遭人眼红。而随后因司马家族发动高平陵事变，诸葛诞与正始才子均遭屠杀。一旦魏晋朝代主流舆论被司马家族所控制，被牺牲者势必被打入"犬"类。

正始年代那场有关音乐的大辩论

因浮华案平反，帝都洛阳又恢复到太和年代舆论开放的状态。清谈活跃，玄学泛滥！再度呈现百花齐放、百家争鸣的局面。以何晏、夏侯玄、王弼为代表，以清谈、论辩为形式，用老庄学说来阐释儒家经典的"玄学"新思潮再次泛起。此后十年，都属于正始年号，这个时代的风流人士被冠以正始名士以示其与其他年代不同的风貌。整个正始年代给人的突出印象是：

首先是浮华案涉案人物均得到解放，意识形态再度向多元化演进。这个多元化的年代有自己的声音：正始之音。正始之音也确实是以一场音乐艺术大辩论开始的，是百花齐放、百家争鸣之音。

同时，当年社会发生了一些变革。虽然深入改革遭到朝廷元老派的阻挠未能付诸实施，但由于朝廷的少壮派掌握实权，所以也有不少变革得到实施。搞变革是冒险的差事，成功也好，失败也罢，都是要承担后果的。夏侯玄想策动的政治制度改革就因出师不利而遭夭折了，但在其他方面，我们从保留到现今的资料中，还是依稀地发现了一些当年变革的蛛丝马迹：

一、中国在正始年间第一次实施了六十岁退休制。官府及公卿府中所有六十岁以上的仆役、奴才、婢女，一概恢复自由民身份以颐养天年。

二、洛阳城大规模的建设工程基本停止了。未完工的宫殿、楼台、亭阁这些烂尾工程被搁置，不再投入人力、物力，避免了浪费，降低民众的负担。

三、原本正始名士还提出了朝廷体制改革计划，但由于当时实行的是大将军曹爽和太尉司马懿双辅政制度，这两人均有一票否决权。夏侯玄的改革方案，遭司马懿搁置。朝廷继续采用二元领导、二元负责的过渡方案。这局面一直到曹爽被杀才结束。就是说，正始年间即使是曹爽独控了尚书台，司马懿依然与曹爽有同等的否决权，正始名士们主张的精简各级行政机构的措施无法彻底实行。虽然司马氏的势力都站在改革的对立面，但一旦司马家族掌握局面之后，那些改革主张反而得到实施。这充分表明，改革是形势发展的必然要求，而不是少数名士的意气用事。

总的来说，体制改革不易，但正始年间有两项变革倒是立竿见影了：

恢复六十岁以上仆役、奴才、婢女的自由身。虽然改革并没有多大的力度，但还是部分地体现了对人权的尊重。当时能这样做，是挺了不起的。当时能规定一到六十岁就退休享受自由，这是一项意义深远的改革措施！当然，这不影响皇帝与官员的世袭制与终身制：皇帝不死不换代，官员老了不离休，他们的荣华富贵是终身的。

停建对国家造成重负的宫廷场馆，也算是一场重要改革。由于这场改革附带引起了一场意义更深远的思想大讨论，而那场大讨论促进了当年的思想解放。所以，以下重点不在于政绩工程停工不停工本身，而在于当时人们如何因大辩论而脑洞大开！这就是百花齐放的"正始之音"。

从青龙年间到景初年间，洛阳大兴土木，政绩工程全面展开。工程规模与开销，严重超过了当时国力的承受程度。因此，政绩工程一开头就暴露出其不可持续性，不少项目逐渐呈现烂尾局面。这样，景初元年就出现反对意见。大臣高堂隆上书质疑大兴土木之举，更反对把钟虡铜人从西京长安搬迁到洛阳。因为那钟虡铜人太大、太笨重了，劳师动众长途搬迁，太折腾了。他指责说："求取亡国不度之器，劳役费损以伤德政。非所以兴礼乐之和，保神明之休也。"

高堂隆真敢说，他全倚仗自己的特殊地位：帝师！早在曹叡还是平原王时，高堂隆就是王辅。所谓王辅，其实就是辅导皇子从政的见习老师。所以高堂隆才是当朝真正的帝师。

面对老师的激烈言辞，曹叡不想正面回答。但他想到，最好是引导臣子们去讨论讨论：搬迁一组编钟到洛阳，无非是为将来演奏乐曲时加点浑圆的低音，怎么会严重到"求取亡国不度之器"的地步？他不希望辩论纠缠在政绩工程该不该下马的问题上。换句话说，用钟虡铜人奏乐，究竟是纯音乐问题，还是事关亡国不亡国的原则问题？

不能不说，曹叡这个皇帝非常聪明且思路清晰。

伶牙俐齿的臣子卞兰反应敏捷，一下子就领会了皇上的意图。他立即接过话题与高堂隆辩论。卞兰反驳说："兴衰在于政治，跟音乐有什么关系，政治之退化，怎么能是编钟的罪过呢？"卞兰话不多，一个问句，就把对手逼得说不清道理，只好引经据典地搬出一大堆不得要领的强辩。这里，卞兰说的是真话，不过他犯了致命的错误：违背了从周公旦直至孔夫子有关礼乐是皇朝立国之本的教诲。礼与乐，维护了君臣、官民的等级制度，礼崩乐坏就是皇朝最忌讳的，怎能说音乐是不重要的呢？高堂隆看出卞兰身后是曹叡，所以不便说过头。总的来说，辩论双方谁也不能让谁信服。于是，招来更多的人进入论战。

当年著名音乐爱好者刘劭为此一连发十四篇《乐论》支持高堂隆。刘劭也批评拆迁钟虡铜人是"劳役费损以伤德政"，绝非所谓的"兴礼乐之和，保神明之休"。就是说，圣人的礼乐经典中，不包含钟虡铜人这种配置，劳民伤财，完全不必要。至于卞兰说的"兴衰跟音乐无关"是错的！所以刘劭特地举例说"作乐（奏乐）可以移风易俗"。然这说法却引起了更深入的辩论。辩论一直持续到曹叡驾崩，还无定论。随后一批浮华才子纷纷卷入讨论。其中精通音乐、爱好艺术的阮籍、夏侯玄也来了。辩论在正始年间达到高潮。

阮籍是著名学者、诗人与艺术大师。他因发表《乐论》正式卷入论战。他也不赞成劳师动众从长安搬运钟虡铜人，但他驳斥卞兰亵渎周礼韶乐的神圣地位。阮籍说："律吕协，则阴阳和；音声适，则万物类。天下无乐而欲阴阳和调，灾害不生，亦已难矣。"

他的观点是：音乐和谐，则阴阳调和；音乐平和恬淡，人间万物就无灾无难。一旦没有音乐，就难以保证阴阳调和、灾害不生。你卞兰怎敢说王事兴衰与音乐无关？

显然，阮籍此时是正统的儒家，他的观点十分符合当年的正能量规范，即他十分忠实于父亲的为人准则。他父亲是"建安七子"之一的阮瑀。

阮瑀在建安十七年（公元212年）就死了，留下他的妻子与儿子阮籍一对孤儿寡母。母亲好不容易把阮籍拉扯大，他终成了顶天立地的汉子、诗人与文学家。像父亲一样，阮籍也弹得一手好琴，是当时出名的琴师。倘若，单从他的《乐论》来判断阮籍是古板的孔孟之道的经学家，这显然是错误的。阮籍敢于发表自己的见解，参与公共讨论，只说明他是个与时俱进的开通人士，他学问越高就越喜欢与人交流，越交流，就越长进，越开明。这点，我们随后可以不断地提供证据。

阮籍的诗写得非常好，一点也不逊色于他父亲阮瑀。

　　夜中不能寐，起坐弹鸣琴。薄帷鉴明月。清风吹我襟。
　　孤鸿号外野。翔鸟鸣北林。徘徊将何见？忧思独伤心。

现存阮籍的咏怀诗就有八十二首，这是其中之一。虽说阮籍当时已是名士了，但诗的气韵依然保持其父亲那个年代的建安风骨。把这首诗与前文阮瑀的琴歌相比较，父子二人各有特色。

但刘劭与阮籍的《乐论》却引来了另一位帅哥的不同意见。此人便是浮华年代的大帅哥夏侯玄。夏侯玄与阮籍的父辈都是跟随魏武帝打天下的名臣，彼此原本就熟悉，又同是体制内的人，讨论问题从来不用说客套话来掩盖分歧。于是他发表了《辩乐论》一文，锋芒直指《乐论》作者阮籍。

不是说夏侯玄被当作浮华分子受"双开"、被禁言了吗，怎么又有他的高谈阔论？问题在于曹叡指使卞兰去驳斥帝师高堂隆之时，已离曹叡死期不远。曹丕、曹叡父子同一个德行：纵欲过度！其不便公开的隐私或许是滥用春药。原本是他们身强力壮的岁月，却因滥用药而慢性中毒，最终精华耗尽而躯体不支。曹叡还没有看到刘劭、卞兰、高堂隆那场混战的结局，就已经呜呼哀哉了。因此他不知道后来还有阮籍、夏侯玄、嵇康之类浮华与准浮华分子也赶来凑热闹。再说，曹叡一死，夏侯玄就自然解放了。春江水暖鸭先知，夏侯玄从气候上判断，春天来了，于是他发表高论，批评阮籍：

阮籍你那"律吕协，则阴阳和；音声适，则万物类……"不就是想说，音乐不但能教化人，还能调和阴阳，让灾难少发生吗？

这个，我夏侯某人可不苟同。这天地之间却并非总是均衡与和谐的。有强有弱、有盈有虚那才是真相。远古尧时代遭受大水，天天治水不停，禹的老爸还因水灾被杀。你能说，圣明的尧、舜都把音律搞错了？灾害本来就是人左右不了的，你唱首什么音色的颂歌，天灾就没了？我不信！

在夏侯玄看来，音乐就是音乐，这跟皇室命运毫无关系。即使音乐等于皇家命运，那它就能调和自然灾害？那不是胡说，又是什么？

当然，夏侯玄反对的并不是阮籍个人，而是在《礼记》中规定好了的儒家礼乐之说！从玄学的角度看，"独尊儒术"所代表的那套礼乐理论基础不可靠，礼崩乐坏的结局是不可避免的。

然而，刘劭、阮籍发表看法时都含有支持高堂隆反对先帝大兴土木的政绩工程，主张让烂尾工程下马！难道夏侯公子不理解？问题是，此时已经进入正始年代，被先帝以浮华打入地下的大批才子如今已经翻身了，新政也已决定：不再对以往的政绩工程提供劳役与银两支持，因此那些烂尾宫殿工程正陆续下马。再说，夏侯公子既然否定了音乐与皇朝命运的必然关系，那就是说一切皇帝主持的庆典仪式都是花架子，人的品格素养与礼乐等级毫不相关，奏乐不过是人们的一种娱乐消遣，完全没必要为配合礼乐仪式而大搞政绩工程，更不该劳民伤财地去搬运钟虡铜人那些劳什子！

看得出，阮籍的音乐观有点唯心，而夏侯的观点相当唯物。在夏侯公子看来，声音是纯自然的产物，而音乐不过就是各种和谐声音的合成。如果说得科学一些，前句的"声音"这个词汇可改成"声波"。不过，以下为叙述得更清晰起见，我们也按如今的习惯，有些地方使用"声波"代替"声音"。

夏侯玄热衷探索的玄学是抽象的、形而上的，但他涉及的具体问题往往是强调客观的。对于追求思维奥秘的人来说，这种态度十分妥当。

阮籍看到夏侯玄的反驳，也没有坚持己见而继续辩论。他本意不就是声援一下高堂隆，批评劳民伤财的政绩工程，反对搬运笨重的铜人与编钟吗？既然皇上驾崩，新朝已决定让烂尾工程全部下马，目的已经达到了。

有关音乐美学论题，那是纯学术的问题。不论是从唯物还是唯心的立场，当初那场对音乐的辩论，加深了人们对音乐的认识。

大凡这类涉及音乐与艺术的爱好问题，几乎都取决于个人的情感与主观态度，很难有统一意见。争辩所涉及的往往都是"萝卜青菜，各有所爱"的问题，或是"公说公有理，婆说婆有理"的疑难，不是一时半会能辩得清的。

然而，关于夏侯玄的观点的辩论并没有终止。

此时，在京城外，另有一位身高七尺八寸的年轻帅哥发表了《声无哀乐论》一文，令人震撼。此人就是后来声名赫赫的竹林阿哥嵇康，也是当年超一流的琴师。

嵇康《声无哀乐论》不赞成这样的观点：只有歌功颂德的雅乐才是正能量，而如郑音那样的靡靡之音以及所有淫乐与哀乐都是负能量。嵇康认为，声音分噪声与谐音，有刺耳和不刺耳之分，对人只有"静"和"噪"的感觉，而谐音才是音乐。谐音也是自然与客观的表现，其本身不代表哀伤或欢乐。所以，音乐就是一个自然物，跟人怎么样，跟社会怎么样，本来是什么关系也没有。这就如酒，有人因喜庆而喝酒，兴奋得手舞足蹈；有人借酒浇愁，以致长歌当哭。是哭还是笑？取决于人的心情，而非有哭酒与笑酒之分。单从这点，我们看不出嵇康与夏侯玄之间有多大分歧。

嵇康回答的第二个问题是音乐有无"移风易俗"的作用。这才是这场"正始音乐之辩"的核心问题。

嵇康之前的辩手，无论是刘劭、阮籍还是夏侯玄，他们固然都是一流琴师，高级美学家或音乐评论家，但他们更是政治人物或理论大师，是儒家或玄学家。他们辩论音乐，是因为魏明帝曹叡为堵自己高帝师的口而刻意制造的一场笔墨官司，然而"音乐和治国有什么关系"的话题却把那时代超一流的音乐大师及理论家、批评家全都吸引出来了。

刘劭和阮籍当时是传统儒家，儒家把礼治放在治国方略的首位，而雅乐是礼的核心之一，礼与乐不相离。刘劭和阮籍两位认为音乐的作用是极大的，雅乐可以移风易俗，降低愚民身上的戾气。一旦民众驯良听话，就有助皇室的兴盛、国家发达。

夏侯玄是玄学家，又是政治改革的激进派，他从自然的角度出发，认为音乐跟国政风马牛不相及。

嵇康不完全赞同夏侯玄的观点：音乐对移风易俗不是"一点关系也没有"。他认为这作用还是有的，而且跟皇室政治的安定与平和也是有点关系的，条件是国家政治本身必须是建立在良性的基础上。只是其真实作用不像儒家说得那么"神"。就像一壶酒，心情好的人原本是高兴，喝了酒，自然就兴高采烈，不会因痛苦而制造麻烦。换成音乐，老百姓的心原本就是平和的，那让他多听音乐，有助于他继续保持好的心态。"移风易俗"的效果自然更好。这种好风气流传开来，自然就和谐安定。而如果人本来就心里不高兴，再怎么喝酒也没有用，反而是"借酒浇愁愁更愁"！音乐也是这样，皇室政治要是压抑得民众个个不舒畅，不管弄出多高雅的歌曲也枉然。所以说要让音乐起"移风易俗"作用，首先必须有让人民安居乐业的基础。

因《声无哀乐论》，轰轰烈烈的"正始音乐之争"达到高潮！

一千八百多年前的这场辩论，从皇帝近臣到民间歌手及玄儒各派学者均卷入其中，既有汪红，也有吴贸，还有水君及资甘无，他们斗而不破，辩而不耍赖，各摆自己的观点，求同存异。人人堪称名士的典范！

嵇康是阮籍带到洛阳来的。阮籍把与己观点几乎完全对立的"论敌"引进论坛，让别人成为主流！这该有多开阔的胸怀啊！这点别人做不到，阮籍能做到！阮籍处世超群，嵇康也更是非凡。这就是后来"竹林七贤"中两位精神领袖的素质！

说起嵇康，当年在帝都远郊河内郡任主簿的山涛最早结识了他。阮籍到河内拜会山涛时，就一起到山阳与嵇康会面。三人就此相交相识，做了大半辈子的朋友。那天初识之后，山涛问阮籍："他的品格，就像山谷里的青松那般挺拔独立，他的醉态，仿佛是玉山倾倒，无论坐卧都显得光芒四射。我没骗你吧，嗣宗？"阮籍兴奋地说："这次真是找到了人生知己，我从此要长居此地与他为伴。"其实，与嵇康成为人生知己的，还有热衷于研究老庄之学的向秀。向秀也是经山涛介绍与嵇康熟识的。于是，四人互相往来相结为伴。他们经常在嵇康家抚琴喝酒、切磋学问、交流心得。他们结成聊天群，拉出朋友圈。嵇康家就在竹林边，于是他的朋友圈取名"竹林之风"。不过此时的朋友圈只有四人。后来，朋友圈扩大，加入了志同道合的刘伶、王戎、阮咸三位，于是朋友圈就正式被命名为"竹林七贤"。七人中年龄最大的是山涛，他足足比阮籍大四岁，而他更比嵇康大了整整十八岁！但这不影响他们结成忘年交！

山涛清贫出身，入仕很晚。司马懿丈母娘山氏就是山涛的从祖姑。凭这路子，山涛四十岁才到洛阳北邻的河内郡谋了份小差事，任郡太守的主簿。

四人在山阳初次会面之后，山涛继续留河内郡为吏，嵇康随阮籍到洛阳尝试着当了一回"洛漂"。

嵇康进洛阳，遍访舆论群。然后他别具一格，设坛开讲他的《养生论》！帅哥讲养生，真够吸引人！嵇康养生的秘方中，也有一剂秘方是五石散。雪白粉嫩的何晏吃五石散，玉人帅哥嵇康也提倡用它养生，这还有错？于是，这美容养生的药，成了洛阳城内贵族豪门的抢手货。开坛讲座的"洛漂"帅哥与位高权重的尚书何晏居然成了药商的活广告！

其实《养生论》是一部内容广泛的人生哲学大集成。嵇康论文的特色是采用正、反双方辩论的方式进行，这点与希腊三哲中的苏格拉底类似。嵇康在《声无哀乐论》中采用了路人甲与路人乙的辩论方式进行。而讨论养生学时，则是与朋友向秀通过"养生之辩"进行。嵇康《养生论》为自己的观点立论，朋友向秀就迫不及待地发表《难养生论》提出质疑。这迫使嵇康再发《答难养生论》以深入讲透自己的观点。这或许是相声双方的互怼，都千方百计要让对方陷入窘境，然而又是围绕着同一主题质疑求解。其实，在当时，这种辩论方式已经普遍使用。前面提到的浮华案才子中就出现过荀粲与傅嘏对"言不尽意"的议题进行的辩论。向秀与嵇康就这样，在一方"诘难"，一方"答辩"中把问题引向更深一层。

洛阳城来了大帅哥，名声传遍名门闺秀的厢房，也传遍王府皇宫。阮籍充当中间人，玉成了一桩美满姻缘：皇室长乐亭主招得玉人，"洛漂"嵇康手采金枝玉叶，当了皇室的东床快婿。

长乐亭主父母是谁？曹操当年讨伐吕布，见到秦宜禄老婆杜氏漂亮就顺手牵羊纳为妾，忘记了把她分配给关云长的承诺。建安初年杜氏生下儿子曹林，后来曹林被封为沛王。他就是骁骑将军秦朗的同母异父兄弟。从年龄上计算的话，长乐亭主很可能就是曹林的女儿、曹操的孙女。但从史料含糊的记录上看，不排除她是曹林孙女的可能。查家族成员发现，曹林有个儿子继承了堂房宗族的亲王爵位，所以此儿的长女也可拥有"亭主"的封号。因长乐亭主的关系，嵇康拥有了朝廷中散大夫的闲职。

几乎同时，领军将军蒋济听说阮瑀的公子阮籍"俊而淑悦，为志高"，就询问幕僚王默。王默确认其为事实。于是，蒋济要征辟阮籍做自己的属员。消息很快传给阮籍，但他并不想应聘，就写了一封回信婉言谢绝蒋大人，说自己才疏学浅，出生卑微，难堪大任。他亲自到洛阳城外都亭请吏卒把信转呈蒋济。蒋济原先担心阮籍架子大不肯理睬，后来得知他已到都亭，误以为他已应命，而回信所言不过是客套话，所以很高兴，就派人去迎接，不想阮籍已经回去了。蒋济对此非常生气，迁怒于王默。王默没有办法，只好写信劝说阮籍。乡党亲属也都来劝谕，阮籍不便再推托。其实，蒋济手下蓄养的诸多中下级军官动机不明。阮籍对此心怀疑虑，不愿配合。不久便以侍奉寡母为由，即告病辞归。直到母亲亡故，阮籍只得复职。

⊙

争鸣时代

因讨论烂尾工程要不要下马的问题，诱发了一场音乐大讨论。从清朝向前追溯中国古代的思想史与文化史，出现这种学术文化充分大辩论的年代只有两个：一是春秋战国时期；二就是魏晋时期，特别是正始年代。有百家争鸣就有文化的繁荣，这是不争的事实。

此时，洛阳城内的聊天群，并非只有音乐群，更不是只有嵇康的养生群，更普及、更兴旺的是玄学清谈群，具有一定规模的清谈群称论坛。其中尤以何晏、夏侯玄、王弼所在的论坛最具盛名。何晏是坛主，新入门的王弼为后起之秀，荀粲却英年早逝。而夏侯玄作为军人，是留守西京长安的一方统帅，他必须坚守岗位，所以此后洛阳就少有他的身影。此外，还有许多跃跃欲试的新秀，比如与王弼齐名的钟毓、钟会兄弟。

钟毓、钟会是太傅钟繇的儿子。两兄弟从小就被看成奇人，钟会尤为突出。太和二年（公元228年）他才五岁，钟繇领他到魏朝老臣中护军蒋济家时，蒋济就一眼看出钟会"非常人也"。蒋济负有选拔牙门将以下后备军官的权责。钟繇此行目的很清楚，就是要让蒋济关照一下自己的后代。这里蒋济没点出"非常人"的含义，或是有意回避，不愿意讲得太透彻。

在当年，以钟氏兄弟作为佳话频传的事例不少。从那些传闻可猜测出来，钟会除聪明伶俐外，更有刁钻狡黠的一面。《世说新语》中，有一段故事说钟毓、钟会少年时就名声在外，言语反应灵敏，伶牙俐齿。而且，常用的成语"汗不敢出"就与这对兄弟有关。故事是这样的：

钟繇引荐两儿子去见魏文帝曹丕。当场，钟毓紧张得全身是汗，而钟会却好像没事儿一样，从容得很。曹丕问："钟毓啊，你怎么出了那么多汗啊？"钟毓说："陛下天威，臣战战兢兢，汗如雨下。"曹丕又问钟会："你怎么不出汗呢？"钟会学着他大哥的口气说："陛下天威，臣战战兢兢，汗不敢出。"曹丕哈哈大笑。当然这故事存在一个大漏洞。估计收录故事的人把魏明帝曹叡错写成魏文帝曹丕了。钟会出生于黄初六年而曹丕于黄初七年驾崩，若把曹丕改成曹叡，则更妥当。

还有一段是孩提时兄弟俩偷酒喝的故事：

钟毓、钟会小时候趁钟繇午睡，就一道偷酒喝。钟繇恰巧醒来，故意装睡观察看着，只见钟毓行礼后才喝酒，钟会却只喝酒不行礼。随后，钟繇就问钟毓为什么要先礼后饮。钟毓回答说："酒以成礼，不敢不拜。"父亲又问钟会为什么不行礼？钟会说："偷本非礼，所以不拜。"钟会就是这样口齿伶俐，模仿别人口气却反其意回答问题。

还有一段是钟会冒充笔迹行骗的故事。

钟繇是三国时代最负盛名的书法大家。有其父必有其子，钟会书法也为众人欣赏。他不仅继承了老爸的钟体，更广采众家之长。他模仿别人笔迹的手段更是超一流。荀勖出于颍川荀氏大族，年龄与钟会相仿却是钟会的从外甥。甥舅俩一起成长却总爱钩心斗角。钟会知道荀勖有把上等宝剑放在母亲住处，其母亲自然就是钟会的堂姐。钟会想得到剑，就模仿荀勖笔迹写条子给姐姐，说是让舅舅顺路把宝剑稍来。钟氏查看笔迹确信是儿子所托，于是把宝剑交给钟会，却不料小弟是骗子。宝剑到手，钟会再也不还给荀勖了。

在洛阳城，钟毓、钟会因仰慕名士而频繁出入社交群。此时钟会风华正茂，著作颇丰。比如《老子道德经注》《周易尽神论》《周易无互体论》等，在易学研究方面富有成果。不少人认为他与王弼齐名。然而遗憾的是，钟会始终得不到夏侯玄或嵇康的认可。不过，兄弟俩的官场之路却畅通无阻。钟繇一死，钟毓接替爵位并升迁为散骑常侍，不几年又晋升为廷尉。而攀上司马昭的钟会更是前途无量。

王弼是王粲的养孙，与裴秀、钟会同龄，都出生于黄初六年（公元225年）。他自小聪慧、好老庄之说，伶俐善言。这三位同龄人很早就是好朋友。正始元年（公元240年），王弼不到十五岁，就已经活跃在清谈论坛上，受何晏、夏侯玄等名家器重。裴秀把王弼引荐给叔叔裴徽。初次见面，王弼令裴徽惊奇。于是裴徽直接向他发问："'无'是万物之根本，为什么作为圣人的孔子不对它进行解释，而老子一谈到它，便滔滔不绝地讲了起来呢？"这是高难度问题，当时几乎无人能提供满意的回答。王弼轻松地说："既然都'无'了，就没法表达，孔子因为深度了解了'无'，所以不去说它，只说'有'，恰恰映衬出了'无'。而老子对'无'的了解还不够深，表面上好像把'无'说得很透彻，其实只停留在'有'的表象认识，而没有达到'无'的境界。"

裴徽当时在吏部任职。他曾经就玄学问题与荀粲过招，后又与王弼交手。看来，他很像是个玄学清谈论坛的把门官。有裴徽就想到傅嘏，果然，傅嘏也知道了后起之秀王弼的大名。

傅嘏记得，曹操身边著名谋士刘晔的儿子刘陶，其纵横善论为时人所推崇，当时就是江湖名嘴。然而，刘陶每次与王弼辩论，总是被折服。这令傅嘏对王弼也不得不刮目相看。

吏部尚书何晏因浮华案而备受折磨，怀疑傅嘏是两面派，两人从此形同陌路。但当面对王弼时，何晏与傅嘏一样，都甚为惊奇。

王弼的确博学多才，虽年轻，学术成就却十分卓著。他写了《老子注》《老子指略》《周易注》《周易略例》《论语释疑》《周易大衍论》《周易穷微论》《易辩》等专著，研究成果颇丰，理论上多有创见，学术质量很高。显然，在学术上王弼与何晏是知己。何晏因此向曹爽举荐了王弼。

不过，王弼仕途不畅。正始年间，黄门侍郎位置空缺。何晏向曹爽举荐贾充、裴秀与王弼。丁谧推荐的王黎。最终曹爽录用贾充、裴秀、王黎为黄门侍郎，王弼降格为补任台郎。王弼上任与主管大领导曹爽见面时，屏退左右，意思是王弼可以谈些心里话，表达自己的志向。不料王弼开口闭口就是空谈玄与道，从而遭曹爽轻视。后来王黎病死了，又冒出个太原王沈取代王黎。王弼再次吃亏了，他总是升迁不到黄门侍郎的位置。

王黎原本和王弼是一对朋友。自王黎超越王弼之后，两人的朋友关系就此终结。可见，在人生道路上，玄学"无"的境界很难达到。王弼正因为无法抛开功名利禄这些东西，所以他距离理想中最高境界的"无"十分遥远。奔波于名利场的何晏也一样，他同样没有达到"无"的境界。

正始年间活跃起来的还有贾充、裴秀，他们都是后代的风云人物。裴秀是裴徽的侄儿，叔侄俩出身于河东裴氏。裴秀少年时便颇有名气，毌丘俭、何晏将其推荐给曹爽，最初辟为大将军府掾属。贾充是曹丕的亲信贾逵的儿子。贾逵又是曹休的救命恩人。贾逵死后，贾充继承了爵位，不久他经吏部尚书何晏的举荐成为散骑侍郎，还巴结上帅哥司马师，成了司马家族"地下军官团"的成员。有了功名之后，贾充娶了尚书左仆射李丰的女儿李婉为妻。老婆是美女，丈人李丰又连升为中书令。然而贾、李却是错误的组合。贾少爷一生站队正确，唯独这次选错了丈人泰山。

自司马懿"躺平"之后，我们又说了许多貌似无关政局的人物与话题。但老谋深算的司马懿心中明白：这些"似有还无"的社会阶层正是曹魏政权的基础。他们所提倡的"无为"，就是蛊惑人心，让天下平民与全部朝廷大臣一道"无为"。官民"无为"则天下太平，曹魏政权就将因此而永恒！那与司马家族的积极进取精神相悖，是改朝换代的历史战车面临的阻力！

3. 太白袭月

嘉平元年（公元249年）春正月甲午，黎明前的夜空恰逢"太白袭月"的天象。是凶，是吉？世人惶惶不安。

⊙
司马懿装病

司马懿一生最擅长的，莫过于装病了。

建安六年（公元201年），曹操打胜官渡之战，控制司马懿老家河内郡全境。他听闻司马家族的名望，决定聘用司马懿。但司马懿感到天下局势尚不明朗，一旦站错队必将后患无穷，于是他装病不肯贸然应聘。结果差点露馅，是十三岁的老婆张春华果断杀死丫鬟才掩盖了真相。夫唱妇随合演了司马懿人生第一场装病的好戏。不觉二十年过去，生下司马师、司马昭之后的张夫人难免步入黄脸婆行列，而官至极品太傅的司马懿却老来情，恋上了新妾柏夫人，于是一连十几天称病不见张夫人。张春华忙着去探病，于是假象被揭穿。司马懿禁不住恼羞成怒，劈头盖脸地对张春华一顿奚落与嘲笑！好意探望却遭到老公的羞辱，气极的张春华要绝食自杀。这可把司马师、司马昭吓坏了。他们急得哭哭闹闹不吃饭！

这场装病的结果导致一家绝食求死，弄得司马懿下不了台。这回轮到他赔礼道歉了，那场残酷的绝食才告结束。司马懿出来后对别人说："老东西死不值惜，我不过只心疼爱子罢了。"

虽然嘴巴是又硬了起来，但这场戏中戏还是再次和谐了。

然而装病终成习惯。不论大事小事，只要司马懿感到一时无解，就总是装病几天，拖延日子。

此次司马懿的"躺平"，能达到愚弄曹爽以及那批正始才子们的目的吗？他装病的演技如何？是炉火纯青，当上了货真价实的影帝；还是混世魔王三斧头级别的影帝？那些都有待检验。而评估师正是河南尹李胜，此人当年名列浮华案的"四聪""八达"榜中。

正始九年（公元248年）腊月，当了八年多河南尹的李胜调任荆州刺史，上任的良时吉日定在正始十年大年过后。于是除夕前，李胜上门问候恩师司马懿并谢恩辞行。当时，司马懿由两婢女服侍着接见了李胜。《魏末传》中对当时的司马懿有这样的记载："宣王令两婢侍边，持衣，衣落；复上指口，言渴求饮，婢进粥，宣王持杯饮粥，粥皆流出沾胸。"《魏末传》是晋代成书的，司马懿被敬称为宣王。看到司马懿无法自理的状况，李胜禁不住因怜悯而涕泣。他向阁老汇报说，自己要去荆州任职。阁老却指示说：并州靠近胡人地界，非常重要，希望李胜好自为之。李胜见他把荆州错听成并州，就重说一遍以纠正。不料宣王乃复佯昏谬，错乱其辞，状如荒语。显然，老者已经糊涂到无药可救了。李胜再重复是去荆州而非并州。到此时，老人才"若微悟者"，说自己衷心希望李胜善待并提携犬子司马师和司马昭，不可相舍去，等等。最后，司马懿居然莫名地流涕哽咽。

李胜告辞出来与曹爽等人相见时提到司马懿的病状。他含着泪，惋惜地对曹爽吐心声："太傅患不可复济，令人怆然。"

曹爽、李胜等人做梦也未曾想到，这位因重病在身导致老年痴呆的司马懿，正紧锣密鼓地与蒋济、高柔、永宁宫郭太后以及大儿子司马师分别密谋策划一场杀气腾腾的政变。其杀戮与牺牲的对象，绝不想遗漏这位门生李胜！

这个冬天，有关司马懿病情的流言满天飞。当时，竹林群友之一的山涛依然在河内郡。那天，他与另一朋友石鉴共宿。夜里，两人议论的、想的东西太多，以致夜不能寐。突然，山涛不知为何跳了起来。他用脚踢了踢石鉴："如今是什么时候，你还在睡！知道太傅称病卧床是何用意吗？"石鉴回答说："宰相多次不上朝，给他个尺把长的诏书让他回家就是了，你何必操心呢！"山涛说："咄！石生，不要在马蹄间来往奔走啊！"于是山涛丢弃官符而连夜逃跑。看来，山涛这位乡野村夫，比李胜、曹爽、石鉴，甚至比全洛阳人更早地预测到一场即将爆发的政治暴风雨。他决定及早弃职，以避免在政治纷争的乱马群中被践踏成马蹄泥！

⊙
驽马恋栈豆

嘉平元年春正月甲午，也就是公元249年正月初六，黎明前的夜空恰发生"太白袭月"的天象，这听起来很浪漫。可以想象，夜色中，月朗星稀，安详静谧，突然一只黑蜘蛛爬上月亮，紧紧地扒在月面上，像是刺了一道青。这气氛适合情人恋爱拥抱；同样，这天象也适合山寨大王率兵下山，或挂骷髅旗的海盗船悄悄靠岸，趁着月黑，一场轰轰烈烈杀人放火的壮观大戏随即揭幕。所以，这是一个良辰吉日。

皇帝曹芳要在正月初六到高平陵祭拜曹氏列祖列宗的决定，是早就决定好了的。大将军曹爽兄弟与一批官员荣幸地入选陪驾。高平陵在洛水南岸的大石山上，离洛阳城有九十里的路程！因此，出发前，大量的车辆马匹、祭祀用品、饮水、餐点果蔬都得认真准备一番。

正月初五这晚，习惯于一手操办大事的曹爽，正精心地检查着每一个细节，确保所有环节百无一缺，安全措施要达到万无一失！一阵辛劳，他满意地驾车回家。刚下车，他遇到一位老乡：这是个爱管闲事的人！曹爽虽有这种感觉，但又不得不客气地迎入府衙。来人是先父曹真的朋友，大司农桓范。桓范颇有才名，既是文学家又是画家，虽不算顶级，但欣赏他的粉丝还大有人在。在建安后期他入曹操的丞相府，在魏文、明两帝期继续为官，当过中领军、尚书、征虏将军、东中郎将、兖州刺史、大司农等。直到正始初年，他还略领先于此时的太尉蒋济。其实，桓范与曹爽有同乡之谊，却与曹爽不特别密切，但绝不倾向司马懿。他内心对神秘莫测的司马懿多少有点不祥之感，在司马懿称病期间尤甚。

大司农相当于如今的农业农村部部长，当年全国经济收入主要依赖于农业，所以桓范是朝廷"三公""六卿"成员之一。这次没安排他陪皇伴驾，他是不是有情绪？曹爽心里嘀咕，于是立即命人备座，拉住桓范一道聊聊。

你看，不是郭皇太后的鸾驾也没有一道上高平陵吗？还有，皇上也劝司马懿、蒋济、高柔诸公留家好好静养……桓范摇头，表示自己不是为此事而来。

看来，爱管闲事的桓范是本性难移了。他此次到来，只为曹爽、曹羲两兄弟屡次一道出行而感到不安。他说："你们兄弟俩，一个总揽全国军政大权，一个统领禁军，负责京师警戒。所以，你们万万不可一道出城。万一有人关闭城门，把你们关在城外，怎么办？"

哦，原来如此！曹爽放心了，于是轻松地回答："谁敢尔邪！"除那老不死的家伙外，世间还有谁敢挑战本大将军？可惜，那司马懿早就痴呆得连家都不认得了。曹爽客套一阵，把桓范打发走了。其实桓范是看着老乡曹真的份上来提醒的。然而终究不是同代人，桓范在曹爽心目中没有多少分量。

这夜，曹爽怀着自信与骄傲上床安睡，等待着明天的潇洒之行。

然而另一边，有人彻夜不眠。他就是曾在夏侯玄手下当征蜀将军的司马昭。其实，司马昭一回洛阳就脱下铠甲换上便衣，辞了将军之职自降为"议郎"。"议郎"是什么？或许是民意代表，相当于如今的人大代表、政协委员。然而这夜，他被告知：必须甲胄在身随时待命！

这是重大军事行动前夜，是老爸与大哥司马师长期秘密的策划，直到这个太白袭月的夜晚，一丝消息也没让他提早知道。

接到任务的司马昭紧张得彻夜不眠。他忐忑不安，不知所措。

以下内容源自晋人写的追叙：

宣帝之将诛曹爽，深谋秘策，独与帝潜画，文帝弗之知也。将发夕乃告之，既而使人觇之，帝寝如常，而文帝不能安席。晨会兵司马门，镇静内外，置阵甚整。宣帝赞帝曰："此子竟可也。"

这是晋代人记述司马家族正月初五晚上的情况。这里的宣帝、帝、文帝分别指司马懿、司马师、司马昭。意思就是说，策划政变及屠杀曹爽的深谋秘策是司马懿与司马师父子两人搞的。太白袭月这夜才让司马昭知道。司马懿派人暗中观察两个儿子。发觉司马师不慌不忙，安睡整夜。而毫无思想准备的司马昭却紧张得整夜不眠。直到第二天凌晨，大儿司马师已经如期在司马门外将军队秘密集合完毕，军容"镇静内外，置阵甚整"。难怪司马懿内心甚为欣慰，禁不住称赞沉着、冷静的司马师是好样的。

司马门外的这支神秘部队从何而来？其实就是司马师任中护军以来秘密征集的三千地下军！这些人平时散在人间，就等今日一朝而集的机会。当这支地下军在洛阳城司马门外集合完毕，扬威耀武涌上洛阳大街时，人们吓了一跳。领军的是司马师与司马昭兄弟俩，当然少不了中护军石苞。或许这天，与司马师同为散骑侍郎的何曾就在其中。还有，经何晏举荐而入世的贾充也正以地下军身份集合于司马门，同样还有成倅、成济兄弟。

从这天开始，石苞、何曾、贾充以及成倅、成济兄弟都成为司马师、司马昭兄弟的得力助手。至于钟毓、钟会兄弟一直想出人头地，估计也匆忙地向司马家递交投名状。

司马师是利用中护军的职务之便进行贪污腐败吗？那只是井底之蛙不识司马公子的鲲鹏之志而已。中护军司马师不知费了多少心血，才秘密地为司马家族奠定了开国伟业！

就在这边磨刀霍霍，准备发动夺权政变之际，对面的曹爽、曹羲众兄弟拥着皇帝曹芳，带着队伍浩浩荡荡地出洛阳城门，向着远处的高平陵进发。

曹芳、曹爽一行一出城门，太傅司马懿就突然在洛阳城内现身。他精神焕发，红光满面，老年痴呆症、麻痹症等一扫而光。他第一时间是到永宁宫郭太后那边请到懿旨：罢免大将军曹爽、中领军曹羲、武卫将军曹训、散骑常侍曹彦一众四兄弟的官职，保留其侯爵贵族身份，让他们回家享福。这懿旨是司马懿与蒋济他们事先拟好的，郭太后早就知道内容了，于是她命人拿太后玺一盖就算生效了。

"爱卿，这事就这样定了？会不会有狐群狗党为他们讨说法？"太后想起何晏、丁谧那些人，内心就恨得痒痒的。

司马懿明白郭太后的那点小算盘。虽然此时杀机已暴露无遗，但他觉得还是把慈祥的笑容挂在脸上更好，杀人的念头绝对不能流露于语言文字中！而且他最明白，用词委婉点的诏书，更容易被文武官员接受，也更容易骗得对方的妥协。请得懿旨，阁老立即叩头谢恩，并保证今后永远效忠太后，不论大小事会永远请示汇报听从吩咐。这等于明白地暗示：今后您也不用那么辛苦地临朝听政，不论您说了什么，我就立即执行！那样还不好吗？

有了太后懿旨，司马懿就凭旨弄到印信符节，于是开始发号施令：

他首先布置兵马，占据武库武装三千地下军，并关闭洛阳城所有城门。

接着，司马懿让司徒高柔假借行大将军事，接管曹爽在洛阳城内的大营。他恭贺："今天，你就是当年力挽狂澜的周勃！"这顶高帽子戴得高柔十分舒畅！

司马懿还命令太仆王观代理中领军，接管曹羲的中领军大兵营。司马懿的弟弟司马孚配合司马师驻守本次政变的总指挥部司马门。次子司马昭率部分刚整编的地下军官团，接管皇宫与郭太后永宁宫的警卫。此时的郭太后还可能继续是高居司马懿头上的老佛爷吗？

司马懿本人决定与蒋济一道率军出洛阳城，在洛水河面的浮桥桥头扎营驻屯，切断曹芳、曹爽回洛阳的通道。

司马懿不愧是久经沙场的老帅，一切都安排得井然有序、百密而无一疏。或许是因为太完美，却几乎因得意而差点遭人射杀！原来，他与蒋济会合之前，居然在不加防卫的情况下，堂而皇之地从曹爽家门口经过。当时曹爽府内已经发觉司马懿要伸出毒手了。曹爽家将帐下督严世远远地见司马懿策马而来，就连忙登上箭楼，拉开弓弩想一箭射穿司马懿！曹府幕僚孙谦上前制止："事未可知。"严世三次瞄准锁定，三次都被孙谦拖住右手后肘不让发箭，因此司马懿活着通过了曹府门前，与蒋济顺利会面洛水浮桥。

虽然司马懿各项准备工作做得壁垒森严，但还有另一处出了纰漏：大司农桓范还是以奉诏的名义单骑冲出平昌门，向曹爽报信。蒋济为此略带遗憾地说："智囊往矣！"司马懿却回曰："无妨。爽与范内疏而智不及，驽马恋栈豆，必不能用也。"

周密的部署加上必要的冒险，做别人不敢做的事，那才是雄才大略！环顾三国及天下，唯司马懿而已！司马懿用这"驽马恋栈豆"譬喻曹爽、曹羲三兄弟恰如其分。他早就看透，曹家的那批纨绔子弟，此时几乎个个贪图家庭安逸而胸无大志。

桓范一见曹爽，就告诉洛阳城内发生剧变，并建议"奉天子幸许昌，移檄征天下兵"以平定司马懿策动的这场叛乱！绝不能作茧自缚任人宰割！

桓范说得对啊，天子到许都，调集天下军队勤王，天经地义；所需军粮辎重，由桓范负责！

然而，曹爽兄弟却担心留在城内的家小！他们也不愿意放弃安逸的生活而同司马懿缠斗下去。另外，司马懿使者陈泰等人已抢先到达，给曹爽洗脑。巧舌如簧的陈泰说尽甜言蜜语，并开出优厚的活命条件，这让曹爽三兄弟心动了。他们决定解除武装，回城过太平日子，当个顺民。曹爽也保证今后不过问朝政。他自信地告诉桓范："我亦不失作富家翁。"

失望至极的桓范流泪放声大哭："曹子丹佳人，生汝兄弟，犊耳！何图今日坐汝等族灭矣！"

桓范的话翻译为现代汉语即：曹真英雄一世，怎么生出你们兄弟二人，像猪和牛一样蠢笨。他哪里料到今天竟然因为你们被灭族。

桓范说得声嘶力竭，皇上曹芳也没有主意。但曹芳愿意以皇帝名义担保桓范的安全，让他跟着自己回洛阳。

当年，曹操心甘情愿接过董卓甩过来的"挟天子以令诸侯"的黑锅。他利用汉献帝为道具，苦心经营三十年，创建了魏朝的天下。在司马懿发动政变的时候，曹爽是朝廷大将军，与天子曹芳在一起。洛阳城外广大地区都是曹家的天下，全部军队归曹爽指挥，别说调动别的，征西大将军夏侯玄与右将军夏侯霸叔侄雄霸长安、陇西地带，度辽将军毌丘俭凯旋，正在转任镇南将军、扬州都督的途中。皇上一声召唤，这些军马随叫随到，曹爽什么也不缺，却贪生怕死、留恋荣华富贵、心无斗志，要把天子曹芳以及曹氏江山拱手交给司马家族蹂躏。曹爽目光短浅，欲保家小，却自投罗网，最终必导致自身与全族被灭。愚昧至极呀！

在这场隔岸较量中，司马懿在信心与毅力方面强了那么一点点。就凭这点，司马懿大胜，从而决定了曹魏走向灭亡的命运。

当然，当年曹叡解除曹家皇室权力的昏招，成就了今日司马懿父子的野心。

⊙

斩草除根

被撤职、被夺权的曹爽兄弟被封控在各自家里，禁止外出。司马懿还派兵搭高架瞭望他们屋内，看清各人的一举一动，但这不是目的。司马懿要的是斩草除根，铲除曹爽的团伙！矛头也不仅是针对曹爽，还要顺藤摸瓜，把曹爽跟前一帮掌实权的何晏、丁谧、邓飏、李胜、毕轨一锅端。但杀人就要捏造证据，司马懿决定从黄门张当下手，弄出证据与把柄来！

张当是曹爽安排去看守宫门的，既然朝廷迫使郭太后回永宁宫，张当就可能是忠实的执行者，也是郭太后永宁宫的监视人。郭太后当然也是把他视为心头之刺。高平陵事变那天，司马懿也是先让司马昭带兵换掉侍卫两宫的禁军，扣留张当之后，才去觐见郭太后。郭太后当然十分赞赏司马昭扣押张当并撤换禁军之举！

张当不是什么正人君子。利用黄门之职，他自然可以对想觐见皇上与太后的大臣敲竹杠捞红包，还可以向陪舞献唱的皇家文工团美女伸出"咸猪手"，别人对此是敢怒不敢言。而且还有证据表明，张当曾私下把皇家文工团的美人送到大将军府孝敬曹爽！凭这一条，就可以处张当凌迟大罪！司马懿当然不能放过他！但灭掉张当不是目的，定曹爽偷皇家文工团美人的罪，也不是最终目的。他要的不是杀一两个人，而是要破获一个以曹爽为首的"弑帝篡权"阴谋集团！然后将全部政敌斩尽杀绝！

他决定设专案组审判张当。那并非简单地为了定罪，而是要获得更多的口供，牵涉进更多的人。要达到此目的唯一手段是酷刑。重刑之下，必有口供，口供不论真假，只要找到自己最需要的就行。为了要口供，司马懿让曹爽手下参与审判并亲笔记录！

司马懿让何晏随同自己审问张当，并让何晏案后作复述记录。为此事，我们要补充一段历史记载："初，宣王使晏与治爽等狱。晏穷治党与，冀以获宥。宣王曰：'凡有八族。'晏疏丁、邓等七姓。宣王曰：'未也。'晏穷急，乃曰：'岂谓晏乎！'宣王曰：'是也。'乃收晏。"司马懿要彻底灭掉的八族就是：

曹、邓、丁、毕、李、桓、张，再加何晏的家族！

这段原文再清楚不过了：猫捉到活老鼠时，往往心情不错。在撕开战利品胸膛美餐一顿之前，往往会将吓得半生不死的老鼠再作弄一番。对付何晏，宣王司马懿就是那只把老鼠当美食的猫！他一开始就让何晏参与处理曹爽、张当叛乱的案子。最后出定案报告时，司马懿要何晏写出反叛分子名单。何晏只写出七族，但司马懿坚持是八族！硬是逼着何晏亲手把自己的名字作为第八族写上死亡簿！然后，司马懿让人依次点名，曹爽、曹羲、曹训、曹彦、何晏、邓飏、丁谧、毕轨、李胜、桓范、张当的名字，挨个砍头，夷其三族！

可见，那位由皇帝曹芳保回来的桓范也逃不过被杀头、夷三族的命运。不过，据说此事还戏外有戏：桓范有一位低级侍女偶怀身孕没被发觉，留着活命被官府拍卖了。婢女因此为桓范留下血脉。这一脉后来出了名人桓温、桓玄父子，终结了司马氏皇朝。不知此说纯属巧合，还是古人的杜撰。

曹爽死得窝囊。但要说曹爽也想造反，图谋皇上，这事显然没人会相信的。曹爽已经掌握朝中大权，皇上曹芳不过是个供他支配的傀儡，有必要除掉吗？况且，曹爽面临的威胁不是皇上，而是司马懿家族及心怀妒忌的其他官员。傀儡皇帝正是用来对付权臣的有力工具！说曹爽对司马懿有警备之心，那是事实；说曹爽在三月就要夺皇权，那是捏造。问题是，为何司马懿敢让人去捏造？关键就是先帝曹叡解除了曹家自己人在洛阳、许都、邺城等京畿要地的军权。如果京畿重地还有一支曹家军可以自行调动的话，司马懿显然不敢造次。

这个案子，最具讽刺意义的人莫过于京师玄学论坛坛主何晏了。他研究玄学，把世间形形色色的人物研究透了！却丝毫没看懂司马懿，看不清自己！倒是司马懿把何晏里里外外看得一清二楚。他操纵着何晏把同僚与同志全部列入死亡名单，然后再逼何晏添上自己的名字！被司马懿当作小丑戏耍一番之后，何晏可耻、可悲地就戮。

如果何晏有点理智、有点血性，有点前辈清流李膺、范滂从容赴死的气概，有后人谭嗣同横刀对天笑的豪情，哪能死得如此不堪？何晏也不想想，相对于曹爽，自己有哪点更值得司马懿宠信？司马懿恨曹爽三兄弟，因为他们是曹操的养孙！你何晏是谁？既是曹操的养子，又是女婿。司马懿饶不了曹爽兄弟，岂能容你何晏不死？

"不怕被贼偷，就怕贼惦记"，何晏正是被贼惦记的那一个。他与傅嘏本是志同道合的清谈群群友，不过最终彼此翻脸了。傅嘏后来改换门庭，投奔司马懿，何晏就被牢牢惦记上了。如果何晏早知道这点，本可以慷慨赴死，何必粉墨登场上演如此不堪的最后一幕戏？事实上，自司马懿关闭所有洛阳城门的那一刻开始，何晏就陷入极度的恐惧，恐惧又转成悲哀与愤慨。何晏回想起自己这一生的经历，提起笔，写下了最后的诗句：

鸿鹄比翼游，群飞戏太清。常恐夭网罗，忧祸一旦并。岂若集五湖，顺流唼浮萍。

逍遥放志意，何为怵惕惊？转蓬去其根，流飘从风移。芒芒四海涂，悠悠焉可弥？

愿为浮萍草，托身寄清池。且以乐今日，其后非所知。浮云翳百日，微风轻尘起。

正始年代的风流才子尚玄学、热衷清谈。除阮籍外，留有上品诗歌的不多。何晏也不是诗歌高手，但此诗还是恰如其分地表现了他当时的心境。对何晏来说，"常恐夭网罗，忧祸一旦并"已经成为事实了，可是他还天真地幻想司马懿会对他额外开恩，便心甘情愿地参加对张当的审判。最后还按司马懿的授意，把自己之外的其他七族写入反叛分子的名单。这很可悲，也很可耻。他与邓飏、丁谧被骂，看来也理所当然。

不过，司马氏政敌把何晏、邓飏、丁谧三人骂为"台中有三狗"，那骂腔有落井下石的味道。何晏、邓飏、丁谧这些人是司马家族夺权的牺牲品。他们在曹爽手下为尚书官的时候，或许有不少不光彩之处。但被杀、再被骂的主要原因是他们实施的改革忤逆了司马家族，他们是司马家族夺权篡政的绊脚石。这些人曾经是民间舆论的风云人物，是被民间誉为"四聪""八达"的"网红"。所以不是所有人都会骂他们，他们也不是一无是处。

何晏、邓飏、丁谧、李胜等人因失败而惨死，再往后声名狼藉。这事不能忘记他们原来清谈群的热心群友司马师与傅嘏。司马师是屠杀的操刀手。何晏、邓飏、丁谧、李胜等人生前死后，不断地遭脚踩。而出脚践踏者，恰就是这位及时转身、站到正确一边的才子傅嘏。

在正始初年，傅嘏也曾被曹爽聘为尚书郎，后来还迁为黄门侍郎。然而曹操的"假子"何晏却位列吏部尚书！面对位高权重的何晏，傅嘏心中醋意难消。于是他找中领军曹羲说："何平叔外静而内铦巧，好利，不念务本。吾恐必先惑子兄弟，仁人将远，而朝政废矣。"与傅嘏一道上门劝告曹羲的还有其从弟傅玄。傅嘏的意思是让曹羲转告他哥哥曹爽，不要被何晏的花言巧语所蒙骗，免得好人越走越远，以至于危害了朝廷。

何晏的确不是善茬，当他发现自己曾经的清谈群文友傅嘏在背后挑拨离间之后，就利用职权将傅嘏罢免了。碰了壁的傅嘏由此知道了曹爽、曹羲兄弟与何晏的内部关系。于是他决定果断、彻底地切断与何晏的关系，另谋出路。他重新追求的目标是出现空缺的太原太守！他放弃"洛漂"身份，不顾数百里路之遥，赶了过去，不料太原太守的肥缺落入他人之手！傅嘏聪明一世，这次却是拿头去碰壁。

傅嘏尴尬了，他发觉自己进退无路了。却没料到，有位贵人在高处注视着他。那人就是太傅司马懿！

司马懿原先是惦记上了曹操的这个"假子"何晏。从何晏身上，他看到了落魄的才子傅嘏。于是司马懿果断地伸出友谊之手，把傅嘏拉入自己的幕府出任从事中郎。这样一来，何晏鞭长莫及，奈何不了司马懿这把大保护伞，只好作罢。那年正是正始六年（公元245年）。

自正始六年起，傅嘏与浮华聊天群才子们的恩怨从此一刀两断。不管政治立场如何，历史事实都无法回避：何晏与傅嘏，就像夏侯玄与司马师，他们都曾属于正始名士。其真相不过是，司马师反叛了，傅嘏后悔了，只因为，正始名士这称号对他们来说，有百害而无一利！于是他们百倍努力地去洗掉自己的"四聪""八达"的历史真相！然而历史足迹是洗不掉的。

嘉平元年（公元249年）正月甲午这天"太白袭月"，发生高平陵事件。曾经的"浮华群友"被斩尽杀绝！傅嘏因此荣华富贵了，当上了原先李胜的那个洛阳令——首都的市长。这种局面当然令外人感到扑朔迷离。

傅嘏之所以能化灾难为富贵，是因为他得到了司马家族的青睐。对方给出的唯一条件是，傅嘏必须立场坚定地站在那些正始名士的对立面，宣告他自己一直以来的言论是正确的，并对原先那些辩友表示了极大的不屑与鄙视。此后，作为优胜方的傅大人屡出著作，精心地切割了以往与清谈群的瓜葛。而傅嘏之言，成了洛阳清谈群中唯一幸存者的声音，只不过全是诋毁其他群友之言。进入晋朝后，傅玄为给傅嘏立传写了《傅子》一书，补充记述了许多对夏侯玄、何晏、荀粲三人不同程度的鄙视，其实此时，上述三人早已成为司马家族的刀下鬼了。在这本书中，傅玄甚至否认了傅嘏曾是清谈群骨干的事实。

这反叛正始之音的《傅子》，为后世人定下了鄙视"正始之音"的调门。显然也正符合以晋代魏的历史发展进程。注意《傅子》这书名，对照一下《老子》《孔子》《孟子》，看来傅嘏在傅玄心目中已经无异于圣人了，这在魏晋时期相当罕见。

傅嘏、傅玄二人自从正始时期向曹爽、曹羲告密陷害何晏失败之后，就成了何晏的政敌！高平陵政变后，这对兄弟又都成了司马氏的死党。所以历代史家都有人怀疑《傅子》中部分不利于何晏、夏侯玄、邓飏的那些文字的真实性，认为是傅玄故意曲笔贬低他们，以烘托傅嘏的高明与伟大。

裴松之在《三国志·傅嘏传》中就引注《傅子》的文字，表示不足信。

其实，《傅子》中那些为傅嘏开脱之言却留下严重破绽：倘若傅嘏真的不是浮华集会成员，原本就不屑与清谈群友来往，轻视且拒绝他们。那么《傅子》中哪来许许多多针对夏侯玄、何晏、荀粲的批判记录？哪来那么多玄友间的辩论与对话发生在傅嘏身上？如果傅嘏没有与对方发生过辩论与对话，诸多轻蔑与鄙夷又是如何产生的？即使这样，我们并不质疑傅嘏的政治态度及其对功名的渴求。只要不故意说假话，他都是正当的。

尚书台的才子们纷纷被砍头灭族，剩下了年龄最小且官级最低的王弼。虽然他官做得小，而且与钟会的关系特别好，但依然被司马懿革出官门。此后一年不到，王弼在忧郁中死去。"京师聊天群""会友俱乐部"纷纷关门打烊，风光不再。由毌丘俭举荐充任大将军曹爽幕僚的地理学家裴秀也被撤职。不过因为他是著名的大族"河东裴氏"之后，随后又被起用，成为后来司马家族的开国重臣。最受重用的则是何曾，他接替被砍了头的毕轨，出任司隶校尉。

自从高平陵事变起，司马昭带领的地下军接手皇宫警卫事务，可怜的曹魏家族孤儿寡母全部被控制，直到灭亡。天下再也无人怜惜他们了。曹魏不就是靠僭越篡政上台的吗？大家都觉得那是一报还一报。

阁老归天

司马懿此时虽是行将入土却依然目光深远。他要剥夺夏侯玄的军权，更不能让他留在前线。于是一道调令解除夏侯玄征西将军、雍凉大都督的职务。此时夏侯玄的叔叔夏侯霸还是右将军兼讨蜀护军。他意识到危险逼近，于是决定投奔西蜀。上路前他劝说堂侄夏侯玄一起走。但夏侯玄说，他宁肯赴京领死也不肯苟存自客于寇虏！他太清高了，不容名声稍沾污点。他把征西将军的帅印与调兵的符节移交给凉州刺史郭淮，只身回到曾经熟悉如今却又陌生的洛阳。

这是经历了一场阴谋政变之后的洛阳，正始名士连同他们的亲朋党羽几乎一夜间死绝，京师曾经血流成河，如今却早已枯竭。与之俱逝的是正始这个年号，夏四月乙丑曹芳被迫改元嘉平。正始时代就这样结束了，恰似一场无情的狂风暴雨把正始风流扫荡得无影无踪。

洛阳，已不再是五年前的京师了。此处，早已不闻晚风玉笛，更无泛夜之笙歌。他找不回自己青年时代的酒意疏狂，没有欢乐，没有爱，只有无尽的寒意。几乎所有的亲人旧友都消失了，而所能见到的那些活着的面孔，比死去的一切更不堪入目。

司马懿没有进一步出手收拾夏侯玄及毌丘俭、诸葛诞，那绝非仁慈，而是时机未到，是这些人尚有人气，尚未被剥夺全部军权。司马懿知道，在自己的有生之年，要处理那么多的事的确来不及了，一切只能留给儿子们去完成了。

他即将面临死亡，却发觉还有一件更重要的事要亲手去做，那就是构建司马氏天下的框架。当年曹操一次又一次发招贤令笼络人才，在中原形成了以姓氏为标志的豪门大族结成的利益联合体——曹氏集团。凭曹氏集团的通力协作，曹操统一了中原，建立了魏朝。如今，以本司马与蒋济、高柔为首的"三驾马车"构成政变集团，杀了曹爽以及正始名士。虽取得曹氏集团CEO的地位，但要把曹氏集团更名为司马集团，容易吗？

然而，在夺得CEO大权之后，"三驾马车"就解构了。首先太尉蒋济死了，司马懿立即提名盟弟王凌接太尉之职。这事，有人不高兴了。他就是主导高平陵政变"三驾马车"之一的高柔。

高柔想不通：那天我奉太后懿旨，领大将军之职占领了曹爽大营。你司马懿激动地吹捧我高某是力挽狂澜的周勃！事成之后，我高柔看清你司马家族双眼盯上了大将军的职权，于是交权于你家。如今"三驾马车"三余其二，你怎么把我撇在一边？不问一声，就把太尉之职私相授受，给了你河东集团的盟弟王凌？须知，王凌与我兖冀派老帮主满宠有着不共戴天之仇！如今满宠虽死，兖冀派不是还有我高柔这个帮主？

心怀不满的高柔把现任兖州刺史杨康召到洛阳密谈。于是杨康揭露了一桩巨大阴谋：王凌图谋不轨，意欲改朝换代！这就是指王凌与其外甥、前兖州刺史令狐愚秘密策划拥立楚王曹彪推翻傀儡皇帝曹芳！这下，高柔抓住了河东司马集团的狐狸尾巴，现在就看司马懿如何表态。

司马懿面临严峻考验。然，高平陵政变的政治基础决不能被颠覆！于是，他下了狠心，出兵征讨自己最亲密的盟友王凌，并要杀其灭口！

司马懿亲率大军直逼寿春。同时先发安抚信件约谈王凌，并以身保证宽赦他！这是因为王凌是独霸一方的封疆大臣，况且已经在备兵造反，要杀他也真不容易。

王凌接到来信，知道自己可以不死，十分感激："生我者父母，活我者子也。"是啊，来信是白纸黑字的，绝对假不了！于是，"凌既蒙赦，加怙旧好，不复自疑，径乘小船自趣太傅"。

但在半路，司马懿又故意透露了本意：王凌必须死！

绝望的王凌向司马盟兄哀号："卿负我！"司马懿回答说："我宁负卿，不负国家。"

司马懿就这样收拾了老朋友王凌。高柔不由得内心一颤：司马懿果然毒辣！司徒高柔从此封口，闷声升官发财当老寿星去了。"三驾马车"就此解构了，三辆车全拉入司马家。

王凌死后不久司马懿也去世了。儿子司马师毫无悬念地接过老爸衣钵当了大将军，接管全国军政大权。考虑到后来又是司马昭接替司马师当大将军。一父二子三司马同朝掌权当大官，这就是所谓的"三马同槽"。

其实这年七月，有个身份高贵的年轻女人比司马懿更早地离开人间。她就是曹芳的第一任皇后甄氏，享年不过二十一岁。她的去世，宣告了曹魏后宫暗斗中，一位姓甄的女人再次败给另一位郭姓女人！曹芳皇帝也顶不住郭太后的压力另立张皇后。国丈张缉当上了光禄大夫。

中书令李丰的儿子李韬此前已被选为驸马，配娶魏明帝的齐长公主曹惠为妻，当上了皇帝曹芳的姐夫。这样一来李丰与张缉同是皇亲国戚又是同乡。老乡见老乡，两眼泪汪汪，渐渐地到了无话不谈的地步。李丰始终在司马懿与曹爽之间保留一定距离。高平陵事变中正始名士遭司马家族屠杀时，李丰得以幸免。李丰的朋友夏侯玄此时正在京师，不过被剥夺军权。

⊙

夏侯玄之殇

高平陵事变第二年，中书令孙资升骠骑将军，空出中书令的交椅。在司马师眼中，傅嘏是最适合的人选。但傅嘏在高平陵事变之际抢了李胜的洛阳令。这洛阳令对司马家族来说至关重要，不可放弃。于是有人举荐李丰，李丰没有把柄落在司马家族手中，司马师也找不出反对的理由。李丰顺利出任中书令，职务相当于副丞相。

不过，李丰对夏侯玄的尊重程度远高于司马师。这点，即使是长期出任州郡太守的国丈张缉也有同感。他们都十分钦佩夏侯玄的品格与能力，于是不约而同地产生一个念头：为人磊落且光明的夏侯玄比那阴险的司马师更适合当大将军。这种想法居然得到皇上曹芳的首肯。曹芳再傻也知道，自从曹爽等人被害后，自己过的是什么日子！让夏侯玄收回大权已别无选择！但他没有胆略下旨撤换司马师，只指望两个心腹筹划成功。

嘉平六年（公元254年）二月，朝廷要组织朝拜贵人活动。李丰、张缉商量决定，利用这次机会逮捕司马师！

不想消息还是泄密了。他们忽略了，五年前司马昭就操纵过宫廷警卫并安插过人员，其中不乏司马师的地下军官团成员。所以李丰一出宫廷，就被司马师强行拦住问话。两人唇枪舌剑一番交锋，李丰知道事情败露，于是正色怒斥："你们父子心怀奸邪，妄图倾覆社稷，只可惜我力不能及，不能将尔等诛灭！"司马师勃然大怒，当即用刀把上的铁环捶死了李丰，还把尸体送交廷尉钟毓。接着，他雷厉风行地逮捕了李韬、夏侯玄、张缉等人，全移交廷尉。

廷尉就相当于如今的最高人民法院院长。此时，正由钟毓担任。大将军与中书令发生斗殴，其中一方动用管控刀具将另一方杀死！人证物证俱全。这案子审办起来不难吧？可依然难倒了钟毓，也难倒了聪明伶俐的钟会！怎么判？没收大将军司马师的作案工具？传讯嫌疑杀人犯司马师？那等于是钟氏家族自找灭亡！这样就会导致不到三个时辰，不但钟毓、钟会人头落地，父亲钟繇坟墓被挖，而且他们的九族也会被夷灭，血流成河！兄弟俩一磋商：死者活该，加罪处治！然而，李丰本就是钟氏兄弟心目中的偶像，原先钟氏兄弟连上门巴结李丰都没机会。如今血肉模糊的李丰却被扔在自己主管的大狱中！想保命、想继续当官，就只能铁石心肠，把屠刀砍向倒霉的一方！钟毓负责审讯。他先审苏铄、乐敦、刘贤等人，却不料结果惊人：原来皇上、皇后都是涉案人！甚至，这根本不是什么谋反罪，分明是这些人奉旨锄奸，想诛杀国贼！

这对兄弟都是人世间最聪明的人物。于是，与"曹爽谋反案"一样，审判结果出来了：李丰诸人谋反，欲诛杀大将军！阴谋得逞后，推夏侯玄为大将军，张缉为骠骑将军。李丰大逆不道！

长期以来，钟毓、钟会都是夏侯玄的忠实粉丝，能在路上偶尔见一面都视为无上荣誉。然而，钟会却始终不入夏侯玄的法眼。如今司马师指示廷尉钟毓办案，夏侯玄成了他们的阶下囚，这是一种怎样的心情？即使在这样的场合，钟会依然不顾一切，要在法庭上拜把结交认夏侯玄为大哥，遭夏侯玄当场拒绝。此事不成，钟会又拿出自己的《乐毅论》文稿，请夏侯玄替自己辩证。然而夏侯玄还是不置一顾。于是钟氏兄弟一本正经，要公事公办，一个通宵加一个白天不让夏侯玄睡觉以逼供，但夏侯玄就是不开口！

钟氏兄弟难堪了，夏侯玄是铁汉子，想要他违心认罪写供状，绝无可能。如果上大刑逼供，钟毓、钟会又担心自己将遗臭万年。于是，钟毓亲自动手连夜代夏侯玄写了一份供词，"流涕以示玄，玄视，额之而已"。

拿到这一纸审判结果，司马师下令在狱中弄死张缉，然后下令斩李韬、夏侯玄、苏铄、乐敦、李贤等人，并诛灭他们的三族，其余的亲属迁到乐浪郡。

在夏侯玄生命的最后一刻，史书《三国志·魏志·诸夏侯曹传》为他留下了鲜亮的记录：

"玄格量弘济，临斩东市，颜色不变，举动自若……"

夏侯玄临刑之前，据说司马昭曾经流着泪请司马师放过夏侯玄。他在夏侯玄帐前当征蜀将军时，得到了不少的栽培与关照，从而十分佩服这位上司。其实，司马师年轻时不也长期跟着夏侯玄混世面吗？倘若夏侯玄不把中护军的职务让给自己，自己哪有机会当上大将军？问题是，司马师狠心地毒杀了爱妻夏侯徽，为掩盖卑鄙的杀人动机，反而将整个夏侯家族看成死敌。

司马师提醒兄弟："你忘了赵司空的葬礼吗？"

司空赵俨死于正始六年，送葬会"宾客百数，玄时后至，众宾客咸越席而迎"。

这赵司空就是赵俨，早在建安二年就投奔曹操，一生功绩不小。正始六年他死在司空的位子上，满朝文武都来送葬，宾客共有一百多人。那年司马懿还没装病，现场当然少不了他家父子。夏侯玄来得稍晚，席间宾客悉数起身迎接！很明显，这夏侯玄的声望居然盖住了司马懿一家！这事不能不令司马师耿耿于怀！不杀此夏侯玄，就没有司马家翻身之日。这杀人的理由也居然能从司马师口中讲出来。

司马师杀了李丰的儿子李韬。曹芳眼看姐姐齐长公主成了寡妇，外甥失去父亲，却只能忍住心痛不敢吱声。后来，齐长公主改嫁给任恺。李丰的女儿李婉被司马师充军流放到乐浪郡一待就是十几年！乐浪郡在朝鲜，是毌丘俭此前所收复国土的一部分，因属于高寒地区，成为魏晋时代流放犯人的地方。李婉丈夫是贾逵的儿子贾充。贾充此前秘密投靠司马师，充当司马家族地下军的成员，在高平陵事变中成为司马家族的有功之臣。为开脱贾充与李婉的关系，司马师让贾充一纸休了李婉，政治前途一概不受影响。因此贾充更对司马家族感恩戴德。当时，司马懿盟友郭淮新任车骑将军。郭淮把侄女郭槐嫁给贾充，当了李婉两个女儿的后妈。

大将军司马师滥用生杀大权，杀死朝廷肱骨大臣李丰、李韬、夏侯玄、张缉。皇帝曹芳威风扫地！司马家族迅速膨胀，司马昭也被提拔为征吴大都督。

这年九月，曹芳因不甘心李丰、夏侯玄被杀，准备再次向司马家族采取行动时，司马师抢先一步利用郭太后废除曹芳，改立十三岁的高贵乡公曹髦为帝，年号正元。这是曹魏第一次由女人主持了废立大事。然而司马师一系列屠杀以及废帝立新主的事，激起了淮南军政大员毌丘俭与扬州刺史文钦的抗议！他们联络诸葛诞以及邓艾共同举事，欲推翻司马家族。然而这次毌丘俭与文钦失算了：诸葛诞与邓艾出卖了他们，向司马家族告了密！

毌丘俭与文钦遭到司马师、石苞、胡遵、邓艾与诸葛诞的围攻。文钦、文鸯父子长驱直入乐嘉城却深陷包围圈，不过就在乐嘉城下，文钦、文鸯父子恰与司马师狭路相逢。文鸯凶悍无比，不因陷入包围而匆忙撤退，反而是"狮子大甩头"，冲进司马师的帅营要拼命。在势不可当的冲击面前，司马师部被迫用辎重围住帅帐周围以阻挡。整夜，在文鸯的叫骂声中司马师作声不得，终因惊吓过度导致眼球突出眼眶。天亮，文钦、文鸯才从容退向扬州。最后因毌丘俭死亡，文钦率部投降东吴。此战打得司马师胆战心惊。自料性命不保，他逃回许昌向司马昭交出大将军印后就一命呜呼。

据说，远在山阳的嵇康闻知毌丘俭与文钦兵败消息之后，十分感慨。悲愤之余他谱成《广陵散》一曲，在隐居的竹林边终日弹唱。他不想让人猜出自己的心迹，就说该曲源于竹林中偶遇的高人秘密传授。扬州又称广陵，文钦就是扬州刺史，寿春的毌丘俭又被称扬州都督。所以《广陵散》被认为是嵇康内心的一曲悲歌！然而，当今有些名家出面纠正：《广陵散》寓意是春秋战国的聂政刺杀侠累，跟曹家、司马家恩怨无关。也的确，魏晋名士十分崇拜荆轲、聂政。嵇康也可能出于崇拜古人而不愿介入曹马之争，至于使用广陵的曲调名，纯属偶然，与淮南兵变胜败无关。

随后，生死簿上的死亡指针对准最后的目标：浮华才子"八达"之首诸葛诞。此前，他既出卖毌丘俭与文钦又参与镇压，而如今屠刀正轮到自己头上。迫不得已，他发动兵变抵抗司马家族。

然而已经没有机会了。紧急时刻诸葛诞还借故杀了东吴派来支援自己的文钦，导致文鸯投降司马昭。最后，胡奋斩杀诸葛诞及其麾下数百人。诸葛诞与夏侯玄、何晏一样被杀头并夷三族。但诸葛诞没有断后，他的一个儿子诸葛靓曾作为人质抵押在东吴。这小诸葛得到重用，官拜东吴大司马。司马昭收复寿春后，石苞升任镇东将军。邓艾为征西将军都督陇右诸军事。他们都成了司马昭的得力军事干将。

到此，除了与"浮华"一刀两断而坚定地站在司马家族一边的傅嘏外，当年浮华案的"四聪""八达"被斩尽杀绝。血雨腥风扫荡了中原大地，司马氏家族繁衍壮大。

在一片萧瑟中，有几个正始之音的残余分子时隐时现地出没于山阳云台山的竹林中，那里延续着一道小气候：竹林清风。

4. 竹林清风

河内郡的山阳云台山竹林中，聚集着一群失意的文人。他们隐居此处或打铁浇园，或饮酒论道，或抚琴放歌。核心成员总共七个，他们被世人誉为"竹林七贤"。

⊙

琵琶阮咸

阮瑀是曹操幕僚，任军谋祭酒，掌典记室。他在建安十年（公元205年）去世时，留下二子一女：阮熙、阮籍以及阮籍姐姐阮氏。阮咸是阮瑀的儿子。

阮瑀一死，长子阮熙袭阮瑀的封爵，子承父业挂了一项丞相府的差事养家糊口，照料母亲弟妹。时间一长，阮熙迫于生计不得不接受外放为官的现实，离家出任武都太守，把弟妹与家庭留在城内。洛阳城内的一小街两边都住着阮姓人家。阮籍与侄儿阮咸居住在路南，其他阮姓人住在路北。住在路北的阮姓人都很富有，住在路南的阮籍、阮咸都很贫穷。七月七日，路北的阮姓人晒家底炫富，都是绫罗绸缎。阮咸就用竹竿在庭院中挂了一条粗布做的牛鼻形状的裤子。路人沿街观赏这免费的七七赛富展览，见了太守门庭晒出的这条粗俗的裤子，感到十分奇怪，于是驻足观看。阮咸解释说："我没能免除世俗的习惯，姑且再这样应付一回罢了！"成语"南阮北阮"是指南北街坊处处都是阮姓人家。而"未能免俗"的典故就是说穷困的阮咸照样按七七习俗，晒出粗布裤子给众人观赏。从这个角度也可看出，阮籍、阮咸虽作为"官二代""官三代"，也没过上奢华的日子，但他们都得到良好的教育。这当中，阮熙起了桥梁作用，他至少把阮瑀的文化基因、音乐细胞传递下去了。

阮籍是阮熙的小弟，从小好老子、庄子，还嗜酒能啸善弹琴，得意之际忽忘形骸。第三代阮咸更是痴迷音乐、好老庄更好酒，程度甚至超过叔叔阮籍，"以任放为达，至于醉狂裸体，不以为非"。

　　但此时这叔侄好老庄只是一种追求风尚，看老庄之说为消遣，他们本质上还是标准的孔孟卫道士。只是后来结交嵇康等"竹林七贤"为友之后，思想上才有脱胎换骨的变化。当然，即使这样，他们也完全与温文尔雅、风度翩翩的阮瑀大不一样！街坊邻居一度看不惯阮籍叔侄的表现，多有微词。街北的阮武是阮籍的族兄，他的儿子看到阮籍就喊"痴叔"，但阮武却叹服阮籍！他告诉众人，阮籍远远胜过自己。时间一长，众人发觉阮武说得有道理，这阮家叔侄的确不一般，"由是咸共称异"。

　　阮家叔侄诗文水平之高暂且不论，先说音乐吧，阮籍、阮咸都精通音律！阮籍尤其善琴，还善于边弹边唱、仰天长啸，外人闻着无不感慨怅然！阮咸则善弹琵琶。虽然阮咸善于乐器演奏，但平时不和外人交往，而只与亲人、朋友一道高歌酣宴。为区分阮籍、阮咸这对叔侄，朋友常以大阮、小阮来称呼他们。

　　琵琶可能先在草原上流行起来。由阮咸好琵琶的事，有人猜想到他与草原民族鲜卑人有来往。于是世间就流传了阮咸骑驴追婢的一则风流故事。

　　前文说的阮瑀的女儿阮氏，当然就是阮籍的姐姐、阮咸的姑妈。因阮熙在外为官，阮咸母亲留阮氏相邻而居，姑嫂为伴。姑妈家有一婢女是鲜卑姑娘，或许当年也有家政公司为小姐、太太们提供廉价的鲜卑小保姆。阮咸爱上了这位小姑娘。不料，没相处多久，阮咸的母亲却死了。办完丧事，阮咸的姑妈要搬迁远处。起初，姑妈答应把这位婢女留给阮咸。但出发时，还是带走了。或许姑妈担心，留下的婢女会因得不到名分而受委屈。此时，阮咸正在为母亲守丧。听说姑妈带走自己心爱的姑娘，便发急，不等脱下孝服就借了客人的驴子，上演了一场骑驴追美的感人剧目！后来结果是大家所期望的：这一男一女，一前一后地骑同一头驴回来了。

　　有人怀疑阮咸此举有失孝道，但阮咸说："传宗接代的人不能失去啊！"不孝有三，无后为大！阮咸追回爱情，承续家族香火，怎能斥为不孝？

　　这位婢女后来果然为阮咸生下儿子阮孚。阮孚在东晋时期任吏部尚书，被赐爵南安县侯，成了著名的"兖州八伯"之一。"骑驴追婢"的故事或许真实性挺高，因为阮咸留下的《与姑书》可作为间接佐证。

讲这"骑驴追婢"的成语故事，或许隐含着阮咸爱屋及乌，因爱鲜卑女而爱琵琶，经他演奏实践、发扬光大，琵琶从而成为中华民乐艺术宝库中的一朵奇葩！

奇童王戎

正始年间，蒋济还任中护军时，听到阮籍的声名，就决定征辟在外游荡江湖的他。阮籍虽不情愿，但迫于家族的意见，他去点了卯，挂了个空衔，内心并不高兴。不过，对面的曹爽看出苗头，他拉阮籍到自己的大将军府充当幕僚，后来甚至给出参军的要职。然而曹爽这种选边争夺人心的行为令阮籍不自在而坚辞不就。最后阮籍在曹爽控制的尚书台前当个尚书郎了事。尚书郎相当于编制内的普通科员吧，上班时就在尚书台点个卯，然后居家办公。这里，阮籍遇到了同为尚书郎的琅琊王浑。此人是凉州刺史王雄之子，正是阮籍的同僚。

曹魏时期，尚书郎数量不少，当时也没有一张报纸一杯茶水的招待，长官布置作业停当，郎官便各走自己的路，可以回家办公！好客的阮籍邀琅琊王浑上自己家喝酒，王浑也请阮籍上自己家玩。可不料王浑十五岁的儿子王戎却让阮籍着了迷。以致阮籍以后每次到王浑家，对王浑寒暄几句后之后，就径自与他儿子王戎聊开了。有时这一长一少还要争论。一争起来，你一言我一语地辩个没完。俩人相差二十多岁却没长没少的：王戎不把阮籍当长辈，阮籍也有点为长不尊。

这把琅琊王浑弄糊涂了，莫名其妙地看着他们。阮籍辩论完与王戎分手说声：睿冲再见！他回头看王浑一脸迷惑，就笑了："你们家睿冲清朗不俗，与你大不一样！跟你说话，还真不如去找阿戎呢！哈哈哈……"阮籍说完扬长而去。王浑望着阮籍，不知说点什么才好，只得无奈地摇摇头："好你个阮嗣宗，你这是由性，还是痴啊？！"其实琅琊王浑不是寻常人物，不久后就当上凉州刺史，成了封疆大臣。

不像嵇康、阮籍、阮咸有外貌与身材的优势，王戎自十五岁之后身高就保持在身高一米六几，这不能不说是他的劣势。然而他因自幼就以目光炯炯、神采秀美而被赞扬，后来又以聪明伶俐、勇敢沉着引人注目。对于他的一生来说，这"先入为主"效应，盖住了他的诸多缺点。

裴徽的儿子裴楷因老爸的名气，被众人公认为名士。裴楷一见到小王戎亮晶晶的大眼睛，就向人称赞说："（王）戎眼烂烂，如岩下电。"这词汇对人眼的描述真够神了。

少年王戎有两次不寻常的表现被史官记录在案。从而大家深信不疑：这是个非凡的孩子。

第一件事：王戎曾与同伴在路边玩耍。玩伴们发现一棵李树结满李子，于是纷纷争相采摘。只有王戎不动声色。边上的大人问他为何不也去摘几颗？王戎回答说："树在道旁而多果实，果实必定是苦涩的！"众人尝试之后，果然如此。

第二件事就更是不凡，那是王戎六七岁时的事。那天，他独自一人在宣武场看表演。据说，魏明帝时期天下太平，征辽战争大胜，不知指挥官是司马懿还是毌丘俭。反正有人从朝鲜乐浪郡弄来一只猛虎，献给皇上。为显我皇赫赫天威，展现文治武功的卓越成就，曹叡让人把猛虎关进铁栅槛，放到宣武场供百姓瞻仰。突然，畜生在栅槛中一声咆哮，吓得众人屁滚尿流、逃跑不迭。此时唯独王戎神情自若、站立不动。正在高阁上观赏的魏明帝曹叡见到如此场景，禁不住连声称赞王戎是奇童。圣口一开，天下扬名！就这样，一个天资聪明、伶俐机灵、从小就勇敢坚定、气度不凡的王戎成了一颗童星！

与阮籍言谈中，阮籍发现王戎诸多过人之处并特别欣赏。同样王戎也对阮籍直爽通透、为人诚恳真实而由衷的钦佩。当然，王戎也有不少负面的故事，比如小气吝啬等等，但大众往往当作笑料谈谈，而无恶意。阮籍同样不以为然。

·

嵇康隐居

阮籍与嵇康在洛阳之际，也参与玄学清谈。但嵇康不尚儒学，阮籍则以儒学为本，他们与王弼的交集不多，共同语言也少。然而嵇康与阮籍从各自的特长出发，互相取长补短，他们打出了"越名教尚自然"的旗号，设论坛开讲，他们与何晏、王弼之间有了根本性的差异。这也意味着，阮籍对老庄之说有了深入的研究，而嵇康反过来开始重视孔孟经典。嵇康与阮籍在洛阳城内的声望也日趋提高，于是引起追星族的注意，特别是风流小哥钟会开始对嵇康紧追不舍。《世说新语·文学第四》里记载：钟会想与嵇康结交，就花许多时间写就一篇论述才性同异的《四本论》，想以此求见嵇康。但是，他走到嵇康家门外时，却担心人家看不上自己，自卑地辗转犹豫多时还不敢去敲门。最后，竟"于户外遥掷，便回怠走"。事后不久，嵇康就带着公主离开洛阳了，钟会也就没有机会见到他了。

嵇康原本是在河内山阳的竹林中以打铁为生的，他这次就决定回竹林定居。这竹林当然与世间后来流传的"竹林七贤"有关。如今，知道"竹林七贤"这个称呼的人不少，但何处是七贤曾逍遥过的竹林？估计能答清楚的人不多。

历史记载表明，那竹林在河南北部的山阳！是今河南省与山西、河北接壤处。也就是说，在黄河以北！这结论几乎超出我们想象的极限：你看看，山东的泰山在黄河以南又更邻近大海，你能找出成片竹林？然而事实就是这样，当年七贤们逍遥自在的竹林恰就在黄河北岸的山阳县。顾名思义，山阳乃山之阳坡也，是太行山南面最向太阳的地方。高大厚重的太行山阻挡了冬季从北面刮来的寒气，中条山又阻挡了西部干燥的烈风，于是在山阳县向南的山谷中形成相对温湿的小气候，适合竹林生长。这让我们这些外行人开了眼界！现在的问题是，嵇康本是谯郡铚县人，他如何在山阳落脚？如何与竹林有关？又如何精于打铁？

自黄初元年曹丕逼汉献帝刘协让出政权后，废帝刘协改封享万户的山阳公。公爵当然高于万户侯，他的采邑超过万户。万户是什么概念？古代的习俗是这样的，只要父亲健在，其下儿孙不得分家立户，所以当年每户的平均人口往往不少于七八口。一个采邑万户的大庄园主，就拥有七八万为他服务的人口。三国时期，中国人口稀缺，曹魏全国也不过区区数百万户！东吴为侵占淮南多次发动战争，也往往是抢了人口就回去。所以刘协的封地山阳是个人口众多的大县。

卸位后，刘协、曹节夫妇移居此处提壶济世，收集百药救助平民。既然山阳的竹林是稀罕的自然资源，山阳公刘协自然视为家产，不会让其他人进去，除非你是世外高人。据说，那时只有号为世外高人的孙登与王烈，才得到特许入山进林修炼、采药。当然，神仙难入史书，我们只关心常人"竹林七贤"的嵇康，而不讨论仙人。

嵇康本非高人，一开始他如何进入竹林，如何又能以打铁为业？这是个难于理解的问题。历史资料表明，嵇康父亲嵇昭当过治书侍御史，只是英年早逝，早早就撒手人寰，留下未成年的嵇康与他的哥哥嵇喜。从这点看，嵇康与阮籍的命运十分相似。嵇喜十分艰难地拉扯着兄弟长大！好不容易，嵇康到了弱冠之年，嵇喜成功地被举为秀才要入仕了。于是嵇喜企图拔苗助长，逼兄弟嵇康也出面求取功名。这遭到嵇康的反对！愤怒的嵇康离家出走，盲目地跑到山阳。他一到山阳因人生地疏陷入困境。这里，我们想到了《水浒传》柴进大官人收容林冲、武松与宋江的故事。山阳恰有一位大善人山阳公爵。只是此时，庄主刘协已经去世，主管的是公爵夫人曹节。我们姑且假设，公爵夫人曹节注意到外来的流浪者嵇康，于是这位陷入窘境的年轻人被收留为庄客。年轻、高大、富有精力的嵇康不肯白吃白住，于是自愿帮助干点活。正好前汉室皇家的老铁匠气力不加，需要帮手，嵇康就去给他当助手。

战争年代，铁匠往往被各路军阀垄断起来制造刀枪箭矢等杀人武器。下台皇帝、山阳庄主刘协不敢拥有自己的铁匠队伍，但他拥有天子级别的仪仗车队，而车辆维护更新必须有铁匠，这才留着那位不肯离开前皇家的老铁匠开炉打铁。这样既方便维护车架、车轴等易损件，也可为公爵家庭打制宝剑等私人佩具。为避免人为渲染而惹事端，铁匠铺开设在偏僻的山谷。这就是如今大家还能看到的嵇康锻灶、嵇康淬剑池等遗址。没多久，有文化的嵇康就接手老铁匠的全部营生。这里的山泉水，既可以为宝剑淬火以保证锋利，也可以用来为菜地浇水灌溉，还可用来洗澡。《晋书》说："康居贫，尝与向秀共锻于大树之下，以自赡给。"这话表明：在那段日子里，嵇康一直保持着清贫且自在的日子，还结识了河内向秀。嵇康初交向秀之后，又盼到同郡的山涛与陈留阮籍的来访，后来还有风流倜傥的吕巽、吕安兄弟也来此相会。

向秀比嵇康还要年轻，那时很可能也就二十岁。不过，年岁小可并没有影响他的成就。他喜谈老庄之学，此时已开始着手注《庄子》。他知道，王弼在二十岁时就已经发表《老子注》。他不甘落后于任何人！知道嵇康学识渊博，于是他就在嵇康这儿住了下来，还有好友吕安也常来。三个人有时种菜浇园，有时一道打铁，虽然清贫，但很自足，幸福指数相当高。如果说，吕安是嵇康亲密的生活私交，那向秀就是嵇康最欣赏的学友了。向秀跟嵇康争论起学术问题来，那可是啥也不管的。虽不至于每次都面红耳赤，但也是毫不相让。嵇康的《养生论》，就是在不断地与向秀的争鸣中升华出来的。

青眼白眼

正始年间，山涛与阮籍来访后，嵇康就随同阮籍离开竹林到洛阳去了。在洛阳，嵇康成了明星，命运发生了重大变化。

等到嵇康再次回竹林时，他已经迎娶了曹林的千金长乐亭主。嵇康娶妻为何不回老家谯郡拜会故乡的亲友父老而回竹林？我们可以从公爵夫人曹节与长乐亭主之间的关系去猜测。

不管曹丕当初逼宫而令刘协、曹节夫妇如何难堪，也不管曹节当初还发了"天不祚尔"的狠咒，如今岁月已逝，曹魏家族留下的好日子已经不多了。况且，在曹丕当政的日子里，其他曹氏兄弟的处境也不见得比曹节强多少。此时，山阳公刘协已去世，公爵夫人曹节难免晚年孤单。而长乐亭主作为曹家的后代，毕竟是一家骨肉亲。嵇康夫妻之所以从洛阳迁往竹林，肯定有公爵夫人的一番打算。嵇康安置新家总要泥水匠、装修工来打点清理吧！别忘了，山阳是山阳公的封地，山阳县民全是曹节的庄客！一草一木都是公爵夫人的。

嵇康最密切的朋友当然是阮籍、向秀与吕安。向秀对人感情深执不露于表，而阮籍与吕安却是爱憎分明，哪怕是一点点不愉快，也总挂在脸上。甚至就是对嵇喜、嵇康这对亲兄弟，他们也有两副面孔，因为嵇喜曾逼嵇康入仕而导致嵇康流落山阳当铁匠。因那么一点事，阮籍与吕安一直瞧不起嵇喜。

阮籍的母亲去世了，嵇康的哥哥嵇喜带着厚礼前去吊唁。阮籍觉得嵇喜不顺眼，竟不开口答谢，而以白眼相加。弄得嵇喜好不尴尬，只好回去。恰嵇喜前脚走，嵇康随后就携酒挟琴而来。阮籍大喜，乌亮亮的双眼都瞪圆了，满眼青亮。青眼看朋友，就是"青睐"这词的源头。嵇喜和嵇康同是兄弟，阮籍一人瞪以白眼，一人还以青眼，爱憎分明。

同样吕安也对嵇喜不满。一次，嵇康不在家，恰逢吕安来访。嵇喜主动开门客客气气地招呼吕安进屋。吕安不肯，只在门上写了一个很大的"鳳"字就走了。嵇喜心想鳳是吉祥之物，以为受到客人的恭维，就很高兴。弟弟嵇康回来，看到这鳳字，于是脱口而出：凡鸟！原来吕安在讽刺嵇喜庸俗，是只凡鸟。经常如此，嵇喜也习惯了。

⊙ "竹林七贤"

荆州刺史李胜深信司马懿得了不可逆转的老年痴呆症，山涛认为此事蹊跷，从而感到恐惧。于是他第一个扔了官符印信，跑回竹林找嵇康。接着来的是阮籍。当然阮籍这次回来，可不只是他一个人了。那位从小就哭着喊着要跟他一起混的侄儿阮咸，还有最新结识的小朋友王戎。而且，竹林里还多出一位神秘的酒仙刘伶。他比阮籍早一步到达。刘伶本就与向秀、山涛熟悉，嵇康一直闻其名而不识其人。而这次，嵇康为迎客而外出采购新酒时恰遇到了他。要买好酒必须要有最识货的、最懂得酒的人，那当然莫过于刘伶了！于是嵇康邀请刘伶到竹林来认识更多的朋友。

这样，这次竹林会凑齐了七人。他们是：嵇康、阮籍、山涛、向秀、阮咸、刘伶、王戎。这七人后来就被称为"竹林七贤"。事实上，到竹林来相聚、清谈、喝酒、弹琴拨弦演奏的人远不止这些。就是说，竹林的朋友圈要更大更多。说是七人，可能是各人朋友圈不同，但都有交集的就是这七人。当然，也可能晋人整理这段历史时，就取了这七人为代表。换句话说，嵇康的竹林之家是一个完全开放的休闲俱乐部。嵇康作为俱乐部的东道主，免费给大家提供餐饮、住宿、娱乐。主人如此随性，客人如此简单，因此竹林的空气，总是那么清玄高妙，仙气十足。但这次七人会，仙气中加进了浓烈的酒气，这是因为有刘伶加盟。酒仙刘伶来到了竹林，他的目的很简单——就是来喝酒！他整天披头散发，衣衫不整，就是酒碗不离手。他完全不当回事，别人也没觉得有什么。难得的是他发觉这里没有规矩，而且还轻松地找到酒友阮籍、阮咸与王戎。他满意极了。刘伶的正经事就是喝！坐着喝，躺着喝，喝完了就酣然大睡旁若无人。嵇康虽然平时也"不加藻饰"，但和这位新客人坐到一块儿，那美丑还真是对比鲜明。然而刘伶眼里根本就没有身边的酒友。嵇康看着微笑了。如果，人间最珍贵的是"真性情"的话，那刘伶对酒的这一番真情，不能不令人佩服；如果，一个人的世界里只剩下了酒。那么，这酒就是信仰，就是道。刘伶是有"道"的，道就在酒中。这显示在刘伶的《酒德颂》中。嵇康开篇阅读，不禁拍案叫绝！《酒德颂》曰：

有大人先生，以天地为一朝，以万期为须臾，日月为扃牖，八荒为庭衢。行无辙迹，居无室庐，幕天席地，纵意所如。止则操卮执觚，动则挈榼提壶，唯酒是务，焉知其余？

有贵介公子，缙绅处士，闻吾风声，议其所以。乃奋袂攘襟，怒目切齿，陈说礼法，是非锋起。先生于是方捧罂承槽、衔杯漱醪；奋髯踑踞，枕麴藉糟；无思无虑，其乐陶陶。兀然而醉，豁尔而醒；静听不闻雷霆之声，熟视不睹泰山之形，不觉寒暑之切肌，利欲之感情。俯观万物，扰扰焉，如江汉之载浮萍；二豪侍侧焉，如蜾蠃之与螟蛉。

难怪千年之后，人们依然拜刘伶为酒仙！以他的名义吆喝卖酒，个个挣得金银满仓！

刘伶的到来，真正开启了竹林的豪饮之风。以至于后人一说起"竹林七贤"，就会想到酒，酒是竹林聚会的最大特色。就像琵琶代称阮咸，酒的代名词就是刘伶！

嵇康、山涛和向秀这三位也爱喝酒，但自始至终不像刘伶那么好酒。他们虽然也常和大家一起酣饮，但都是属于很正常的范畴。寻常百姓家逢喜事均喝酒助兴，何况是这些浪漫的竹林高人！

山涛虽然有酒量还是非常节制的，从不会喝醉。后来他当大官时，甚至是皇帝让他喝，他也只喝到自己的量，然后就说啥也不喝了。真正与刘伶结成酒党的是阮籍，还有阮咸、王戎这两个小字辈的酒客。

竹林除了酒香，更有音乐之声。

阮籍好琴，嵇康也好琴。琴友相聚，难免琴声缭绕。时有《嵇康五弄》《广陵散》的乐声从竹林中传出。《广陵散》是否与毌丘俭、文钦遭司马师镇压失败有关，我们无法推断。反正竹林会纯属是朋友间弦歌一堂，与朝政无关。随着阮咸这次到来，竹林之声又多了琵琶。琵琶随着阮咸，阮咸就是琵琶！

但竹林不仅仅是酒吧间，也不只是嬉皮士的露天音乐会场，这竹林还是当年新的清谈中心。清谈什么？老庄、玄学，还有天南地北、人间百态！竹林就是如今微信聊天群的古典版本！就在竹林盛会进行之时，浮华才子、正始名士纷纷被砍头，遭禁锢。这个貌似是天之涯、海之角的竹林却依然谈笑风生！人们羡慕他们、佩服他们，渐渐地把"竹林七贤"的桂冠留给了他们。

从此，竹林时时邀请朋友聚会。每次聚会，给朋友，也给嵇康带来欢乐。朋友们来时，他就任由他们在竹林里嬉闹娱乐。看到天翻地覆的热闹，嵇康情不自禁，有时也上前去乐一把。朋友们走了，他就一边和向秀打铁浇园，一边继续探讨他们的老庄哲理，依然过他清贫的日子。长乐亭主给他生了女儿，最近又给他添了儿子。无论嵇康到底看重不看重下一代，但儿女的哭闹声，让他的生活加浓了欢乐的色彩。

盛宴不能永久，人们总归要离开竹林。有些人要回到京师，那些回去的人看到了一个血腥的洛阳城。浮华才子、正始名士们此时正纷纷人头落地！

那些才子名士肤浅、浮躁、急于求成却力不从心。他们的失败是注定的，流血牺牲是不可避免的。说实在的，所谓"竹林七贤"，并不比浮华才子、正始名士们高尚到哪儿去。他们无非是一批逃避现实的文人。他们躲进竹林，不过是喝酒、弹琴、讨论老庄玄学而已，哪有什么正能量可言！甚至是一点正能量都难以寻觅。那些与酒鬼的酒后胡言，与披头士歌手即兴的露天演出，与口无遮拦的茶座清谈又有什么两样？他们不过是一批即兴表演的人，何功何德被人戴以七贤的桂冠？那无非是出自愚民的一股逆反心理，因厌恶高平陵事变之后血腥的气氛、因烦腻了没有自由的枯燥与单调。后世把这批桀骜不驯的人捧成贤士高人，只是用来讽刺、影射掌权的司马当局。

嵇康与阮籍等七人完全没料到，因逃避现实，躲进竹林喝酒、抚琴、清谈，会成为贤人；更没有想到，如此"躲进竹林成一统"也会招惹是非，也将面临血光之灾！天下士人心目中唯一亮点的竹林，后来居然也是司马家族的眼中钉、肉中刺！这实在令天下人难以理喻。

⊙

时无英雄

阮籍知道洛阳此时状况不好，所以离开竹林之后他路过洛阳却不进城，而继续向西走，散散心，排遣心里的难受。这天，他来到荥阳广武山。广武山前有一片开阔的、曾开挖出一条深深的鸿沟，以隔开互相争雄的项羽、刘邦，从而此沟又称为楚河汉界。自此，项羽机会不再，逐渐失去战场的主动权，最后导致乌江自刎。阮籍边走边看，信步上山。他越往上走，心里越觉得悲凉。登上山顶，在遗迹面前他禁不住触景生情而呼号：时无英雄，使竖子成名！

喊毕，他泪流满面，畅快淋漓地哭了一场。从竖子身上可反衬出阮籍想骂的英雄。

竖子是谁？楚汉相争中，竖子指的是项羽，这点毫无疑问。在鸿门宴上，范曾当着项羽的面把将刘邦送的玉器甩在地上，一边拔剑将它击得粉碎，一边骂道：竖子不足与谋也！项羽毫无表情。范曾骂的正是他！在范曾眼中，项羽是竖子，是智障！

但后人普遍认为项羽、刘邦都是英雄。阮籍此时去痛哭五百年前的项羽、刘邦也毫无理由。他哭的是刚发生不久的事：竖子曹爽真不是东西！就是他害了大好江山社稷。当然阮籍心中更是鄙视司马家族，与竖子比，司马家族更不足一提！

阮籍、阮咸叔侄最后还是回到洛阳。没有办法，国被窃了，你能因此不回国吗？然而两位一回洛阳就被盯上了。司马懿、司马师与司马昭催逼他们出山当官。事实上阮籍被相继摄政的"三马"聘为从事中郎，但他总以醉酒而不向当局输诚。甘露元年（公元256年），他以好喝酒为理由请求改步兵校尉，实际上是想离皇室曹家与司马家都远些。后世因此称他为"阮步兵"。

这年，有位名叫张华的青年写了一篇《鹪鹩赋》。该赋不落俗套，既不赞扬孔雀凤凰之美，也不歌颂鲲鹏大雁之高远，而把目光聚焦于鹪鹩这种小禽："体陋小而不能远飞，无玄黄美羽以自贵；毛不可以做器用，肉不可以充美味。鹰过而不顾，又何畏乎网罗？"赋中赞扬它"听天顺理，与万物互不为患。此禽似为无知，处世全身似有大智"。在弱肉强食的丛林规则下，鹪鹩这物种因丑陋及体味令人作呕而得到自保，这是何等的造化啊！张华感慨曰："造物主何等巧妙多端，使万类各得其形体！"

张华是中书监刘放的女婿，其父亲张平曾当过渔阳郡守。但此前的他默默无闻，他的才华被埋没在芸芸众生之中。不知这篇赋如何传到阮籍手中，品读之后阮籍叹道："这是辅助帝王建大业的人才啊！"因这声夸耀，张华从此声名显著。有人把他推荐给了司马昭，从此步入仕途。他是西晋太康文学的代表人物，更是朝廷的首傅。

张华赞扬鹪鹩似乎启发了阮籍。阮籍或许想到：酗酒肯定不美，对其他人也无害。但这酗酒能否就像一无是处的鹪鹩一样让自己免灾？

于是，酗酒避祸成为阮籍的人生哲学。说阮籍发现了张华，反过来说《鹪鹩赋》启发了阮籍也不为过。此时，阮籍虽屈身于司马帐前为官，但他时不时地要到竹林会友，这种行为自然不能让人放心。小帅哥钟会此时已是司马昭的心腹，他从正始名士的粉丝转变成朝廷鹰犬！异见者不得不小心提防了。不幸的是阮籍被这小帅哥盯上了。《晋书》载："钟会数以时事问之，欲因其可否而致之罪，皆以酣醉获免。"就是说，钟会多次设陷阱，想抓住阮籍失言以构陷，但最终阮籍均以酣醉方式应付过去了。司马昭也数次找阮籍问话以试探政见，阮籍总是以发言玄远、口不臧否具体人物而含糊应对。既然弄不清其政治面目，司马昭也想通过联姻与阮籍结成儿女亲家，达到化敌为友的目的。这事令阮籍急了。为逃避司马昭纠缠他，便天天喝酒，一醉方休。一连大醉六十天，导致自己和司马家的婚事无法谈成。阮籍就这样艰难地在复杂的局面下借酒来维持自己的生命。

阮咸虽历任散骑侍郎，但他同样以醉酒来含糊自己的立场与态度，达到保身的目的。司马家族当然不信任阮咸，以其好酒虚华为由不予重用，最后将他外派当了太守以终身。

嵇康深知阮籍、山涛的难处。于是他发布《与山巨源绝交书》宣布与山涛绝交！书中也提到阮籍的"暧昧"处境。嵇康希望，自己不好的家庭关系不至于影响阮籍、山涛的前程。

恰此时，京师发生了一场轰动天下的闹剧，我们不得不暂停"竹林七贤"的话题，返回洛阳看看。

⊙

"甩锅贼"与"接盘侠"

魏国的最高权柄落到了司马昭的手中后，他与皇帝曹髦之间的矛盾渐渐加深。甘露四年（公元259年），魏国各地有传言，水井里出现了龙。群臣认为这是吉兆，纷纷向皇帝曹髦道贺。但是，曹髦说："龙代表君主之德，他上不在天，下不在海，多次屈居于井中，这不是好兆头，没有什么可贺的，你们懂个屁啊。"其实这井中龙乃司马昭让人编造的鬼话，以试探曹髦的想法。

年幼的曹髦该警惕了！都传闻，曹髦常与身边的谋臣辩论：汉高祖与夏朝中兴国王少康之间谁更高大上？大臣说法不一，而曹髦却坚决站在少康一边。

显然，他一门心思要当中兴的皇帝！讨论这问题，别人可以不思量，但司马昭不能不警觉！然而曹髦实在太年轻，城府太浅，一有点想法就说出了口。他不知道，身边的马屁精钟毓、王沈、王业都是司马昭的心腹，是自己身边可移动的窃听器。这些窃听器正源源不断地把曹髦的一言一行如实汇报给司马昭！此时，曹髦身边还有一个不起眼的人物是琅琊王氏的王祥，他是泰山太守吕虔推荐的秀才，此时是曹髦的伴读。虽说此人年岁不大，但他城府深不可测！

小皇帝曹髦与爱干预朝政的郭太后也产生了矛盾。郭太后无子女，很喜爱侄儿郭德、郭建。此两人各娶司马师、司马昭之女为妻。所以郭家、司马家已是利益共通。小曹皇帝也看到了郭太后身后司马家族的背影！郭太后只要能不断牺牲曹家，就可以让司马家不断壮大。说实在的，郭太后只是陪魏明帝睡过觉而已，曹家却没有一块血肉与她有关。曹家不过是任她随意支配的一份财富而已。聪明伶俐的曹髦当然对此十分不满。

甘露五年（公元260年）五月初六夜里，曹髦召集冗从仆射李昭、黄门从官焦伯等在陵云台部署甲士，并召见侍中王沈、尚书王经、散骑常侍王业，对他们说："司马昭之心，路人所知也。吾不能坐受废辱，今日当与卿自出讨之。"王经一听就赶紧拦阻，并举春秋鲁昭公讨伐权臣季氏失败的例子，劝他回心转意。应该说，曹髦身边这群人中，只有王经保住了底线不当奸细。然而皇上不听，他决心豁出去了！而王沈、王业本就心怀不轨，他们不是劝阻，而是马上跑出去向主子汇报。司马昭立即作应急准备：他让兄弟司马伷率军垦战士上街游行示威，然后派心腹贾充率精锐禁军随后行动。知道消息已经泄露，曹髦随即拔剑登辇，让殿中宿卫和奴仆们数十人组成讨贼军，呼喊着出了宫。屯骑校尉司马伷的游行队伍面对曹髦一众的怒声呵斥，吓得四散逃跑。这样一来，中护军贾充成为司马昭的最后一道防线。曹髦亲自挥剑上前拼杀，谁敢与皇上过招？贾充手下众人纷纷后缩，三千禁军面临崩溃。贾充见状，急训斥太子舍人成济："司马家事若败，汝等岂复有种乎？何不出击？！"

是的，贾充接任了司马师的中护军。当年司马师任中护军时，贾充、成济、成倅才投到其门下充当地下军的。司马师不知费了多少心血才培育他们成才。彼此间的义气丝毫不下于刘关张的桃园三结义。在此关键时刻，贾充绝不容许成家兄弟背盟弃约！

当杀邪？执邪？成氏兄弟二人不含糊，冲锋前回头问了一声。

贾充曰："杀之！"太子舍人成济，恶向胆边生，挥戈向前弑君，曹髦倒下了。成济，这个长年阴养的忍者死士果然身手不凡，一出手就成大事！

小皇帝曹髦倒下了，文武百官先后赶来，接着司马昭也现身了。他见状连忙跪地号啕大哭。这时，一位老人也跪过来，抚着曹髦尸体高声号哭："皇上之死，老臣无状啊！"只见他涕泪横流，痛不欲生！此情此景令众人惭愧。他就是充当曹髦伴读的琅琊王祥！王祥的哭声令司马昭眼睛一亮：既然有"接盘侠"出场代哭，我司马昭就有工夫好好思量一下如何收场。

犯弑君大罪，干了这种脏事，总归要有人负责的。谁来背黑锅？司马昭？贾充？还是十分痛苦地喊着"陛下被杀，老臣无状"的"接盘侠"王祥？抑或另一个抚尸而哭的太傅司马孚？

不过，这些人都没事。曹髦刚倒在血泊里没多久，死者的娘亲郭太后放出话了：此儿既行悖逆不道，死得活该。咎由自取！这是郭太后的原话。这黑锅要由死者自己背！不但如此，太后还知道了开小差逃避的王经，此人知情不报，定成后患！于是下旨抓捕，累及全家一同下狱。

东晋文学家干宝编著的《晋纪》中太后原话是这样的："吾以不德，遭家不造……而情性暴戾，日月滋甚……此儿既行悖逆不道，而又自陷大祸，重令吾悼心不可言……其收经及家属皆诣廷尉。"

满朝文武与司马昭终于松了一口气。太后英明！她如此自责，还有什么话可说？分明是曹髦大逆不道嘛，死了活该！于是按太后懿旨逮捕那位劝阻不力又不向司马家汇报的尚书王经，将他们一家子连同他老母送交廷尉审判定罪。不过，此事究竟是一桩丑事，一桩脏得要命之事。杀皇上的又不是王经，不找几个替罪羊出来，将来怎么向历史交代？这替罪羊就是成济兄弟。

《魏氏春秋》记载了成济兄弟最后的丑恶表演及可耻下场，书中曰：

成济兄弟不即服罪，袒而升屋，丑言悖慢，自下射之，乃殪。

就是说，成济、成倅兄弟非但不老实服罪受诛，反而猖狂至极，向上司甩锅！他们剥掉自己身上的衣裳，袒身赤膊站在屋顶上，高声推卸罪责，矛头直指贾充老爷，言行荒诞不经，还污言秽辞。是可忍，孰不可忍！天下英雄无不义愤填膺，在场的将士从下向上纷纷对罪犯放箭，把成倅、成济射成刺猬，成氏兄弟最终可耻地死去。

五月初八一早，太后开朝，司马昭上奏。奏文称：自己本想舍弃己身、听候曹髦裁决，但考虑到曹髦想谋杀太后，于是动兵，但仍命令将士不得伤害任何人，并曾连续发命，不得迫近天子辇车。是成济私自闯入兵阵才导致曹髦被杀，现已将成济军法从事，还应逮捕成济家属，交付廷尉治罪。

这奏折写得很好。郭太后准奏，诛灭了成济三族。还因司马昭宽厚仁慈，法外开恩，留下成倅一余脉，以承香火。当日王经不肯与王沈、王业一道报信，于是司马昭将王经及其老母一家斩尽杀绝，以警告那些三心二意者：谁敢甩锅？胆敢粪口污蔑我司马昭？

的确，司马昭没有伸手取皇冠。这年六月初一，郭太后下诏让曹璜改名为曹奂迅速来京。初二，曹奂来到都城洛阳。在拜见完郭太后之后即位，大赦天下，改年号为景元。

王祥原本没有进入司马师的地下军队伍，高平陵事件以来，也没有什么突出的功劳。但这次事件的关键时刻，他挺身而出当"接盘侠"，表现出色，让司马昭有了喘息的机会。因此王祥被司马昭举荐为司空，成为琅琊王氏首位晋级三公的人物。前文说过，关东十八路诸侯之一的孙坚起兵讨伐董卓时，第一个牺牲在他刀下的人物是荆州刺史王睿。王刺史就是王祥的伯父。孙坚一度将琅琊王氏逐出三国时代，但随着司马昭篡政成功，琅琊王氏又回来了。而且，琅琊王氏从此逐步步入司马晋朝的中心舞台并成为主角。

忠孝本是儒家道德标准的核心内容。但自乱臣虐杀皇帝曹髦之后，司马家族的喉舌控制了舆论，忌讳别人利用忠君的话题散布对司马家族的不利舆论，于是他们更大肆炒热"孝道"而冷落"忠君"。

为此，他们编制了大量"鸡汤"故事，把琅琊王氏的王祥树为那个时代的道德楷模，他成了后世的"二十四孝"之首。

⊙

钟会二访嵇康

一场甩锅贼串演的好戏就这样过场了。景元元年，离洛阳百里之外的山阳公爵夫人也闭上了眼。曹家的荣耀与光环也将随她的逝去而逐渐暗淡。

山阳公夫人曹节不就是山阳竹林的地主？她那身份本不值分文，然而当年汉朝向魏朝文帝曹丕禅让帝位，是经过天地作证的伟大事件。从而山阳公夫妇的地位还是不能让其他文武百官轻易去僭越。只要公爵夫人曹节活一天，嵇康与他的同伙在竹林里喝酒、弹琴、谈谈老庄玄学，还不至于有人敢来干扰，更不至于遭抓捕、被割头颅。既然公爵夫妇已经作古，他们的云台山竹林也就被纳入司隶校尉的监察范围。在朝廷压力之下，"竹林七贤"的逍遥日子还能延续几天？

凑巧此时司隶校尉何曾升官空位留给钟会。新官上任的小钟大人当然要考察考察这个"竹林七贤"之窝点，研判一下为何此处长期没有正能量？同时，他也想看看，当年风流倜傥、不可一世的驸马爷嵇康，如今他的铁匠生涯混得如何？

那天钟司隶乘肥衣轻、宾从如云，他来到偏僻的竹林访贫问苦。一般来说，诸如此类高级官员下乡考察的大事，被考察点要做好一切准备才是。可是到现场一看：嵇康正在树下打铁，向秀在一旁拉风箱。炉火呼呼噜噜烧得正旺，铁锤叮叮当当敲打不停。铁匠老大、老二旁若无人，冷场一直维持着。过了许久，钟会也听不到一声招呼。高级领导感到扫兴，决定起身离开。此时才从身后传来声音："何所闻而来？何所见而去？"钟会听出来是嵇康开口了，于是答曰："闻所闻而来，见所见而去。"

钟会本是嵇康的粉丝，当年只因自信心不足，所以连门都不敢敲就回头走了。这次则不同了，钟会是以领导名义来视察的，也正要传一道好消息给嵇康！却不料依然遭受冷遇。联想到夏侯玄临死前也满脸冷漠地拒绝自己，钟会弄不懂：自己如此风流潇洒、聪明伶俐，机遇这么好、官更做得如此之大！哪点配不上夏侯玄、嵇康？这些自以为清高的风流名士究竟怎么了？内心不禁燃起了一股无名的怒火！于是他亮出司法兼警察总长的正式身份：我是听到了所想听到的而来，看到了所想看到的而去。

一回洛阳他就鼓动司马昭收拾嵇康！

不过，由于弑君案的负面影响，司马昭暂时不想对"竹林七贤"下手。他决定以招安为主，拉他们出山做官。此前，他已提拔重用了竹林帮的老大哥山涛，牢牢地控制了阮籍、阮咸叔侄，还拉拢小哥王戎步入仕途。当时吏部郎空缺，司马昭就向钟会询问人选。钟会说："（裴）楷清明通达，王戎简要省约，都是吏部郎的人选。"于是裴楷、王戎均受征辟。

司马昭想拉拢嵇康，给他一顶乌纱帽。既然钟会碰了一鼻子灰，那就改由别人出面。

《与山巨源绝交书》

景元二年（公元261年）年底，司马昭再次提拔山涛，让山涛把自己的官位移交给嵇康。他满心希望嵇康能看在山涛的面子上，接受自己的好意！应该说，司马昭是个英雄，其气度不是寻常人物可比的。不料，平时对朋友温文尔雅的嵇康，却意外对山涛大发雷霆，他发文《与山巨源绝交书》以拒绝！

《与山巨源绝交书》文章风格清俊，立意超俗，行文精练，所表达的气节以及所呈现的文采，成为流传千古的不朽名篇。嵇康断然拒绝了老友山涛的荐引，并对他不了解自己而气愤！文中指出："闲闻足下迁，惕然不喜，恐足下羞庖人之独割，引尸祝以自助，手荐鸾刀，漫之膻腥。"嵇康这是说，听说你老兄升官了，可我怎么也高兴不起来。就怕你不想一个人做官，要拉我一道。那就像你下厨要让我手拿屠刀，陪着你"漫之膻腥"。这里，嵇康用"鸾刀"，用"漫之膻腥"影射官场之血腥与肮脏，表明自己之不屑。

接着，嵇康又讲了各人秉性各有所好，不可加以勉强的道理。他列举自己诸多不愿做官的理由，归结为"七不堪""二甚不可"。其"二甚不可"中指出自己"又每非汤、武而薄周、孔，在人间不止，此事会显，世教所不容，此甚不可一也"。嵇康在这里指出自己的意识形态是尚无为好自然，欣赏的是老庄之学，坚持"非汤、武而薄周、孔"的立场。这与官场标榜的政治立场截然对立。

嵇康明白，身处官场的老友山涛身后有牵线人司马昭。自己公布了断交书，表明山涛按后台指示做了他需要做的事，至于没办成，那与山涛无关，因为嵇康和山涛不是一路人，而且断交了。既然断交了，嵇康爱说什么就说什么，也与山涛无关。

对于热心于入世的朋友山涛来说，被宣布断交，是一件对双方都有益的事情。其实，山涛与嵇康之间的彼此了解，比谁都深刻！

《与山巨源绝交书》在司马昭眼中就可以这样来读：

你司马昭自诩周公，满口孔孟之道，还公然鼓吹"汤武革命"。呸！你司马昭之心路人皆知！你家父子自从策划高平陵事变开始，擅立、擅废皇帝，哪次不是以周公摄政自居？记得，你们还不时鼓吹什么"汤武革命"，不就证明你司马家企图改朝换代吗？我嵇康就是专门非汤、武而薄周、孔的。能让我嵇康也手拿屠刀，陪着你漫之膻腥？做梦！

有人因一篇鸡汤文升官发财，有人却因文章而招致灭顶之灾。嵇康的这篇绝交书，让司马昭产生了杀人灭口的念头。恰巧，景元三年（公元262年）出了一起案件，钟会与司马昭把嵇康牵扯了进去。

⊙

《广陵散》于今绝矣！

吕安和吕巽是"官二代"，父亲为冀州刺史。虽是亲兄弟一对，二人性情却迥异。哥哥吕巽少年风流且一心走仕途，弟弟吕安则志在文章、离家游历。所以吕巽一到京师洛阳，就傍上"大腿"钟会与司马昭，当了大将军府的长史，与司马昭身边的红人钟会相处得很好。

吕安与嵇康一见如故成了好朋友。"竹林七贤"的聚会，吕安有时也一起喝酒作诗。吕安也多次谢绝山涛举荐，拒绝当官。后来的晋人列出"竹林七贤"的名单，其中没有吕安，或许七贤多少都有官衔，唯独他没有。

一天，吕巽登门看望兄弟吕安，结果不在，弟媳徐氏接待了大哥。不料吕巽早就垂涎徐氏，于是顿生邪念。弟媳徐氏被灌醉后遭奸污。徐氏羞愧难当，自缢而亡。吕安回家后，从仆妇口中得知真相，怒气难消，写好诉状，准备告官。随后他却又迟疑了：吕巽的禽兽之行十分可恨，但又碍于一母同胞的情面，在告与不告之间迟疑。他决定先将事情告诉嵇康。

吕巽也感事情不妙，也的确后悔不已。于是也找嵇康，要他从中说和，千万不能告官！嵇康见他有悔意，又感到亲兄弟对簿公堂，总不是好事，于是劝吕安放弃告状。

不料就在风声平息之际，吕巽做贼心虚，总觉得有把柄捏在吕安的手里，对自己不利。于是就采取恶人先告状的手段，向司马昭及钟会诬告吕安，说吕安在丧母守孝期间喝酒，对母亲不孝。当时，司马昭正在标榜"以孝治天下"，而吕巽又是他跟前的红人，因此他下令将吕安抓起来。吕安不服，就当堂把吕巽的丑事揭发出来，并引嵇康为证。嵇康义不负心，上堂保明此事。

钟会不听吕安的辩解，在司马昭指使下将吕安判处徒刑，流放到边远地区。

嵇康对吕巽的恶行十分愤恨，一气之下就又写下了《与吕巽绝交书》。不久，吕安在途中写给嵇康的书信又被钟会等人截获，查出其中有对司马家族的不敬言语。这是个千载难逢的机会！司隶校尉钟会一直苦于找不到害死嵇康的充足理由，便以犯人吕安在服罪期间还与嵇康背后妄议上峰，罪无可赦！于是钟会向司马昭打小报告诬陷嵇康，说他平素不把司马昭放在眼中，聚众竹林、言论放荡、害时乱教，非杀不可。司马昭听从了钟会，下令把嵇康也抓了起来，与吕安一道治罪。

在监狱中嵇康思绪万千，怀着复杂的心情，写下了《幽愤诗》。他在诗中回忆幼年的生活，说自己早年养下了任性的脾气，长大后，心地善良而不能识别好人坏人。他对自己无辜遭受陷害表示抗议，认为自己虽然被捕，但是在道义上还是正直光明的。嵇康未料到自己会有杀身之祸，所以在诗的结尾还期望自己能脱离困境，到那时就"采薇山阿，散发岩岫，咏啸长吟，颐性养寿"。

这是中国文化史上最黑暗的日子之一，嵇康居然还在梦中期盼阳光！

景元四年（公元263年），钟会已经兼任镇西将军，但还是以司隶校尉身份督办了嵇康和吕安的案子。在他一手操纵下，嵇康和吕安就刑于东市。嵇康身戴木枷，被一群兵丁从大狱押到刑场。突然，前面传来一阵阵喧哗，而且声音越来越响。

"浩浩洪流，带我邦畿……"

声音越来越近。嵇康听出：那是洛阳太学的学生们正齐声咏诵着自己的《赠秀才入军》诗。这洪亮的咏诵声，令嵇康十分感动。原来，洛阳太学三千名太学生闻讯赶来，他们要为嵇康请愿，要求朝廷赦免他！太学生们还要求嵇康到洛阳太学担任导师。导师在当年洛阳太学称为"博士"，是皇家的学官。显然，太学生们盼望能营救正直无辜的嵇康。后人把洛阳太学生这次在刑场咏诵《赠秀才入军》诗，称为"洛生咏"。

孤傲一辈子的嵇康，因太学生的到来，忽然冒出一股生的渴望，他把诚恳的目光投向四周，看到一个官员冲过人群来到刑场。莫非太学生们的声援起了作用？那人带来了赦令？可惜，那人在高台上宣布宫廷旨意是：维持原判！

请愿被驳回！刑场上传来一片山呼海啸般的不满与嘘声。但不久就静了下来，因为嵇康举步迈向刑台了。上了行刑的高台，监斩官在等待午时三刻的到来。

老友山涛来刑场告别嵇康。此时，儿子嵇绍才十岁，众人都瞒着那孩子，他一点也不知道发生了什么事。嵇康在狱中知道自己将被处决，就想到了这位老朋友山涛，他把自己遗留的孤儿寡母托付给他。这说明他们之间彼此信任的程度还是超越了任何亲人与朋友。

嵇康看到亲哥哥嵇喜来了。大哥嵇喜脱了官服，满身素缟，赶来为同胞兄弟送行。这对自幼丧父，互相牵扯扶持长大的亲兄弟，此时欲哭无泪！虽因志向差异而道路不同，但骨肉情谊却从来没有间断。

快到午时了。嵇康抬起头来，眯着眼睛看了看太阳。阳光下，他的身材显得更加伟岸挺拔！他偏过头，眼角向下斜视着，对监斩官说："行刑的时间还没到，我弹一首曲子吧。"不等回答，便对嵇喜说："哥哥，请把我的琴取来。"

　　琴很快取来了，在刑场高台上安放妥当。嵇康坐在琴前，面对三千名太学生与围观的民众："请让我弹一遍《广陵散》。过去袁孝尼他们多次求学，都被我拒绝。今天是我最后一次弹奏。"

　　刑场上一片寂静，琴声如潮如涌，澎湃激越。人们忘记了这是刑场，而像是时光穿梭，看到另一个琴心剑胆的英雄演绎出的一段惊天动地的史诗。

　　弹毕，一声摔琴的爆裂声惊醒大家。嵇康留下一生最后一句话：

　　"《广陵散》于今绝矣！"

　　他从容引颈就戮。

　　嵇康的从容就义，让我们想起同样是面对恶势力而慷慨赴死的东汉清流。同是慷慨一死，其中却有差异：东汉清流是从从容容地死在他们所效忠的皇朝脚下；然而嵇康是为了捍卫自己的人格、自身的风骨而死。两者表达的志向明显不同！这是汉末清流与魏晋风流的不同之处。

书生一介斩三帅

　　嵇康死后不久，阮籍也死了。司马家族不放心的人又少了一个。政敌是越来越少了，可是司马昭的威望并没有明显提高，只因弑君篡位的阴影难以消弭。于是，司马昭想到通过对外发动战争，以转移视线，缓和内部；同时一旦战场顺利，自己就因建功立业而赢得荣誉！他把目光投向西南的蜀国。当年蜀国力弱还闹将相不和，很显然它将是三国之争的第一牺牲品。

　　看到西蜀大将军姜维赌气率主力屯耕于沓中，导致汉中兵力不足的局面，于是司马昭命令邓艾、诸葛绪各领三万军队进攻沓中的姜维主力！不管能否消灭姜维，但一定要拖住姜维不让他回救汉中。与此同时，司马昭让心腹钟会率大军十余万走东路乘虚南下汉中。很明显这是偏心！他让钟会吃软饭却更能建立功勋。

　　邓艾兵分三路，分别从天水、陇西、金城郡出发，直击姜维沓中大本营，激战中杀死赵云次子赵广，姜维连战皆败而后退。诸葛绪本已占领战略要地阴平桥，切断了蜀军退路。结果反被姜维夺了回去，姜维退守剑阁，沿途破坏全部入川道路，要将邓艾追兵阻隔在剑阁以北的群山峡谷之中。诸葛绪向司马昭认罪并奉命把军队交给钟会，把自己装入囚车，接受军法处置。诸葛绪打败仗，恰是老天给他的一条活路！他不跟邓艾合兵，则是再次作了正确决定。后来的事实证明：打了胜仗的邓艾与钟会都不得好死！唯独一开始就被姜维打败的诸葛绪却全身而退。命运垂怜这位小诸葛！

此时，姜维得到成都来的张翼、董厥两支援军，于是决定固守剑阁，闭关保蜀。等钟会率军赶到剑阁时，早已森严壁垒。钟会束手无策，只得望洋兴叹，无法再向前一步了。

捷报传到洛阳，此时的魏朝上下，还有几个不是司马昭的马仔？于是纷纷向皇帝曹奂建议，给司马昭加相国、晋公、加九锡大礼。大功在身的司马昭欣然受封，再也不虚伪了。从此，他确立了功高盖主的绝对地位。

本以为钟会夺取汉中，这场胜利够辉煌了！却没人料到，邓艾另辟新路，在岷山摩天岭的高山峻岭与深壑中，硬是神不知鬼不觉地把成万的虎狼之师带到江油城下！等到天亮时，蜀国江油守将吓了一跳，以为是遇到神兵，立即献城投降。邓艾开辟的这条进军通道，如今被辟为阴平古道，供人怀旧与兴叹。邓艾打败并杀死诸葛亮的一子一孙：诸葛瞻与诸葛尚，兵临成都城下！刘禅投降，蜀国就此灭亡。于是姜维投降钟会。

意外的大胜令司马昭欣喜若狂！他高度赞扬邓艾，把白起、韩信、吴汉和周亚夫等军神的荣耀都归到邓艾身上，封其为太尉、二万户侯。功臣钟会被晋升为司徒，增邑万户。钟会也十分荣耀啊！但他的内心总是有点不愉快！

这时，我们别忘了还有两个重要人物：卫瓘、荀勖！荀攸的亲侄荀勖正是钟会的外甥。这大外甥小娘舅俩从小顽皮捣蛋，互相不看好。这次，小舅舅挂帅出征，当外甥的荀勖却想着如何弄双小鞋给小舅舅穿穿。于是他向司马昭推荐廷尉卫瓘充当监军，持节监视邓艾、钟会与诸葛绪。这主意被司马昭采纳了。不过，钟会与卫瓘交情甚厚，在军中两人更是"坐则同床，行则同舆"，"亲密无间"。其中道理很简单：钟繇、卫瓘分别是魏代、西晋超一流的书法大家。钟会是钟繇钟体的传人，书法新秀卫瓘恰是钟体的崇拜者。对书法的共同兴趣，成了钟会、卫瓘之间的纽带。貌似，钟会、卫瓘之间的融洽令荀勖失望了。邓艾的成功当然也令钟会、卫瓘心里酸溜溜的。于是，这两人合谋诬陷邓艾有谋反叛变的迹象！司马昭也正想卸磨杀驴。当然，轻信可不是司马家的特色，多疑才是本性！司马昭同样怀疑上了钟会。于是一场场螳螂捕蝉，黄雀在后的好戏开场！

司马昭发布命令：钟会率领大军向成都进发；中领军贾充率领一万兵马从长安入斜谷，进入汉中，接手汉中防地；司马昭则亲自率领十万大军出洛阳，抵长安，以备前军反叛。同时，为防止背后有人利用皇上暗算自己，司马昭把曹奂带在军中，而安排儿子司马炎坐镇洛阳。毕竟经历过高平陵那场风雨，他决意不让自己当马大哈曹爽。

钟会接到司马昭要他收拾邓艾的命令，但一想到威猛的邓艾就浑身紧张！他让老狐狸卫瓘去火中取栗！你卫瓘不是监军大人吗？这次该轮到你上阵了。卫瓘内心暗暗叫苦：那不是让我去送死吗？但又不好推托，只得硬着头皮上。毕竟是老狐狸一个，卫瓘成功了。

那天是除夕大年夜，成都城内的邓艾一家吃饱喝足睡觉去了。卫瓘趁着夜色，神不知鬼不觉地进城，以监军名义将邓艾父子一并拿下，装入囚车。

钟会出于妒忌把祸水泼给邓艾。然而邓艾之后是谁？兔死狐悲，聪明伶俐的钟会不得不思量又思量，现在轮到他惶惶不安了。于是钟会与姜维密谋率兵造反，囚禁了魏军胡烈等一批军官。此时正在装病的卫瓘写了讨伐钟会的檄文，让人偷偷地送到城外，要求诸军讨钟自救！次日，受到檄文的煽动，城外士兵在十七岁的小将胡渊率领下发动兵变攻城。乱军斩杀钟会、姜维、张翼，救出胡烈等诸将。就此，钟会与姜维的计划彻底破产！小将胡渊一夜之间扬名天下。

这场腥风血雨中活下来的卫瓘，一举灭了钟会与姜维！然后再派人追杀了邓艾父子。就这样，手无缚鸡之力的文官卫瓘，把最有实力的邓艾、钟会与姜维三位统帅全部置于死地！他创造了奇迹！

这就是卫瓘！

当然，邓艾、钟会、姜维与卫瓘之间发生的连环杀事件的最大利益获得者是司马昭。"狡兔死走狗烹，飞鸟尽良弓藏"，司马昭手拎飞鸟狡兔向世人炫功，而让卫瓘出面处理"烹走狗""藏良弓"之类的肮脏勾当。咸熙元年（公元264年）三月三十日，因征蜀胜利，魏元帝曹奂再次下诏拜司马昭为相国，封其为晋王，加九锡。

除司马昭之外，中领军贾充也是获益者。他空手套白狼，不出分毫之力，白白取代邓艾、钟会的功劳，成为平蜀的功臣。他对荀勖十分感激。贾充、荀勖成了莫逆之交，在朝廷事务中互相勾结，令众朝臣侧目而视。

其实，自司马昭弑君篡位阴谋大白天下后，司马家族也深感独家篡夺天下不是容易的事，他们从而改变手法，采取拉拢豪门大族，让他们在承认自己为共主的前提下，共分天下的利益。这样一来，陈郡何氏的何曾、琅琊王氏的王祥与王戎、颍川荀氏的荀颢、东海王氏的王肃、太原王氏的王浑、平阳贾充以及南皮石苞等豪门都挤进权力的上层，共同分享从曹魏手中窃取的权力。因此，司马氏的晋朝更显示出"以司马氏为共主的士族政治"特色。

咸熙二年（公元265年）八月，司马昭中风猝死。年底，曹奂被迫退位。司马炎登基称帝建立晋朝，年号泰始。

四、中朝名士

本篇涉及晋朝京师洛阳大批文人的风流韵事及其悲剧下场，这些人统称为"中朝名士"。他们的活跃，与晋初相对宽松的社会环境有关；而其中多数人最后悲剧性的收场又与"八王之乱"导致政局急转直下关联。我们先从相对宽松的西晋初年讲起。

1. 相对宽松的西晋初年

尚无为，不折腾，少添乱，西晋王朝政治开了一个好头。

⊙

和谐社会

在和谐社会中，香火的熏陶可以让狼性渐趋淡隐。

司马炎改元为泰始，成了晋朝的开国皇帝。从泰始经历十年进入太康年代以来，人们发现晋朝有了新气象：社会和谐安定、百姓休养生息、思想意识形态比较宽松。与之前的司马懿、司马师和司马昭相比，司马炎时代的政治氛围相当人性化！如果说，鹰视狼顾的司马懿在曹操眼中是一只潜伏的老狼，那司马师和司马昭就是呼啸狂吼的奔狼！毫无疑问的他俩比老狼更露骨与贪婪！然而司马炎身上几乎不见狼的基因。

"龙生龙凤生凤，老鼠生儿会打洞！"老狼要吃人，生下的后代一定有喝人血的基因。三国年代，支持此论的例子就有生子当如孙仲谋的孙坚家族。孙坚与他儿子孙策、孙权两代三雄，将江东猛虎的基因传给了下一代；不赞成上述理论的理由也十足，三国时代的刘备与刘禅就是活生生的例子。刘备是一代枭雄，而刘禅却是乐不思蜀的阿斗。还有司马炎，他更像是被香火熏陶的雕像，露出的不是狼的狰狞反而是和蔼的微笑！

性格品行能遗传吗？为什么司马师和司马昭像司马懿，而司马炎又区别于司马昭？对此，我们充满困惑。司马懿的狼性是经过高平陵事件才全面展示出来的。而那以前，他一直处于隐忍状态。凑巧的是，夫人张春华也完全展示了她的狼性！他们夫唱妇随，是一对绝妙的狼组合。建安六年，曹操完控河内郡，决定聘用当地名流司马懿，但司马懿装病不肯应聘。司马夫人张春华这年才十三岁，早熟的她担心曹操暗中监视，特地从偏僻处招个丫鬟服侍良人以掩盖。几天就这样过去了。在当地，司马家堪称书香门第，家里藏书不少。七月初七是女人七巧节，也是男人的晒书节，司马家的珍藏书籍也就晒到阳光下。其他人忙别的事去了，家中安静，司马懿刚想休息一下。不料一阵风过雨来。他心疼书挨淋，于是除了喊人帮忙，自己也从床上跳下去收拾。一出屋门，看到新来的丫鬟正在忙着收书。这一下床、一出门，所有装病的把戏都穿帮了。

司马懿意识到应设法让此女封口。但是该如何封口？一向办事果断的司马懿也拿不定主意。其实，事情的发生就那么一瞬间，丫鬟也不是外人，应该是没有多大的麻烦的。这时，十三岁的张氏夫人来了，只见她眉头略皱了皱便一声不响。

一夜醒来，发觉丫鬟死于血泊中！司马懿不禁后脑一凉！房门之内，动手干这事的，除了张春华还有谁？看来，雌老虎不输公老虎，母狼更胜公狼！

此后直到司马懿入曹丞相府当文案之前，司马家不再雇小保姆了。里里外外，都是张春华一把手，洗衣烧饭，大事小事一手操办！不能不说，这张夫人是司马懿打着灯笼也无处可找的铁杆内助。

后来，张春华给司马懿生下了司马师和司马昭。哺乳喂奶，一把屎一把尿地把他俩养大了。当然，司马懿还有司马伷等其他儿女，不是张春华养育的。

很明显，司马师和司马昭遗传了司马懿的全部基因。兄弟俩的狼性最先表现在窝内。当司马懿喜新厌旧而宠小三时，司马师、司马昭与老妈张春华结成统一战线，开展绝食斗争，威胁要断他司马家的香火！最终导致老狼司马懿屈服，放下身段赔不是。接着司马师又毒杀了结发妻子夏侯徽！显然，这母子两代的狼性来得更强烈！

隐忍是狼的特性。只要形势不对，就会蛰伏。但蛰伏并非变绵羊而是随时会龇牙咧嘴亮出狼性。从老妈手刃小丫鬟，到司马师毒死替自己生了五个女儿的结发妻子夏侯徽，两代人的狼性就是如此强烈！夏侯徽是什么人，是她高攀司马家吗？恰相反，她可是司马懿巴结皇室曹氏、夏侯氏的铁证。对这样的老婆也敢下手，就只出于司马家的狼性！司马师的狼性一点也不逊于狼爸与狼妈！司马家二代的司马师、司马昭一生，处处体现了司马懿隐忍、洞察、厚积薄发的处世精神。他们的精神共同源于狼性。

但到了司马炎成长的时代，情况发生了很大变化。司马家族的天下初成格局，司马炎无须继续压抑自己去搞潜伏和隐忍。须知，潜伏和隐忍时期越长，受压抑越严重，狼性就越以残暴的方式来发泄！司马炎有优越的成长环境，个性没遭受压抑。更关键的是，司马炎的母亲是王元姬！贤惠的王元姬把司马炎抚养成人。王元姬的父亲王肃是当时的经学家，祖父就是著名学者王朗。历史上王朗为保卫会稽与孙策进行长期的战斗，光荣战败后即使当俘虏，也不失尊严，坚持效忠汉帝而不苟且于孙策。孙策敬重他，处处优待他并礼送过江返回许昌任职。王朗后来为曹魏的司徒，位列"三公"。王朗、王肃所代表的东海王氏是典型的书香门第，堪称当年的贵族豪门。家庭教育造就了王元姬的温柔与贤惠。她有门风，有教养，是一派高尚的淑女。十五岁时，她嫁给司马昭，生育了晋武帝司马炎、齐献王司马攸、辽东王司马定国、城阳王司马兆、广汉王司马广德及京兆公主。她不插手政务，为人却颇有远见，曾多次提醒司马昭：钟会有朝一日会谋反！这种预见性令人惊讶！

她一手调教大儿司马炎与二儿司马攸，她虽然不是特别高尚的人物，但他们遗传下来的那种野性基因还是被驯化了。

司马炎一登基，就一改之前"三马同槽"时那种大砍大杀、恐怖立威的作风，采取怀柔政策。他不但宽大处理曹魏废帝、前政权的下台贵族以及蜀汉刘禅，同时停止了对"正始之音"与"竹林七贤"的政治迫害。自前朝开始对意识形态的高压政策，在他手上终止了。"竹林七贤"中，除了牺牲的嵇康与已逝世的阮籍外，其余都被晋朝聘任为官。其中，山涛、王戎到后来都官居高位，连向秀也离开竹林应聘入仕。司马炎承认并允许经学、玄学这些意识形态平行发展，这反而促使玄学逐渐成为晋代初年的主流意识形态。当然我们并不认为玄学就比孔孟之道高明多少，但多元文化的社会、开放的社会更适合人类生存，更适合文明发展。

晋朝初年出现了司马炎的"太康之治"，标志着桓、灵以来连续不绝的天灾人祸结束了。

⊙

向秀《思旧赋》

向秀离开竹林之际感慨万千，写下千古名篇《思旧赋》。这标志着竹林时代的结束。

自嵇康、吕安牺牲后不久，阮籍也死了。回想过去，向秀难以摆脱思旧情绪的缠绕，他长日累夜被撕心裂肺的痛楚所折磨。进入晋朝之后，山涛屡屡邀他去洛阳应考赴仕。迫于生计，向秀答应了。临去洛阳前，他折回山阳县向嵇康故居告别。

他忘不了与嵇康、吕安志趣相投，一同灌园种地、一同开炉打铁，一同开怀畅饮的日子。目睹故居，往事历历在目，不免触景生情。如今，物是人非，人各东西，阴阳两隔。但见竹木萧条，泉水凄然，悲怆之感油然而生！恰此时邻家传来笛音，时而清脆嘹亮、时而呜咽低鸣。向秀惆怅不已，写下了《思旧赋》：

余与嵇康、吕安居止接近，其人并有不羁之才。然嵇志远而疏，吕心旷而放，其后各以事见法。嵇博综技艺，于丝竹特妙。临当就命，顾视日影，索琴而弹之。余逝将西迈，经其旧庐。于时日薄虞渊，寒冰凄然。邻人有吹笛者，发音寥亮。追思曩昔游宴之好，感音而叹，故作赋云：

将命适于远京兮，遂旋反而北徂。济黄河以泛舟兮，经山阳之旧居。

瞻旷野之萧条兮，息余驾乎城隅。践二子之遗迹兮，历穷巷之空庐。

叹黍离之愍周兮，悲麦秀于殷墟。惟古昔以怀今兮，心徘徊以踌躇。

栋宇存而弗毁兮，形神逝其焉如。昔李斯之受罪兮，叹黄犬而长吟。

悼嵇生之永辞兮，顾日影而弹琴。托运遇于领会兮，寄余命于寸阴。

听鸣笛之慷慨兮，妙声绝而复寻。停驾言其将迈兮，遂援翰而写心。

向秀也做官去了，"竹林七贤"自此走向各自的前程。但"竹林七贤"的名字却牢牢地刻在中国历史中，世代难忘。不是"竹林七贤"造就了多少丰功伟绩，不是有多少人成了礼义廉耻、忠孝智信的道德楷模，而是他们身处逆境，但做到了自己对理想的坚持、对自由的渴望、对权势的蔑视！正因为这些，他们被公认为"贤士"。虽然所有这些贤能，没有一样被朝廷承认为正能量，但依然被传承下来。司马炎的太康时代，"竹林七贤"提倡的"尚自然、越名教"的观念被普遍接受，老庄之道、玄学、经学甚至外来的佛学在中国大地自由发展。

天下共主

司马炎除了在意识形态领域的宽大怀柔外，他执政时期，经济也得到了恢复发展。

他鼓励耕织，鼓励农民有限额地占有耕地、发展农耕、解决温饱，短短的几年中，全国人口恢复到一千六百多万，结束了东汉末年人口逐年递减的局面。司马炎还在各个方面实现了正始年代被中止的政治体制改革。这些，使晋朝初期出现了繁荣景象，开始了"太康之治"。

东汉末年，曹魏通过"招贤"手段把绝大多数的贤才，也就是"士"，聚集起来，形成以曹魏豪门贵族集团，共同分享世袭的权力。

士族门阀制度在魏文帝曹丕时期通过九品中正制得到强化。然而这种官僚举荐制操纵在豪门贵族手中，必然导致"上品无寒门，下品无士族"的局面。官僚举荐制必定是门阀世袭，必定是贵族政治！司马集团取代曹魏集团，也不过是两家不同贵族团体此消彼长而已。那过程，也只是换了"主"，而贵族团体的成员没有发生根本性改变。所以，晋朝以司马家族为"天下共主"的贵族政治，与魏代制度没有本质差异。

司马集团取代曹魏之后，为强化司马家族的比重，司马炎决定大封宗室，增强皇室实力。这就是中国历史上最后一次分封诸侯。其目的是防止又一次针对帝王的高平陵政变！

殊不知，兵权是柄"双刃剑"。虽说司马炎、司马攸性格有少许驯良，但司马氏诸王依然个个是狼性深入骨髓！分封诸侯，让司马氏群狼个个手握重兵。那就埋下了"八王之乱"的祸根，同样导致亡国灭种的严重灾难！

不论是非功过如何，西晋成立之初，司马炎给国民的感觉还是像个明白事理的开国皇帝。他放弃了诸多令人不愉快的政策，那无疑是一种进步。太康之治的出现，与他老妈王元姬太后潜移默化的教导是有点关系的。

据说当年，大家闺秀的王元姬虽贵为太后之尊，但还能不忘旧业，身体力行。她在宫中亲自带头纺纱织布，为宫中的后妃们做出表率。她的服饰朴素而无华彩，饮食不讲究美味。房间没有豪华摆设与多余的器物。在她的精心约束下，宗族亲属内部和睦，对外关注民生百事，言谈举止符合礼制，彼此之间少有谗言诽谤。

虽然不知这些赞誉是否言过其实，但自东汉以来，历魏晋各朝，她的确是声誉最好的皇太后，甚至比曹操的遗孀卞太后的口碑都好。东汉魏晋南北朝，除了晋王元姬与魏卞太后，几乎找不出第三个同样的皇太后了。

只可惜，王元姬没当满五年皇太后就在泰始四年（公元268年）三月二十一日崩逝了。她临死前依然心有所忧：她拉着司马炎的手，流着泪说："桃符性情急躁，而你这当哥哥的又不慈爱。我的病如果好不了，我很担心你容不下他，因此嘱咐你，你不要忘记我说的话。"

这"桃符"就是司马炎的骨肉兄弟司马攸，他被过继给司马师当养子。原先司马昭想要好名声，说是要把政权交还给司马师的后代！

若不是贾充劝阻，这龙椅要被司马攸坐上，而司马炎只能在边上称臣！这事对司马昭来说，反正都是自己的儿子当皇帝。但对司马炎来说，却是天壤之别。

正因为有那一剧幕前戏，如今坐上龙椅的司马炎难以心定。当母亲的最知道儿子的心意，问题是这司马炎能否记住母亲临终前肺腑之言？

潘安貌美

泰始四年（公元268年）正月十九日，洛水北面的广大田野，出现大队红红绿绿的美女。她们着短衣短装，露出白嫩的双手耕地播种。这是司马炎大帝率宫廷嫔妃到此耕种藉田。这不是作秀，而是真的！前文不是提到过皇太后王元姬亲自动手纺纱织布吗？根据当时勤俭节约的规定，宫廷也必须为全国作表率，参与耕作纺织！

于是宫廷美人，哪怕是皇后贵妃，都在皇帝带领下下地耕作！其实，常年在宫中待腻了的嫔妃们也是乐得挑个好天气到广阔的天地走走，以倡导劳动光荣，而且将来收获的食粮用于来年的宗庙祭祀。这是天大的好事啊！

既然这是全国的表率，那就要好好地宣传宣传。这重任就落实在时任车骑将军贾充的肩上。贾充是晋朝的头号开国功臣。车骑将军的职位是否低了一些？其实，汉魏晋时代，能与"三公"并列的武将是大将军、骠骑将军、车骑将军。但由于东汉以来，大将军总成为篡权的标志，一进入晋朝，大将军就被空置了。还由于鼓励东吴将领投奔晋朝，又将骠骑将军的虚职授给了东吴宗室的降将孙秀，这样车骑将军贾充实际上已经是晋朝最高阶的将领了。他享有与司徒、司马、司空一样的仪仗，享有独立的衙门，而且实权更大！

不过，右手握刀把子的车骑将军贾充，让其左手去握笔杆子，合适吗？

事实上，贾充还是不负众望的。他出色地提交了满意的答案。一篇歌颂司马大帝躬耕的名篇《藉田赋》从此载入史册！贾充还把二十一岁的小天才作者介绍给司马大帝！他就是将军府的掾属潘岳！说形象些，如果车骑将军贾充相当于民国军头吴佩孚的话，那潘岳就相当于杨云史！不可否认，潘岳、杨云史都是才华横溢的美男子，只不过，一个是晋朝人，一个是民国人。

《藉田赋》不是即兴作品，而是贾充预先布置给潘岳的命题作文。这篇赋读起来，第一印象是文字华丽且夸张，内容不多却气势磅礴。不歌功颂德行吗？不用华丽辞藻行吗？那些正是贾充想说的，也正是司马炎想听的。贾充把文稿收去，认真地看了好几遍，甚是满意。

　　于是，贾充把《藉田赋》呈给皇帝。司马大帝果然龙颜大悦，几行入目，竟拍案叫绝！或许妙语金句太多了，也或许是万岁看腻了皇家博士同题材的诗赋，才转而赞扬年轻人的新作。的确，皇上此时才三十三岁，本就是一个年轻人啊！或许，他理所当然更喜欢新人。

　　皇帝的赞扬，声震朝野！潘岳因此扬名天下。

　　潘岳擅长于修饰章句，堆砌文字，是著名的辞藻铺陈高手。从而有人批评其诗赋有点"绮丽空洞，徒饰增华"。其实这种批评很难说是公正还是不公正，但潘岳的《藉田赋》确实与建安年代的诗风有很大的区别。然而，那些特点并非潘岳所特有，而是魏晋六朝后期诗赋文章的共同特征，是时代文风使然。同时代的张华、潘岳、潘尼和远在东吴的陆机、陆云兄弟、甚至左思这些所谓的"太康诸家"团体成员，也或多或少如此。

　　潘岳就是成语"貌比潘安"中的潘安！帅哥潘郎因美貌、佳作出名，更因本次受到皇帝的赞赏，从而美名四扬。他美好的容貌和优雅的神态风度，深深地吸引了帝都的佳人少女。他成了万人迷。洛阳城大小街道，只要出现了潘安，就多了一道美妙绝伦的风景线。只要有潘帅哥的身影，周边的女人都情不自禁地驻足观看，痴凝的眼神充满欲望与幻想；只要有潘郎的声音，总会爆发出阵阵美女佳人的欢呼与尖叫，个个都希望自己的声音能唤来潘帅哥的目光。不论潘帅哥驾车穿过大街还是小弄，不光是少年贵妇，就连老姬都会为之着迷，换来的是投向车内之香果蜜梨。潘岳一趟来回，车就满了。这就是成语"掷果盈车"的源头，它与"潘安貌美"或"貌比潘安"的传说一道成了千百年的神话。

　　历代文人赞不绝口地夸耀小帅哥潘安。不过，所有溢美之词，多数出于他死后文人骚客美好的描述。当然，同时代诸人夸耀潘帅哥的文字也有一些。离潘安年代最近的《世说新语·容止》是这样赞美他的："潘岳妙有姿容，好神情。少时挟弹出洛阳道，妇人遇者，莫不连手共萦之"。

　　"少时挟弹出洛阳道"表明，少年时期的他绝非京剧舞台上文弱小生那种病态之美，而是含有尚武好勇少年所包含的顽皮与野性，是一副无拘无束的阳刚形象。难怪帝都洛阳道上的女人，不论是千金少妇，还是村女老叟，凡遇见了都禁不住内心莫名的冲动，"莫不连手共萦之"，巴不得把这位邻家小哥拉过来亲亲。

不过，与小帅哥"连手共萦之"并拥抱成功的只有一位女孩，她就是名叫杨容姬的豪门千金。整个拥抱过程速战速决，他俩早早地结为夫妻。杨容姬父亲是扬州刺史杨肇！有这样的背景，自然会有权贵出面提携举荐，潘小哥顺利跨进洛阳太学的朱红大门。

十八岁那年，有名人举荐潘安到贾充幕府当幕僚。贾充是司马昭临终前给司马炎指定的顾命大臣，其重要性不言而喻。他的实际职务变化很快，短短时间内当过车骑将军的领散骑常侍、领尚书令，随后就是司空、太尉等。潘安是车骑将军的幕僚，但流传的资料多说他是"司空掾"，其实并无不可，反正贾充后来的确有过司空与太尉的头衔。潘安在这样一位特级人物手下，只要不出意外，必将前途无量。

⊙
一入侯门深似海

作为西晋开国功臣，贾充被封临颍侯又加为鲁郡公。称贾家"府门深如海"是一点也不过分的。贾府何止是深，更有某种神秘与吊诡！

提起西晋洛阳贾府，大家会联想到小说《红楼梦》中的荣、宁两家贾府。这里不是想比较不同朝代的贾府之门谁更深的问题，只是想说《红楼梦》荣府有个妒忌心十足的女当家王熙凤，而洛阳贾府女当家郭槐比王熙凤更厉害泼辣。

贾充的夫人郭槐是名门之后。老爸郭配是曹魏的边关太守，伯父郭淮更是著名的封疆大臣。郭淮接替夏侯玄的征西将军兼雍州大都督后就屡破诸葛亮与姜维，随后官居车骑将军。郭槐二十一岁那年成了贾充的填房夫人，一过门就立刻展示了一个不寻常女人的风格。或许是将门之后所显示的强势，或许是北方粗放的环境造就其火爆的性情，也或许是嫁人后备受宠爱，助长了她一意孤行的行为风格。

在贾府，她不怒自威，一怒翻江倒海。她是贾充的一剂猛药！朝廷上处于一人之下万人之上的贾充，回家见到她，就顿时矮了下去！强打精神聆听夫人的训斥。郭氏强过老公一头的全部资本只因她的忌妒、刻薄与刁蛮的本性。贾充被她整怕了，这与《红楼梦》中贾琏与王熙凤的关系有点类似。

郭槐与贾充育有两个女儿：时年八岁的贾南风与五岁的贾午。后来，她又为贾充育下小衙内贾黎民，一出生就雇奶妈抱养。小衙内刚满周岁那天，贾充忙完官务回家，见奶妈正抱着乳儿在院子里玩。娃娃一看见老爸便高兴得手舞足蹈。天伦之乐令贾充不由自主地走过去，亲了一下托在奶妈手里的娃。不料远远路过的郭氏正投来一瞥，模糊的视觉令她抓狂：她推定贾充一定是偷荤尝腥，与奶妈有一腿。于是她抽下一柄刀冲将过来，不由分说地将奶妈一刀砍倒！

这可吓坏了小衙内！他又惊又吓不住地啼哭。一天过去了因想念奶妈他继续哭，饿了也不吃别人的奶；两天过去了，还是不吃不喝。小娃娃就这样生生地断了气。千呼万唤来的贾家男性接班人，就这样夭折了。一年后郭氏又替贾家添一男丁，但同样的悲剧又再次上演。此后，他们除了贾南风、贾午两个女儿外，再也养不出新的男性后代。

晋朝开国司空裴秀的夫人郭氏也是郭配太守之女。也就是说，裴秀与贾充是连襟。这也能理解，为何名门大族的河东裴氏后来会是太子妃贾南风的强大后盾。

《红楼梦》中的贾家有荣国府、宁国府，大晋开国功臣的贾家只有一府？不是！郭夫人只是贾充的续弦，贾充还有原配夫人李婉。他们早在三十年前已经完婚，先后生育了贾褒（荃）和贾浚（裕）两个女儿。所以，郭槐只是续弦，是贾荃和贾浚的后妈！

郭夫人成了贾充的续弦后，不知不觉地又十年过去了。贾充的大女儿贾荃已年过二八，成为齐王司马攸的夫人。

齐王妃贾荃陆续为齐王司马攸生下了司马蕤、司马冏、司马赞、司马寔等四位王子。他们算是司马师的养孙，却是司马昭、王元姬的孙子。不管怎么说，贾荃为司马家族延续了香火。这四个小王子喊贾充为外公当然没有问题，但喊谁为外婆就有问题。齐王妃贾荃是不情愿让自己的儿子喊郭槐为外婆的！贾荃亲妈还在人间，她就是贾充原配夫人李婉！李婉才是小王子的外婆！

自李丰、夏侯玄被司马师陷害而死后，贾充为了与大逆不道的反革命野心家李丰划清界限，就断绝与李婉的夫妻关系。李婉因此遭充军发配，流放到现属朝鲜国的乐浪郡。

西晋新朝大赦天下，被流放乐浪郡的李婉恢复名誉返回洛阳。司马炎想做个顺水人情以化解那桩历史公案。他特批李婉、郭槐同时为贾充的左右夫人。然贾充却谢绝了司马炎的好意！

什么原因？贾充当年发誓效忠司马家族，誓死与李家反革命集团划清界限，自己怎敢食言？另外更可能因为那说不出口的"妻管严"郭槐夫人。郭槐是悍妻又醋劲十足。贤惠温柔的前夫人李婉虽宅心仁厚，但也是有主见、有性格的名门闺秀。两者显然是不能在同一个屋檐下过日子的。于是李婉回洛阳之后另在洛阳建屋居住，她是鲁郡公爵原配夫人，她女儿是王妃，这王妃只认她这个母亲！也就是说，贾家前后夫人各有一府分门居住，其一是李夫人府，其二是郭夫人府。所以，洛阳有两个贾府。其中一府主李婉是齐王司马攸的丈母娘！司马师、司马昭的亲家母。

但贾充就是不与李婉同居。他没有执行司马炎的圣旨。为了恢复母亲在家中的合法地位，齐王妃贾荃与妹子贾浚齐齐跪在父亲面前，苦苦哀求贾充立即与郭槐离婚，与母亲李婉恢复正常夫妻关系。但遭贾充拒绝，齐王妃贾荃因此又气又怨。李婉返京后遭受冷遇，当然导致齐长公主、任凯、王妃贾荃鄙视贾充。这批人后来也自发加入齐王司马攸的"饭圈"。

贾充爱搞团团伙伙、拉帮结派，其中裴秀、荀勖、荀颛、冯紞等人与他关系尤为特殊。这造成了朝廷文武百官与贾充多有矛盾，其中又以任凯等亲齐王派系官员与贾充的矛盾特别深。

由于恨乌及屋，潘安作为贾充的门客与红人，政敌们也没有把他与贾充区别开，所以潘安并没有因为《藉田赋》得到司马炎的一句赞扬而飞黄腾达。他必须走常规途径：潘安被调出贾府外派洛阳郊县出任县令。这原本是提拔使用的前奏，潘安却以怀才不遇之态反复埋怨世道不公，他因此郁郁不得志。

须知，曹操在他那年龄也被外派当过邱顿县令。曹操却把那段经历当作教育儿子的教科书。显然，这就是潘安与曹操之间巨大的人格差异。其实，潘安在贾府认识了郭槐、她的女儿贾南风、贾午以及贾谧，仅凭这点，就令其具备了别人不可能有的优越条件。其实，当时另有一位与郭槐、贾南风、贾午以及贾谧保持密切关系的人，他名叫石崇！他因此与潘安成了朋友。他俩都视贾充、郭槐为再生父母，以至每逢郭槐的车马路过，石崇、潘安两人总是站在路左致礼，望着远去的车尾扬尘而顶礼膜拜。成语"望尘而拜"说的就是这件事。

知子莫若父

泰始四年（公元268年），东吴独裁者孙皓命老将丁奉与诸葛靓攻打合肥。

诸葛靓就是司马昭政敌诸葛诞之子。当年诸葛诞以儿子诸葛靓为人质，换得东吴出兵救援。后来诸葛诞失败被杀，东吴方面不但不嫌弃，而且是好生培养诸葛靓并重用为右将军。丁奉死后，诸葛靓还升迁为大司马。这说明，三国时代的琅琊诸葛氏兄弟三族的确人才辈出！

战前，张辽已死，合肥的主将是司马炎的亲叔司马骏。司马骏是个庸人，老将丁奉对他不屑一顾，而被看成对手的则另有其人，那就是石苞！晋朝骠骑将军兼征东大将军石苞是淮南扬州一线真正的顶梁柱。他长期驻防淮南一带与东吴对抗，是丁奉的老对手，彼此互有胜负。丁奉深知此人比张辽更难对付。考虑到此前，东吴曾经吃过钟会制造假书信的苦头，丁奉决定以其人之道还治其人之身，也在书信文件上搞点花样，回击一下司马家族。权倾一方的石苞是封疆大臣，但他常以帅哥雅士的面目出现。时人说："石仲容，姣无双。"这石仲容就是石苞，虽然话中这个"姣"用在男人身上，特别是用来形容晋朝首屈一指的大将，着实让当代人难以接受。可是，魏晋时代，男人爱穿华丽服装，上粉装嫩甚至与女人比美，那是一种风气。从而用"姣"字赞美帅哥，并不令人反感。石苞年轻时就是一个人见人爱的伟岸美男！他不仅因仪容美而招人喜欢，同时还为人儒雅豁达，不拘小节，明智有器量。也就是说他还善于交朋友。有了这些优点，石苞为人处世，处处占便宜。然而，他却以贪财与好色的恶行扬名天下。其最缺乏的是品格、高尚与气节！他广收天下财富成了一方富豪，却广播风流种而在世间欠下无数的风流债！自从当年的司马宣王把石苞从收购废铁的地摊摊主培养成晋朝大将以来，贪财与好色就是他一生不可或缺基本坚持。

石苞的这些负面影响，在当时的国际交往中，往往容易被对手利用。就在晋朝和东吴交战前夕，石苞收到了东吴老将丁奉的来信。其实那信是丁奉命人代笔的，文字中能让人看懂的几句，无非是些声色犬马之类，里面还包含少许石苞耻于示人然而又是无关大局的闲话。

问题是，大将丁奉大老远地发起北征，当然是来攻城略地、杀人放火，而非跟石苞交朋友。那他给石苞那些不着边际的无聊信件有什么用？很明显，大家会想到"开玩笑"这词汇。丁奉的确在向石苞开玩笑，不过开的是一场国际玩笑！

正由于石大将军贪财好色的名声，这种国际玩笑，对他来说是万万开不得的！很容易被误解为"不可告人的国际交易"！

同时，京师出现了一些童谣，其中一则如下：

宫中大马几作驴，大石压之不得舒。

这童谣很容易被想象成是取笑待在宫中的"大马"司马炎：他几乎成了一头蠢驴，被石苞这块大石压得难以忍受！这会不会正是那位东吴丁老卒故意散播的政治谣言？

恰巧，朝廷派出的监军王琛长期与石苞钩心斗角。于是他就向司马炎打小报告，说石苞与东吴私下书信往来，莫非有什么不可告人的幕后交易？还把童谣也抄成文字捎给司马炎。王监军的暗示使司马大帝狐疑不定，于是就想召回石苞的儿子石乔，给其加官晋爵。这当然只是用幌子试探手下。偏偏这位石乔响应不热烈，他没有快速地赶去洛阳受封。此迹象十分可疑！尽管大将羊祜在圣前替石苞说了不少好话，但司马炎还是不信，他下决心撤换石苞。

　　水军出身的老将丁奉，擅长步战，短兵相接时尤其凶猛无比，曾以三千水兵弃船登岸徒步抢滩，让胡遵、石苞的七万大军溃败。但要离间计，用软刀子伤人，这还是第一次。然而，丁奉的软招却也立即见效！他给石苞的信寄出去没多久，石苞果然被撤职调回。虽然此仗丁奉照样没能拿下合肥，也没抢到当地多少人口与物资，但离间计还是用得非常精彩。

　　石苞被解除军权后升任虚职的司徒，泰始九年前就去世了。他一生贪财好色，风流债欠了无数，银两钱财积累了不少。临死前，他把积累的钱财分给五个儿子，唯独小六子石崇一文不给。石崇的母亲非常失望，向丈夫恳求。石苞却说："虽然这小六子年纪最小，日后却是能够挣得最多产业的一个，因此完全不需要靠我给予金钱生活。"

　　知子莫若父。果然，后来的事实证明，在捞钱玩女人方面，石崇是青出于蓝而胜于蓝！他样样强于老爸石苞！同样石崇也是官匪一家的老手，借此掠夺天下财富，最终成为西晋第一豪华财主！

⊙
捧杀贾充

　　从泰始七年（公元271年）开始，西凉鲜卑首领秃发树机能发动叛乱。晋朝接连遭受失败，朝野震动。此时，征东大将军石苞已被削权靠边，司马炎手中无上将，于是寝食难安。恰巧，侍中任恺和中书令庾纯来到宫中，向司马炎推荐由贾充挂帅消灭秃发树机能。

　　贾充的确有点能力，也长期担任过中领军之职，但自晋朝成立以来，贾充就再也没有出京指挥重大战役了。他还适合吗？司马炎犹豫不决。

　　其实，任恺、庾纯都与贾充有过节。首先是贾充弑君杀曹髦的行为令他俩厌恶。此外还有贾充因政治站队问题而嫌弃原配夫人李婉。任恺不像贾充那么势利，李婉的弟弟李韬被司马师杀害，齐长公主成了反革命家属还领着三个儿子。任恺不顾世俗偏见，当了"接盘侠"照顾了齐长公主及遗孤。就这样，任

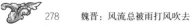

凯与贾充之间出现了一道坑。而贾充与庾纯的矛盾源头是：司马昭想传位给司马攸时，贾充正巧嫁女儿贾荃给齐王司马攸，是政治投注吗？众人怀疑。而随着司马炎登基，贾充又见风使舵，逐渐背离司马攸，同时也冷落自己的女儿贾荃。庾纯恰就是齐王司马攸的忠实粉丝，他同情齐王妃贾荃和齐王的岳母李婉！这些正是任恺和庾纯结成反贾统一战线的因素。当然最主要的是，这两人从内心厌恶贾充弑杀曹髦的行为。

任恺和庾纯知道，依靠揭露控诉贾充罪行的办法是扳不倒他的，唯一可用的是通过给贾充戴高帽子来"捧杀"他，先把贾充从司马炎身边移开！一旦贾充失去皇上这大靠山，收拾起来就方便多了。此次西凉秃发树机能暴乱导致边疆告急。任恺和庾纯同时想到利用此事收拾贾充。于是，他们一道向司马炎吹捧贾充的军事天才，力荐他挂帅出征大西北的凉州，平定秃发树机能叛乱！即使达不到借刀杀人弄死贾充的目的，把此人调离皇帝身边也是不错的。

然而司马家族顺利取代曹魏，司马炎登基当皇帝，贾充功劳很大。这点，司马炎十分清楚。所以倘若有人说贾充的坏话，他倒会考虑一下说话人的动机。但今天这任、庾两人一个劲地夸贾充的才能与功劳，司马炎听着挺顺耳的，想想也觉得有道理，于是下旨，令贾充挂帅带兵西征！

贾充毫无思想准备，突如其来的圣旨惊得他倒吸一口凉气："有人加害于我！"派人打听，果然是任恺和庾纯两个杂种在背后搞鬼！贾充本就是个睚眦必报的人，恨不得一口吞了这俩小子！不过，眼下最重要的是解决自己不要去西北边疆的问题。然圣意难违，出征的事是箭在弦上不得不发了！

当时，荀顗、荀勖和冯紞都是贾充的密友。荀顗是荀彧的第五个儿子，他虽无实权，但地位比贾充还高；荀勖是个点子极多的人，当年就因他在司马昭面前的一句话，导致钟会、邓艾、姜维的可悲下场！用他的招整人，一定是招招见血；冯紞出身长乐冯氏，晋书称他博涉经史，识悟机辩。实际上就是说他能言善辩，口若悬河。他与贾充合作，当然是利益使然。

焦头烂额的贾充此时束手无策，只好求小兄弟荀勖和冯紞出主意。

不过，即使是超级智囊荀勖和冯紞，在第一时间也无计可施。最后决定，让贾充设法拖延，等待两个人回家想出好办法再说。

　　贾充先是装病，过了好长一段时间才开始招募兵卒，然后又是练兵整训，拖拖拉拉地挨了几个月。等得不耐烦的司马炎出面催促："难道你要等秃发树机能老死了才出兵？"

　　的确，贾充权力太大，司马炎本也有点顾忌。再加上司马昭一度主张把权力归还给司马师的继子司马攸！而贾充恰在那时把大女儿嫁给了司马攸！这能说贾充不是脚踏两只船？虽然，后来贾充劝司马昭把权力留给司马炎。但司马炎不能不因此认为贾充城府太深！所以，司马炎明知任恺、庚纯与贾充之间是朋党之争。在这关头，司马炎并没有替贾充背书，而是采纳了任恺、庚纯的主张！

　　诡计多端的荀勖和冯紞怎么想不出办法？还不是因为贾充是司马攸的丈人泰山！司马炎最忌讳的正是这个亲如手足的兄弟司马攸！

　　荀勖和冯紞明白，不改变贾充在司马炎、司马攸之间的关系比重，就改变不了司马炎的决定！

　　久等无消息，贾充无奈地带着大军出发了。

⊙

丑女南风

　　朝廷文武百官在洛阳西门外的夕阳亭摆下百桌大宴，为贾充饯行。大家异口同声地预祝贾充旗开得胜，马到成功。扬扬得意的任恺和庚纯也在其中举杯送客！此时的贾充急得都快要哭了。他与百官周旋着，也顾不得恨任、庚两位，而是急切地盼着荀勖和冯紞的出现。

　　来了，他看到了荀勖，"冯紞呢？"贾充再也等不住了。

　　"他还在家里想办法。"荀勖干脆利落地回答。

　　"那你呢？"贾充急得落泪了。

　　"要是没有主意，我就不会来找你了。"荀勖微微一笑。

　　贾充大喜，急忙拉荀勖一起去更衣。说穿了，更衣就是蹲坑上茅厕！记得汉桓帝在紧急关头拉单超、徐璜、具瑗、左悺、唐衡五太监到茅厕歃血为盟的事吗？

进茅厕，荀勖说："皇上一直在为太子的婚事操心，您有两个女儿待字闺中，何不挑个女儿嫁给太子？如果成功的话，婚嫁在即，您也就不需要远行了。"

贾充听了不禁犯愁了："此计虽好，恐怕皇上不会看上我的两个女儿。"

贾充为什么这么说呢？原因是前妻李婉的确漂亮。两个女儿非常出众，可惜都已嫁人了。大女儿就是齐王妃！至于还剩下的未嫁的两个女儿，是郭槐的基因，特别是老三贾南风，皮肤黑不说，一副恐龙相实在不敢示人。贾充曾经有过把女儿配给太子的念头，但司马炎嫌贾南风丑而看上卫瓘的女儿。贾充提出最小的女儿贾午，司马炎却嫌年龄太轻。反正贾充已经碰过壁。

不过，荀勖劝他不要灰心：世间无难事，只要有后门！

荀勖瞄准了一扇后门，那就是皇后杨艳。

杨艳是司马昭亲自为司马炎挑选的儿媳妇。她长得漂亮，而且父亲已死，不存在外戚干政的隐患。还有，相面师也一再赞扬杨艳的富贵相，于是司马昭拍板定下。成婚后小两口感情也十分好。不过，杨艳一当上皇后就包办了司马炎娶妃子的事。她把面容姣好的一概淘汰，而留下一批五大三粗的"恐龙""半恐龙"。对此，司马炎也不敢说二话。不过，杨艳招丑女的过程中还是为司马炎招来了一位名叫左棻的才女。虽然左棻毫无艳丽可言，但文采极好。还有，因左棻被选入宫，她哥哥左思也举家迁居洛阳并当上秘书郎的小官。左思后来是名人。从这点说，杨艳给晋朝做了一件好事！

杨艳给司马炎生下三子三女，分别是毗陵悼王司马轨、二皇子司马衷、秦献王司马柬、平阳公主、新丰公主和阳平公主。长子司马轨两岁就夭折了，所以追为毗陵悼王。泰始三年，九岁的司马衷被立为皇太子。但司马衷成长中却出了麻烦：不知是因为发过脑膜炎，还是有其他疾病，他整天痴痴呆呆，不是智障却胜似智障。

一个大脑痴呆者能当皇储？司马炎坐不住了，他想换一个。但杨艳说："设立嫡子制度，就是依年长而不依才能，怎么可以改换呢？"是啊，母以子为贵，哪怕司马衷是低能儿，还得了痴呆症，杨艳坚持要司马衷将来继承皇位。

在强势皇后的坚持下，司马炎也就同意了。

在对待儿子婚姻的问题上，杨艳皇后知道，为痴呆儿子选老婆，漂亮不漂亮不是主要的，能帮助他继承皇位的政治背景才是重中之重！所以，当荀勖向杨艳皇后为贾家提亲时，杨皇后当即表示可以考虑。她需要贾充这种身份的人当亲戚，有利于保障司马衷不被其他人废掉。

只是，贾充的小女儿贾午才十二岁，长得太矮小，实在无法滥竽充数。从而太子妃的人选只有一个：贾家老三贾南风！只是她的长相实在不敢恭维，杨皇后也暂时沉吟不语。

荀勖、冯紞和贾充的妻子郭槐继续展开攻势，重点放在如何把贾南风扶上太子妃的事落实下来。办法不是没有，但唯一可行的就是重金贿赂。行贿目标就是司马炎与皇后杨艳身边的人。这些人收到银两礼物之后自然在皇帝、皇后面前猛夸贾南风的优点。杨艳皇后听多了贾南风的好话，也不再犹豫了。为了确保儿子的皇储地位，她也主动向晋武帝司马炎游说：非得立贾南风为太子妃不可。

不过，婚事临近时，晋武帝又流露出太子想迎娶卫瓘的女儿为太子妃的念头。这贾充把大女儿嫁给皇帝的亲弟，如今又把三女儿嫁给太子。这伦理辈分都搞乱了，成何体统？再说，人人都说贾南风简直就是一条"恐龙"，难道太子不娶美女却偏要娶贾家的"恐龙"不成？

然而皇后吹来的耳边风一刻不停。皇后杨艳不停地盛赞贾南风的美德，又秘密授意太子太傅荀顗出面进言相劝。荀顗是荀彧的儿子、荀粲的五哥！这荀顗、荀勖接过当年荀彧、荀攸的班，成为颍川荀氏的带头大哥。原本忠实于曹操的荀彧、荀攸是颍川荀氏家族，不知不觉之间，就全部倒戈而拥护"天下共主"司马炎。面对颍川荀氏这股强大势力，自我标榜为"天下共主"的司马家族，不能不更倚重一些。颍川荀氏居然出面帮助说话！可见，这贾家的后援团与贾南风的圈子十分强大，公关能力非同寻常。晋武帝见荀顗、荀勖也说这些话，便同意了这桩婚事。

这边，贾充还不知道事情的进展，内心忐忑，却不得不随军西去。大军每天前进十里，超过十里地便驻地休息，不再前进。就这样蜗牛般地走走停停，到了十一月也没走出多远。这天，贾充得到圣旨："因女儿婚嫁在即，罢贾充西征之任，仍旧归职朝堂。"

贾充大喜，兴冲冲地抛下队伍往回走，任恺和庾纯的如意算盘落空。

高贵乡公安在？

一身轻松的贾充以急行军速度回到洛阳。

泰始八年（公元272年）二月，贾南风被册封为太子妃。太子大婚，皇宫相府，彩灯高挂，鼓乐喧天。在一派喜庆气氛中，太子妃贾南风乘着凤辇进宫。

其实，晋武帝事前已有准备：他担心太子年幼愚憨，不懂男女帷房中事，搞不定贾南风。于是就派一个叫谢玖的才人去东宫侍寝。要她言教身教，向太子传授闺中秘诀。此事令人狐疑：谢才人是什么身份？她不就是皇上的小老婆嘛！司马炎如果不是戴了绿帽子的话，他的小老婆如何就精通了"闺中秘诀"？当然只有一个答案：谢玖的全套本事是老公身传言教的！司马炎也自然是通过亲身实践，检验了谢玖的高超技能。

谢才人也果然不负使命，不但让太子掌握了对付女人的全套手段，还让傻太子真的爱上了自己。不知不觉中谢才人腹内珠胎暗结，怀上了帝王家的龙种！这年正是咸宁四年（公元278年）。因担心遭太子妃贾南风的毒手，肚皮渐趋饱满的谢玖悄悄离开东宫返回后宫，不久生下了司马遹。司马炎高兴地宣布自己有皇孙了！

此时，皇亲贾充重返朝廷的权力中心与舆论中心。而任恺继续充任侍中，侍中就是皇帝随身智囊团成员，相当于御前特别助理，他深受司马炎的信任！睚眦必报的贾充容不下眼前的任恺，一心想弄点手段整他一下。

贾充的朋党冯紞认为，任恺经常和皇帝在一起，不好下手，要想办法把他调离这个重要职位。想当年就是任恺给贾充戴高帽子，用捧杀手段让贾充老老实实上西北前线,如今何不以其人之道还治其人之身?贾充觉得有理,当时正值荀顗升官空出太子太傅的空缺,贾充不失时机地上书称赞任恺"忠诚坚贞,气度纯正,宜在东宫使护太子。"

司马炎一想也是这么一回事,于是让任恺以侍中身份兼任太子太傅。

贾充听到这个任命之后,气得一口气差点没上来。他本来想给任恺调个职务,没想到司马炎来这么一手,让任恺身兼两职。任恺不但没有和现在的皇帝脱离关系,还傍上了太子这个未来的皇帝。

恰巧此时,吏部尚书山涛升任尚书左仆射,司马炎正愁无人接替山涛。贾充就再次推荐任恺为吏部尚书。吏部尚书是个位高权重的职位。贾充的提议正好解决了皇上的难题,事情就决定了。这回总算是把任恺调离了皇上身边。吏部工作繁忙,任恺少有功夫去拜见司马炎。就这样,贾充的机会来了。他与荀勖、冯紞三个人就开始说任恺的坏话。一开始,司马炎还替任恺说几句公道话,但时间一长,就对任恺也有了些其他想法。

我们注意,尚书仆射有左、右两大员:他们分别是原来"竹林七贤"的大哥山涛与司马珪。从姓氏上看,司马珪似乎与皇亲国戚搭边。说起来的确如此,他是司马炎的叔父。

突然有这么一天,司马皇叔突然上书弹劾任恺。举报内容是:任恺吃饭用的是皇家专用器皿。这可是僭越大罪啊!问题是我们一点也不知道,司马皇叔为何出面蹚这浑水,帮贾充说话?司马炎一听就火了,御用的餐具任恺也敢用!当即就下令免了任恺的官职,还派人去彻查。随后大家想起:任恺不就是魏朝齐长公主的第二任老公吗?齐长公主是魏明帝的独生女儿,家里有点宫廷器皿不算奇怪吧!不能因此就说任恺僭越。但此时司马炎不再为任恺站岗背书了。他随手打发给任恺一个闲职了事。

在晋朝,任恺与齐河公主还留恋魏朝御用器皿做什么?再说,任恺认领的三个儿子,其父亲是犯夷三族之罪的前朝驸马李韬!任恺的政治觉悟,究竟是高了,还是低了?

任恺挨了这当头一棒之后,情绪萎靡,过了几年便郁郁而终。

整完了任恺,下一个轮到庾纯。这年七月晋帝升贾充为司空,继续兼任侍中、尚书令、车骑将军领兵。司空、司徒、司马这是朝臣中地位最高的三位，往往官员晋升成为这"三公"，总会卸任原有的实权官职。贾充却能带着侍中、尚书令、车骑将军领兵这三个实权官职，这说明他的确是货真价实的一人之下万人之上的权臣。

为庆贺，贾充在府中宴请朝中百官。众人坐定，只见河南尹庾纯姗姗来迟。庾纯不是上品出身，而是从基层役卒"五人长"的卑贱身份提拔的。贾充本来看到庾纯就来气，于是揭底挖苦庾纯出身卑贱。庾纯不服气，就说自己到农贸市场去处理琐事，才误了时间。这话分明是反嗤贾充祖上也不过是个欺行霸市的黑猫警长！于是，双方心中不快。席间庾纯向贾充敬酒，贾充借醉不饮。庾纯火了，怒责道："论年龄我是你的长辈，你竟敢不喝我敬你的酒？"贾充反唇相讥："既然你也知道尊重长辈，你就该回去供养你九十多岁的老父亲。父老而不归养，你还有脸在这里充长者？"于是一场口舌大战展开。

庾纯暴怒："贾充！天下凶凶，由尔一人。"

贾充炫耀说："充辅佐二世，荡平巴、蜀，有何罪而天下为之凶凶？"庾纯气极了，不假思索，便搬出撒手锏。他怒问："高贵乡公安在？"

弑君的事，自然是贾充难以回避的天下第一丑事。

然而这一声，惊天动地！几乎要颠覆晋朝司马江山！庾纯是怒令智昏，讲出此等大逆不道的言论。贾府的左右卫士气急败坏，纷纷向前抓捕现行反革命！

眼看庾纯大亏吃定了，侍中裴楷、中护军羊琇、驸马王济、中书侍郎张华等见状不妙，于是一齐上前，护着庾纯逃出贾府。贾充这场充分准备的酒席被搅散！

贾充受辱。他哪肯咽下这口气？加上此前庾纯和任恺联手，差一点把自己弄到大西北边疆当炮灰！于是，他辞去了官职。接着是他忠实的朋党荀勖、冯紞等联名上表，劾奏庾纯。庾纯见状不妙，立即上表自请辞官。司马炎也觉得庾纯太不像话，居然敢在席间提到曹髦的事。那不等于当着百官的面，揭他父亲司马昭的丑行？当即免去庾纯的官职。

不过庾纯和任恺不同，他是有背景的，后台就是齐王司马攸，然而此时齐王能帮上忙吗？其实，就因庾纯，司马炎对自己的手足兄弟司马攸有所顾忌。加上太子妃贾南风不时哭诉齐王妃贾荃傲慢无理，不把自己和母亲郭氏看在眼里。司马炎更是迁怒这位御弟。所以，尽管齐王替庾纯说了不少好话，但司马炎就是不听，甚至下诏全国要肃清庾纯余毒！此举大涨了贾充的威风！

这场发生在贾充、荀勖、冯紞与任恺、庾纯之间的缠斗，以司马炎的偏心而决出胜负，其后果是造就并成全了中国历史上千古悍后贾南风！

贾充贪生怕死，想尽办法逃离战场，结果因为丑女当上太子妃，自己不但不用冒流血牺牲的风险，反而官职越升越高，权力也越来越大。

其实，晋朝与秃发树机能的战争不是那么好打的。此后数年间，晋廷连吃败仗！封疆大臣牵弘、胡烈、苏愉、杨欣等接连被打败而死！牵弘、胡烈、杨欣都是当年与邓艾一道走阴平古道，征服西蜀的有功之臣！如果这场征讨西凉的事仍由贾充指挥，这损兵折将的责任，他担得起吗？

不过到了咸宁三年（公元277年）三月，西凉战局发生重大变化，秃发树机能遇到了克星。此人就是当年在战场上吓掉司马师眼珠子的猛将文鸯以及另一位名将马隆。其实，倘若司马师不死，就没有司马昭后来的局面。所以，司马昭内心对文鸯并无敌意。当文鸯陷入走投无路之际，司马昭不计前嫌，安抚并收留了文鸯。晋朝成立之后，司马炎也让文鸯出任平虏护军。

牵弘、胡烈、苏愉、杨欣被秃发树机能战败死亡后，文鸯临危受命，以无敌将军名义都督凉、秦、雍州三州军马，大破秃发树机能。羯、羌、部落二十万人归降，文鸯名扬天下。

随后，名将马隆继续清理西凉残部，并把羯胡、鲜卑各部移民入中原，逐渐化解了西凉之乱。但马隆此举，造成羯胡、鲜卑与匈奴各部在中原混杂居住。其中不乏石勒、石虎等异族猛人，他们终将成为晋朝天下的心腹大患！

文鸯因功被朝廷任命为东夷校尉、假节。他向司马炎告辞上任时却被免官退休。因为司马炎看他不顺眼。文鸯确实是收服西凉异族的一剂猛药，但更可能是司马家族的克星！他被削去兵权后寄居洛阳。

韩寿偷香

升任司空的贾充又充实了幕僚队伍。原先充当掾属的潘安此时还留在基层当县令，另外来了一位新帅哥韩寿当司空掾。韩寿来自南阳韩氏，其祖父韩暨曾为魏国司徒，自然算是名门之后。此时他刚二十上下，风流潇洒。刚入职的他充当贾充的跟班，常日在府内陪着主子与来往的官员宴饮论事。

贾南风嫁入太子东宫，待阁闺中的小妹贾午也到了"少女思春"的年龄，正为寂寞而烦恼。她不时地注视着府中来往的人员，终于瞄上了司空府这位新来的年轻人。透过窗户缝隙，她长久地窥视着这位美貌郎君，并从丫鬟口中知道了他叫韩寿。看着看着难免眼馋，相府小姐终于克制不住了。她急不可耐地差遣贴身婢女充当红娘，去往韩寿处牵线拉网。

伶牙俐齿的婢女不辱使命。她一把扯上美少年就自夸小姐"光丽艳逸，端美绝伦"，几乎是天仙下凡。一席美言撩拨得韩寿春心荡漾，巴不得夜幕立即降临。月夜，小伙子按丫鬟白天指点的方位，居然"劲捷过人，逾垣而至"！那么高大的府墙，他竟然像飞檐走壁般地一跳而过！这份能力恐怕是色胆包天所致。小千金贾午果然食髓知味，几番耕云播雨令她刻骨铭心！天明了还依依不舍，在拭泪而别之际，想到要送一份礼物给情郎。她把父亲给自己的"西域异香"塞进韩寿怀中，约他每夜必来！这里的"西域异香"究竟是什么名堂？当时没有详细说明。不过自丝绸之路开通，的确有许多名贵物品进入中原。既然这"西域异香"可以怀揣在身上飘发出使人感到愉快的香气，我们不妨想象成就是从香料中提取的，比如薰衣草。如今，新疆的薰衣草依然十分有名！

此后，一起办公的同僚常闻到书斋里飘逸的香气。很快，他们目光注意到韩寿身上！此事，不是偶然出现一两次。只要韩寿一来，香气就出现，经月不歇。这事也让贾充知道了。贾充特地来到书斋无意地走过这位年轻人身边，不禁大惊：这不就是皇上恩赐自己的"西域异香"吗？当时，得到皇上这份厚礼的人，除了自己就只有大司马陈骞了。

韩寿怎么能弄到手的？

　　贾充联想小女儿贾午近来悦畅异于常人的表现，就起了疑心。莫非女儿偷了汉子？不过，又想不清楚，这相府"垣墙重密，门合急峻"，这男女之间的苟且怎能得逞？

　　于是，贾充谎称遭贼，要修理围墙。装修队一圈查下来，回报贾充："墙那么高，不是常人所能逾越的，其余围墙没有发现什么异常，只有东北角好像有异样残留。"于是，贾充拿下女儿的左、右两婢拷问！两小姑娘不打即招，真相大白！贾充自认家丑，立即下令封口。他也来不及聘请媒妁，就悄悄传来韩寿，命他跪下，叩头认岳父！后来，这段故事就称为《韩寿偷香》。婚后不几年，两人生下二男一女：男孩韩谧、女儿韩氏及难知真假的韩慰祖。因贾充身后无男丁，韩寿、贾午的长子韩谧改姓名为贾谧，以弥补已经夭折的长子贾黎民，承接贾家香火。

　　多年后韩寿去世。因《韩寿偷香》而产生的繁华与悲剧，一股脑儿地留给了贾午、贾谧与韩慰祖。平步青云的贾谧自然引起人们的特别关注，趋炎附势者纷纷投靠，其中少不了石崇与潘安。

　　泰始十年（公元274年），皇后杨艳重病缠身。在生命的最后一刻，司马炎让杨艳头枕着自己的膝盖告别。二十余年的恩爱夫妻就要阴阳两隔了，杨艳不禁泪如雨下。她恳求司马炎答应迎娶比自己更漂亮的堂妹杨芷，并立为皇后。此时，司马炎也不禁落下泪来，点头答应了。就这样，杨艳皇后握着司马炎的手离开了人世。

　　司马炎履行诺言迎娶杨芷为皇后并封赏杨家。岳丈杨骏被封为晋侯，杨骏的两个弟弟杨珧和杨济也分别被封为将军。贾充水涨船高由司空晋升太尉。

2. 洛阳纸贵

因左思的《三都赋》风靡京师，众人纷纷买纸抄写，以至于洛阳城白纸缺货，纸价暴涨。

·

潘安秋兴

咸宁四年（公元278年），潘安32岁了。托贾充的福，他重回贾府并以贾太尉幕僚的身份兼任虎贲中郎将，平常在散骑官署住宿并值夜班。

回城了，升官了，潘安有点欣慰。然而欣慰之情没延续多久，自视甚高的潘安就嫌不足了。秋风萧瑟，美男潘安发觉自己两鬓长出了白色发丝。岁月不饶人，阵阵悲凉迎面袭来。他体验到宋玉、贾谊曾经的悲秋之感，落笔写《秋兴赋》以抒发自己内心那种淡淡的哀怨。虽有批评说潘安的文、赋多数辞藻华丽，却空洞无物，但这篇《秋兴赋》还是真实地流露了他对豪门大族垄断权力的愤慨、对官僚举荐制之不满。《秋兴赋》全文如下：

晋十有四年，余春秋三十有二，始见二毛。以太尉掾兼虎贲中郎将，寓直于散骑之省。高阁连云，阳景罕曜，珥蝉冕而袭纨绮之士，此焉游处。仆野人也，偃息不过茅屋茂林之下，谈话不过农夫田父之客。摄官承乏，猥厕朝列，夙兴晏寝，匪遑底宁，譬犹池鱼笼鸟，有江湖山薮之思。于是染翰操纸，慨然而赋。于时秋也，故以"秋兴"命篇。其辞曰：

四时忽其代序兮，万物纷以回薄。览花莳之时育兮，察盛衰之所托。

感冬索而春敷兮，嗟夏茂而秋落。虽末士之荣悴兮，伊人情之美恶。

善乎宋玉之言曰：

"悲哉，秋之为气也！萧瑟兮草木摇落而变衰，憭栗兮若在远行，登山临水送将归。"

夫送归怀慕徒之恋兮，远行有羁旅之愤。

临川感流以叹逝兮，登山怀远而悼近。

彼四感之疚心兮，遭一涂而难忍。

嗟秋日之可哀兮，谅无愁而不尽。

野有归燕，隰有翔隼。游氛朝兴，槁叶夕殒。

于是乃屏轻箑，释纤絺，藉莞箸，御袷衣。

庭树槭以洒落兮，劲风戾而吹帷。蝉嘒嘒而寒吟兮，雁飘飘而南飞。

天晃朗以弥高兮，日悠阳而浸微。何微阳之短晷，觉凉夜之方永。

月朣胧以含光兮，露凄清以凝冷。熠耀粲于阶闼兮，蟋蟀鸣乎轩屏。

听离鸿之晨吟兮，望流火之余景。宵耿介而不寐兮，独辗转于华省。

悟时岁之遒尽兮，慨伏首而自省。斑鬓彭以承弁兮，素发飒以垂领。

仰群俊之逸轨兮，攀云汉以游骋。登春台之熙熙兮，珥金貂之炯炯。

苟趣舍之殊途兮，庸讵识其躁静。

闻至人之休风兮，齐天地于一指。彼知安而忘危兮，故出生而入死。

行投趾于容迹兮，殆不践而获底。阙侧足以及泉兮，虽猴猿而不履。

龟祀骨于宗祧兮，思反身于绿水。且敛衽以归来兮，忽投绂以高厉。

耕东皋之沃壤兮，输黍稷之余税。泉涌湍于石间兮，菊扬芳于崖澨。

澡秋水之涓涓兮，玩游鲦之潎潎。逍遥乎山川之阿，放旷乎人间之世。

优哉游哉，聊以卒岁。

　　潘安自负为苏秦、张仪之才，却只当了小小的虎贲中郎将。他每日每夜禁卫巡防的街区，正是京师枢纽所在，是权贵与高官聚集地。那里"高阁连云，阳景罕曜"。他满眼看到的是戴貂皮帽、着罗绮衣的上等名士。相形见绌，潘安越觉得自己像个山野村夫、十分卑微。即使是暂领官职，混迹于朝廷百官中，也是早起晚睡无一刻之安宁。他深感自己无非是"池中鱼、笼中鸟"，一点自由也没有。在秋天里，他更加思念江湖山野。

　　细品全赋，依然可以觉察到潘安内心对权贵的仰慕与眼红："仰群俊之逸轨兮，攀云汉以游骋。登春台之熙熙兮，珥金貂之炯炯"。

尚书台的署阁一带，是潘安每日维稳的场所，也正是帝都的权力中心所在。不但有太尉衙门，更有高官府衙：从尚书台署阁向东看去，就可看到尚书仆射山涛、驸马王济、太子舍人和峤、侍中裴楷的起居场所。或许因怀才不遇而萌生妒忌心理，潘岳厌恶山涛、王济、和峤与裴楷等人。于是有一夜，署阁柱出现了一道涂鸦：

阁东有大牛，和峤鞅，裴楷鞦，王济剔嬲不得休。

《晋书·潘岳传》说，这就是潘安的杰作，但也有人指出，那是潘安的侄儿潘尼的愤慨之词。流传下来的歌谣还有另一个版本，但意思差不多：

阁道东，有大牛。王济鞅，裴楷鞧，和峤刺促不得休。

这里，"鞅""鞧（鞦）"分别指牛马拉车时套在颈后、屁股、背上的皮具。"剔嬲"与"刺促"同指劳碌不休的意思。这涂鸦，恶意诋毁高官！严重地侵犯了大人物的威严。

山涛、王济、和峤与贾冲不是一路人。倘若他们以这诽谤性的涂鸦为借口，要给潘安穿小鞋，估计后台老板贾充也是难以庇护的。再说，此时，司马懿的二女婿杜预上书建议征伐东吴。司马炎立即批准，决定发兵二十万分水陆六路攻吴。贾充被指定为大都督总统众军，身边还有张华督战。尽管贾充千不甘万不愿，最终还是奉旨出发。此时他哪还有工夫过问潘安这点芝麻小事？不过他还是体谅潘安，再次把他下放为县令。这本是出于爱护的考虑，但潘岳因仕途再次停滞而埋怨不休。

·

左修仪之宫中怨

　　那年代，左思与左棻兄妹都是颇负盛名的诗赋大家。

　　左棻出身寒门，毫无姿色，照说这样的女子，本没有进宫的机会。只是遇到杨艳这样的皇后，她偏要主持宫廷选美，专挑"恐龙"而排斥美女！左棻就这样莫名其妙地入了宫。然而，年轻的女子，不论贫贱富贵、也不论美女还是"恐龙"，都有自己的豆蔻年华、都有青春梦想。爱读诗书、文采奕奕的左棻更不例外。所以，从她刚踏入宫门的那一刻起，一定是充满了幸福的憧憬与当明星的美梦！特别是司马炎的一纸册封，左棻成为修仪！那更令她陶醉了一阵。以为冥冥之中上天作了安排，她遇到明君、邂逅了知音！但她不知道，这个知音不过是出于收藏的癖好，而非出于爱情！他既爱声色犬马的那些玩物，也爱收集那些看似粗陋古朴，实则价值连城的国宝。珍藏国宝是用来炫耀示人的，而声色犬马是用来娱乐的。炫耀之后的国宝被搁在架子上冷藏，而常伴身边的却是美女。左棻属于冷藏的珍品而非可娱乐的美女。所以进宫不久，左棻便发现，自己当初的浪漫情怀，是多么大的一个错误。她的梦想还没开始，便已结束。

　　宫廷有了左棻，司马炎就可以带着她参与各种公开庆典与重大活动。她也总能笔起文来，留下美文珍品。这给司马炎增添了不少光彩。只是左棻局限在宫廷那小天地，入眼的就只是那些单调的人物与琐事，她也只能完成些命题作文，没有独立创作的机会，她的文采也就这样白白地浪费了。

　　同时，在女人群中看花了眼的司马炎，从不曾把爱情用到左棻身上。她被展示，被炫耀之后，就是被冷藏！她必须回到寡居薄室，那里难见阳光、孤独无助，只有毅力才常伴其身。她一无所有，只剩下绚丽的文采供后人怀念。

　　与奉命而作的宫廷诗赋不同，左棻心静时也写了一些难得的言志诗。一首《啄木》给我们展示了她坚持一身"无干于人，唯志所欲"的人生哲学以及对"性清者荣，性浊者辱"的坚守。

南山有鸟，自名啄木。饥则啄树，暮则巢宿。无干于人，唯志所欲。性清者荣，性浊者辱。

一反辞藻华丽的宫廷诗风格，左棻此诗依然保留了建安年代的质朴、通透、爽朗格调。细细品味，有如静听雨打芭蕉，迎面而来清冽的气息。

宫廷的后妃依靠面容与娇态，可以得到君王一次次的宠幸，随后取得额外的津贴与报酬。左棻没有色相的资本，她只是不停地写诗作赋，每篇作品依据质量得到相应的酬劳。这一字一句的斟酌，就像南山啄木鸟辛勤的劳作，依靠自己点点滴滴地努力赢得生存与自身的尊严。她赞扬啄木鸟其实是自我欣赏。

这位身居薄室、衣衫素雅、容颜静默的女才子，即使身处污秽不堪、风云吊诡的后宫，依然不违本心、自食其力，坚守独立自主的生存之道。那正是她崇尚自然的心愿，也是一个羸弱女子无欲则刚的意志。

左棻一生几乎不曾享有过爱情，却丧失了所有的青春年华。她心如幽深古井，井内水不扬波、清凉而静寂。然而她同样有牵挂、更有对血肉亲情的怀念。因此她也留下了《离思赋》：

生蓬户之侧陋兮，不闲习于文符。不见图画之妙像兮，不闻先哲之典谟。
既愚陋而寡识兮，谬忝厕于紫庐。非草苗之所处兮，恒怵惕以忧惧。
怀思慕之忉怛兮，兼始终之万虑。嗟隐忧之沈积兮，独郁结而靡诉。
意惨愦而无聊兮，思缠绵以增慕。夜耿耿而不寐兮，魂憧憧而至曙。
风骚骚而四起兮，霜皑皑而依庭。日暗暧而无光兮，气恻栗以冽清。
怀愁戚之多感兮，患涕泪之自零。
昔伯瑜之婉娈兮，每彩衣以娱亲。悼今日之乖隔兮，奄与家为参辰。
岂相去之云远兮，曾不盈乎数寻。何宫禁之清切兮，欲瞻睹而莫因。
仰行云以歔欷兮，涕流射而沾巾。惟屈原之哀感兮，嗟悲伤于离别。
彼城阙之作诗兮，亦以日而喻月。况骨肉之相于兮，永缅邈而两绝。
长含哀而抱戚兮，仰苍天而泣血。
乱曰：骨肉至亲，化为他人，永长辞兮。惨怆愁悲，梦想魂归，见所思兮。

惊寤号兆，心不自聊，泣涟洏兮。援笔舒情，涕泪增零，诉斯诗兮。

这篇《离思赋》语言凄美却不失流畅通俗，感情充实而入人肺腑，深为同代以及后人喜爱。这是左棻感情中最真实的一面。

越是身居薄宫陋室、寂寞难耐，就越是怀念家人、特别是就在同城却总无法见面的哥哥左思。现实无情，兄妹之间虽近在咫尺，却如远隔天涯。无论是希望承欢父母膝下，还是梦想全家团聚安享天伦，一切都只是奢望！静夜里，想家时，她总是做梦，希望能"惨怆愁悲，梦想魂归，见所思兮"，以填补内心的缺憾。自由、青春、爱情、乐趣对左棻来说都是一生难于实现的奢望。她一天天的忧郁、一天天的衰老、一天天地走向生命的终点，唯诗情与才华是她的永远。

左思与《三都赋》

因左棻被册封为修仪，她哥哥左思以及家人也移居洛阳。

左思，字太冲。他们左家是春秋齐国公族之后。虽儒学家世，但其父亲没做过大官，最高不过是殿中侍御史而已。当年，钟繇与胡昭的书法风靡中原地区，被称为"钟、胡书"，左思从小就羡慕不已，也想一举成名，于是就拜师学艺。可惜学到中途，他发现街上的摇滚乐手很讨人欢喜，又改变主意，改学鼓琴，然而又中途而废。他这不专心，那不愿意，导致无所事事，性格越来越内向，于是关门当宅男！《世说新语》中对左思的评价是："貌寝，口讷……"

这"寝"与"侵"通假，意指"矮小""侏儒"。就是说左思矮小丑陋、其貌不扬，还木讷，不善于与人交流。这是致命弱点啊！

老爸左雍也对他感到失望，见到友人就摇头："思所晓解，不及我少时。"这话传到左思耳中，终于激起他的好胜心，于是发奋学习！一年之内，他以家乡临淄为题材，写出《齐都赋》。其内容翔实、辞藻瑰丽惊动了乡亲邻里，大家终于对他刮目相看！于是对左思的评价除了"貌寝""口讷"之外，又加上了"辞藻华丽"的美言。不过，人们反过来发现，其妹妹左棻更是反应敏捷、聪明伶俐！虽然容貌不出众，却因名声而被推为才女选入宫廷。

随着岁月的流逝，左思成长了，但"貌寝""口讷"的成见却一辈子也离不开他。怪不得，一个文采如此出众，甚至后来造成"洛阳纸贵"的左才子，一辈子都当不上大官！那的确是一大遗憾。

令我们感到可惜的是，他的成名作《齐都赋》不知为何失传了。当然这不要紧。他正年轻着呢，有更长远规划：编写《三都赋》！把三国的魏都洛阳、蜀都成都与吴都建业都写上。

借左棻入宫当上贵妃的机遇，左思到京师出任了秘书郎。从此，他有机会与著作郎张载及兄弟张协、张亢结为文友。当时，张载、张协、张亢号称"三张"，是太康时代的诗词名家。左思与"三张"，惺惺相惜！

正巧张载去蜀地探亲，上峰顺便差遣他到岷邛地区访贫问苦、传播圣恩。于是左思委托张载帮助收集成都的各种信息以及风土人情。

张载西蜀之行收获颇大。他途经剑阁，不禁惊叹此处地势险要天下无双！由此他联想邓艾、钟会破剑阁灭蜀的往事，于是感慨道：国之存亡在于德，而不在于险！他把全部体会写成《剑阁铭》。其观点十分清晰：西蜀刘阿斗虽拥有剑阁之险，却因失德而最终成亡国奴！这成了张载成名作。晋武帝司马炎阅后高度赞赏，命人把《剑阁铭》全文镌刻于石，警戒后世。

张载当然不负朋友之托，他向左思提供了许多成都的人文与自然环境资料以及沿途的见闻。

见条件具备，左思就开始构思写作。此后十年间，左思"门庭籓溷，皆著笔纸，遇得一句，即便疏之"。就是说，十年内，他家到处都备着纸笔，只要头脑中闪现出金句妙词，他就当场取纸笔及时写下。哪怕是过篱笆，还是上茅厕，他都不例外。

春去秋来，多少个寒暑过去了，左思好不容易写成《蜀都赋》。但他不止步，还要继续埋头著作，写魏都、吴都。

我们把左思当作那时代的大才子来叙述，并无贬低同时代其他名士的意思。不过，太康年代是人才济济的时代，名人才子众多。单在洛阳，就云集了最具代表性人物，比如潘安、潘尼、左思、左棻以及"三张"的张载、张协、张亢等。这名单离史书记下的"三张二陆两潘一左"，还缺"二陆"。那"二陆"就是江南才子陆机与陆云兄弟。当然，此时晋朝还没有统一东吴，议论"二陆"还为时过早。然而，同在京师附近的潘安就绕不过去了。

《世说新语·容止》中对潘安的记载原文如下：

潘岳妙有姿容，好神情。少时挟弹出洛阳道，妇人遇者，莫不连手共萦之。左太冲绝丑，亦复效岳游遨，于是群妪齐共乱唾之，委顿而返。

说左思"亦复效岳游遨"，搞"东施效颦"自找出丑，有点强加于人。或许左思的确有乘车外出遭老太婆吐唾沫的事，但硬要与潘安联系起来，下个"左太冲绝丑"的结论，就太过分了。

我们觉得《世说新语·容止》失之偏颇。以貌取人的做法，绝对拔高不了潘安，也抑制不了左思。高富帅的潘安与矮矬衰的左思均是天地造化、自然之物。有美丑之别却与人格高下不成对应关系。不是都说左思"貌寝，口讷，不好交游，唯以闲居为事"吗？那么宅男左思哪有兴趣驾豪车兜风还挑逗老太婆呢？况且他十年宅家埋头写《三都赋》！

十年磨一剑，左思的《三都赋》终于写成了，但辛苦十年，无人赏识，左思郁闷极了。但他明白，自己费尽心血写出来的作品绝不比班固、张衡逊色。只不过因人微言轻，遭埋没而已。

此时洛阳城内，皇甫谧声誉很高。于是左思前往拜访，呈上《三都赋》讨教。皇甫谧一看，绝口称赞，还特地花了不少时间，为之写了序言。

著作郎张载也为《魏都赋》作了注释。另一著名学者刘逵为《吴都赋》《蜀都赋》作了注释并写序言。识货的人也就逐渐多了起来。

后来，司空张华也见到《三都赋》。他阅读过一遍再看一遍，于是大发感叹："左思是班固、张衡之流的人物。能使诵读的人感觉文已尽而意有余，历时越久，越有新意。"既然名家如此评论，京师豪门纷纷传阅抄写。一时之间

《三都赋》导致洛阳纸贵！

东吴名将陆逊之孙、陆抗之子陆机，遭受了战败亡国的巨大创伤。他隐居江南多年闭门思索以平息心灵的苦痛。后来他应朝廷之聘来到洛阳，领略了洛阳风貌之后，也想落笔写三都赋。听说左思已经写了，便拍着手发笑。他还给弟弟陆云去了一信："这里有一个粗鄙之人，想写《三都赋》。等他出稿之后，我就用来封盖酒瓮。"

不过，一听左思的《三都赋》已经出稿，陆机就迫不及待弄了一份到手。看完全文之后，他打心底佩服！发觉自己无下笔之处了，于是作罢。

随后陆机、陆云到洛阳，补齐了"三张二陆两潘一左"的太康诗人的基本格局。这些诗人代表的那种体裁，被称为"太康体"。其所代表的那股"华丽"风气被称为"太康诗风"。前文我们已注意到潘安的《籍田赋》《秋兴赋》，都因过分追求格式工整与辞藻华丽，反而造成其内容的空洞与苍白。

太康时代诗赋成就超群的当然还有左思。其风格虽广义上也被划归"太康体"，但在诗风上与"陆海潘江"有较大的差异，反而是保留了某些前朝的建安风度。所以人们把左思的这种特定风格，以"左思风力"来标识，既关联于太康体又带有某些建安风骨。

强烈体现"左思风力"的是他《咏史》诗集。这里，我们随便抽取一些进行欣赏。

咏史其二

郁郁涧底松，离离山上苗。以彼径寸茎，荫此百尺条。世胄蹑高位，英俊沉下僚。

地势使之然，由来非一朝。金张藉旧业，七叶珥汉貂。冯公岂不伟，白首不见招。

左思出身寒门，没有豪门大族的背景，在当年"世胄蹑高位，英俊沉下僚"的门阀制度下，他深知像自己这样的寒士必将陷入有才难聘的局面。然而，在文章中发表对官府的牢骚又是极端危险的。所以左思不敢表达不满，而只能以咏史的名义，以古喻今进行倾诉。这首诗以汉朝初年为例，金日磾、张安世这样豪门大族的子孙都是"山上苗"，他们连续七世，代代高官。相反，寒士却总下沉为涧底松，总是陷入"冯唐易老，李广难封"的宿命！

左思的诗，以浑朴深厚的语言表达了高亢激越的思想情调，这是他的特色。人们称之"左思风力"。虽然左思与同时代文人一样，喜欢引用典故与排比对偶的写作手法，但语言质朴，不堆砌华丽的辞藻。这体现了他与同代"太康诗风"的差异，反而是较大程度地继承了建安遗风。咏史诗第五首最能表达左思的内心世界：

咏史其五

皓天舒白日，灵景耀神州。列宅紫宫里，飞宇若云浮。峨峨高门内，蔼蔼皆王侯。

自非攀龙客，何为欻来游。被褐出阊阖，高步追许由。振衣千仞冈，濯足万里流。

此诗前部写京师皇宫的巍峨及高墙大院内的蔼蔼王侯。西晋门阀官僚制度的必然结果是"上品无寒门，下品无庶族"。像左思这样出身寒微的士人，往往壮志难酬，备受压抑。仕途的艰难，令他反问自己为什么要来京师？他渐渐醒悟，自己不该是攀龙附凤之人！而是要远离红尘、隐居高山，用高山之风吹拂衣裳的灰尘，让万里流水冲洗脚底的污泥。

此诗笔调豪迈高亢，雄健劲挺。后人赞扬左思是登高望远、俯视千古。

但左思所有的这些，都只是理想的空中楼阁，其本人也不过是个普通人。他一生难以摆脱那面对五斗米而折腰的尴尬。

⊙

智障太子

晋朝的朝野上下流传有关太子智障的议论，早已不是秘密。相当一部分臣子因失望，就时不时地在司马炎面前劝谏一番。司马炎自然比谁都更清楚真相，然而每次产生更换皇储的念头时，就仿佛见到杨皇后正在流泪。最关键的是，谁替代司马衷？凭感觉，文武百官理想的皇储是御弟桃符！这能接受吗？不过自从谢玖生下司马遹后，司马炎就暗中庆幸：只要熬过司马衷这一代，司马遹自然会成长接班，那晋代司马氏天下就万代永存！皇上内心的秘密，那可不是臣子们随便揣度的。

咸宁三年（公元277年）十月，征北大将军卫瓘凯旋，升任尚书令。司马炎召集百官宴饮陵云台，为卫大将军接风洗尘。席间，卫瓘想到低智商太子的问题欲借机会提醒晋武帝，但没敢开口。几杯下肚卫瓘未醉假醉，走到御座前抚摸着龙椅连连叹息："此座可惜！"

司马炎能不明白言外之意？你卫瓘不就是想说太子？于是司马炎一语双关："公真大醉邪！"

司马炎的言外之意是，寡人的家事，你莫要瞎操心！

和峤以前当过太子舍人，当时与中书监荀勖同班出任中书令。中书监、中书令不就是左右两国师吗？司马炎在人事安排上颇为讲究，让荀勖、和峤这对水火不相容的人分别当了这两职务。和峤不像卫瓘那么含蓄，而是直截了当地亮出观点："皇太子有淳古之风，而季世多伪，恐不了解陛下家事。"司马炎一时无言以对。一旁的荀勖出面解围了，他说皇太子成年以来，智力大有长进！这话比较好听。为了摆平两边的争议，司马炎派荀勖与和峤一道去东宫考察。荀勖回来称赞太子大有长进，而和峤却很扫兴地补充一句："太子圣质如初。"

荀勖为贾南风说了假话，和峤却为司马家族前途讲了真话。在真假面前，史书留下"帝不悦而起"的记录。表明司马炎不愿意面对儿子是智障的现实。他继续游移不定，为说服文武官员，也为说服自己，安排对太子的智力测验。他把一些难以处理的国事写在纸上密封，交给太子，让他写上处理方案。为了防止太子的随从捉刀作弊，司马炎把东宫的大小官员都召到宫里来喝酒。

考卷一到东宫贾南风慌了：自己都没看懂多少，老公能完成答卷？可是，此时左右能出主意的都被拉去喝酒了。怎么办？于是她急忙从宫外找来老学究作答。完卷了，可她一看答案全是引经据典的高谈阔论。贾南风心里没数，向皇上交卷前特地让东宫内初通文墨的给使张泓看看。给使是什么官？顾名思义，就是宫内采购蛋肉果蔬的下等差人。这张泓倒也看出问题了："太子没学问。这点，陛下是心知肚明的。现在答案引述许多古人言论，陛下会不起疑心？陛下将会调查处罚代笔人，从而对太子更加失望。不如老老实实，有啥说啥。"这话说得实实在在，贾南风不由得吓了一跳。于是，她干脆让这"半桶水"张泓按"半桶水"水平写出一份答案草稿。贾南风说，只要能保住太子不被废，将来与你张泓共享富贵！

张泓知道太子写不出文言文，就干脆按凡夫俗子的思维写成白话文答案，经司马衷抄写成之后上报。这正中司马炎下怀。瞄过几眼之后，龙颜大悦，传示百官，也让卫瓘好好看看。卫瓘像是挨了一记耳光那么难受！那些猜疑太子是智障的臣子明知其中有鬼，但也只好随声高呼万岁。太子考试成功，贾南风感激张泓。多年之后，痴呆丈夫登基称帝，这位专门从事宫廷鸡蛋果蔬采购的张泓果然官升破虏将军。

太子这场争论的最大胜利者是贾南风！在这起事件中，"公允、豁达"的太尉贾充貌似置身事外，但随后却告诉女儿，卫瓘这老奴才几乎毁了你全家！

把全部心思放在女儿身上，说明贾充失去了年轻时的雄心壮志，他老了。正因为老，他变保守了，跟不上司马炎之雄心大志。在即将开展的统一中国伟大战争中，贾充落伍了。

3. 奢华岁月

征吴大胜统一中华，给洛阳带来了巨大的财富与繁荣。

⊙
灭吴

接下来发生的大事就是晋朝灭吴完成中华一统大业。但如果说，该向谁授勋以表彰统一之功的话，非东吴暴君孙皓莫属！是他自乱江山、自取灭亡，给大晋创造了机会。

自魏文帝曹丕以来，魏吴总是划江而治。到了西晋初年，局面没有发生根本性变化。即使暴君孙皓胡作非为，砍功臣杀良将，把朝政搞得一塌糊涂，晋朝也是谨慎面对。直到孙皓莫名其妙地逼反名帅步骘的儿子、西陵督步阐时，西晋才想到要接受这份老天送来的重要礼物：西陵！

然而，晋、吴围绕西陵进行的一场不大不小的战争，结果却是东吴取胜。此战，延迟了西晋统一江南的进程。

西陵就是彝陵，本就是蜀、魏、吴三国交界处的军事重镇。当年陆逊火烧连营，击败一代枭雄刘备，就围绕着彝陵周边发生。败后的刘备一蹶不振，从而沦落到白帝城托孤的地步。

遭孙皓无端逼迫，步阐决定投降司马炎。一接到步阐的秘密降表，司马炎顿时心花怒放。他封步阐为刺史，不过封地是东吴岭南交州。司马炎当即派新任车骑将军羊祜与折冲将军兼荆州刺史杨肇合兵八万前去受降并接管西陵。他们的对手是东吴驻江陵都督陆抗的三万兵马。江陵即南郡，是荆州的郡署所在地。

三万对八万，而且内部还有叛将步阐的一支生力军！陆抗显然处于不利地位。但没料到，他不因兵力不足而限于保守江陵，而是果断出兵去争夺西陵！陆抗执着地认为，哪怕丢失江陵，也要先夺取西陵！只要夺到西陵，就又有可能夺回江陵。当年曹仁守南郡的失败教训，就在于周瑜拼力进攻西陵守将曹洪，曹仁舍不得南郡而没敢全力救援西陵。最后周瑜先抢西陵，再夺取南郡（即江陵）。

同样，陆抗决定毕其功于一役，夺回西陵！此时他最不希望发生的就是羊祜、杨肇与步阐合兵西陵，以三倍兵力与己交战。从而，陆抗想到要露出破绽以分散敌军注意力，于是决定只留下少量士兵防守江陵而把三万军队主力尽数扑向西陵，让敌方看起来江陵几乎就是一座空城。

面对陆抗的排兵布阵，晋军不得不作选择，是乘虚抢荆州郡守江陵，还是集中兵力抢西陵？果然，羊祜上当了，他受到了空城的诱惑，决定提兵五万突袭江陵而让杨肇以三万兵力增援西陵叛将步阐。

然而人算不如天算。激战前夕，陆抗还是出现了大麻烦：他手下有几个将领见兵力悬殊而叛变投敌！在此关头，名将特有的定力在陆抗身上得到充分展示。他冷静地判断，叛将一定会把己方最薄弱的环节全部泄露给杨肇！杨肇也一定抓住破绽进攻！于是他当机立断，把主力悄悄集中到"薄弱处"守株待兔！杨肇不知情，继续奔袭吴军"薄弱点"。

这正中陆抗下怀，硬碰硬，拼主力！可惜杨肇的刀再快，却砍在顽石上！晋军吃大亏了。遭遇挫折的晋军顿时成了被陆抗捕猎的肉兔！只见陆帅攻势猛烈，大旗所指，杨肇溃军难收。

只因担心步阐乘机出城救援杨肇夹击自己，陆抗不敢率主力追杀杨肇，而是虚张声势，擂鼓助威。鼓声吓得杨肇的残军胆战心惊，只顾逃命。陆抗这才遣少数轻骑追杀，而让主力继续防备步阐。不想，即使是没有用上主力，也斩杀得杨肇屁滚尿流。陆抗大获成功！他率吴军乘胜回师夺取西陵，并高调宣布宽大处理步阐手下兵将，而只处理步阐等少数人。

至于后方几乎空城的江陵，也不出陆抗所料：羊祜五万兵马在江陵的高城之下毫无进展。还因为水上的后勤供给线不断遭到陆抗的军队破坏，供应不足的羊祜心急如焚。发觉陆抗先头部队已回师江陵，羊祜不得不率军撤回襄阳。

晋方的八万军队加上步阐的守军几乎是陆抗的三倍，却不但没打胜这场里应外合的战争，反而损失了近三成的兵力！

羊祜因惨败而遭弹劾。弹劾状称："背违诏命无大臣节，可免官以侯就第。”就是说，羊祜的车骑将军之职被撤了，只因为司马炎对人十分宽容，并继续信任羊祜。羊祜照样以平南将军身份守襄阳，继续与陆抗对峙。此后数年工夫，陆、羊这互相敌对的两帅建立了传奇般的"热恋关系"！直到陆抗逝世，书信来往不绝。这场名将之间的角力与较劲，最终是以寿命决出胜负：羊祜胜了，就因为他的寿命长了那么一点点。

陆抗死后，东吴暴君孙皓更加横行无忌。终于，羊祜发现东吴此时已经是国内政治腐败、国力疲敝，孙皓已尽失人心。临死前，他郑重地向司马炎建议讨伐东吴！

咸宁四年（公元278年）十二月，老迈的羊祜死在前线。

早已充分准备的晋朝，发兵二十万，分六路进攻东吴：各路将领是皇叔司马伷、太原王浑、原"竹林七贤"的王戎、贵妃胡芳的老爸胡奋、名将杜预以及川军王濬。王濬早就在四川造大木船训练水军。为这一天，他堪称是十年磨一剑！这次，他亲率楼船大队沿川江直下江陵，与杜预会合，然后一道直逼江东建邺，接受孙皓投降。征吴首功归谁？老谋深算的杜预退在一边，让太原王浑与王濬去争闹。反正功劳人人有份，伤了和气对谁都不好。但没记上首功的王濬对此耿耿于怀了半辈子。

整个平吴过程，大都督贾充畏敌情绪严重，几乎成了令人不齿的投降派！东吴末代皇帝孙皓投降使者至辕辕请降时，他才清醒过来。担心被抓辫子，他主动向司马炎请罪。然而此时司马炎高兴都来不及，哪肯讲扫兴的话。司马炎反过来对他安抚一番，另加一笔重赏。

亡国之君孙皓在东吴的劣行多与残暴和血腥有关。他在位时没人敢讲，更没有人愿意听。但被带到洛阳之后，却有两段八卦被传了下来。其中一段是：

孙皓不得已上晋朝皇宫跪拜称臣，然内心不服依然嘴硬。武帝司马炎赐座绣墩并说："朕设此座待卿久矣！"孙皓立刻回答："臣在南方，亦设此座以待陛下！"不想二十七年后，孙皓的话果然应验。司马家族的人对他留在金陵的座位产生兴趣。那就是东晋开国皇帝司马睿。

作为胜利方的大都督贾充对战俘孙皓表示了极大的蔑视。他当然想煞煞孙皓的威风并恶心他一顿："听说阁下在南方挖人眼睛、剥人皮，这是怎么回事？"孙皓的确是暴君，暴政导致他成了亡国之君。但那并不意味着他缺乏聪明与伶俐。贾充话刚出口，孙皓立即反唇相讥："作为人臣却公然弑君，像这种奸险狡诈不忠的乱臣贼子，就该施加刑罚！"孙皓说得面不改色心不跳，反倒是贾充脸色铁青许久回不出一句话。俘虏与胜方的总司令之间的道义之争，究竟是谁占了上风？作为亡国奴，本来就是死有余辜。与其窝窝囊囊地死，还不如死前说几句狠话。孙皓就是这样做的。当然，贾充也没有杀孙皓的权力。

东吴灭亡，司马炎十分高兴。除了威风与权势之外，他还高兴什么？原来，前线的报告来了：孙皓后宫有五千嫔妃等待发落！司马炎一听笑得合不上嘴，遣散少量老残色衰者之后，他一一笑纳，全部弄到洛阳以待慢慢享用。

此后的洛阳皇宫，因补充了孙皓的嫔妃，美女空前地超过万名！司马炎如果一天一个地宠幸过去，宫妃们三十年也轮不到一次。司马炎找来一只羊，让羊拉小车在宫中任意游荡。每天傍晚，羊车停在何处，就由那里的美女陪龙伴驾。于是，妃子们的智慧也充分发挥了出来：她们或在门口洒盐水，或是弄些青菜萝卜，以吸引羊驻足。

主意挺不错，但宫妃太多还是深含隐忧。司马炎出动数十万大军，让暴君孙皓尝够了亡国之君的耻辱。作为"回报"，孙皓把五千嫔妃献给司马炎，礼物华丽却受用不起——五千美人像五千把软刃，日夜放司马炎的血，要他的命！美女们最终将替孙皓讨回一份公道，司马炎阳寿大折！

战后，征吴大都督贾充十分不安，终于病倒了，之后一命呜呼。贾谧以养孙的名义袭了爵位。

⊙

何为"阿堵物"？

太子司马衷越来越不长进，文武百官普遍不安。于是朝野出现了改立皇储的呼声。

贾充的铁杆盟友荀勖与冯𬙈，曾结怨于齐王司马攸。他俩担心一旦司马攸立储，会对自己不利，就不断地在晋武帝耳边吹风，说司马攸有野心，最好让齐王回封地去。结果心有不甘的齐王司马攸因病死于途中。京城为齐王司马攸举办隆重的治丧仪式。王子司马冏年龄不大，却是个有心计的人。他不敢埋怨皇上，也不敢说荀勖、冯紞的坏话，而是指控御医说谎话坑害父亲！此时，皇上也正想找替罪羊，御医甩锅无门，"咔嚓"一声身首分家。在这过程中，善于替人分忧解难的王戎得到司马炎的重视，然而他依然是洛阳城清谈群的常客。京师玄学清谈之风再度盛行，声势不亚于当年的正始之音。清谈客中，以琅琊王氏的王衍与南阳的乐广名气最大。他俩相当于上一代的何晏、王弼。乐广的父亲不过只是行伍中的一名普通军官，不是显耀门第，只因为自小深受夏侯玄的欣赏，成长之后又得到卫瓘、王戎、裴楷等人钟爱，乐广得以早早步入仕途。

出身于琅琊王氏的王衍风流倜傥，是帝都名人。他祖父是幽州刺史王雄，父亲是平北将军王乂，其堂兄正是"竹林七贤"的王戎。王衍弱冠之年，正逢豆蔻年华的司马炎小姨子欲嫁之时。司马炎的小姨子就是皇后杨芷的妹妹。她当然是一位超级美女。女儿婚事父母做主，杨骏要招王衍为金龟婿。然而王衍偏不屑这门亲事！毕竟杨家位高权重，王衍不便直接拒绝，于是便装疯卖傻躲过婚事。不能不说，王衍这次逃婚是个高明的抉择，他不但免祸，还留下发达的机会！

王戎、王衍这对从兄弟的性格颇有差异。特别是对待钱财的态度，两人截然相反。王戎为人吝啬，近乎守财奴。而王衍对钱总是嗤之以鼻、不屑一提。他父亲王乂是平北将军，死在冀州刺史的职位上。亲人好友给他送来大量的钱财以资助殡葬开销，恰此时也有许多人因缺钱向他借贷。王衍就把钱财尽数分掉。这仿佛是来了一阵风给王衍吹来大笔经费，又是这阵风继续劲吹，吹得王衍又分文无存。

王衍后来娶郭豫女儿为妻。郭豫是谁？其实他就是郭槐的兄弟、贾充的小舅子！就是说，王衍是太子妃贾南风的妹夫。夫妻性格截然不同：王衍仗义疏财，老婆郭氏却见钱眼开。她发觉王衍言语中从来不提"钱"字，感到十分惊奇。于是决定逗逗老公，让他嘴里吐出个"钱"字来，但不论怎么逗，总是无法如愿以偿。

一个夜晚郭氏趁王衍熟睡，就令仆人把铜钱穿成一串一串，然后绕在他床边，一圈圈地让他无法举步下床。全部目的就是一个：天亮王衍醒来一定会发急，一定会招呼人把钱搬走。那时，他总该失口说钱吧。不料次日，王衍醒来后看到铜钱堵住自己的出路，就高喊来人，用手指着地上的大堆铜钱说："举却阿堵物！"由此，后世把"阿堵物"当作钱的代名词。

王衍过分轻财，他家里的财产，在几年工夫间就几乎被人分光。此后入不敷出，王衍只好搬到洛阳西郊过田园生活。田园生活十分逍遥，他经常参加聚会。一次聚会，王衍遇到一位族人。此前他曾托这人办过事，但不知结果。于是王衍问："上次托您办的事，怎么没消息了？"不料，因这一问就惹出事来了：那人不由分说，举起酒壶就砸向王衍的脸。原来王衍与人交往从来不讲钱。托人办事，不花点钱怎么行？族人因王衍之托而破财办事，结果王衍只字不提，还追问结果，别人怎不生气？挨了打的王衍沉默不语，避开众人清洗完毕，就领着从弟王导一起乘牛车离去。殊不知，这辆牛车载着两位未来的丞相：其中一个是西晋的最后一相，另一个则是东晋开国第一相！两相出自同门从兄弟，琅琊王氏！只是此时，没人能预测到琅琊王氏这么厉害。

王衍的传说越来越多，足让司马炎刮目相看。泰始八年（公元272年），司马炎问朝廷王戎：当世哪个人可以跟王夷甫相比？王夷甫就是王衍。皇上如此关心，王戎不敢说假话敷衍，更不便说得太直率。于是他拐弯抹角地回答："没有见到当世谁能跟夷甫相比，应该从古人中去寻求。"这话听起来很悦耳，但没有肯定王衍的任何长处，其真实含义有待慢慢品味。其言外之意，你要是从批评的角度去想象，那就可能是：当代无人可比，倒是古人有位名将叫赵括的……凭王戎的为人，此话肯定说不出口，他更不至于要坏自家兄弟王衍的前程。

晋武帝没去体会弦外之音，而听成是王戎对从弟王衍的赞扬，于是下诏书要求举荐可以安定边疆的人才。帝都清谈的论坛上，王衍正是高谈"纵横之术"的老手，所以尚书卢钦举荐他为辽东太守。可一听到风声，王衍慌了。自己几斤几两能不知道？他绝配不上封疆大臣。从此他一改风格，莫谈国事。由于晋武帝身体越来越差，无心过问结果，选王衍当大官的事就不了了之了。

不过，王衍是郭槐的外甥女婿，大姨姐贾南风正是东宫太子妃。他不想做大官也难，太子舍人这顶闲官乌纱帽不知不觉间落到了王衍头上。

当年的洛阳是国际大都市，到处都能遇到异域奇人。王衍喜欢到处走走，凑巧遇到了洛漂石勒。不知凭何本事，王衍居然识破了这位流浪汉的帝王之相！

那是太康八年（公元287年），一位被叫作石匐的少年跟着同乡一起到洛阳做小生意。这孩子就是羯族部落小酋长石周曷朱之子。羯人本是域外胡族，曹魏时代他们内迁到上党武乡定居。

这天，少年石匐登上洛阳城门远望。当年的少年看到什么？

遥看孟津河，杨柳郁婆娑。我是虏家儿，不解汉儿歌。

或许眼前的此情此景，令石匐万分感慨与惆怅。他禁不住发出一声长长的嘶吼。这一吼不要紧，惊动了正巧路过附近的王衍。王衍看见少年相貌奇特，声音又如此响亮深远，十分惊讶。他对随从说：这小子必为天下之患！他派人去跟踪抓捕。不料惊动了石匐，被他躲开了。

王衍与石匐初次相逢，就以不愉快的方式错过了。

王衍为人处世不讲原则，不愿承担丝毫责任，也不得罪人。因此他不适合当大官，也不太想当官。只因为在那特殊的年代，他不被任何政治集团视为政敌。集团纷争，导致能人干臣一个个人头落地！留了许多政治空缺，王衍升官的机会越来越多。

王衍的大姨姐夫就是太子司马衷。他虽痴呆却拥有动物般好色的本性：乘太子妃一不留心，就偷偷地与东宫内其他漂亮女人苟且。然而此事难逃东宫女一号的目光。贾南风岂能容忍手下女人分享自己的男人？她时而故意装疏忽，露出个破绽，目的就是逮住现行！一旦被捉，立地毙杀！

一次，一位宫廷美女被司马衷拉去陪睡，还把肚皮搞大了。这还了得？贾南风顺手操过一支铁戟狠狠地投向怀孕的女人，导致其腹部出血，因流产而死于非命！

消息传到武帝那儿，他不禁大怒：这分明是谋杀我司马家的血脉！他要废了这位荒唐的太子妃！此时，洛阳城墙外正在修建金墉城以作为帝都的辅城。这狠心的妒妇将被关进去而成为金墉城的第一号户口！这时，作为婆婆的杨芷皇后出面了，她为贾南风求情说：贾太尉刚死，希望皇上念及贾充对司马家大功大德的份上，保全贾妃的名分。同时杨芷多次以婆婆身份劝诫贾妃：少招惹麻烦！却不料，贾妃在婆婆杨芷面前诺诺称是，内心反而怀恨上了这位杨婆婆！贾南风一点也不知道，正是眼前的杨芷在关键时刻救了自己。

⊙

纸醉金迷

这是个纸醉金迷的时代。征吴战争给帝都洛阳带来了财富和繁荣。

毕竟几十年来，江东、华南地区已经繁荣富裕起来。与当年邓艾、钟会伐蜀后的西蜀不一样，成都因兵变而遭烧杀掳掠，而吴都建邺相当繁华，东吴其他中心城市也并不逊色。各路征吴的大小军事首脑，扫过东吴地面，要功劳的立功，要财富的劫财，各取所需。可以说他们不论是从江东还是从华中、华南，个个挣得缸盈瓢满。

都说晋朝搞的是士族共主政治。如果说，司马的晋朝是一家公司，那么作为成员的所有门派家族都是合伙人或称董事。公司利益由世袭的董事长与世袭的董事占有或分成。这次伐吴的六路大军，也体现了这种利益格局：首先，董事长司马炎通过名义上的总经理贾充统管全局，而各路都督就相当于董事副经理，他们代表不同股东的利益。其中，司马伷代表司马家族，太原王浑代表太原王氏、王戎代表琅琊王氏、胡奋代表安定胡氏、杜预代表京兆杜氏、王濬代表弘农王氏等。当然，六路大军中的每一路，又有更多不同的士族成员参与。比如杜预接替了羊祜，其手下就有其他士族的代表人物。前太傅石苞家的小六子石崇，就以太守的身份参加征吴战争。战局一分胜负，各路大军中的成员便摇身一变，改为司马家公司派驻东吴各地的接收大员！除了缴获的东吴皇室、宫廷、国库的资产上交给董事长司马炎之外，各接收大员可以自行收藏或处置自己经手的那一份财富！这里没有"一切缴获要归公"的条例，而是按约定分赃！这就是士族与共主共同专政的特色，也是晋朝社会奢侈、腐败的根源所在。接收大员就是劫收大员。他们基本上也因此富得流油！这当中，那位不辞辛苦、不惜走遍天涯海角的石崇最为突出！

接收完东吴，各路功臣回到帝都洛阳，因财富激增，就要铺张浪费。洛阳成了不夜城，繁华的大街小巷，处处呈现出一派纸醉金迷的景象！吃喝玩乐享受富贵，自然是京师人士的本分！其实，蔓延于京师的享乐奢华之风，就是司马炎带头发扬起来的。

因没收了孙皓的五千嫔妃，司马炎后宫的嫔妃队伍达到了破万的惊人数目！服侍这支庞大的嫔妃队伍，够令司马炎操心了。不过，这难为不了他。该玩就玩、该吃喝就吃喝、该请客就请客！司马炎精力充沛运用自如，他经常在宫中宴请百官，有时甚至是日夜不散、通宵达旦。上行下效，皇帝在宫里开宴会，大臣在家里请吃喝，皇帝招待百官，大官宴请文人雅士。说起来，这种铺张浪费的局面早在伐吴之前就开始了。

这说法是有根据的。从高平陵事件开始就为司马家族建立功勋的何曾，后来官至丞相、太傅。这人还有一个特殊身份：中国美食家之祖师爷。当代称雄大江南北的所有美食家的楷模就是他！何曾生活的奢华程度甚至是诸司马氏亲王都不敢攀比的。他每日食费逾万钱，犹称无可口之食、无下筷处。他也常应邀参加宫廷宴会，总嫌宫廷菜肴味道不好而不吃。对此，司马炎见惯不惊，从来不加以责怪。何曾在伐吴前一年已经去世了。这就证明，晋代铺张浪费与奢华之风，早就流行了。

已故太后王元姬的弟弟王恺，字君夫，当时人常以王君夫称他。他当然属于东海王氏，此人有点武艺也有点才气，尤其善于射箭。因此他当过骁骑将军，还拥有公爵身份。他是一个典型的纨绔子弟。他养有一头名叫"八百里驳"的宠物牛，配有专人服侍，牛蹄、牛角磨得晶莹发亮。他因自己的宠物而骄傲，经常向人炫耀。却不料，此事引起另一个皇亲国戚王济的反感。

与王恺一样，王济此时是骁骑将军。他从小擅弓马、风姿英爽、气盖一时。他生活十分奢靡，丽服玉食，挥金如土。王济出身于太原王氏，这家名门大族发家于汉末的司徒王允。王济的祖父王昶任过曹魏的尚书，父亲太原王浑是本次征吴的第一功臣。而王济娶了常山公主为妻，成了司马炎的亲妹夫。

司马炎的妹夫决定杀杀司马炎舅舅王恺的傲气。他想弄死王恺的"八百里驳"！

这对纨绔子弟一挑就斗！王济、王恺决定以比箭决出胜负。王济作为挑战方，下的赌注是车载的千万钱，条件是王恺把"八百里驳"作箭靶，挑战地点选在"金沟"围场。"金沟"围场属于王济的私人地产。晋朝当年也炒房地产成风。因房地产生意火热，京师土地昂贵。王济不惜重金买地建了这处跑马练射箭的围场。他用铜钱铺地！这种铺张与豪华，令围场身价飙升，赢得了"金沟"的美誉。

王济称，如果自己在百步外一箭射不死宠物牛"八百里驳"，这满车钱财就归王恺，牛照样还是王恺的。

千万钱赌一牛，王恺乐得接受。况且，王济那三脚猫的射技，自己又不是不知道。以往，王恺与王济常在这"金沟"围场比箭，虽历次成绩表明双方势均力敌，但计算成绩时，王恺总是略胜。所以，这次比赛王恺认为自己手握胜券，他让王济开弓只要一箭射不死牛，王济就输了。却不料，只听弓弦一响，"八百里驳"倒下！王恺目瞪口呆，王济胜！

王济命人把牛心挖出带回家清炒当下酒菜，然后扬长而去，赌注当然不用出。败方王恺负责处理血淋淋的现场，他让仆从把宠物的肉卖掉当赏金。国舅爷的"八百里驳"就这样白白的死了。

当时，人们普遍以为王恺比王济更有钱，原因就是王恺经常与天下第一富豪石崇赛富，各有特色。而且，王恺是已故皇太后王元姬的亲弟弟，背后有外甥皇帝当靠山。

这场王济胜王恺的比赛结果令人大跌眼镜。显然，王济的富有被大众忽略了！其实，这次伐吴，王济的父亲王浑是前线的最高指挥，打了胜仗，灭了东吴，他名义上是所有派往东吴的接收大员的带头大哥，带头大哥自然是获利优厚。太原王氏的财富当然不容小觑。

其实王济的姐夫和峤更是富有，只因生性节俭，才不引人注目。和峤院内有一株李树，果味甘醇。王济年轻时向姐夫讨李子吃，但和峤每次才给数十颗。王济认为姐夫小气，于是乘和峤入宫值班之际，他领着几名哥们进入院子，把李树的果子摘光吃尽，把李树连根拔除。

史料记载：和峤"家产丰富，拟于王者！然性至吝，以是获讥于世。"所以当年，他成了著名的守财奴！司马懿女婿、平吴大功臣杜预也没放过在司马炎面前挖苦和峤的机会。他讥笑和峤是"钱癖"！同样，在杜预眼里，王济被讥为"马痴"，是纨绔子弟，玩物丧志的典型，就不知为何，"牛痴"王恺被略过不提。杜预还用"春秋痴"来抬高自己。的确，他平时是《春秋》不离手，看似十分爱读经典，儒将韵味十足。

曾经，杜预继承羊祜，策划征吴。那次，他与王浑、王濬一起迫使东吴孙皓投降。此后，王浑与王濬"二士争功"，杜预在一边不声不响，从而赢得赞声一片。其实三人中两者争功，都拉第三者为自己说话，所以王浑与王濬都要讨好杜预。杜预用得着当伸手派吗？哪怕一声不响，其余两位都会主动给他好处！饱读《春秋》的杜老倌，深谙世间所有的潜规则，他才是闷声发财的典型！

如果说，王济的这两起表现，其痞气与霸气还有点令人信服的话，那他在家宴请司马炎的事，就出格得令人太难以想象了。一次，王济在家宴请大舅哥司马炎。酒桌上食器珍贵，蒸肫味道甚美。武帝不知是怎么做出来的就问。美食家王济告诉说："是用人乳蒸的！"司马炎听后，十分吃惊，气得中途退席而去：寡人想都不敢想的事，你居然发明出来了！

王济用人奶蒸肫品招待贵客，这种待客之道相当另类。与之相比，另一位超级富豪羊琇就更不用提了！冬天，他要设宴请客，就让仆人排着队，轮流抱瓮温酒，保证酒温与体温相近，喝到嘴里不冷不热，客人为此十分满意。这种做法十分环保：既不烧木材也不用炭火，只是大冷的冬天，让下人用肉体抱着瓮温酒，太不人道了！

这羊琇可也是皇亲国戚呀！堂兄是羊祜、堂姐更就是景献皇后羊徽瑜！他自己从小就与司马炎读书。当年，司马懿女婿杜预荣当征南将军出师前线，百官道贺。来人太多，杜预只好摆出长凳委屈宾客。羊琇看着长凳，恼怒极了，他转身就走，临走还出言不逊。众人见状，沉默不语。可见羊琇的豪华与横蛮，无人可比。

⊙
首富石崇

豪门炫富比赛的结果也有意外，司马炎的亲舅舅王恺败下阵来了。司马炎是大孝子，生母王元姬太后去世多年了，他总是无日不念及母亲的恩德。由于怀念母亲，从而也特别关照那位与自己年龄相差无几的舅舅王君夫。王君夫就是王恺。出身于东海王氏这个书香门第的王恺，从小受王朗、王肃的精心栽培，加上他聪颖过人，本期望他能袭祖荫、当好孔孟卫道士。然而，东海王氏此时已演变成权势不可一世的豪门。豪门子弟哪能耐得住寂寞？是埋头苦读继续当书呆子，还是当名扬天下的当朝四大公子？不用说，王君夫选择的是后者。

不过，虽然门第显赫，家族富可敌国，但在财富场上，他家难免流露出败落的迹象。太原王氏的王武子就利用"八百里驳"那事，整得王恺很没面子。司马炎看在眼里，十分同情这个舅舅。司马炎的妹夫王武子虽说也是亲人，但他站在司马攸一边，还鼓动御妹哭闹。此事严重地伤了皇上的心。所以这次司马炎选边站在舅舅王恺一边。他想到几天前南方进贡来的无价之宝：一株两尺多高的珊瑚树！于是他慷慨地把此宝赏给王恺。珊瑚树外观奇特，颜色鲜艳，是摆在客厅供人欣赏的绝佳陈列品！王恺乐滋滋地捧回家当镇宅之宝。

可以想象：王恺凭借此物，足以镇住京城各豪门，让他们识点相，别自讨没趣在财神庙前炫富。

珊瑚自然来自热带海域的珊瑚礁上。具体地说，产自中国南海，也就是那时的交州到交趾的沿海。交趾郡如今是越南，就是如今广西北部湾向南的越南沿海一带。晋统一中国前，那地方属于东吴。所出产的稀世珍宝被东吴当作与辽东、朝鲜交换军马的硬通货。统一后这些稀罕物品才流到中原地区。那时候，由于没有潜水设备，采到大棵珊瑚树真的十分不容易。还因为交通问题，即使渔民凑巧弄到个把大棵珊瑚，也不会把它当作稀罕之物进行转让或馈赠。所以中原地区，能看到此物的人非常少。凭这棵御赐珊瑚，王恺果然盖住了大半个洛阳城。

这天石崇来了，这是意料中的事。"京城四少"王恺、王济、羊琇、石崇，哪个都不是省油的灯！为了名气，石崇与王恺早就为炫富而斗了起来。王恺家用甜酒酿刷锅的传闻闹得满城风雨，石崇就让人知道，我石家是用蜜蜡当柴烧；王恺在家附近拉起一道四十里长的紫色丝绸步障，石崇就拉起一道五十里长的锦绣围栏；王恺用赤色石脂抹内墙，石崇就用花椒粉和泥涂外墙。

这哥俩谁也不让谁，胜负就取决于谁更加奢侈！

石崇一到，王恺十分得意地指点御赐珊瑚树向他炫耀。没想到石崇一见觉得眼熟，随手扬起玉如意便敲打过去，珊瑚树立刻粉身碎骨。这太突然了，王恺顿时失色，认为石崇就是内心忌妒也不能如此失态吧。

石崇轻松地笑了笑："不值得生这么大的气，马上赔你就是！"于是打发随从回去，从家中搬来几样库藏来赔偿。说是赔偿，还不如说是石崇有意让王恺开开眼界，再趁机把大礼给送了。

石崇仆人走了，王恺还心疼刚才的珊瑚树。他看着满地的碎珊瑚，有点心痛但也隐含着某种胜利之感：不用多久，天下人都知道，石崇今天因妒忌而失态！我王君夫是胜利者！

不料，随着石家浩浩荡荡搬运大军的到来，大批珊瑚树抬进了王将军府。王恺目瞪口呆、怅然若失！他今天又惨遭失败。搬来的珊瑚树中，三四尺高的就有六七株，每株都要三四个人合抬，才能进屋！像刚才被石崇随手击碎的那种两尺来高的，多了去了。在诸多珊瑚树中，那种小块头宛如鹤脚下的土鸡，不足一提。这场面让王恺好是尴尬！石崇是善于通过赛富搞行贿的。这次无非是借用过失赔偿来行送礼之实：一点小小心意，还能让我抬回去？全归您了！

石崇行贿的手段多种多样，他既可以厚着脸皮献送金银财宝，以热面孔去凑权贵的冷屁股；也可以装傻惹人生气，或装故意失手造成过失而作赔偿；还可以通过假争吵，通过打赌认输以赔偿形式行贿！这后面的种种手段，妥善地掩盖了背后的暗中交易，旁人几乎找不出行贿受贿的蛛丝马迹。事实上，石崇对王恺的贿赂早就发生多次。每次礼品均是稀世罕品。比如，多年之前，石崇就让人在岭南捕捉一只鸩鸟给王恺。王恺因此十分高兴。不过，晋朝法律规定：鸩鸟不得运过长江饲养！司隶校尉傅祗听说此事，就上书弹劾王恺、石崇！这傅祗貌似眼熟。的确，傅祗就是傅嘏的儿子。他接替他老爸进入了权力中心。

司马炎拿到傅祗的弹劾状，细细考虑之后，决定表扬傅祗并严厉批评了王恺、石崇。但口头严厉的后面，却宽恕二人罪行，钦批意见是：杀鸟！反正石崇行贿成功，调离岭南安家洛阳的目标达到了。

石崇通过送鸩鸟给王恺，甚至是更重的礼给别的朝廷大员，他获准回到京城。从此他可以通过酒桌结交更多豪门与权贵，进一步开拓财路。鸩鸟事件丝毫不影响石崇的雅致。

石崇有个习惯：他总是让每个客人边上站个美女劝酒，如客人没喝醉就停杯不饮，他就把美女当场杀掉了。有一次石崇请杜预和王戎喝酒，杜预喝到一半还没醉就不喝了。石崇当着杜预的面，杀掉这名歌妓。换个美女再劝，杜预还是不喝，石崇再杀！第三个美女上场，杜预照样不喝，石崇就这样连杀三个美女！

这故事还有第二个版本。只是把杜预、王戎换成王导与其堂兄王敦。原文是：

> 石崇每要客宴集，常令美人行酒，客饮酒不尽者，使黄门交斩美人。王丞相与大将军尝共诣崇，丞相素不能饮，辄自勉疆（疆通强），至于沈醉。每至大将军，固不饮，以观其变。已斩三人，颜色如故，尚不肯饮。丞相让之，大将军曰："自杀伊家人，何预卿事。"

第二个版本的故事有点破绽：石崇在西晋永康元年（公元300年）已经被杀，王导则是在东晋成立后才成为丞相，王敦任大将军还要晚些，那都是大兴元年（公元318年）之后的事了。这中间至少相差十八年。王导、王敦不可能以东晋丞相、大将军的身份参加西晋石崇的宴请。

这就是说，我们倾向于前一说。

发迹前的石崇曾任安阳太守。杜预、王戎分别是晋朝七路征吴大军的两路都督。查石崇发家史发现，他因伐吴有功被封为安阳乡侯。石崇就是跟随杜预、王戎伐吴而立功受封的。

太康初年，石崇任过交趾采访使。任职期间，他以十斛珍珠在白州（现广西博白县）买得美女绿珠为妾。绿珠是绝色美女，男人们想得到她，即便倾国倾城都无怨无悔。只因当时绿珠家庭贫穷，又在偏僻地区，她被父母贱卖了，换得十斛珍珠。

十斛珍珠是什么概念？海珍珠是交州与交趾环南海北部湾地带的特产，即使在当地相对便宜些，珍珠也总是以颗粒为论价单位的，而且每粒价格也不是一般人所能承受的。用斛、斗来计量珍珠，恐怕是远超常人的想象。这暗示了当时的石崇已经是何等之富有！拿得出十斛珍珠，那也只有石崇能做得到。当然，美女绿珠物超所值，她的倾国倾城之色不是珍珠这类金银财宝所能衡量的。石崇以十斛珍珠的代价拥有了绿珠，简直是暴殄天物！石崇的交趾采访使身份，就是当年晋朝派往交趾郡的接收大员。交趾堪称天涯海角，石崇在当地不知抢得多少珍珠玛瑙、金银财富以及美女！至于珊瑚树那种东西，他几乎是看不上眼的。后来，他升官回到洛阳，但随军南征的其他部下依然留在岭南。石崇倘若需要珊瑚树那种东西当礼品的话，给老部下去信，就可以得到。

杜预是羊祜临终前推荐的伐吴总指挥。所以杜预、王戎与胡奋三路晋军从荆州、襄阳出发攻击东吴时，总管就是杜预。岭南地区的交州、交趾七郡，也正是杜预、王戎与胡奋三路大军要去的地方。战争发生后，杜预临时改变主意，率本部军马搭乘王濬的水军船队去建邺接受孙皓投降。所以，当时石崇参战的兵马，很可能改受王戎节制，继续去了岭南最边远的交趾郡！

这样说来，发财归来的石崇请老领导杜预、王戎喝酒，以感谢他们的栽培之恩，这完全符合礼节。这就是笔者谨慎怀疑石崇是否宴请王导、王敦，而相信他一定会宴请杜预、王戎的理由。

至于，石崇是如何从岭南把巨额财富搬回洛阳的，我们可以这样想象：石崇走的是内河水路。他依靠木船船队，沿西江到苍梧，再从苍梧汊入向北的桂江到湘桂交界处，经灵渠过分水岭到达湘江，然后沿湘江回到洞庭湖、长江。

灵渠是秦将赵佗组织兵马开挖的。当年秦始皇统一中国时，赵佗军马先开挖灵渠，接通湘江与珠江航道。有了灵渠，秦军才顺利穿越南岭长驱直入岭南地区，完成统一中国的大业。

后来是西汉，汉武帝也派兵过灵渠，借助福建军阀的海上武装，夹击南赵政权，再次完成统一。

东汉末年，岭南地区除苍梧之外的交州、交趾七郡分别由表面服从曹操的士燮七兄弟控制，而苍梧则是控制在倾向于刘表的吴巨手中。那时岭南地区吏治腐败，割据的士燮七兄弟生活本就十分奢侈，其铺张浪费的程度甚至超越了皇帝。

火烧赤壁后，刘备向南夺取长沙、零陵、桂阳三郡。士燮七兄弟因此感到了威胁，担心刘备继续南征，更担心苍梧太守吴巨与刘备勾结吞并交州七郡。

原本，吴巨与刘备联手的可能性非常大！刘备自从投靠刘表以来就与吴巨交上朋友，彼此来往密切。长坂坡大败之后，刘备首先想到的就是要投奔吴巨。赤壁一战，曹操失败北撤，刘备站稳了脚跟。他不与吴巨沟通就乘机夺取长沙三郡向南逼近苍梧。此事令吴巨相当不愉快，他也就不主动投靠刘备。此后，刘备也没翻脸继续去袭击吴太守的苍梧，而是派刘表的幕僚赖恭，让他以交州刺史名义去苍梧领导统战工作，以便和平接管岭南广大区域。吴巨是拥有五千精兵的强人，他怎肯接受"空降"的人物来当自己的领导。没待赖恭入城，吴巨就下令驱逐。你赖恭官大有何用？我派几个小卒就搞定你了。不过，这么一来，吴巨与刘备之间的芥蒂就扩大了。

士燮诸兄弟历来高度警惕荆州势力向岭南的扩张。他们先是投靠曹操，借曹操之力牵制刘表。赤壁战后，发觉曹操力道不足，于是就改投孙权！

相对于江东六郡八十一州而言，岭南七郡几乎与江东相等。孙权当然乐得笑纳！不过，岭南与江东的陆路交通遭福建、江西成片山地阻隔，行走极为困难。通过福州的海路是一途径，然而当年船舶没有动力，来往靠风力或人工操桨。风力虽系廉价能源，但海上的风向却不遂人愿。于是，东吴想到长江—湘江—灵渠—西江这条水道。然而此时，长沙、零陵、桂阳握在刘备手里，湘江水道被刘备控制。东吴想进岭南必须求助刘备！

于是，孙权嫁妹、再出借荆州给刘备，然后借刘备的湘江水道进军岭南地区。正当刘备到南徐北固山甘露寺相亲，孙刘两家合演"龙凤呈祥"大喜剧之际，东吴名将步骘率八百步弓手，分乘四五十条木船组成的长龙船队借道湘江，过灵渠抵达岭南。他要拜访西江重镇的苍梧太守吴巨。对于步骘这位不速之客，吴巨不以为然。不就是远道而来的一支八百人的小小运输队吗？况且，眼下政治形势安定，孙刘和亲结盟的事正在紧锣密鼓地进行。步骘也事先托人送礼致意并递交了刘备的介绍信，讲明了此行就是借道下岭南。于是吴巨决定，带队出城与步骘会面，还将设酒席饯行。不想，一照面，步骘就是一声断喝，左右上前一举拿下吴巨斩首示众！这斩杀的借口是验刀完毕才宣布的：步帅是代替皇叔刘备来执法的。你吴巨不是驱逐了顶头上司赖恭吗？那可就是对皇叔的忤逆。忤逆犯上者就该斩首示众！吴巨部下眼睁睁地看着所发生的一切，纷纷跪地求降。其实，千里远征的步骘不过是拿赖恭作话柄罢了，根本不在乎他是何许人。步骘要的是湘江水道通航权，他还想要西江重镇苍梧城以及吴巨手下的五千兵马！屡屡遭人嫌弃的赖恭逃回零陵，接受刘备保护。当吕蒙夺长沙、零陵、桂阳三郡之际，赖恭回到荆州。他后来成为蜀汉的太常，位居九卿之列，排位仅低于诸葛亮。

吴巨被杀之际，刘备正在甘露寺拜会丈母娘吴国太！兴冲冲地拥抱着美女孙尚香度蜜月。对于老朋友的悲惨结局，他一点也不知道，也或许是在装聋作哑。

于是，原本占据交州、交趾广大地面的士燮七兄弟纷纷接受步骘的改编命令。步骘代表孙权——赐宴安抚，个个官复原职。岭南到越南的广大地区归降东吴！

此战令步骘功高至伟。之后，就是吕蒙抢长沙、零陵、桂阳三郡以及白衣渡江收复全荆州的事。为巩固对岭南与荆湘地区的控制，步骘还与前荆州关羽手下降将潘濬一道领导了一场持久的湘西剿匪战。剿匪的成功，又有助于陆逊在夷陵火烧连营打败刘备。步骘也是夷陵之战的功臣。此后，步骘与陆逊同是东吴最主要的军事长官与左右丞相。势均力敌的重臣难免有矛盾，所以夷陵之战初期就有传闻：步骘不服陆逊挂帅！其实那是很正常的事。吴主孙权及时出面做主，争辩才停息。交州、交趾成为东吴的后方基地。与其他地区不同，岭南地区虽然腐败，但物产丰富，特别是盛产珍珠、玳瑁、宝石以及热带地区的奇珍异宝。

岭南珍宝也正是经灵渠两端的珠江、湘江水道运往东吴国都。东吴利用这些奢侈品到北方（如辽东、朝鲜）去调换最紧缺的军马！

这里说了许多，也只是为说清楚：石崇参加征吴战争，还当过交趾的接收大员。东吴被打败了，就不需要武装了，这金银财宝就不需要拿去换武器装备和马匹，而全归接收大员石崇了。有了巨额财富，石崇想到回京师享福，于是结交权贵，通过行贿与送礼，达到把自己调回洛阳的目的。他终于携带巨额的财富从珠江上西江，过了湘江渡长江回到洛阳。一到洛阳石崇就置业搞房地产，在洛阳北郊的金谷涧建造庄园，这庄园被取名为金谷园。谷内有他营建的豪华别庐与花园，他喜欢在里面观泉赏花、吹笛弹琴、看书清谈，过逍遥的日子。

在京师一阵之后，石崇改任地方官，出荆州当刺史。那样又可以通过控制湘江、长江水道以获得额外财富。他有时甚至派兵冒充强盗劫掠来往客商。其实，当年司马晋征服东吴，是把其视为敌国看待。晋占领建邺灭亡东吴，与宋朝的靖康之乱没有多少差别。王浑、杜预、王濬俘虏孙皓全族及五千嫔妃北上；后来的金军也劫持宋徽宗、宋钦宗父子及大量赵氏皇族、后宫妃嫔与贵卿、朝臣等三千余人北上，并掠夺卞梁城中公私积蓄为之一空。对比来看，这两次战争行为没有道义上的差异。正因如此，石崇、王济、王戎、王濬、王浑等发战争财，个个达到富可敌国的地步。但他们并没被视为违法或贪腐。

石崇在荆州再次敛财无数，巨额财富令他再次想回京师过奢华安逸的日子。每日例行公事之后，他经常登上城楼临江远望。彼时彼地，他总是禁不住阵阵乡愁涌上心头，内心有多少说不出的惆怅。"官二代"石崇是富翁，更受过良好教育，是当时超一流的风流才子，乡愁萌发诗情，充满诗意的声声叹演绎为诗篇《思归叹》：

登城隅兮临长江，极望无涯兮思填胸，鱼瀺灂兮鸟缤翻，泽雉游凫兮戏中园。

秋风厉兮鸿鴈征，蟋蟀嘈嘈兮晨夜鸣。落叶飘兮枯枝竦，百草零落兮覆畦垄。

时光逝兮年易尽，感彼岁暮兮怅自愍。廓羁旅兮滞野都，愿御北风兮忽归祖。

惟金石兮幽且清，林郁茂兮芳卉盈。玄泉流兮萦丘阜，阁馆萧寥兮荫丛柳。

吹长笛兮弹五弦，高歌凌云兮乐余年。舒篇卷兮与圣谈，释冕投绂兮希聃。

超逍遥兮绝尘埃，福亦不至兮祸不来。

漫步城楼，拐角之下就是长江，流落异乡的石崇极望无涯：眼前秋风萧瑟、落叶无情、百草零落，因思乡伤秋他感慨不已。诗中的"滞野都"说的就是他正在荆州刺史任上。东吴曾一度迁都武昌，所以荆州在西晋官员石崇眼中是"野都"，是南蛮国之"伪都"。他为自己身处"野都"而非洛阳而伤感。哪怕是顶着北风，他也期盼立即迈步北回，继续享受金谷园的潇洒、开卷翻书清谈的高雅、告老还乡的爽快，希望此后自己能逍遥于尘世之外，不问人间祸福。

其实，石崇诗中所言并非全是真话，他是个不甘寂寞的人。他抱怨自己"滞野都"，是贪图洛阳城的滚滚红尘。他既然放不下花天酒地的往事，怎能甘心退休去过不问人间祸福的生活？

此后，石崇再次梦想成真。他果然又称心如意地回到了洛阳。他继续经营金谷园，继续炫富，继续过花天酒地的生活。发生在洛阳城的每一场斗富比赛，没有任何敌手可以把他打败，哪怕对方是天皇老子！这绝非耸人听闻之言。不仅晋帝司马炎支持的舅舅王恺或妹夫王济在炫富中不是石崇对手，就连皇上自己在不知不觉中也丢了面子。火浣布在古代是高档的进口商品。用它制成的衣衫，可以用火焰烧去污迹而无损衣服，穿这火浣衣衫被看成尊贵与豪华的象征。一次，晋武帝司马炎穿着贡品火浣衫到石崇家做客。石崇低调地穿着平常的服装接待，却让五十个奴仆穿火浣衫列队迎接晋武帝。司马炎见奴才们的这般打扮，心中暗怒，却不露声色，草草结束了行程。

在纸醉金迷的洛阳，炫富成风，但并非所有有钱人都爱炫富。还有人依然热衷于设坛谈玄论道。比如王戎，他也曾是征吴七路大军都督之一。这场胜仗，他一点也没少发财。仗打完，王戎先留荆州当刺史。升官回到洛阳后，他理所当然就是大富翁。只是王戎夫妻都十分吝啬，衣着普通，生活节俭，俨然是个守财奴。所以，各场财富擂台赛均看不到王戎。然而，王戎是当年"竹林七贤"中唯一存于世的人，热热闹闹的洛阳城有着数不清的玄学清谈沙龙，玄学清谈怎能少了王戎？与王戎一样热衷于清谈的辩友无数，其中就有后来居上的乐广、裴頠、王衍、王导等等。驸马爷王济好热闹，炫富赛场有他，玄论清谈沙龙也总少不了他。这位驸马爷有点前朝曹操养子兼女婿何晏的气度，只是学问不及何晏，然而，他与享有盛名的乐广成了至交。有一次，帝都清谈名士在洛水边聚会，原本他们去洛水是为了观赏风景、体验民风民俗，可是他们的注意力却又集中到清谈上。回家路上，乐广问王济："今天玩得高兴吗？"王济说："裴仆射擅长谈论名理，滔滔不绝，志趣高雅；张茂先谈《史记》《汉书》，娓娓动听；王安丰谈论季子、张子房，也议论高超而玄妙。"

裴仆射、张茂先、王安丰分别是裴頠、张华、王戎，而季子、张子房则分别是指汉初的季札、张良。与会的人当中，除了王济，基本都谈玄学不炫富。其中姓王的不少，虽然王衍、王导、王敦、王戎同属于琅琊王氏，但因为王戎看不起王敦，所以只要王戎在场，王敦就不会参加。由此可见，晋太康年代，奢华炫富与清谈玄学是并行不悖的两种时髦。

⊙

杨骏专权

洛阳延续着她的醉死梦生，乐极生悲的命运也正等待着她。

岁月不饶人，陪随司马炎最长久的心腹之臣山涛、荀勖以及卫瓘均老了，山涛、荀勖先死。随后卫瓘却中了国丈杨骏的招：因儿子与公主的婚姻不协调而被靠边站了。失去了这批老臣，皇帝身边还有亲舅王恺以及羊琇、王济这些皇亲国戚，然而均无济于事。先是王恺吃了官司而淡出朝野。羊琇、王济虽年岁不高，却阳寿已尽。几年前，他们先后丧魂于金山银山之间。这样一来，围绕在晋武帝司马炎周边的权贵只剩下三股势力：以皇叔司马亮为代表的宗亲，以国丈杨骏三兄弟为代表的外戚集团，以儿媳贾南风为代表的内宫派别。更严重的是皇上自己也不行了。只因内宫粉黛无数，司马炎纵情声色、应接不暇，终因负荷超重导致寡人有疾。当时，华歆的孙子华峤、华廙、何曾的儿子何劭等常服侍在皇上身边。他们委婉地劝谏老皇上少近女色保护自己。司马炎被说得都有点不好意思了，便以"辄自消息，无所为虑"这种宽慰之词让臣下放心。司马炎是个好强之人，他不甘衰老，不愿疏远美女而安享晚年，为应付身边的美女，以至于吃错了药中毒，却不断地吃！毒性积累到一定地步自然会一命呜呼！

临危前夕，司马炎开始担忧司马衷的继位问题：一是担心宗室成员抢班夺权；二是担心刁蛮的儿媳贾南风难以控制。这问题要是不落实解决方案的话，他恐怕会死不瞑目。正巧，杨骏来了。司马炎想通过皇后杨芷联手她父亲杨骏来看住贾南风！但历朝外戚干政的教训又令他不安，怎么办？此前，御妹夫王济已死，其堂兄王佑眼下出任御前警卫。王佑曾建议皇上把司马亮调离洛阳，以免皇叔干政，觊觎皇位。这建议正中杨骏下怀。于是他趁机诉说司马亮的诸多不是。司马炎想想也是，就将司马亮贬出京城。缺了司马亮，又无人可制衡国丈兼车骑将军杨骏，司马炎又后悔了。为防止大权集中到杨骏手中，皇上就分封自己亲生的几个小王子司马柬、司马玮、司马允、司马乂、司马颖、司马晏、司马炽、司马颙以及皇孙司马遹为诸侯王，借以制约。司马炎还任命王济的父亲王浑、兄长王佑分别为司徒、北军中侯。王浑德高望重，登上司徒高位，可以引导风气，稳定朝野；王佑年富力强，握刀把子便于震慑局面。反正，司马炎寄重望于王浑父子以保护司马衷顺利登基。临终安排看似完美无缺。

永熙元年（公元290年）新年一过司马炎就昏迷不醒。

这样一来，皇后杨芷就有了出面做主的机会。女儿心向老爸，杨骏被特许入宫陪护皇上。而别的大臣，即使是侍中，也不能随便进宫。不料杨骏并非善类，看到司马炎昏迷不醒，就乘人之危，伺机换上自己的心腹以取代原来的服务人员。司马炎醒来发觉身边尽是面生之人，不禁担忧起来。他趁杨骏不在，召来了中书监华廙、中书令何劭立下诏书，宣其叔父司马亮回朝，与杨骏共同辅佐司马衷。

此事令杨骏内心发慌，就向华廙借出诏书，阅后拒绝返还并秘而不宣。华廙没料到杨骏会耍这种无赖手段，却又不便声张。恰此时，司马炎再度陷入昏迷，华廙申诉无门。就在司马炎弥留之际，皇后杨芷召华廙、何劭入宫，要另写一份诏书，升杨骏为太尉、太子太傅、都督中外诸军事、侍中、录尚书事。华廙、何劭奉命完稿之后不敢隐瞒，等司马炎一醒就念给他听。司马炎听完气急了，伸手接过文稿向地上一扔，再也说不出话，眼睛一闭再也没醒来。两日之后，皇上驾崩。

太子司马衷随即登基继位，尊皇后杨芷为太后，立贾南风为皇后，更改年号为永熙元年。杨骏官升太尉之后，自高自大再自我加官太傅。其兄弟杨珧、杨济也分别升为卫将军、太子太保。一时间，杨氏三兄弟权倾天下，文武百官选边站队。杨家将队列末尾也出现了石崇、潘安等名字。

杨骏虽然权大，但十分忌讳皇后贾南风。为掌控贾南风，他任命亲信张劭为中护军，统领皇帝的侍卫。再任命自己的外甥段广掌管机要，皇帝司马衷的每个诏令，都要由段广先呈送杨太后，然后再颁布实施。中间不给贾南风任何插手的机会。杨骏专权，看似保险却是在增加风险！自以为得志，实际上是在为自己挖坑。杨家辅政八个月，在完全看不出其执政优劣之际，一场改变皇朝命运的政变发生了。

4. 南风专制

贾南风皇后不但很丑，也很凶残。

⊙
三八之变

　　遭杨骏重点防范的贾南风当然不是女菩萨。她非常不甘心被婆婆杨芷踩在脚下，更不能容忍杨骏在朝中作威作福。她本就不是甘守妇道、侍奉太后、体贴丈夫的女人，她时刻梦想的是出人头地，代替丈夫管理天下。正巧，黄门令董猛，早在贾南风为太子妃时就是她的心腹。他深知女主人的一片心思，就主动配合并积极通风报信、牵线搭桥。皇宫中，有一种名为殿中郎的殿前侍卫。他们的地位不高却人脉广。从皇帝、文武百官以至最下层的勤杂人员，都与他们有或多或少的联系。董猛注意到其中有一对朋友孟观、李肇：他们特别盼望能升官，却总得不到杨骏赏识。失望之余，这两人就在暗地收集杨骏的黑料，想扳倒杨家。他们俩与董猛似乎是心有灵犀，于是交往益深。董猛引荐孟观、李肇给贾皇后，这样他们四人就拴在了一起，不分尊贵高低，一道策划"杀杨骏、废太后"的行动方案，利用宗室诸侯王的军力推翻杨家。

　　诸侯王中，汝南王司马亮是司马懿四子，是司马师、司马昭的同父异母弟，此时身为大司马、侍中，并以许昌为据点都督豫州诸军事。他地位最高、军力最强，而且遭杨骏打压最严重！因此贾南风等四人把他看成"倒杨之中流砥柱"！于是，李肇去当说客，鼓动司马亮举大旗联合各藩王讨伐杨骏。不料，司马亮王爷告诉李肇："杨骏的凶暴行为，将令他自取灭亡，不值得忧虑"。显然司马亮城府深、官位高，要推动这大象屁股，李肇无能为力。请不动司马亮却又不能空手回去，处境十分尴尬的李肇就转道襄阳，另找楚王司马玮商量，希望能找出点门道。

　　小王爷司马玮当时二十一岁，他就是司马衷同父异母的弟弟。作为宗室成员，司马玮当然警惕杨骏对司马王朝的不良动机。听李肇这么一说，他就同意了这个兵变计划。于是他暗中调集军队并向朝廷提出入京述职的请求。

杨骏平素最担心的人就是这位敢作敢为的小王爷，也最担心他异地造反。为此，他正要找个闲职把司马玮召回朝中监管。既然这毛头娃娃自投罗网，那正是巴不得的巧事，到时弄个圣旨去收缴他的武装便是。于是杨骏听任小王率本部兵马回京。

永平元年（公元291年）三月初八夜里，司马玮到达洛阳。恰在这天杨骏在府中设宴招待同僚百官，皇宫一时冷清了下来。乘大臣不在之际，孟观、李肇就向晋惠帝司马衷密奏：杨骏谋反！他俩的说辞已经在贾皇后面前进行过多次排练预演，两人一对一答讲得有声有色，不愁低智商皇帝不信！特别是把杨骏与王莽相提并论，将司马衷吓出一身汗！

司马衷当太子时，谆谆善导的帝师让他对那位邪恶的王莽留下深刻印象。而御前的杨骏就是皇帝心目中的王莽！皇上相信他要窃国了。于是孟观、李肇建议皇上当夜下令宫内外实行戒严，并派东安公司马繇率领殿中卫士四百人，配合楚王司马玮的兵马分两路去包抄合击杨骏的太傅府。

司马繇是谁？司马懿有九子，最出名的除司马师、司马昭之外，还有司马伷和司马亮。司马伷娶曹魏征东将军诸葛诞的大女儿为妻，生下的儿子就是司马繇。司马繇是司马炎的堂弟，也就是当时惠帝的皇叔。因年龄相近，司马繇从小就陪司马衷一道读书识字，叔侄俩还是有点感情。皇上虽智障，但还是知道这位皇叔是可相信之人。

杨骏的太傅府就设在当年曹爽的大将军府，满朝文武百官正在大客厅接受宴请。此时，耳目通报了宫内发生的异变。听此消息，百官一度群情激昂，与宴众宾客都要为太傅出一把力，于是一道商议对策。主簿朱振提议：放火烧云龙门！那样做，一来可以向贾皇后示威，二来可以引起禁军的注意。主公杨太傅不是委派了许多人去掌管禁军吗？只要禁军赶来，就可以带着皇太子，入宫索取奸人。这是反被动为主动之计，可稳操胜券。

不料杨骏反对烧毁云龙门，以为那样一来动静太大，而且还造成财产损失！他十分自信，以为天下无不在自己把控之中，无须把事闹得太大。在场百官听此言无不面面相觑，无言以对。实在没料到这位第一权臣竟然如此懦弱迂腐！侍中傅祗今晚也应邀参加盛宴。原本他紧跟杨骏并深受器重，然此时此刻他突然发觉杨骏要亡！于是忙起身告辞，借口是要去宫中观察事变。傅祗一走，文武百官也乘机一哄而散，留下杨太傅自编自演空城计。

左军将军刘豫是杨骏亲信，他也听到宫中异变便率禁军救援。然而，他不知杨骏在何处，想救杨骏，却如何救得了！当然，如果此时云龙门起火，那倒是为刘豫指明了位置，然而那一切都只是假设。刘豫援军盲目地赶到宫前的万春门，而不是云龙门！

无巧不成书，二十四岁的右军将军裴頠此时却满身披挂出现在皇宫万春门前，虽无一兵一卒，却从容镇静。他三言两语，就摧毁刘豫的心理防线。于是空手套白狼，接管了刘豫的禁军。这支禁军没有用来增援杨骏，却倒过来落入政敌裴頠手中。事情就是这样，成功的机会总是留给有准备之人。其实，当晚对皇宫实施戒严之际，皇太后杨芷就发现苗头不对。她猜测到，针对父亲杨骏的阴谋开始了。她急忙发《太后诏书》悬赏救太傅者，及时命人从后宫门送出。但为时已晚，宫门被军队封锁禁止进出。于是，杨芷就让人将诏书绑在箭杆上射出。外面的将士们见到《太后诏书》，倒是有点不知所措，该不该前往杨府杀人？司马繇忙请示。贾南风厉叱："太后与杨骏一起谋反，何须来问我？"此时已是下半夜，东安公司马繇和楚王司马玮各带一队人马冲进太傅府内杀人放火，府内大乱，瞬间一百多人人头落地。司马玮、司马繇命令士兵仔细搜寻杨骏，后来发现马棚马槽下有人，不由分说一阵乱刀乱箭。然后拖出尸体用火把一照，正是杨骏！

孟观等奉贾皇后的命令，把杨珧、杨济、刘豫等杨门死党尽行屠杀，并夷其三族，死者累计超过千人。杨骏的女婿、中书郎裴瓒也遭屠杀。裴瓒是太子少傅裴楷的次子。裴楷位居高位又是杨骏亲家，难免被认为杨骏死党，于是遭廷尉拘押审查，一度处于死亡边缘！

司马繇还要继续深挖死党！最后原本半退休在家的东夷校尉文鸯也被搜查出来。司马繇捏造事实构陷文鸯也是杨骏一党，夷灭其三族。文鸯是平定西北叛乱的主帅，打败了西凉叛乱祸首秃发树机能，有大功于晋朝。的确，司马师是在淮南的战争中被文鸯吓死了。但那不是司马繇陷害文鸯的理由。因为那时文钦、文鸯效忠东吴，两国交战，刀箭无情。再说，司马昭接受文鸯投降并委以重任时，已经抹去了一切历史恩怨。司马繇此举则是延续其外祖父诸葛诞对文家的历史过节。诸葛诞发动扬州反叛失败前夕，曾经冤杀东吴派来救援自己的文钦。这次司马繇又再次浑水摸鱼、制造冤案，杀掉大功臣文鸯。

至此仍不满足，皇后贾南风又让惠帝将太后杨芷贬为庶人，还把杨芷的老母亲也杀了，不论太后如何不顾身份，卑躬屈膝地向贾南风称妾求情，都不顶用。她最后被囚禁在金墉城并连续八天断绝饭食而死。到此，贾南风仍心有不甘。她让道士念咒画符，阻止地下的杨芷灵魂向司马炎告状，确保杨芷永世不得翻身！贾南风成功地结束了杨家专权。

$\odot$

流放司马繇

因平灭杨骏家族有功，楚王司马玮被拜为卫将军，兼领北军中侯，加授侍中，掌握了宫廷之外御林军的指挥权。东安公司马繇晋爵为东安郡王、升任尚书右仆射，加任散骑常侍。贾南风的族亲贾模、贾谧、郭彰也都封侯入阁。贾模、郭彰分别是贾充的从子、小舅子，以前就深受器重。孟观、李肇等也被封为积弩将军。孟观、李肇的确有点能力，杨骏不用他们，却落入贾南风手中。从细节上说，孟观、李肇类似于棋盘的一个"劫点"，贾南风提了那一劫，直接导致杨骏垮台。

西晋这段时期，场场动乱总是离不开贾南风！与普通的民间悍妇相比，贾南风特点有三。

一是严厉打击对她男人怀非分之念的其他女人，连孕妇也不放过！其凶残毒辣手段，连司马炎也看不过去。此事虽最终不了了之，但她的威风震慑了宫廷所有成员。

二是与婆婆杨芷不共戴天。媳妇婆婆闹口角，是再平常不过的事，贾南风却通过发动政变的手法来解决，这是破天方的奇谈。贾南风做了，还成功了。不但推翻了外戚杨骏，还血腥屠杀了上千人，最后虐待了婆婆杨芷，其手段之残忍，他人难以企及。就因这残忍，她专制的格局就这样被巩固了。

三是自己生不了儿子，又不能容忍庶子的存在。傻皇帝司马衷继位的同时，就立了司马遹为太子。对此，贾南风耿耿于怀。只因司马遹不是她生的，就不能容忍。

这场政变到此为止，杨家的问题均已解决，余下待解决的就是如何废止司马遹的太子资格。只是，贾南风刚刚铲除杨骏集团，不便立即对司马遹下手，于是她让外甥贾谧去监控司马遹。

贾谧当然是贾南风最倚重的自家人。她把贾谧提升为散骑常侍、东宫侍讲、领东宫六率主帅、翊军将军，负责监控太子司马遹及东宫诸事。不过，贾谧这侍讲东宫的身份实在令人恶心，也更是严重地打击了司马遹的自尊心：贾谧有什么资格给太子讲课？不论怎么说，太子的启蒙老师是刘寔这样的学者，随后又有何劭、王戎、杨济、裴楷、张华、和峤这些饱学经典的大师。贾谧算什么东西？再说，贾谧的年龄也比太子大不了几岁吧？

然而，面对强势的皇后，司马遹不得不妥协以寻求跟贾南风搞好关系。同时贾南风的老妈郭槐也想巩固贾家与太子的关系。她甚至主张把韩寿、贾午的女儿嫁给太子。司马遹原本也愿意接受这桩政治联姻。可偏是贾南风、贾午这姐妹死活不同意。于是，姐妹俩把亲戚王衍的两个女儿拉进宫内，让司马遹挑选。贾南风、贾午的所作所为令太子遭受了极大的侮辱！太子心里不是滋味，他本能地想反抗与拒绝，以维护自己的人格尊严。然而通过几个长夜的痛苦的内心斗争，司马遹最终屈服了，他接受了皇后姐妹俩硬给自己做大媒的事实。相亲就相亲吧，太子选了比较漂亮的王家大小姐。婚姻的裙带早就把贾、郭、王三家联系在一起了。司马遹无奈的选择，也出自维护这种家族的利害关系，搞好与妈及姨妈的关系。

司马遹万万没料到，贾南风与贾午又突然改变主意。她们说了，要让王家小闺女王惠风当太子妃，而大闺女改适贾谧，这是生辰八字注定的。这决定在太子司马遹看来，简直就是横刀夺爱！太子原本挑上的是王家姐姐，而非青涩的小妹。当然是姐姐长得更漂亮。这粗暴行为太霸道了。这场拙劣的姐妹易嫁事件，再一次伤透了司马遹的心。他明白了皇后贾妈妈是存心欺负自己！反过来，贾谧却因有皇后大姨妈这个后台，更加轻视太子司马遹。

一次，贾谧与司马遹下棋，两人均年轻气盛，脾气一上来，就要闹悔棋争棋路。当时留京理政的成都王司马颖恰好来到，见状就大喝一声："大胆！"

这一声断喝，不禁令贾谧胆战心惊！好不容易盼到司马颖离开东宫，贾谧立即跪到贾后面前诉说委屈。他添油加醋地说：太子有成都王这种靠山，将来会对咱家搞秋后算账！

随着贾谧反复提这类话题，贾南风也越来越想废除太子！她怕夜长梦多，就找个借口，让傻皇帝司马衷下旨把成都王司马颖调出京师。城里少了成都王，贾谧心中的那块大石头终于落地，于是更加有恃无恐。

这段时间以来，我们疏忽了潘安。潘帅哥曾长期受贾充重用，但征吴时贾充出于爱护，没让潘安随行。贾充一死，潘安被杨骏征为幕府成员。有记载说潘安先是当了太傅杨骏的主簿。但杨骏最后的两个主簿分别是木华和朱振。因此潘安当主簿的时间很可能更早。这次太傅杨骏被杀并遭夷三族，惩罚极端严厉，木华和朱振自然身首异处！潘安作为杨骏的幕僚也受牵连列入待杀之列，同样危在旦夕。

紧要关头，救星来了，那人是公孙宏！此人少年丧父，寄居在河阳种田，虽家境贫寒，但从小刻苦学习，爱好书琴，又写得一手好文章。潘安当河阳县令时善待过他，从而两人熟悉成友。本次发动政变推翻杨骏的主力是楚王司马玮，公孙宏恰就是楚王的主簿。公孙宏此时有权有势，他觉得潘安过去对自己尚可，于是出面宽恕了他。捡回一命的潘安想起老东家贾充。此人虽死，但其女儿贾南风是皇后。于是潘安联系上了贾充遗孀郭槐。贾南风一见到当年父亲帅府的潘帅哥，自然十分欢喜。潘帅哥也就不愁不发达了：傻皇帝按枕头边的嘱咐，把潘帅哥提拔为散骑侍郎，再迁任给事黄门侍郎。就此，潘安与原来的少东家贾谧结成了隔代交。

贾谧的特殊身份，招来无数文人墨客前来投靠。年纪轻轻的他被众人众星拱月一般围在中间。捧场者当然少不了潘安，也不乏石崇、欧阳建等风流文人。借石崇、潘安、欧阳建的吹捧，贾谧的声望越来越高，甚至到了有人将他与汉代才子贾谊相提并论的地步。

这次政变成功，让贾南风及其娘家享受到权力带来的好处。但是，贾南风也知道，仅仅依靠楚王司马玮、东安公司马繇、贾模、贾谧、郭彰以及孟观、李肇等英雄好汉，还是把握不好政局。

于是，她找太子太傅王戎、太子少傅张华以及贾模等人商量未来大事。根据这些人的提议，元康元年（公元291年）三月十九日，贾南风任命汝南王司马亮、太保卫瓘、楚王司马玮等参与辅政。先前扭捏作态的汝南王司马亮一接到任命，就兴高采烈地从许昌赶到洛阳，接受太宰的光荣职务。有了这三家权势人物助威，贾南风暴戾日甚。她把持着朝纲为所欲为。

贾南风的所作所为首先引起司马繇的不满。他当然有理由：老家伙司马亮和卫瓘下山抢桃子，还排挤了自己！此时，头脑冷静的王戎在一边看出苗头，就出面劝告司马繇："大事之后，宜深远权势。"然而，利令智昏的司马繇却听不进去。他既讨厌暴戾的贾南风，又舍不得放弃功劳与权力！

贾南风自然不是良辈，她早就在防微杜渐，警惕权力太大的其他人，其中羽翼渐丰的司马繇备受猜忌。贾南风发觉这位越来越不听话的小郡王几乎就是她眼里的一粒沙子，非除不可！于是她决定先听听司马亮的口风。司马亮虽为第一辅政大臣，但没掌握实权。警卫京师的禁军指挥大权掌握在司马玮、司马繇手中。而这两位宗室小爷不好对付，时时令司马亮压力山大。听出皇后的意图，他想乘机扳倒其中一个。但他不想弄脏手，而想到卫瓘！在当朝，背后出点子整人的第一高手非卫瓘莫属。密谋之后，在三月二十七日，司马亮代表朝廷宣布：废除司马繇的王位，罢免所有官职，发配到如今朝鲜黄海北道的带方郡。

事情发生得如此突然，朝中无人猜懂：司马繇究竟犯何罪？想说他谋反，还是说他滥杀无辜？反正有一点是明白的：他的权力太大了！如果几天前司马繇听从王戎劝告，远离权力竞争，或许就可免灾了。但不论对贾南风还是对司马亮来说，司马繇罪不罪都无所谓，只要他不握刀把子，不被视为威胁，他就可能什么事也没有。

排挤司马繇之后，司马亮觉得天下太平了。不过要巩固地位，自己还必须笼络人心！于是，他封官许愿，免费发放大量乌纱帽！据统计，仅武官就有一千零八十人戴上侯爵的帽子！甚至有人在短短十几天中竟然连升三级。然而，此非良招。笼络了升官的，就一定得罪了不升官的。司马亮没有因此提升支持率，反而被讥讽为"杨骏第二"！

⊙
一纸伪诏

与司马亮联手拔除了司马繇之后，卫瓘又要故技重施，想一举搞掉那位敢作敢为的楚王司马玮。让卫瓘耿耿于怀的是司马玮养的门客中，有一位叫岐盛的人是自己的仇敌！一旦司马玮听信此人之言，一定不利于自己。此外卫瓘还忌讳楚王所兼的北军中侯那职务，相当于京师禁卫军司令！那简直就是一柄悬在所有权臣头顶的利刀！卫瓘决定联手司马亮逼楚王交出北军中侯，再回封地襄阳去当原来的楚王。于是，与卫瓘利益与共的司马亮召集御前会议，说是要让所有的诸侯王回归原封地。既然司马玮要走，就必须交出北军中侯的职务。卫瓘提议由裴楷接任。谁都看得出来，这御前会议的矛头完全是指向司马玮。与会众臣除卫瓘表示拥护外，无人敢出声。

美男子裴楷那天也在会场。他资历不浅，当年就是钟会向司马昭举荐了王戎和他。而且他与司马亮、卫瓘又都是儿女亲家！这种裙带关系自然把他们连成同盟。司马亮、卫瓘都觉得，让裴亲家抓刀把子，你放心，我也放心！于是这两人都力荐裴楷。然而裴楷一直与杨骏关系不错，在三八政变中，他作为杨骏的同党被廷尉抓捕差点砍了脑袋。为此，他至今仍心有余悸，他敢与虎谋皮，伸手向楚王讨刀把子吗？

遭暗算的司马玮，自然心有不甘：当初要与杨骏拼命时，你司马亮当缩头乌龟。别人真刀真枪砍死杨骏后，有了分赃的机会，你出山抢桃子了。你抢了大桃子还要发威风！那也不打紧，你冲别人威风去，别冲着我来，更不要对我耍阴谋。你背后搞鬼我看不见就算了，可千不该万不该当着我的面来整我！如今，你司马亮、卫瓘的所作所为，分明就是过河拆桥！

不过生气归生气，被当成愣头青的司马玮，此时倒是没有动刀子的念头。

会后，司马玮回府与长史公孙宏以及门客岐盛谈起御前会议的事。这俩觉得，当前关键人物是皇后贾南风。于是一道劝楚王司马玮先找贾南风沟通，以退为进，表示愿意放弃北军中侯这柄锋芒毕露的刀把子，以换取留在洛阳的机会。

究竟是小叔子与嫂子之间好沟通，果然出现了转机。智障皇上司马衷出诏告了：司马繇空出的尚书左仆射由王戎替补，楚王司马玮接替王戎为太子太傅。就是说，皇帝留御弟楚王当东宫太傅，不用离开京师。作为交换条件，御弟转闲职不当中央禁军的司令官。这样一来，朝中众臣也就不再操心司马玮招惹是非了。自然，动这么精妙的脑筋，解决这么复杂的问题，不像是当今这位智障的圣上之所为，其身后操盘手显而易见。

这种通融的处理方式没让楚王感到完全满意，但留在京师的目的还是达到了。他失去禁卫军司令的宝座，但作为楚王，他手中依然有一支独立的武装供自己支配！看来司马玮与司马亮以及太保卫瓘之间找到了新的平衡点。

然而，该来的还是要来。麻烦出自楚王门客岐盛身上。

岐盛改投楚王门下之前，曾效力于杨骏。卫瓘与杨骏长期较劲，结果功亏一篑，倒了霉：儿子卫宣因酒色问题被杨骏抓住把柄，上奏司马炎撸掉驸马的资格。就这样，卫宣被活活地气死了。甚至卫瓘自己还一度掉了乌纱帽！卫瓘知道，构陷自己的人正是杨骏的狗头军师岐盛。看来，岐盛够厉害了：邓艾、钟会与姜维合起来都搞不过的卫瓘居然吃了哑巴亏！由此可见岐盛的智商恐怕不是一般的高。

重新执掌大权的卫瓘自然要秋后算账。岐盛感到有生命危险，就求老朋友公孙宏帮忙。经公孙宏引荐，岐盛投楚王门下。眼下卫瓘得寸进尺打压楚王，这又让岐盛感到不安。为了免灾，岐盛再次向公孙宏问策。经商议，两人最终结论是：要免灾，就必须扳倒司马亮与卫瓘。这太荒唐了吧？实力强大的楚王，在司马亮和卫瓘的联手进攻前也是节节败退，最后屈辱地交出刀把子。小匹夫岐盛显然是在冒险，做鱼死网破的挣扎。

岐盛知道，要达到这目标，那就必须要有皇后贾南风插手，只有她能鼓动傻皇帝下命令！

　　此事当然复杂而且难办。不过，大家千万别小看了岐盛和公孙宏，既然他们敢这样设想，那就或许真有一定的能力。

　　如何才能让贾南风出手？当然最好是让楚王出面，但岐盛、公孙宏都没有本事劳楚王的大驾。然而别忘了，这两人可都是楚王府的人，他们的一言一行总被外界看成楚王的意向。因此这两人就想弄点谣传，然后传进后宫，让贾南风听到一些有关司马亮、卫瓘的糗事。证据多少不在乎，只要贾皇后能听信一小部分，那俩老家伙自然就没有好果子吃。

　　要达到播送谣言的目的，岐盛、公孙宏不约而同地想到了锦衣卫李肇。李肇神通广大，不愁贾南风不信！

　　自李肇到襄阳成功说动楚王司马玮出兵消灭杨骏以来，就受到贾南风的高度信任。因此他从一名普通的锦衣卫升到积弩将军。虽说积弩将军只是个杂牌将军，但也相当于锦衣卫指挥使了，其能量决不容小看。岐盛和公孙宏找到了李肇，请他引荐自己向皇后密报有关司马亮和卫瓘的危险动向。

　　听闻楚王来人汇报司马亮和卫瓘的事，贾南风猜想那一定是楚王的主意，不过挺合自己的心意。

　　的确，司马亮对贾南风也常有失敬行为。她早就因司马亮的妄自尊大而恼火，本就有教训教训他的念头。还有卫瓘，只要提起他，贾南风耳边就会响起一句警告："卫瓘这老奴才，几乎毁了你全家！"这是老爸贾充生前说的，贾南风还记得老爸当年咬牙切齿的神态。是的，卫瓘这老东西，以前就一直企图劝晋武帝剥夺自己老公的皇储地位。

　　既然小叔子蠢蠢欲动想除掉这两个老匹夫，就不妨鼓动他试试。一旦成功，贾南风自己就可以自由组阁，挑选更适合的奴才为自己效劳！如果不成功，她也乐得看他们两败俱伤的结局。于是，她让呆皇帝司马衷下笔写份诏书，指令楚王司马玮出面废除司马亮和卫瓘的太宰、太保之职。诏书还授权淮南王司马允、长沙王司马乂、成都王司马颖屯兵在各宫门，以防祸水漫进皇宫。

　　半夜，贾南风的亲信、黄门令董猛拿着这份御笔亲题的手令交到司马玮手里。司马玮一看，这手令的确是圣上手迹，同时也是写在专用纸张上，然而没有加盖玉玺，这事有点蹊跷，既然要自己采取军事行动抓捕太宰、太保这样两位最高执政官，怎么没附带送来调兵遣将所需的兵符与旄节？

司马玮见过大世面，总觉得这份手令怪怪的。他担心：关键时刻这份手令不过是一根鸡毛，无法派上用场！于是，他提出要进宫检验一下诏书的真伪。黄门令董猛辩解说，那样一来动静太大，事情就会泄露出去，密诏就失去了秘密的效果。

司马玮听完便罢，他觉得既然自己手中拿的是皇上的亲笔手令，也就无须太多的顾虑。于是，他拿鸡毛当令箭，另外写好字条，派人通知京师各驻军：本王奉旨讨伐司马亮与卫瓘，各处兵马必须随时听调！

天亮之际，楚王与各路兵马联系完毕，就先分派李肇、公孙宏等人率兵包围司马亮官邸。

司马亮见状大吃一惊："我没有二心，为什么这样相待？如果有诏书，请把诏书见示！"

李肇、公孙宏不予理睬，府门立即被攻破。积弩将军李肇手到擒来，司马亮遭五花大绑。这位落败的陈留王垂头叹气："我一颗赤心，可以剖给天下人看。"

李肇让士兵们把司马亮扔到一辆车子底下，自己以汇报情况为由空手回宫。士兵围着现场，街上行人驻足观看。

这边，楚王指挥抓捕卫瓘。一位名叫荣晦的禁军头目主动请缨：愿带所属士兵去抓捕太保卫瓘。楚王点头，并让十九岁的清河王司马遐监督这一路行动。荣晦的禁军一到卫府，就高声喊叫，令卫瓘出来认罪受捕。卫瓘主动打开府门不做抵抗，荣晦率兵鱼贯而入。他宣读文告之后，就收缴卫瓘的印章和侍中身份的标记物，然后登记卫瓘子孙以及其他家庭成员入册。手续完毕，士兵们押解着卫瓘及其子孙依序出府，全部关押在东亭道北的园子里。此时，卫瓘满脑子在考虑如何接受审判，却不料身后的荣晦挥刀拦腰砍来。卫瓘便一下子倒在血泊中。

原来，荣晦曾是卫瓘的帐下督，因过失罪曾遭卫瓘责打并被驱逐。被逐的荣晦受尽屈辱，后来才被收进禁军，从头干起，当了个中下等的头目，不想这次被招来执行抓捕司马亮与卫瓘的任务。那些事情虽说已经过去多年，不想小人物记仇之心十分强烈。为出一时之怨气，荣晦就这样无情地一刀斩杀了老东家卫瓘。

卫瓘这一生混得不容易，中间不知经历过多少惊涛骇浪。他堪称是个非凡人物！万万料不到的是：烈士暮年的他，却遭一个丑女人的暗算，死于自己的弃卒手下！

见卫瓘死了，荣晦手下兵丁一齐动手，将卫瓘的三个儿子卫恒、卫岳、卫裔及六个孙子杀死！好在还有另外两个孙子卫璪、卫玠因当时不在府中而逃过一劫。东晋王羲之的导师就是传奇女子卫夫人。卫夫人就是卫瓘家族的后人。卫瓘的孙子卫玠是当年又一个超级美男子。他是乐广的女婿，还是卫氏书法的传人，更是继何晏、王弼之后魏晋玄学最重要的传承者。一直到东晋永嘉六年（公元312年），卫玠死在江南的豫章郡。

卫瓘被满门抄斩的事，令十九岁的清河王司马遐目瞪口呆！毕竟是"散兵不由将啊"！资历幼嫩的司马遐根本无法控制因仇恨而良心泯灭的荣晦，更约束不了虎狼成性的禁军。就因此事，清河王小王爷终身遭后人鄙视！

就要到中午时分了，积弩将军李肇还是一去无消息。他亲手捕捉的俘虏依然被捆绑着，仍在烈日下煎烤受罪。这天气炎热，肥胖的陈留王司马亮大汗淋漓。士兵们怜悯他，从路人手中借来扇子帮他扇风降低温度。可怜的老头不停地喊冤！士兵与百姓在一旁围观。

怎么处置陈留王？是押赴刑场，还是送到廷尉衙门受审？李肇将军总该有个回音吧？

这时，公孙宏劝说司马玮，不妨去找司徒王浑出面站台，以稳定人心。司马玮亲赴司徒府，但王浑却以患病为由闭门不出，还让府中一千家兵闭门把守。司马玮不敢强逼，然而处境的压力令他窒息！正午了，司马玮、公孙宏、岐盛等来的不是李肇的回音，而是一道惊人消息：

侍中贾模率领中骑二百人奉旨出宫，他宣言要营救太宰司马亮与太保卫瓘！

这中骑就是殿中骑兵，相当于锦衣卫骑营，是皇帝最精锐的卫士。消息是真的！因为在《晋书·贾充·附贾模传》中确有记载："及楚王玮矫诏害汝南王亮、太保卫瓘，诏使模将中骑二百人救之。"这贾模恰是贾南风的堂兄。贾充自己没有儿子，对侄儿贾模十分亲近。很显然，贾南风变卦了：她不愿接受李肇亲手拿下的司马亮这份厚礼，而要让楚王司马玮独享那"吃不了兜着走"的滋味！

此时此刻，司马玮意识到自己被利用、被出卖了！不过他还能依靠矫旨暂时控制着宫廷红墙外全部的京师禁军：你贾模想火中取栗捞走司马亮？那好，看我如何完璧归赵，把司马亮的人头交给你！

于是楚王司马玮决定一不做二不休，他发布告示称："谁砍下司马亮人头，赏绢一千匹！"

重赏面前必有勇夫。于是，士兵一哄而上，把司马亮的人头砍下！

司马玮下令：把司马亮人头抛至宫门前的红色宫墙外。

从昨晚黄门令董猛半夜拿来的不明不白的诏书开始，直到如今传出贾模奉旨救司马亮与卫瓘的消息，一切都说明楚王司马玮被玩弄了。阴谋背后的操盘手就是奸后贾南风！眼看面前是死路一条，岐盛提醒楚王：眼下唯一的出路是趁着现在兵权在握、指挥顺当之际，乘势入宫杀死后党的干将贾模、郭彰，废除贾南风，帮助扶正帝室，安定天下。有天下的安定才能保证自身的安全！

司马玮考虑了好一阵，最终放弃了这个名不正言不顺的举动：傻子哥哥不废弃他老婆，我怎能越俎代庖，废弃嫂子？其实，司马玮此时已经知道，从昨晚接到所谓圣上手令开始，自己已经陷入万劫不复中。然而，攻打自己兄长的朝廷，又绝不是自己应当的选择。

当然，司马玮还心存侥幸：手中握有御笔手令总归白纸黑字，皇上不至于不认账吧？皇嫂也不至于要抵赖吧？

提议被拒绝后，岐盛长叹道："今天你不杀她，将来必被她所杀，我们都要跟你倒霉了！"

果然，岐盛说准了。贾南风正在采取行动。又是她让傻皇帝司马衷下诏书，派出殿中将军王宫持驺虞幡带队出殿。我们见过京戏武将背后的四面令旗吧？驺虞幡就是一种只有皇上才掌握的特殊令旗，它传达一种无声的命令：任何军人见到它，就得立即停止战斗，放下兵器，自行解除武装。王宫的殿中将军职务相当于锦衣卫都指挥使。他一出殿，就边手执驺虞幡，边朗声吆喝："楚王是矫诏行事，使国家二公被害。诸位将士全部受了楚王的欺骗。除公孙宏、岐盛、荣晦等从恶作逆的首领外，其余将士一律无罪。"于是所有禁军扔下兵器走开，楚王亲兵也跟着逃了。司马玮顿时成了孤家寡人，他彻底垮了。此时身边还留下一名十四岁的私家车夫，他驾着牛车要接司马玮到他哥哥秦王司马柬处避难。但在半途就遭禁军拦截，楚王被生擒，交由廷尉审查治罪。

此时，贾南风又操纵皇帝司马衷下诏，把一切都赖到楚王司马玮身上。她指责楚王不但伪造诏书害死司马亮以及卫瓘父子，还想诛杀朝廷大臣，图谋不轨，必须从重执行死刑。廷尉奉旨完成审判程序移交监斩官。片刻之后，廷尉向朝廷奏报：已斩决！同时，他也为司马玮之死而悲痛，并以官方名义为司马玮发丧。

司马玮临刑前，拿出藏在怀里的御笔手令，流着眼泪展开给监刑尚书刘颂看。他叙述自己是奉朝廷诏命行事，所做的一切都是为了国家社稷，如今却遭如此下场。楚王还说，自己的身体是晋武帝给的，怎能蒙受如此之冤屈？他希望冤枉能够得到洗雪。

楚王临死前的这番话，分明还是拿鸡毛当救命符，玩弄甩锅那套把戏嘛！刘颂看在眼里，心中明白。但他曾经是楚王的幕宾，不忍说违心话装正派。他不敢仰面正视眼前这位落难的老东家，于是哽咽了起来。司马玮死时仅二十一岁，那天是元康元年（公元291年）六月十日，离他受贾南风鼓动出兵平定杨骏还不到一百天。他执法冷酷，对官员严厉，但平生为人豪爽而喜欢施恩，对普通人尤为温和友善，从而颇得民心。他被杀时，有不少人替他掉泪。民间还有人集资为他建祠堂。其同母兄弟长沙王司马乂坐罪被贬，不免因此埋下仇恨种子，以致随后继续蔓延的"八王之乱"少不了司马乂的一份。

岐盛、公孙宏也在同一时刻被处决。

通常把元康元年三月八日作为西晋历史上"八王之乱"的起始点。从那天开始的头三个月内，已经有汝南王司马亮、楚王司马玮都因贾南风而死，淮南王司马允、长沙王司马乂、成都王司马颖也因此卷入了军事行动。司马繇参与动乱时只有公爵身份，所以历史上的"八王之乱"不含司马繇。另外，十九岁的清河王司马遐毫无作为，以后再也未卷入权力纷争，从而也不计入作乱的八王队列中。

因司马亮、司马玮、卫瓘同时死去，朝廷不可避免地出现巨大的权力真空。然而这一切都落入皇后贾南风手中。元康二年（公元292年）贾后临朝施行专制。她首先委任亲党执掌关键部门：她堂兄贾模为散骑常侍加侍中。堂舅郭彰为卫将军加侍中。外甥贾谧为后军将军。无派系的张华为侍中、中书监。安南将军裴楷为中书令与尚书仆射王戎同掌机要。二十四岁的右军将军裴頠，因功晋爵武昌侯、领左军将军、加侍中，还兼管万春门守卫。我们注意到这些官员的一个特点是都加了一个"侍中"的头衔！拥有"侍中"头衔的人，凭特有的玉貂标志物可随时进出宫廷服侍皇上，从而成为皇帝智囊团成员，也是最高决策层成员。这些侍中里面，贾模、张华与裴頠成了最关键的"三驾马车"。随后数年之间，虽然暗主高高在上，而且实际操盘手品行龌龊、丑闻与恶行不断，但因有这"三驾马车"的同心辅政，多数恶果局限在小范围内。诸侯王也没有找到继续作乱的借口，从而使朝野基本上平静、社会矛盾尚且可控。"三驾马车"之一的裴頠是王戎的女婿。

后来，王戎与裴頠这翁婿俩还分当了尚书左、右仆射，共管权力很大的尚书台。不久后，王戎转司徒，裴頠继位尚书仆射。琅琊王氏的声望因王戎家族而暴涨。其堂弟王衍虽是空谈家，却继续受重用。同是琅琊王氏的王导也因此有了机会成了刘寔的幕僚，王敦则被选为晋武帝的女婿，娶了襄城公主，并当上太子舍人。晋朝黑灰色的夜空中，冉冉升起了王导、王敦这两颗未来之星。

⊙

河东裴氏（一）

在三月八日诛杨骏废太后的事件中，河东裴氏家族裴頠与裴楷两个家庭出现了荣辱两重天的不同经历：裴頠因功美誉远扬，而裴楷却因负罪几乎丢了脑袋。

　　整个过程中，司马繇与司马玮叔侄诛杀了杨骏，当然是大功臣。此外，傅祗与裴頠也算有功。傅祗参加杨骏的宴席，听说宫内决定抓捕杨骏，他就带头离席，文武百官也跟着散去。少了这批官员助阵，捕杀杨骏就没有什么阻力。领头羊傅祗不但不被归入"杨党"，还算功臣。河东裴頠则顺手牵羊夺取杨党刘豫的武装，致使杨骏满门抄斩。裴頠因此高升。

　　杀杨骏之后，官军扩大清剿范围，杀死"杨党"上千人，其中就包含杨骏女婿、中书郎裴瓒一家。裴瓒就是裴楷的儿子，就是说，裴楷与杨骏是儿女亲家。此前还因这裙带关系，裴楷出任卫尉、太子少师等高职。

　　就这样，河东裴氏的裴楷被廷尉收押，与众多"杨党"一道待罪拘留。事件发生得太突然，不少人在甄别过程已先后被"咔嚓"了。剩余众人，个个人心惶惶，惊慌失措。其中唯有美男子裴楷神色不移、淡定自若。他向狱官讨来纸笔，从容向亲属、故人写信告别并交代后事。其中一信寄给侍中傅祗。

　　傅祗收到信件后，立即出面向廷尉提出担保救助裴楷。

　　这里，我们关心两个问题：一是裴楷与傅祗是什么关系？二是同为河东裴氏的裴頠与裴楷关系如何？

　　首先要说的是，裴楷与傅祗是世交。裴楷的父亲是裴徽，而傅祗的父亲是傅嘏。魏明帝时期洛阳盛行玄学清谈。荀粲、傅嘏与裴徽是清谈沙龙的常客，并结为辩友。因此裴楷与傅祗也同是魏晋两朝的显要高官。这次见裴楷有难，傅祗伸手救助并出面作证，那是再正常不过的了。由于傅祗在这次政治运动中立场坚定又是有功之臣，他的担保十分有效，裴楷立即恢复自由人。裴楷堂兄裴秀出任司空，期间为朝廷制作了《禹贡地域图》，开创了中国古代地图绘制学。他是裴徽的侄儿，也是右将军裴頠的父亲。因此裴楷、裴頠是堂叔侄关系。

　　受裴徽的影响，早年的裴秀、裴楷均爱上玄学清谈。曹魏征辽将军毌丘俭首先发现了裴秀，就举荐他入曹爽幕府。那年代，钟会、裴楷与王戎均堪称一时的少年杰青，钟会把他俩同时举荐给司马昭。他介绍说："楷清明通达，王戎简要省约。"而同时裴楷却看出钟会是"如观武库森森，但见矛戟在前。"当时的人并不赞同他的看法。然而，一旦钟会反叛时，众人无不佩服裴楷的目光锐利。

裴氏家族不但裴徽与裴楷、裴秀两代人专玄学，而且其门风代代往后延续。第三代，裴秀的儿子裴頠同样好玄学，其中尤以裴楷与裴頠叔侄俩最为突出。当时玄学的领军人物王衍、乐广与前代"正始之音"一脉相承：尚自然越名教。然而裴楷与裴頠则看重玄学为皇权政治服务的问题。他们的与众不同之处，是适时地强调了对晋朝皇帝的"忠"。自高平陵事变之后，特别因发生了司马昭杀死魏帝曹髦的事件，"忠"成为司马家族最忌讳的文字。这一直延伸到初创的晋朝。

但到了裴楷、裴頠这代，他俩就认为应该重新发扬"忠"。因为此时，提倡忠，不再是忠于曹家而是忠于司马家，更是为了晋朝天下绵延不绝！然而又不能把冷落"忠"的账记到晋朝司马家头上。那不忠的帽子套到谁头上最适合？想来想去，只有一个目标：正始名士！

于是有人散布言论称：曹魏为何亡？那是因为玄学缺乏忠君爱国精神，体现在正始名士对曹魏政权的生死存亡麻木不仁，他们没有为捍卫曹魏皇朝而誓死拼争。

然而，正始名士鼓吹玄学是否因崇尚老庄而"弃经典"？恐怕有点人云亦云的味道。首先，玄学萌芽于汉末清流派学者。东汉桓玄二帝时期，宫廷荒淫无道，宦官横行，朝纲倾覆，政治腐败，最后导致皇朝覆灭。汉末清流人士认为，那一切是董仲舒"君权神授、天人合一"的纲常伦理以及废除百家、独尊儒术、实行思想禁锢造成的。清流们痛切地以为，董仲舒那一套违背了孔孟所提倡的"仁者爱人"的宽松政治，败坏了"忠孝仁信礼义廉耻"的清流风骨，破坏了百花齐放、百家争鸣的学术空气，大搞"党锢"，杜绝了清流与诤言。

孔孟之道原本是不讲迷信的。为何董仲舒却能在其中引申出"君权神授、天人合一"的一套说教迷惑人？后来的玄学家认为，那是因为孔孟之道有其先天不足之处：所有孔、孟著作都只不过是罗列一大堆章句与小故事的集合而已，只是一种汇集案例型的著作，而缺乏完备的论证体系。这就给董仲舒移花接木，把"君权神授、天人合一"强加到孔孟理论之上开了方便之门。这就是说，孔孟的理论体系是有瑕疵的。

老庄之道追求事物的本源，其所声称的真理，均源于一个基本公设——"道"！世间的一切正确的观点均与道有关！对事物合理的认识可以从"道"出发，通过演绎推理而得出。反过来，所有这些合理的认识又可以溯源归纳于"道"。由于这"道"又被抽象为广义的"善"，它被说成是"真善美"的综合、是天地万物的基础，是正义的化身。联想到孔孟倡导的"仁政""忠孝仁信礼义廉耻"不都是讲"仁义"、讲"善"、讲"美"的吗？为何不可以"援道入儒，儒道合流"呢？这就是汉末清流的最初想法，也是玄学的初衷。

玄学正是利用老庄之道演绎推理体系来改造孔孟的经典，以证明所有孔孟章句均源于"道"、源于"真善美"。"忠孝"的教条、"仁爱与信用"的准则，"礼义廉耻"的修养，都可以从其源头"道"推理出来。这"道"后来被王弼、何晏抽象为"无"或"无为"。所以，魏晋时代的玄学是基于老庄的思辨方法对孔孟之说的修正，是一种修正主义。其修正与改造过程，采用百花齐放、百家争鸣的思辨形式进行。这种对儒学进行修正的尝试，吸引了魏晋时代绝大多数读书人的兴趣。"正始之音"时代的玄学清谈形成了高潮。

由于发生司马家族轻易地篡权成功的高平陵事件，司马家族窃居了舆论的上风。一开始，许多人都以为司马家族代表了皇权与太后权，是"忠君爱国"的代表，是"忠孝仁信礼义廉耻"的代表，而不是政变篡权！相反，曹爽与"正始之音"的那些才子什么都不是！因此在第一时间他们被杀头处决，并被扣上了"谋反与叛逆"之罪名。书生气十足的"正始之音"才子们陷入万劫不复的深渊！

直到贾充弑杀曹髦成功，司马昭之心路人皆知，曹魏朝廷事实上被终结。至此，人们才突然发现曹爽以及"正始之音"的才子们才是真正忠实于曹魏政权的！然而一切已经晚了：他们已经纷纷遭屠杀！甚至是远离高平陵事件的毌丘俭、李丰、夏侯玄与嵇康等人也在劫难逃！那意味着司马家族是采用消灭肉体的手段铲除所有效忠朝廷的"拥曹派"。

即使到此时，犹有人埋怨"正始之音"才子们，没能在第一时间果断捍卫曹家皇帝，没能勇敢地反击司马家族的篡权。的确，不少的"正始之音"才子们自私、贪生怕死！他们被人鄙视，于是被说成"其主之颠危，若路人然"。

然而这些并不代表"正始之音"的全貌，而只能说是"事后诸葛亮"对他们的偏见而已。

事实上，"正始之音"所标榜的玄学，本就是把"忠孝仁信礼义廉耻"的价值观归结于"道"，并以此为行为准则。所以宣扬"忠孝仁信礼义廉耻"正是玄学的初衷，而"忠"正是第一位的。

并非"正始之音"时期的玄学不谈忠，而恰是高平陵事变之后司马政权忌讳别人提"忠君"。司马政权甚至要将继续忠于曹魏朝廷的"正始之音"的"残渣余孽"斩尽杀绝！晋朝把"孝"取代"忠"作为道德楷模的唯一标准，就是忌讳别人暗中议论司马家族以及官员对魏朝的不忠，视他们为大逆不道！

就是说，"僭位"而立的晋朝要迫使全部国民去充当"路人甲"，闭口不提"忠君"的话题。

随着司马晋朝的稳定与巩固，玄学清谈又发生了实质性的变化。对于一个皇朝来说，不许讲忠，那只是权宜之计。此时皇朝姓司马不姓曹，效忠司马皇朝决不再忌讳。不能忠曹魏之君，但不能不忠晋朝之君！这当中，河东裴氏家族的立场改变最及时。他们虽继续坚持在学术上对玄学的信仰，保持好老庄之道的门风，但他们回归并重视忠君意识。他们关心西晋的治乱，时刻关心"主之安危"，在大是大非的政治问题上，绝不做"路人甲"，而主张让玄学回归忠君正道。

裴楷年轻时经受玄学清谈的磨炼，养成豁达善辩的风度，又随时注意为皇上及皇族成员排忧解难。由于常备不断的坚持，裴楷在关键时刻终于得到展示自己的机会！

泰始元年（公元265年）晋武帝称帝。登基后的重大事件自然是拜天祭祖，祈求江山长久万年。司马炎以帝王之九五之尊登上阼阶主持祭祀。祭祀中有一项重要内容，那就是做一次蓍草占卜，以探国运：晋朝天下究竟能传承多少世代帝王？

古代占卜分为龟卜与占筮两种方式：前者用龟壳，后者用竹签。但由于当时普遍认为蓍草和龟甲一样具有灵性，于是常用蓍草梗代替竹签，这就被称为蓍草占卜。蓍草占卜是通过固定的操作程序，最终得出数字作为答案。司马炎求的国运签是预卜晋朝的朝代数，当然是数字越大越好。

占卜结果出来了，司马炎脸色很难看。

满朝文武百官一看占卜结果，也顿时脸色发白，没人敢吱一声。因为占卜结果是"一"！那是否意味着：晋朝一代而终！

俗语说，伴君如伴虎，老虎发怒就要撕咬人，皇上脸色难看绝非好事！很可能意味着人头落地！

一开头，裴楷也禁不住内心一颤，但他立即想起正始名士王弼《老子注》中有一句关于"一"的论述，脑子豁然开朗。他站了出来侃侃而言："臣听说，'天得一以清，地得一以宁，侯王得一以为天下贞。'如今占卜的结果是'一'，正说明陛下已经与全民融为一体，成为天下之中心！小臣恭贺陛下万寿无疆！"

听这么一说，晋武帝脸色立即转阴为晴，喜气洋洋。

群臣跟着山呼万岁，内心无不佩服裴楷！惊呼玄学的高深无比、神机莫测。

玄学在魏，有号召力；玄学在晋，有凝聚力！玄学掌握在裴楷手中，就更展示出其活灵活现、妙用无穷的一面。在这关键时刻，它居然起到立竿见影的效果！

从这天开始，文武百官发觉，裴楷原来如此博学多闻、远见卓识，关键时刻又如此机智敏捷、随机善变、豁达善辩。他们还发现，裴楷还长得这么帅，这么讨人喜欢！同时大家还注意到，裴楷在朝会发言的声音原来如此柔和悦耳，听他的报告，就是长达一个时辰，也不会打瞌睡！大家都愿与他交朋友。裴楷的老丈人是司徒王浑。王浑曾经是曹爽的亲信，因高平陵事变受牵连而一度被撤职罢官。就是那时，他招裴楷为女婿。也就是说，美少年裴楷是驸马爷王济的妹夫。随着后来王浑重新站队正确，又在平吴过程中立了大功，身份地位暴涨，裴楷的身价也水涨船高。加上裴家的帅哥DNA，致使他的子女也因模样出众而备受同僚的青睐。陈留王司马亮把女儿嫁给裴楷的长子裴舆，次子裴瓒娶了国丈杨骏的女儿，卫瓘家又纳裴家女儿为儿媳妇。因婚姻关系，裴楷与豪门大族建立了广泛且牢固的朋友圈。裴楷受老庄"尚无为"思想影响，平日不但不"勤政"而且几乎是"惰政"。然而惰政的结果就显得与人无争！他自然少得罪人，从而被看成典型的好好先生。所以，即使杨骏被屠三族，裴楷受连累而身陷囹圄，还是罕有人对他投石下井，却有人愿意出面为他担保，救他出狱。

裴楷脱险离开廷尉监狱后，本无任何官职。却没料到，太宰司马亮、太保卫瓘两亲家提名他去接手北军中候这个禁军司令的职务。老亲家的关怀令人感动，然而此事却导致司马玮的雷霆万钧。的确，那等于从楚王司马玮身上割肉！

历来"尚无为"的裴楷知道此事不好办，不敢接手，于是主动要求离开京师到外地当个郡守，以回避凶险。就在这时，司马玮凭矫旨执掌军权，调动军队去抓捕司马亮和卫瓘。为防止裴楷利用北军中候的名义争夺禁军指挥权，楚王派人连夜追踪裴楷。吓得裴楷带着司马亮八岁的儿子司马羕，一晚上挪了八个地方躲来躲去，最后躲进老丈人王浑家。裴楷面临的风险就此终结。

司马玮死后，裴楷升任中书令、加侍中，与张华、王戎共同管理军国要务，一时风光无限。

然而好景不长。魏晋时期许多名人雅士，其中就包括裴楷这种被称为美男子的人，往往都是喜欢吃药的，那药十有八九不离五石散。五石散即寒食散，食用之容易中毒，后遗症良多。其中一条很典型的经验：吃药的人如想喝酒的话，必须喝热酒。裴楷的堂兄裴秀就没有按这经验办事。他四十八岁那年服用五石散后误饮冷酒，当夜就去世。裴楷随时记住这条教训，不喝冷酒，但依然逃不过药毒。中毒的临床表现是"渴利病"，也是一种肾病。他经常口渴想喝水，喝了水就要上卫生间。古代官衙哪像如今处处有卫生间？一旦有此病，就不适合上朝议事，无法在衙门办公。

于是裴楷越来越感到自己不宜继续当官了。然而几次辞官总不得批准，最终他躺下了。他曾经与王戎一道举荐过王衍当官。此时王衍已经是太子司马遹的丈人。裴楷病重时，王衍奉皇帝司马衷之命问候裴楷。但裴楷再也认不出眼前人了。他回眸注视了好一阵摇头对王衍说："竟未相识。"但王衍依然对裴楷临死前的儒雅气质赞不绝口。

逢人便说好话是一种德行，王衍也因此深得众人的欢心。说实在话，这王衍本是最不适合当官的人，然而就因其群众基础好，官当得越来越大，升官速度比谁都快。

不久，裴楷去世，享年五十五岁。

裴楷运气好，提早走完人生之路，避免了同张华、裴頠后来一样的遭遇。

对于裴楷的一生，有人向往，有人鄙视。他人生最得意的事，莫过于善对司马炎的"蓍草占卜"那一节。然而，当细读后人的评价，我们会有另一种感觉。

苏轼就是这样说的：晋武帝探策当如签也耶，惠帝不肖得一，盖神以实告。裴楷谄对，士君子耻之，而史以为善谈。鄙哉！惠怀愍皆不终，牛继马后，岂及二乎？

与裴楷类似，晋代的"中朝名士"罕有摆脱"谄"的特性，从而难以免除后人给他们以"耻"与"鄙"的差评。不论是贾充、荀颢、荀勖、冯紞还是任恺、和峤、庾纯、王济、王恺甚至杨骏、卫瓘，其本质莫不如此。

⊙ 河东裴氏（二）

因王戎参加过竹林群贤的聚会，南朝东晋人士便把王戎归入"竹林七贤"。然而，倘若把其他六人与王戎相比，王戎却是其中最缺乏贤味的。只是"竹林七贤"中，他官最大、在职时间最长，还是当朝最著名的琅琊王氏代表人物。所以至今没有人舍得将他从"竹林七贤"榜中除名。

这里提到王戎，但我们想说的是他的女婿裴頠。裴頠是裴秀的儿子。裴秀与王戎同朝为官。泰始七年（公元271年）裴秀刚当上司空不久，就因吃药后喝错酒而不幸死了，那年裴頠才四岁。裴頠虽然顶替了父亲的爵位，但离入朝为官的年龄尚早。不过，裴頠受家风门风熏陶，自小就聪悟有识，善谈《老子》《易经》，并通过清谈聊天群的传播，很早就扬名于世。王戎看着这位贤侄一天天成长，心中暗喜，盘算着有朝一日，将自己的女儿嫁给他。

终于，女儿到了及笄年龄，王戎就做主把她嫁给裴頠。裴頠母亲郭氏与贾充太太郭槐是亲姐妹。对于这桩婚事，郭氏与姐夫贾充都认为门当户对，相当满意。由于王戎与裴秀都是朝廷的显赫家族，婚礼自然不能太寒酸。可是，裴秀已经去世许久，十多年的光阴，当年侯门的荣华富贵已是明日黄花，要操办一场豪华婚礼，就有点勉为其难。这位王千金倒是有点为未来夫家着急了。她劝老爸资助点钱给裴頠，把婚礼办得体面些。好说歹说费了一番工夫，王戎才提出数万铜钱贷给女婿，但坚持要女儿婚礼之后就归还！

婚后三天，就是回娘家之日。这本是一个喜庆之日，可王戎老是高兴不起来。一件心事老是七上八下的：女儿、女婿会不会空手而来？为这，他的心一点也安静不下来。不久，女儿女婿果然轻车而来，王戎一见脸立即沉了下来，眯着眼，脚也迈不动了。

女儿看出了父亲的心思，连忙吩咐车夫迅速回家，把钱运了过来。

一见到钱，王戎这才睁大了眼，面露喜色。毕竟贾、裴、王是亲戚，裴頠的前程得到姨夫贾充的关心。太康二年（公元281年）裴頠才满十四岁，贾充就向司马炎力荐裴頠，他赞扬说：頠才德英茂，足以兴隆国嗣。于是不到弱冠之年的裴頠就被征召为太子中庶子，不久迁为散骑常侍。

裴頠是皇后贾南风的表弟，而且十四岁就开始陪护太子司马衷。十年后，司马衷登基称帝，贾南风晋升皇后，年仅二十四岁的裴頠就晋升为国子祭酒兼右军将军。虽然，一开始裴頠这个右军将军没有取得丝毫军权，但没过多久，机会就来了。永平元年（公元291年）三月初八，就是贾南风策动兵变铲除皇太后杨芷及外戚杨骏的那天，裴頠意外地在皇宫万春门前夺下了左军将军刘豫统领的一支禁军。

左军将军刘豫是太傅杨骏的亲信。事变当天，他听到后党要抓捕杨骏的消息，就率禁军驰救，却不知杨太傅正在府邸举办盛宴招待群臣。刘豫一心以为杨骏或许要被抓往皇宫，于是一路匆匆赶路，要半路拦截抢救。到了皇宫万春门口，他没看到杨骏，却遇见满身戎装的裴頠。新任右军将军裴頠年龄轻轻，一时还没有落实可供指挥的军队。刘豫对裴頠不甚了解，只是祝贺右军将军荣升时见过一次面。他上前向裴頠打听消息："太傅在哪儿？"裴頠知道这位行色匆匆的刘豫不了解详情，就决定要弄耍弄他。只见裴頠眼睛一转，花言巧语顿时涌上心头，一套套谎话流出舌尖："刚才在西掖门遇到太傅，他乘坐一辆素色马车，由二位随从陪送向西走了。"这自然是话中有话：杨太傅这行头，不像是轻车简从连夜去访贫问苦，而更像是往西面的廷尉大狱自首的！刘豫一听慌了。

谁都知道，太傅杨骏每次出行总是警卫森严、仪仗隆重、声势浩大。司马炎临终遗诏就立下规定：太傅杨骏的警卫有步兵三千人、骑兵千人！甚至，杨骏每在宫殿中住宿时，还特许四十人手持兵器出入宫殿充当保镖。这批保镖还拥有左、右、卫三部司马及殿中都尉司马的身份。一人之下万人之上的太傅杨骏，怎么可能如此轻车从简地深更半夜潜行？听裴頠此言，刘豫顿时方寸大乱：太傅杨骏一定不妙了！想到这，这位可怜的左军将军就不由自主问出口："我该怎么办？"裴頠暗笑不已，决定把恶作剧玩到底，于是劝告说："最好是去找廷尉！"其言外之意就是：你刘豫玩完了！唯一出路是自首入大牢，老实接受廷尉老爷的判决。听此言，刘豫彻底崩溃了。他丢下禁军决定开溜！裴頠见状大喜，便宣布军队停下待命。自己火速回宫找表姐贾南风讨来一份诏书，明确自己取代刘豫兼领左军将军，接管这支禁军并驻守万春门。就这样，小小年纪的裴家少爷，凭三寸不烂之舌，连哄带骗吓跑左军将军，顺手牵羊取得了禁军指挥权！他为表姐贾南风的行动提供了胜利保证。

有这支军队坐镇万春门，司马玮与司马繇叔侄终于可以放手一搏。他们制伏了守卫杨府的一千骑兵与三千步兵，成功攻克杨府并杀死杨骏！

平素好老庄之道、醉心于玄学、尚无为的裴頠，在表姐贾南风面临生死考验的关头，一点也不无为、一点也不"越名教而任自然"，而是积极参与、主动出击，为己方的胜利开了一个好头！就这样，裴頠空手套白狼，巧取豪夺抢了别人的兵马，立下了首功。

随后，贾南风抓住机会，先让司马玮杀掉司马亮、卫瓘，再回身一刀杀死司马玮。通过血腥屠杀，她的专制得到巩固。因此，年轻的皇后表弟裴頠顺利升官。他最后升任尚书左仆射，与任尚书右仆射的岳父王戎共掌尚书台。翁婿联手把持了朝廷的核心权力。

后来裴頠添了侍中的职务，他趁机上奏请修建国学，并仿照当年蔡邕，将经书刻于石碑上树为样板。裴頠还主张恢复礼制：主张皇太子读书要开宗明义，首先注重礼仪。于是每逢开学，必先陈酒馔祭祀先师孔子。祭祀时还搞射箭比赛以及演习礼仪。经他之手，朝内朝外尊卑等级分明，讲究秩序。裴頠搞克己复礼是为了维护朝廷走向千秋万代。口口声声弘扬玄学的裴頠却大搞礼仪，那正是他有别于其他学者的地方。

裴頠忧虑：前朝的正始名士何晏、阮籍等人影响力太盛。玄学因为他们而水涨船高的同时，也把他们的癖好与行为当成时髦。到了晋朝，玄学队伍迅速壮大，玄学清谈呈泛滥之势。深受何晏、阮籍影响而涌现王衍、乐广之辈，更令裴頠气愤。裴頠狠狠地斥责："个个口口谈玄虚，不遵礼法，倚仗当权者的宠信，白吃俸禄，无所事事。这些对朝廷有害无益。"

乐广与王衍都是当时最具盛誉的名士。乐广虽非名门大族出身，但由于幼年深受夏侯玄赏识，后来又得到卫瓘、王戎的关怀，从而有机会早早地出世当官。

作为历史人物，乐广与"杯弓蛇影"这个成语紧密联系在一起。故事是这样说的：乐广请朋友到家里喝酒。朋友举杯刚喝一小口，就习惯地把没喝干的酒杯放回桌面。这位客人突然看见酒杯的余酒中闪现了一道蛇影，一时内心非常不爽。但出于礼仪，他最终还是硬着头皮把酒干了。

朋友回家的一路上，心中总是七上八下的，不久就病倒了。乐广闻讯前往问候，知道了老友因酒杯见到蛇影而致病，心知此乃心病。但是酒杯中怎么会有蛇影呢？乐广一时也想不通。回家后，他发现客厅墙壁上挂了一把弓，弓背上绑着蛇皮！他猜想：朋友的病根一定与蛇皮有关。于是，他拿酒杯盛着酒坐到那天朋友喝酒的位置，恰从酒杯中看到弓的影子！乐广恍然大悟。

于是他再次邀朋友来家做客，让他坐在老位置喝酒。斟酒后，他先让朋友看看墙壁上挂的弓，再看看酒杯中的弓影。朋友明白真相后，病立刻好了。

王衍、乐广这一班子风流倜傥、志同道合，常聚一道喝酒清谈。他们崇尚无为，向往老庄，把"贵无"当作人生追求。而裴頠为了有别于他们，就针锋相对地提出了"崇有"理论。观点差异，导致裴頠与王衍、乐广之间出现了门派偏见。裴頠从而更加厌恶王衍。出于责任心与警惕性，裴頠意识到：为巩固晋朝江山，必须兴礼乐、振纲常、赞经典而坚决摒弃何晏、王弼所代表的玄学错误，尤其要狠狠批判以王衍、乐广为代表的歪门邪道的虚无主义。

在玄学已经风靡魏晋两朝的情况下，裴頠无法简单地强调克己复礼，重新高举"独遵儒术"的旗号。他必须在玄学中另举大旗以提振士气。这大旗就是他的《崇有论》。裴頠认为，《崇有论》才是反击王弼、何晏的《贵无论》的有力武器。

很明显，王弼、何晏所代表的"贵无"的本体论，与裴頠"崇有"的本体论，体现了他们观念的完全对立。裴頠坚信："无"不是道，而自己主张的"万有的整体"才是最根本的道。"万"（就是有）不是由无产生的，而是自生的。"自生而必体有"，就是此道理。从《崇有论》出发，裴頠重视现实存在的具体事物，而轻视无为那种放达的风气。他还力图证明晋朝等级制爵位就是自生的有，有就是合理性的代表。

裴頠这种"务实"不"务虚"的思想在当时也得到不少人的呼应，并产生了不小的影响。他成为玄学中"崇有派"的领袖之一。

事实上，王弼、何晏《贵无论》的"无"与裴頠《崇有论》的"有"，是各自定义的抽象概念。彼此之间发生的辩论与论战，最终都只能是玩弄概念游戏，达不到解决谁胜谁负的目的。虽然裴頠辛辛苦苦地制造了深奥的玄学《崇有论》，却只能尴尬地用来维护智障皇帝司马衷与悍后贾南风专制的那种特殊局面。所以裴頠的《崇有论》并没有体现出更多的社会价值。虽然他的官越做越大，社会地位越来越高，然而他在人们心中的声望，依然不及王弼、何晏和阮籍，人们也不觉得他比同时期的王衍、乐广高明。后世宋朝陈普的咏史诗对裴頠的评价，代表了一部分人的想法。

惠帝君臣一样愚，九龙翁仲泪如珠。眼前丧乱浑如冈，崇有何当却破无。

裴頠《崇有论》描述的那个没有"无"的世界可以比作一部算盘。算盘的每一粒珠，都代表着"有"。众多算子代表了"万有"。就是说，整个算盘由

"有"的算珠组成，到处都是"有"而看不到"无"。但裴頠忽视了算盘正式运算之前有个"复位"操作。"复位"就归"零"，也就回归了"无"！任何运作都是从"无"开始，从"零"起算。所有借助工具的运算都是外力使任何算子离开复位状态，或进入"一"，或进入"万"的过程。从而"万"或"一"是从"无"而来，而非"自生"。

⊙

"二陆"入洛，"三张"减价

"竹林七贤"的嵇康在刑场上弹奏《广陵散》引颈就戮的那年，他儿子嵇绍才十岁。嵇绍是前朝亲王曹林的外孙，自幼就被司马家族内定为敌方的余孽。孤儿寡母就这样相依为命地静居在家中。泰始十年（公元274年），嵇绍已是弱冠之年。此时"竹林七贤"的大哥山涛已是吏部尚书了。他上书晋武帝，说嵇绍属于"可教育好的子女"，提议破例启用为秘书郎。司马炎内心也明白，嵇康是被老爸与钟会联手冤杀的，而且司马家族因弑杀皇上曹髦以及冤杀民间舆论领袖嵇康而导致声名狼藉！征用嵇绍为官，或许能起挽回舆论的作用。于是他顺水推舟下诏征召嵇绍入朝为秘书丞。嵇绍为官后，当局果然不计前嫌，他也死心塌地效忠司马氏皇朝。这种事在当时或许是太平常不过了。

嵇绍入仕这年，东吴小朝廷还在继续，只是发生了一起比较严重的事件：东吴大将陆抗去世了。

陆抗死前请孙皓注意，西晋名将羊祜已奏请司马炎，派王濬在长江上游造大船训练水军。同时羊祜选定年轻有为的杜预为自己的接班人。陆抗的结论是：晋朝随时可能南侵东吴！而此时东吴驻守荆州的兵力单薄。自平定步阐及反击羊祜、杨肇、徐胤以来，陆抗驻荆州的兵力损失很大，一直得不到补充，从而兵力严重不足。他向孙皓建议，加强西部边境防卫，万万不能再给各诸侯王增配兵丁！然而孙皓不为所动，依然大兴土木，扩大宫殿，养嫔妃五千、太监无数；孙皓还分封诸侯，不断给诸侯王添壮丁。这造成朝廷钱不够花、人不够用，边疆自然是缺兵少将。

西晋荆襄方向的羊祜、杜预与西蜀方面的王濬终于依靠年龄优势耗倒了陆抗。事实上，为讨伐东吴，晋朝上下不知制定过多少战争方案，然而迟迟不肯轻举妄动。那只因为时机不成熟。其中一条，就是东吴大司马兼荆州牧陆抗还健在。晋军的计划不得不一再推迟。

然而孙皓却不那样以为。面对强敌，他还以为自己神勇无比，即便是撒豆为兵，也足以吓得晋军那批"北地伧子"跪地求饶。陆抗一死，原本他应该寻觅良将换岗接班，统管荆州属下的信陵、西陵、夷道、乐乡、公安各关隘城池，并增加兵力增强防务。可孙皓就偏不把心思放在国家存亡上，既不充实边防军事，更不增兵援助，反而是把原先陆抗的直属队伍撤散为五份，每份仅千把兵卒，然后把陆抗的五个儿子陆晏、陆景、陆玄、陆机、陆云委以裨将、偏将、牙门将等身份分别统领一支兵马，分驻不同的地区。以往，陆抗兵力虽少，却屡屡战胜晋军的进攻，其关键之处就是集中兵力形成拳头，将来犯之敌逐个击破！现在倒好，陆抗死了，东吴反倒化整为零，把原本集中指挥的精锐军队分成各自为政的小分队，把有力的拳头肢解为五个单独的手指，这就给强敌提供了各个击破的机会。

陆抗的六个儿子中，四子陆机（字士衡）、五子陆云（字士龙）此时才十四、十三岁！六子陆耽年龄更小。六个儿子中，只有六子因年龄太小没上战场。

这段经历，陆机在《赠弟士龙诗十首并序》中有如下文字记述：

余凤年早孤，与弟士龙衔恤丧庭，续忝末绪，墨绖即戎。

"衔恤丧庭，续忝末绪，墨绖即戎"是指父亲死后，本应与兄弟一道穿着素衣素缟居家守孝，千头万绪有待处理，却迫于圣上旨意只能戴黑纱从军远征。

此时，整个荆州地区正面临虎视眈眈的强敌！这种局面怎能让这群乳臭未干的娃娃去守边打仗？怎么能分散兵力、摊薄家底？这是多么荒唐与轻率！没人会是比孙皓更不堪的猪队长了。

原本，羊祜与陆抗的对立局面一拖就是八年。东吴暴君孙皓就在这几年中把东吴折腾得无处太平。陆抗死了，司马大帝多年的盼望即将成为现实。他立即调集全国精锐分成七路大军发起进攻。其中王濬、杜预、王戎、胡奋等四路集中进攻荆州的西陵、江陵、夷道、乐乡、公安等重地。王濬大军的楼船沿江东下，烧毁横江铁链，直逼夷道。陆抗的儿子陆晏、陆景奋力血拼，无奈兄弟俩仅仅是裨将军与偏将军而已，兵力微不足道。他们没有续写当年爷爷陆逊在夷道火烧连营的辉煌，也没能延续老爸陆抗的赫赫战功，而是遭到晋军无情地碾压！弟兄双双抛尸夷道。陆家其余兄弟陆玄、陆机、陆云也遭晋军围攻，因匆忙应战而全军覆没，三兄弟全部被俘。

战争一开始，司马晋对处理战俘作了规定："孙氏大将战亡之家徙于寿阳，将吏渡江复十年，百姓及百工复二十年"！就是说，东吴战死将领的家小要全部拘押到江北的寿阳监管，俘获的将吏要渡江监督十年，百姓百工要管制二十年。其目的是切断孙氏大将后人及将吏与东吴故土的联系，谨防他们策动吴人聚乱。

不用解释，陆玄、陆机、陆云均属于"孙氏大将战亡之家"。所以，他们都应当遣送到寿阳的战俘集中营。寿阳在长江北面的安徽境内，就是魏晋时安东将军、扬州刺史周浚的府邸所在地寿春。

史实表明，被俘的三兄弟中，五弟陆云被拘押在寿春。老三陆玄没去寿春，而是被当作晋军的战利品押往帝都洛阳，游街示众，以显示晋朝军队的赫赫军威。陆玄所遭受的凌辱与荼毒可想而知，未亡的陆氏兄弟中，他的经历最坎坷，命运最惨。

老四陆机行踪如何？战败被俘或许是陆机一生中最难堪的经历，他只能把一切深埋在内心而非宣扬于文字。尽管陆机一生诗文无数，但那段经历几乎是"空白"，于是出现了多种猜测。

有一种说法是：陆机不在战场。但此结论难以成立。

这点，《赠弟士龙诗十首并序》中写得很清楚：墨绖即戎！就是说，圣旨连连，居家替父守制都得不到许可，只好匆匆上前线了。当时陆机以牙门将的身份与其他四兄弟一样各伴随一支军队分守各处关隘与城池。牙门将军陆机充当乐乡（现湖北松滋市）的行政主官，与领军的武官共守城池。战争发生时，杜预的晋军直逼乐乡，吴军不敌。陆机战败当了俘虏。

第二种说法是，陆机被俘后就被押送到洛阳，而不是老三陆玄。

近代著名学者朱东润、傅刚、陈庄、姜剑云、俞士玲等人以及日本文人都在探索陆机这段历史的"空白"，却又找不到确切的证据，于是猜测：陆机是否曾被押往洛阳？

事实上，杜预占领乐乡、俘虏了陆机之后，就在荆州与王濬会合，搭船沿江直下东吴建业。陆机被押随军进发，既没有被送往洛阳，也没被单独送往寿春。猜测陆机曾被押往洛阳，是对史料的误读。

陆机败于杜预而被俘虏是事实，这正是他一生难于启齿的经历。然而，陆机心中的话一句不说是不可能的，再说那些事是无法掩饰的。陆机能与谁吐露心思？他唯一能联系到的亲兄弟就是五弟陆云！五弟被羁押在江北的寿春。战后，也就是太康二年（公元281年），他们获悉了彼此的行踪。只因江南江北相距甚远，陆机与陆云就只能通过鱼雁传书的方式，把书信或诗歌传给对方以联络感情。这些诗文，字里行间留下了蛛丝马迹。其中一首直接透露了陆机在战争中的行迹：

有命自天，崇替靡常。王师乘运，席卷江湘。虽备官守，位从武臣。
守局下列，譬彼飞尘。洪波电击，与众同湮。颠蹐西夏，收迹旧京。
俯惭堂构，仰懵先灵。孰云忍愧，寄之我情。

而本诗的头两句，自然是有关国运以及龙座更迭的问题，诗人认为那是由老天决定的。

接下来，我们注意到诗句"王师乘运，席卷江湘"，这里指的是：太康元年，杜预等人率王师（晋军）乘着好运气进攻荆湘。这王师不是诗人五兄弟忠心效劳的吴军而是晋军。尊称敌手为王师而贬低自己！这很明显，国破家亡的处境导致诗人蒙受了巨大的耻辱。对陆机来说，那是何等的痛苦与无奈！写诗的时间为战后第二年，也就是太康二年，陆机依然处于被监管状态，倘若诗中不尊称晋军为王师，那就绝非存活之道！"虽备官守，位从武臣"指陆机虽是乐乡的主官，但只能协助武官守城。"守局下列，譬彼飞尘"指兵力悬殊守局不利，与强敌相比犹如飞尘，毫不足道。"洪波电击，与众同湮"指晋军雷霆万钧的攻势有如洪水暴发，在闪击战之下，生灵涂炭，己方全军覆没，各人是死是活毫无音讯！"颠踬西夏，收迹旧京"此句是指诗人当时侥幸不死，随后有机会折返西部，辗转荆楚大地，搜寻到陆宴、陆景两兄长遗骸后，转程回东，抵旧京安葬兄长遗骸。事毕，陆机怀着深深的愧疚、举步艰难地返回故里。在老家，他作为败将，深感无颜面对列祖列宗与父老乡亲。然而他内心的痛苦无处宣泄，只好通过诗文向远在寿春的五弟陆云倾诉。

事实真相确如诗文所言。战争发生之际，处于弱势的吴军被晋军分割包抄，陆家五兄弟彼此失联被迫各自为战。在乐乡任上，陆机一战惨败而"与众同湮"。就是说众将士或死或被俘，全部失去音讯。其中没有直接说出口的是：战场中陆机自己被杜预部俘获！此后，他随晋军杜预部沿长江东下建邺。孙皓投降后，杜预大功告成，可能因他一时高兴，陆机侥幸获准西行、颠踬西夏为二位兄长收尸。这里的西夏指荆州区域。三国时期江夏郡以及水军据点夏口等地行政上属于荆州郡。而整个荆州地区处于东吴西部，所以吴人凭习惯称荆州为西夏。既然，诗中明显地讲述了这段经历，就可排除陆机被押往洛阳的可能。

五弟陆云得到陆机的诗之后，立即回复，以抒家国情仇之感慨。很可能，朱东润与日本学者等人看到了陆云诗中有"予昆乃播，爰集朔土"一句，误读"予昆"是老四陆机。然而，细读原文，可知陆云诗文中"予昆乃播，爰集朔土"正是指老三陆玄被"押往洛阳"，而非陆机。我们可以从头来弄清陆云的全诗：

王旅南征，阐耀灵威。予昆乃播，爰集朔土。载离永久，其毒太苦。上帝休命，驾言其归。

诗第一、二两句自然是指晋军南下征吴。陆云同样只能违心地把原本的敌方称为"王旅"并用赞美的言语为之歌功颂德。接下来的第三、第四句就是

"予昆乃播，爰集朔土"。面对陆机，陆云告诉他有关"予昆"的不幸经历。陆云在诗中告诉陆机：咱兄长作为战俘被遣送远方，随后集中到"朔土"。显然，诗中"予昆"（咱兄长）是指称三哥陆玄而非处于第二人称的陆机。在南方人眼中，北地统称"朔土"，含有贬义。其实诗中"朔土"就是指洛阳！

事实就是这样：老四、老五首次通信几年后，陆玄因不堪荼毒而濒临死亡。至此他才被释放，回归故里不久便断气了。

至于被俘的陆机为何能得到机会再次自东返西，到西夏收"宴、景二昆"遗骨？这充满了未知因素。此事我们或许可以这样设想：陆抗与羊祜既是敌我两军的统帅，却又是互相敬服的知己，彼此难免有惺惺相惜之感。杜预作为羊祜的传人，对陆抗同样心存敬意。陆机被俘之后，杜预不忍加害，反而对其给予关照。杜预灭吴进入建业城，功成名就满心欢喜，于是便卖个人情，让陆机返回荆州旧战场，替已经牺牲的大哥陆晏、二哥陆景收尸！在当年，能恢复被俘东吴将领陆机自由之身的人，唯有杜预。

陆家大哥陆晏、二哥陆景是战死的吴将。对晋军来说，杀死东吴的将官与杀死普通士兵的奖励是有差别的，所以，战死的普通士兵遗体普遍被荒埋。然而将官陆晏、陆景的尸体可能被留作记功评奖的证据，从而得以保留。另外，战场上你死我活的敌方将领被杀了，胜方有时会出于对死者的尊重，予以收尸厚葬，或让对方亲属收埋尸骨。所以，陆机西行替"宴、景二昆"收尸才有可能。

陆机终于在战场收得尸体。然而一回归故里，他又不得不面对国破家亡、山河沦陷的惨烈局面！

陆家兄弟在少年时期就早早地陷入政治的暴风骤雨中，充满了不幸。当陆机、陆云还在幼年时，伯父陆延早已不在人间。随后，父亲陆抗又突然逝世。从那时起，陆家三世功勋豪门就此烟消云散。东吴国运也因孙皓的倒行逆施而陷入风雨飘摇中。如今东吴战败，陆家更是破败得家徒四壁！面对亡国、亡家之痛，陆机忍不住再次向兄弟哭诉：

昔我斯逝，兄弟孔备。今我来斯，我凋我瘁。昔我斯逝，族有余荣。今我来斯，堂有哀声。

我行其道，鞠为茂草。我履其房，物存人亡。拊膺涕泣，血泪彷徨。企伫朔路，言欢尔归。

心存言宴，目想容辉。迫彼宛岁，载驱东路。系情桑梓，肆力丘墓。栖迟中流，兴怀罔极。

眷言顾之，使我心恻。

当年，我离开此处（吴京建邺），弟兄个个英姿勃勃；如今我回到这里，伴随着的却只有自身的形影凋零与疲惫不堪；当年我离开此处，承蒙祖上余荫及家族荣耀；如今我回到这里，目见耳闻的却只有空荡荡的厅堂与回旋的哀怨……

山河破碎、亲人沦丧，一切都惨不忍睹啊！

陆机、陆云一生诗文众多，但涉及那场家毁国亡的惨烈战争以及自己难堪的战俘经历却难得留下笔墨。或许那是因为，自己效忠的皇帝都屈膝投降了，自身的一切奋斗与牺牲，此时都被证明为毫无价值；家国情怀此时变得苍白无力、毫无意义！那段不堪回首的往事是留在兄弟俩内心最深切的痛苦！

从这年开始，陆机断绝仕途，隐退华亭故里，闭门勤学。

华亭或后文提到的云间，都是指如今的松江。那是生他养他的地方。

在此期间，痛定思痛的陆机写出了《辩亡论》上、下两篇。《辩亡论》中，他回顾东吴三代英烈的创业史，也叙述东吴末期的败亡经历；既沉痛分析孙权与孙皓的功过得失，也赞扬祖上以及其他忠良之臣的功绩。有人读过《辩亡论》，认为堪比贾谊的巨著《过秦论》；有人则认为"不及，然亦美矣"；更有人认为《辩亡论》的深刻之处，远超《过秦论》。

文章评价取决于各人认知水平。但能从不同的认知水平之人中得到同样的好评，就说明确《辩亡论》有过人之处。此文的出世表明：经过一段时间的调整，陆机不再沉沦、自馁。他已能面对现实，并充分展现出不甘沦落的精神面貌。

说到文章，我们绝对不能错过陆机的《文赋》！就是在这十年中，陆机逐渐完成了《文赋》的构思与初稿的创作。《文赋》堪称中国学术史上划时代的美学名著。

当代人想到这种大题目的论文时，总会联想到令人头疼的长篇"党八股"。然而，《文赋》没有一丝一毫"党八股"的味道。你翻开长卷，跳入眼帘的却是如花似锦的文字：

> 伫中区以玄览，颐情志于典坟。遵四时以叹逝，瞻万物而思纷。悲落叶于劲秋，喜柔条于芳春。心懔懔以怀霜，志眇眇而临云。咏世德之骏烈，诵先人之清芬。游文章之林府，嘉丽藻之彬彬。慨投篇而援笔，聊宣之乎斯文。

你一定会惊叹：像陆机这样把原本生涩难懂的论文写成了一首赞歌！人们不得不为其才思之丰富以及语言辞藻之美而赞叹。论文入题的抓手只有一个，那就是如何解决文章"意不称物，文不逮意"的症结。这篇《文赋》中，陆机就诗、赋、碑、诔、铭、箴、颂、论、说、奏各种文体的不同风格提出自己的见解。由于诗与赋是建安以来最受重视的文体，所以其中有两个论点最引人关注："诗缘情而绮靡"与"赋体物而浏亮"。这提法引发了一场轩然大波，其中"诗缘情"更备受争议。然而，这观点后来就逐渐被大多数人接受了。既然诗缘情，那就是说，诗歌一旦融入人生丰富多样之情感，就显得特别"绮靡"。这样一来，充斥着喜怒哀乐的诗歌就自然而然地受大众欢迎！因此"诗缘情而绮靡"成为千古名句。针对"赋"，陆机提出了"赋体物而浏亮"的形象。他这就明晰了诗与赋分别注重两个方面：感情与形象。这说明陆机对美学的理解较前人更加深入了。后代把陆机的《文赋》视为中国古典文学理论发展中质的飞跃。鲁迅先生所说的魏晋时代"文学的自觉"，也就具体地从陆机《文赋》中展现。

然而，把陆机"诗缘情而绮靡"解读过度，以为使用华美的修辞手法就能制造出"绮靡"，那就偏离了正轨。但不幸的是，陆机那时代的诗风正在发生偏离，文人普遍追求辞藻的华丽，以为那就造就了"绮靡"，从而形成一种特殊的文体：骈文。骈文很快地在六朝泛滥。陆机所主张的，诗之所以讲"绮靡"，其核心是"缘情"。行文用词贵在"逮意"与"逮情"，而非简单堆砌华丽辞藻。如果辞藻堆砌过多，而不重视"逮意"与"逮情"，其效果反而就不美了。所以六朝骈文泛滥本身并不符合陆机《文赋》的本意。陆机的诗文很美，首先在于诗有灵魂。诗文的灵魂就是一个"情"字。陆机的切身经历饱含国破家亡的深切痛苦与情怀。他诗中所用的修辞语言也是为了充分表达这种内心的真情实意。美的言辞恰如其分地起了"逮意"与"逮情"的效果。这才是真正的美。

相反，刻意模仿陆机华美的辞藻，而缺乏真实的经历，掌握不到内心之真情，那种堆砌出来的"寡情"之诗就会失去灵魂。没有灵魂之诗肯定不能与陆机的诗篇相媲美。所以，尽管太康时代的诗人不少，但只有陆机才被誉为"太康之英"。

就在陆机在论文与诗歌创作方面做出令人刮目相看的成绩之际，太康九年（公元288年），司马炎为化解南北对抗情绪，决定笼络江南大族。他下令地方官员把东吴名相、名将陆逊、顾雍、贺齐的后代陆机、陆云、顾荣、贺循等起用为朝廷名片，送到洛阳充当"徵写委员"。

这年，奉官府之命，陆机动身去洛阳。从他留下的《赴洛道中作》两首诗来看，他此行有点身不由己的味道。

其一

总辔登长路，鸣咽辞密亲。借问子何之？世网婴我身。永叹遵北渚，遗思结南津。

行行遂已远，野途旷无人。山泽纷纡余，林薄杳阡眠。虎啸深谷底，鸡鸣高树巅。

哀风中夜流，孤兽更我前。悲情触物感，沉思郁缠绵。伫立望故乡，顾影凄自怜。

其二

远游越山川，山川修且广。

振策陟崇丘，安辔遵平莽。

夕息抱影寐，朝徂衔思往。

顿辔倚嵩岩，侧听悲风响。

清露坠素辉，明月一何朗。

抚枕不能寐，振衣独长想。

北行之路，没有萌发出丝毫的诗情画意。陆机是故国旧臣，也是刚恢复自由的战俘，对这个征聘自己为官的王朝没有归属感。家国覆灭的隐痛依然埋在内心深处，而离家远行却又增添了生离死别的悲哀。在这条赴洛阳的道路上，他注意到的总是险恶的自然环境，其内心挥之不去的总是愁思、孤独与失意。看远方，前途茫茫，伴随陆机的也总是惆怅、迷惘与不安。

这年，陆机与陆云终于来到京师洛阳。他们先后拜访了时任太常的张华。兄弟俩的才华很快令张华折服。他对人感慨道："伐吴之役，利获二俊"。于是张华向朝廷诸公介绍"二陆"。

颖川荀隐，字鸣鹤，是颖川荀氏荀彧、荀攸的族人，他与陆云原本不认识。陆云首次拜访张华时，恰遇荀隐，于是张华就决定让他们同坐共谈。张华说，你们都是大才子，见面无须说俗话。于是，陆云拱手自我介绍："在下，云间陆士龙！"

荀隐忙回应道："鄙人，日下荀鸣鹤！"

这"云中"就是松江，而"日下"不就正是意味太阳落山吗？那正是洛阳！这"日下鹤"分明与你那"云间龙"一样"高大上"。如果荀隐古板地用"颖川荀鸣鹤"来答复，就在陆云面前落了身段。

两人的脱口秀"云间陆士龙"与"日下荀鸣鹤"成了我国民间对联之滥觞。

通过张华一番推介，"二陆"名气果然大振。于是有"陆海潘江"或"二陆入洛，三张减价"之说。这"陆海潘江"说的是陆机诗情如滔滔大海而潘安文采如滚滚长江。"三张"是指京师名诗人张载、张协和张亢。这三兄弟与潘安、潘尼叔侄俩以及左思合称"三张二潘一左"，一度是当年京师最红的诗人。"二陆"进京，一下子打破了"三张二潘一左"的格局，从而频传"二陆入洛，三张减价"之说。

"二陆"入晋，表明晋皇朝放下身份接受了原江左文人，北方晋朝从而实现了对全国全面的征服。为此，北方人士处于欢欣之中。同时他们也居高临下，以轻薄之眼光看着远道而来的陆氏兄弟。于是，一场场口舌之争就在所难免。

驸马爷王武子还改不了爱炫富的本性。他首次与陆机会面，就指着面前数斛羊酪问陆机："卿江东何以敌此？"陆机云："有千里莼羹，但未下盐豉耳。"这虽是一次正常的对话，但是双方在暗暗较劲。主方对客方的言辞中暗含着战胜者的嚣张和轻蔑。从人物上看，王武子就是王浑的儿子王济。老爸王浑是征吴的第一功臣。而陆机一门五兄弟都是在那场战争中败在晋军杜预与王濬手下。王武子今天见到陆机，其得意与傲慢可想而知！羊酪是北方特有的食物，莼菜则是吴地特有。今天驸马爷先发制人，拿食品羊酪的珍贵程度的比量，来暗含双方人格的比重。陆机是后发制人。他没有发火，其平静地回答却丝毫不让。陆机说，只要拿未加调味的千里莼羹就已足够媲美眼前的超级美味羊酪了。王济只要事后去打听一下，就知道陆机在口头上占了便宜。上宴席待客的千里莼羹一定是下了盐豉作调味的，否则会被看成怠慢客人了。不下盐豉的莼羹虽然味美，却只是民间家常便菜，不上贵宾席。驸马爷王武子的珍品羊酪只能与江南民间家常便菜相等！

自"二陆"入京之后，"陆海潘江"的说法流传起来，这似乎令潘安挺受伤。潘帅哥自然不服气。他替贾谧拟作《赠陆机诗》来发泄：于是写上"南吴伊何，僭号称王"以及"伪孙衔璧，奉土归疆"等字眼对东吴进行攻击与嘲讽。对此陆机针锋相对，在答诗中以"吴实龙飞"的诗句直怼贾谧、潘安。

尔后，陆机对潘安十分不屑。一次聚会，见潘安来，陆机起身便走。

潘安不满："清风至，尘飞扬。"陆机应声："众鸟集，凤凰翔。"

此后，陆机遭攻诘的事件还陆续发生。东汉范阳卢氏卢植的儿子、孙子及曾孙分别是卢毓、卢珽及卢志。一次聚会中，卢志突然不怀好意地在大庭广众之下问陆机："陆逊、陆抗是君何物？"陆机说："如卿于卢毓、卢珽是耶。"这卢毓、卢珽正是卢志的祖父与父亲。兄弟陆云闻言失色，出门后对陆机说：

"何至如此，彼容不相知也。"陆机正色说："我父、祖名播海内，宁有不知。鬼子敢尔！"

陆机又在口头上占了别人的便宜：我是名相陆逊、名将陆抗的直系，而你卢志不过是鬼怪的后代而已！

后人也由此对陆家二贤的优劣作出判断：

在东晋名相谢安看来，陆机自然是优的一方。

而六百年后的宋人叶梦得则以陆云为优。原因是陆机不能忍辱，总想在言辞上占上风。这是犯了"小不忍则乱大谋"的错误！他认为，陆氏兄弟最终遭卢志这阴险小人的谗毁，双双落得蒙冤被害的结局。这是陆机之前回怼范阳卢氏是"鬼子"所造成的后果。

谢安的结论是从魏晋风流的角度来判断的；而叶梦得则是从洞明世故、明哲保身的角度下结论。但不论什么时候：拘泥气节的人往往要面对牺牲；然而怕死，则只能在横蛮面前选择忍气吞声，那是正派人士最难以忍受的。

陆机戏称他人祖先为"鬼子"，并非他杜撰，确有一桩典故隐含其中。故事源于《搜神记》中的《卢充金碗传奇》：

范阳人卢充早年丧父。他家西面三十里的地方有座崔少府墓。二十岁那年冬至，卢充在宅西打猎时射中一獐，负伤的动物带箭而逃。于是卢充去追。追到一座高门瓦屋的府舍前，猎物不见了。只听门中铃响传来"客人请进"的招呼。卢充听说是高官崔少府的官邸，自惭衣物不整不敢入门。马上有人送来新衣，让他更衣进见少府，通报名姓。卢充受到款待。酒过数巡，主人开口说："承蒙令尊不弃，最近来书替你向小女求婚，所以今天接你入门。"卢充接过书信细看。虽说父亡时他年龄尚小，但还是认得父亲笔迹。既然父亲信件在此，他也不便推辞，便留下成婚。不觉婚后三日已过，崔少府就派车送卢充回家。临行许诺：如果新娘来年生男孩，就送还卢家；生女，留着自养。于是卢充上车，一路风驰电掣，须臾至家。家人相见，悲喜推问。但一查便知真相：崔少府早就死了，所谓完婚之府邸其实不过是崔少府之墓地而已！于是卢生后悔莫及。因这故事，民间把二十四节气中的"冬至"看作是"鬼节"。

不觉过了四年。那天是三月三日，卢充到水边观景。忽见水旁有两辆牛车乍沉乍浮而来。卢充发觉车后门贴着自己停下，不由得伸手拉门，一看呆住了：原来坐在车上的正是自己老婆崔氏与一个约莫三岁的男孩。卢充高兴得要伸手去抱，崔氏却指指后车，让他先去见岳父。

短暂的相聚就要告别了。崔氏把儿子交到卢充手中，又给了卢充一个金碗："我没有什么可以赠送给你的，这只金碗你拿好了，它或许能帮你渡过难关，养活孩子长大。"卢充接过金碗，那两辆车忽然就消失不见了。

彼时，崔少府小姨尚在人间。她因认出那只金碗而感慨不已，讲出一段外甥女薄命的往事，以证实此段幽婚不是虚言诳语。当然这些终究是一桩荒诞的故事，不值深究。

卢充的"鬼之子"后来果成大器，从平民百姓到了年俸禄二千石的郡守。从此卢家子孙代代为官，一直到卢植，再传卢志！饱读典籍的陆机以及卢志本人都信了这段故事：范阳卢氏的确是"鬼子"！只是卢志是得罪不得的。陆机却偏偏得罪了他！

既然满城把"陆海潘江"放在一道议论，那么我们不妨顺便谈谈潘岳，当然要扯到前太傅杨骏身上。太熙元年（公元290年），杨骏征召陆机为军咨祭酒，算是干事长吧。据说此时潘安正是杨太傅的主簿。这对互相别苗头的"陆海潘江"能相容于同一屋檐下？杨骏担心长此以往恐怕要误事！于是更人换岗：木华接替了主簿，潘安留府另有任用；陆机调离杨府出任东宫司马遹的太子洗马。这官名怪怪的，不过颇受眼红。

此时，贾南风刚当上皇后不久，其外甥贾谧出任秘书监。她不愿看到杨骏一手把持东宫的局面，于是派贾谧兼任东宫侍讲，以教师的名义进入东宫看管司马遹。这样一来，太子和陆机就落到了鲁国公贾谧的手下。恰巧，左思也被聘为《汉书》主讲侍者。陆机与左思虽不在同一衙门，却同归贾谧管辖。

杨骏被铲除后，天下大权落入贾皇后手中，鲁国公贾谧更加骄横无比。此后，江统接替太子洗马，陆机改任著作郎，去整理曹操遗留的文书卷宗，但他依然是秘书监贾谧的下属。

富可敌国的石崇挥金如土，他既要拍当朝权贵的马屁，也喜欢结交天下名士。从而，贾谧、郭彰自然是他石家最尊贵的豪客，加上门下的潘安、陆机、陆云、左思、刘琨、刘舆、欧阳建、王萃、牵秀等官场朋友、文人墨客，形成一个文人小团体。他们常聚会，或赋诗饮酒，讨论文学或琴箫书画、观景赏花，形成时尚。

⊙

金谷二十四友

　　元康六年（公元296年）是"八王之乱"发生后的第六年，石崇要奉旨出京驻守下邳，以太仆卿身份监青、徐军事。临行，亲戚朋友磋商饯行地点。石崇为方便大家起见，提议饯行仪式改为金谷园联欢会。恰此时，征西大将军祭酒王诩也要离京去长安。石崇乘机把王诩的一众朋友也接到金谷园凑热闹。酒桌上，有人提议大家边吃喝边借酒兴赋诗以叙中怀。要是谁未能成诗，就罚酒三斗！喝不了兜着走！在这种气氛下，高手云集的金谷诗会想必留下了许多名篇。很可惜，我们虽然看到了《金谷诗·序》，却没有看到完整的《金谷诗》。

　　与会宾客均为名人世家，盛名难却，倘若当场无诗出口而被罚酒三斗的话，那面子就无处可搁了。陆机与潘安尤其如此。酒酣之际轮到陆机献诗。只见他从容站起，信口念出以下二十字。

　　惆怅怀平素，岂乐于兹同。岂宴栖末景，游豫蹑余踪。

　　陆机一向强调诗缘情而绮靡，但看诗中第六字与第十一字，难免令人产生同字同仄之感。然而，参照《诗·小雅·鱼藻》，"岂乐"是指利用兵器相击演奏的军乐，陆机要让佩剑发出乐音为宴会助兴。用在此种场合，岂的发音是［kɑi］。这样一来，两个"岂"的音韵均不同，意也全然相异。其实此诗不论从意境还是从修辞音韵的角度来看，均堪称珍品。我们不妨这样来叙述：

　　壮志难酬心有惆怅，此处我击剑为诸位助兴。

　　然，吾等岂能在觥筹交错中虚度年华？

　　苍天啊，愿您未来在巡幸天下之际，能觉察到我在大地上留下的生命踪迹！

作为行家，潘安当然深谙其中的奥秘。然而他感到，在如此热烈隆重的金谷盛会上，陆机该唱点颂歌，多传播些正能量才是。看看他愤慨点什么呀？还传播怀才不遇，百分之百的负能量！陆机该改改那种超然、不合群的禀性！

但此话不宜出口，于是他改而提问："陆平原此诗怎样？"

不料，众人没留意弦外之音，拍手的拍手，举杯的举杯，还有人喝了彩。陆机过关了。大家纷纷陪着干了一杯。有陆机则必定有潘安。潘帅哥是这次诗会的操办者，自然早有准备。只见他不慌不忙，吟出一首长诗：

王生和鼎实，石子镇海沂。亲友各言迈，中心怅有违。保以叙离思，携手游郊畿。

朝发晋京阳，夕次金谷湄。回溪萦曲阻，峻坂路威夷。绿池泛淡淡，青柳何依依。滥泉龙鳞澜，激波连珠挥。前庭树沙棠，后园植乌椑。灵囿繁石榴，茂林列芳梨。

饮至临华沼，迁坐登隆坻。玄醴染朱颜，但愬杯行迟。扬桴抚灵鼓，箫管清且悲。春荣谁不慕，岁寒良独希。投分寄石友，白首同所归。

潘安在诗的头二句就道出当日聚会就是送行酒会，对象是征西大将军祭酒王诩及金谷园谷主石崇！王诩与石崇肩负什么使命？潘安说，王生西去关中调理天下粮仓，石子东行青徐都督海沂边疆。

王生就是王诩，是征西大将军梁王司马肜的祭酒。鼎实指烧大锅饭的米粮！关中大荔是历朝历代国家粮仓，军粮当然囤积此处。句中的"和"字当动词用，其意思就相当调理、经管。

石子指石崇。孔孟老庄这些圣人被尊称为"子"。这表明，潘安对石崇恭维有加。"石子镇海沂"的诗句，就是说石崇奉旨以太仆寺卿身份督青州、徐州军事。青州、徐州也称沂州、海州。诗中不用"镇青徐"而是"镇海沂"，是为与首句押韵。

洛阳城各界今日济济一堂热烈欢送王生与石子，并祝二位为朝廷建功立业！潘安此诗的主体部分赞美金谷园以及宾客纵情娱乐。诗最后以"白首同所归"收尾，意思是但愿一生同乐直至白首，并以此共同归宿。这样写相当完美。只是，不知冥冥之中何来的灵感？这"白首同所归"竟然一语成谶。

热热闹闹的金谷园酒会顺利落下帷幕。潘安吟诗赞美了金谷园的豪华与气派，与会者也纷纷留言盛赞那天丰富多彩的联欢活动。贵宾们对金谷园也无不赞誉有加。然而，一千七百年过去了，如今人文景物荡然无存，金谷园遗址也难以确认。甚至酒会诗文大都佚失，以至于难以全面领略金谷园。好在那天活动的幕后人物就是金谷园谷主石崇。石崇既是富甲天下的土豪，又是风流倜傥的才子。他收录了金谷会诗人墨客的即兴诗文整理成册，并亲笔撰写《金谷诗·序》。

石崇的《金谷诗·序》用优美的文字描述了金谷园盛会。虽然后来《金谷诗》遗失了，但这华丽的序还存在。这就给我们留下想象与回味。《金谷诗·序》如下：

余以元康六年，从太仆卿出为使持节监青、徐诸军事、征虏将军。有别庐在河南县界金谷涧中，去城十里，或高或下，有清泉茂林，众果、竹、柏、药草之属。金田十顷，羊二百口，鸡、猪、鹅、鸭之类，莫不毕备。又有水碓、鱼池、土窟，其为娱目欢心之物备矣。时征西大将军祭酒王诩当还长安，余与众贤共送往涧中。昼夜游宴，屡迁其坐，或登高临下，或列坐水滨。时琴、瑟、笙、筑，合载车中，道路并作；及住，令与鼓吹递奏。遂各赋诗以叙中怀，或不能者，罚酒三斗。感性命之不永，惧凋落之无期，故具列时人官号、姓名、年纪，又写诗著后。后之好事者，其览之哉！凡三十人，吴王师、议郎、关中侯、始平武功苏绍，字世嗣，年五十，为首。

石崇把姐夫苏绍列在与会首位，其后是称为金谷二十四友的名单。他们是：刘琨、刘舆、陆机、陆云、石崇、潘安、欧阳建、左思、郭彰、杜斌、王萃、邹捷、崔基、刘瑰、周恢、陈畛、刘讷、缪征、挚虞、诸葛诠、和郁、牵秀、刘猛、杜育。

金谷园二十四友中的欧阳建是石崇的外甥。刘琨、刘舆是一对亲兄弟，他们都是石崇的朋友。据说，刘舆、刘琨兄弟在年少时得罪了皇舅王恺。王恺是个记仇的人，于是就虚情假意邀请刘氏兄弟留宿王家，实际想把他俩活埋！石崇听说王恺的意图，便星夜骑马驰入王恺的府邸，打听二刘的下落。王恺在石崇的追问下哑口无言，于是石崇直入王恺的后斋一把将刘舆兄弟拉出府第，一同坐车离去。在车上，石崇对刘舆说："年轻人，怎么能轻易在别人家里留宿？"刘舆对此十分感激。刘氏兄弟就这样成了金谷园之友。

　　提到刘琨，就必定联想到范阳人祖逖。他们曾同为司州主簿，常常同床而卧，同被而眠。因年龄相仿又趣味相投，他们成了知己。一日半夜，祖逖听到鸡叫，认为是上天在激励自己上进，便叫醒刘琨："此非恶声也。"然后两人到屋外舞剑练武。两人后来都成为南北朝的名将。

　　这起"闻鸡起舞"的励志故事，不知曾经激励了多少后世的年轻人！

　　石崇、潘安两人以其在金谷园中的地位，名列金谷园二十四友名单前列，是理所当然的。二十四友多数是他们的官场同僚，但并非是完全意气相投的。比如其中的左思、陆机、陆云、挚虞则是被拉来装门面的，多少有点拉郎配的味道。石崇、潘安的后台是秘书监贾谧。贾谧仗着贾充留给的鲁国公爵位，以及他大姨妈贾南风的背景，成了石崇、潘安心中不落的红太阳！所以金谷二十四友，又被称为贾谧二十四友。这倒不是二十四人个个要争着投靠贾谧，而是贾谧要拿二十四友往自己脸上贴金，增显自身的儒雅与文明的成色。

　　当然，金谷园二十四友不是刘关张桃园结义那样的铁哥们。典型的例子就是其中的牵秀，他后来居然与卢志以及太监孟玖一道，谋害了同为"金谷园二十四友"的陆机、陆云兄弟，甚至连陆耽也被害了。这说明，建立在"沽名钓誉"或"吃喝玩乐"基础上的"金谷园二十四友"，不能算是高尚社团。

　　其实，挥金如土的石崇此时已远非年轻时代的他了。钱多就任性，他脾气与习惯已越来越不好了。与当年任山阳令时兢兢业业埋头苦干的他相比，完全是两个人。青徐山东之行没多久，就充分暴露了他不再是个实干家！石大都督在捞钱玩女人方面远超过他老爸石苞，但是在为人处世方面，他就远不及他老爸。

石大都督行辕设在下邳。当时，青州与徐州刺史分别是高诞与嵇绍。这三人地位相近却互相制衡。由于石崇与高诞都好酒又都是坏脾气，没几天，两人酒后就爆发了互相辱骂的不文明事件。徐州刺史嵇绍是嵇康的儿子，遇到石崇傲慢粗暴时，往往以道义开导，然而他的宽容没能改变石崇的劣根性。高诞则不一样，他抢先上书弹劾石崇。嵇绍并不袒护任何一方。于是石崇被免职了。

其实，石崇根本就不想在京外为官。丢官算什么？不当青、徐大都督不又可以回京师？他巴不得早点回家！贾充是石苞生前好友。眼下贾充、石苞虽死，但贾充老婆郭槐还在，郭槐更有悍后贾南风这个女儿。石崇早就认了郭槐这位干妈！有这样的干妈与皇后贾南风，石崇有什么可愁的？于是他又谋得廷尉一职。廷尉位列九卿，石崇依然享受着他的荣华富贵。同时，他与贾谧、潘安的关系也更加牢不可破。

⊙

太子之死

贾南风废除太子司马遹的念头从来没有淡化过。说起来，太子司马遹的处境有点像前朝没登基时的曹叡。他们都是先帝的长子，是帝位第一顺序的接班人，然而不是皇后亲生的。同样的还有，两位皇后自己都育不出男性接班人，却都对皇储的生母心怀恶意！然而，司马遹与曹叡的差别则更明显：曹叡有个睿智的老爸曹丕，司马遹的父亲司马衷却是个任人摆布的智障！曹丕能在关键时候确立曹叡为接班人，而司马衷却是连自保都做不到，何况是保他的儿子。

永康元年（公元300年）司马炎驾崩时，司马遹已经十二岁了。自小聪明伶俐的他，那时应该有危机感和自我保护意识了。

司马炎死后不到一年，贾南风发动政变，扳倒了杨氏集团的各大家族，杀死了数千人口。杨骏原先就是确立司马遹为太子的主要支柱，而且还是他拨重兵保卫东宫太子司马遹。不仅如此，前皇太后杨芷也更是司马遹的另一个保护人。从名分上说，司马遹该称之为奶奶，实际上是姨奶奶。可如今杨太后被贾南风活生生地折磨死了。

看着外戚杨家一门的悲惨结局，得不到丝毫亲情的司马遹彻底崩溃了。

前朝曹叡也有不幸经历，但他虽年幼却城府深，强忍着母亲甄氏被害死的深仇，恭敬地认郭皇后为妈，天天请安奉孝，终于得到认可，最后登基为帝。

司马遹能不能仿效？他渴望贾南风能像曹丕的郭皇后，饶过自己，甚至承认自己的太子身份。可惜，贾皇后绝非前朝郭皇后！司马遹虽尽力讨好贾南风但毫无结果。失望之余司马遹也不常上朝侍奉父皇了，因为他发现：那个傻瓜爸爸根本不懂亲子之情。

绝望中的太子难免因此而怠慢松懈。他留在后园游戏消遣，玩矮车小马，还故意弄断缰绳，让陪玩者摔在地上以取乐。无聊时他在宫中开设集市让人杀牲卖酒，他亲自上场做买卖。凭天生的小聪明，他居然能做到用手掂量斤两，轻重一点不差。后人评论说，太子这样是堕落！但从他的天资来看，或许他是事出无奈，而采取韬晦的手段，以显示胸无大志，无意继承大统，以避免不幸。

他也不想让别人误解自己会去搞团团伙伙的太子帮，于是常常对亲信恶作剧。太子洗马江统、舍人杜锡按常规劝司马遹韬规守矩，以讨贾后欢心，司马遹不听。詹事裴权更提醒司马遹提防小人贾谧，劝他表面上要谦虚礼让，以防搬弄是非。但司马遹佯怒，甚至让人把针放在杜锡常坐的毡里，造成杜锡臀部被针扎得鲜血直流。

对自己亲信都如此绝情了，还有人怀疑我？

很明显，太子是明白人：江统、杜锡和裴权这些人逃不出贾后的眼线。哪怕自己顺从他们的建议，表面上肉麻地拍马屁、不顾下贱给人挠痒痒，其结果，除了继续被后党轻视之外，又能解决什么问题？司马遹用恶作剧手段对付东宫心腹成员，正是为了保护自己，保护下人。

司马遹何尝不想与贾氏一门搞好关系？早在他刚满十三岁时，就主动联系广城君郭槐，想娶贾午的女儿。目的也就是以婚姻关系改善与贾南风、贾午的关系，以免遭毒手！但热脸偏逢冷屁股，贾氏姐妹一口回绝！

拒绝太子求婚，这是史书的第一例。无非是贾氏姐妹早就下了狠心：司马遹不但太子位不保，而且性命也难保！

的确，贾南风早有自己的算盘：那就是让自己的肚皮拱起来也生个男娃。她埋怨智障司马衷怎么那么偏心？能让小贱人谢玖生儿子却不能让自己也生？为此，贾南风找太医程据问计。程据忙着开方施药，没用。出于无奈，程据甚至献身为皇后做外科手术，顺便给皇上戴顶绿帽子。可是几年过去了照样没用。于是，他们改变策略，每夜派人外出，撒网捉拿中意的"小鲜肉"回宫给皇后上药。其结果是，不论弄出多少药渣，照样不见效。然而此药方却让悍后上瘾了，以致每夜不能断药，还得每次都是新鲜的！

于是，社会上屡屡传出恐怖新闻：良家少男频频在夜间失踪！这导致人心惶惶。

最后一招是，贾南风把八岁的韩慰祖接进宫中，说是自己亲生的，只因恰逢先帝去世，不便宣布而由妹妹代养。她欲将韩慰祖转为龙种。然而，此计划虽周密，但依然漏洞百出。再说，东宫也是有警惕的，司马遹眼睁睁地注视着内宫的异态，他属下的东宫细作也令贾皇后防不胜防。

显然，贾南风也感到冒充龙种风险太大，于是狸猫换太子的谋略就不了了之。

双方招数用完了，筋疲力尽的司马遹实在无奈，只好决定得过且过，而贾南风则图穷匕见，不肯罢手。此时，京师流传童谣：

东宫马子莫聋空，前至腊月缠汝合。

又：

南风起兮吹白沙，遥望鲁国郁嵯峨，千岁髑髅生齿牙。

南风是贾后的名字，沙门是司马遹的小名。这两段童谣暗示东宫太子：本年十二月将有不测之变故。果然事情来了。

元康九年（公元299年）十二月，贾后派人到东宫传话，说是皇上不舒服。

太子司马遹闻讯，慌忙入宫求见母后贾南风，以期探望父皇。但是贾后不与太子相见，而把他安排在宫廷别室，并让侍女陈舞端去一瓶酒以及一盘醉枣让司马遹吃光。陈舞说，那是皇上的恩赐，奴婢必须拿饮尽的空瓶空盘回去让皇上过目以示真诚。不料，司马遹吃喝过便醉倒昏昏入睡。

此时，黄门侍郎潘安已忙碌多时。原来，贾谧把潘安带入后宫就直截了当地告诉这位美男：上面想找岔子整整忤逆的司马遹。任何动手动脚的缺德事与脏事，一律不让你潘帅哥沾边，你只要模仿太子司马遹的口气，起草一篇祭神祷辞，里面隐含逆谋与不轨，然后让他亲手抄写出来就行。事后，不关你潘哥什么事，我们会把你的稿子销毁而不保留。接着，贾谧拿出许多司马遹的文章底稿给潘安参考。

经过反复地文字推敲，一篇古怪的《太子祷神文》终于完成了。祷神文里边有这样似醉非醉、似醒不醒的文字："陛下宜自了；不自了，吾当入了之。中宫又宜速了；不自了，吾当手了之。并谢妃共约，克期而两发，勿疑犹豫，致后患。茹毛饮血于三辰之下，皇天许当扫除患害，立道文为王，蒋氏为内主。愿成，当以三牲祠北君。"潘哥看过不少巫师祷神辞，也看过太子的书信文稿，这通话像是巫师之言，也颇有司马遹风格，就是字体不像。要弄假成真，只要令醉酒的太子老实抄写就行。只要是太子的笔迹，那他利令智昏，以祷神为借口狂妄地逼老爸退位的狼子野心就暴露无遗了！

潘安完稿后又仔细斟酌一番才交稿。公爵贾谧把稿子交到侍女陈舞手里。陈舞随手带纸笔到司马遹所在的宫廷别室，推醒迷迷糊糊的太子司马遹，说是要祈神保佑皇帝陛下康复，你太子爷必须亲手把祷辞抄写在纸上，焚烧以敬神！司马遹迷乱不能辨，便依样画符，部分笔画没写全，就又睡倒。文稿回到贾南风与潘安手中，他们又细细看了一遍，笔画不全部分，贾后又令潘安补上。

次日，司马衷拿到贾后转来的祷辞，便在式乾殿召见公卿。他让黄门令董猛把太子写的祷辞以及自己的诏书遍示王公大臣。大臣们看了祷辞，又看到御笔诏书上将太子赐死的文字，谁都不敢说一句话。只有张华、裴頠对所谓太子祷辞表示怀疑，提议好好调查后再下结论。

贾南风担心拖下去夜长梦多，便上表免太子一死，从轻处理罢为庶人。晋惠帝司马衷马上表示同意，并派近臣和郁持节到东宫宣旨。太子司马遹昨天酒醉后宫，傍晚才回。清晨清醒时，他早已忘了昨天的事儿，此时正游园呢。听说皇帝使者到了，便连拜两次接受了诏书。其实他内心也早有准备：总有一天，母后贾娘娘会来收拾自己的。不知太子妃王惠风此时正在何处？司马遹来不及交代，就给她留下一封书信，然后步出承华门，被带上一辆简陋的牛车押解到许昌的辅城实施软禁。王衍害怕贾南风放不过自己，逼女儿与太子离婚，一把将哭哭啼啼的王惠风拖离东宫。

贾南风还让晋惠帝诏令太子周围的官员：不许与太子辞别送行！然而，驸马王敦、太子洗马江统、潘滔、杜蕤、鲁瑶等人则无视圣谕赶到伊水河边，含泪向太子辞别。司隶校尉满奋时刻都想巴结皇后，却一直没有门路。他恰巧看到了这场面，于是兴奋起来，带人将江统等人逮捕，关进河南尹与洛阳令所属的两处牢狱。

不料河南尹乐广不买账。他一贯鄙视满奋，随即将被捕人员全部释放。见乐广如此果断，洛阳令曹摅也释放了太子的其他亲信。显然，即使是那个时代，溜须拍马故意制造冤案害人者，同样是不得人心的。

废太子司马遹到许昌后，给王惠风去信，陈述自己被诬陷冤枉的经过，希望她能说服自己的父亲王衍把这封信转给皇上。可王衍先生哪是区分正义与非正义的人？司马遹绝望了。

次年正月初一，智障皇帝在与自己儿子的命运决战中取得决定性胜利！于是宣布大赦天下，改年号为永康元年（公元300年）。

这里，我们间接地把乐广与王衍进行了比较。虽说他们都善清谈而扬名于京师，且两人都与贾家关系密切：乐广从小受夏侯玄赏识，后来却被贾南风的老爸贾充看上提拔；王衍则既是司马遹与贾谧的岳丈！然而，当太子落难时乐广不但不冷漠无情，反而主持公道释放效忠太子的臣僚！王衍却对女婿落井投石，逼女儿离婚。所以，从人格上来说，王衍与乐广的差异不只是那么一点点。

反观，同辈分的王敦，虽年龄要比王衍小了许多，却多了一股豪迈气概！

王敦到洛水边与落魄的太子道别后，无怨无悔地走向监狱！他这种敢作敢为敢担当的风格令人耳目一新！这正是王敦初登政治舞台的完美亮相！不论后人对王敦的评价如何，但此时他的确是好汉。这正是中兴大将军的基本素质！王敦的风骨令王衍相形见绌。

最不堪的人物，要算第一美男子潘安了。贾充、郭槐、贾南风、贾午一家子提拔重用潘帅哥，对潘安有恩。他想报答人家，那不是不可以，但这种报答，不能为虎作伥，不能助纣为虐，更不能构陷弱者！这是一条人人必须具备的道德底线！

潘安精心构思的《太子祷神文》成了这场卑鄙的宫廷阴谋中一把杀人不见血的利刃。他的居心恶毒至极，他的品行卑鄙至极！

⊙

悍后末日

废太子司马遹之事惊动天下。司马诸王十分怀疑贾家，百官也心有怨恨。于是有人劝告张华、裴𬱟与贾模，要他们限制贾南风，避免事态扩大。然张华、裴𬱟宁负众望也要保住乌纱帽。贾南风不担心张华、裴𬱟，然而只要司马遹还活着，她就绝不善罢甘休！她一是想调个司马氏的"草包王"进京装门面，以解除司马氏诸侯王对自己的疑虑；二是想借此机会，对所调的"草包王"施加小恩惠，达到归她所用的目的，以彻底废太子。贾南风看来看去，觉得唯赵王司马伦适合：他是司马懿的第九子，辈分比各诸侯王高。此前，司马伦是征西大将军，只因昏庸无能，一切行动都交由军师孙秀定夺，而孙秀绝非善茬。这主仆俩，还得罪了雍州刺史解系以及冯翊太守欧阳建。更糟糕的是，孙秀还激怒了羌、氐少数民族，导致齐万年叛乱！失去解系与欧阳建的支持，司马伦被齐万年杀得大败而逃。这败军之将恰是皇后所需要的"草包王"。他不但没受处罚，反而升官为车骑将军、太子太傅，专职镇守京师。

东宫右卫督司马雅与常从督许超均受宠于废太子司马遹。此外，殿中郎士猗也对太子的遭遇十分感伤。他们求赵王司马伦主持公道。司马伦的确想趁机捞取政治资本，于是暗中问计孙秀。孙秀说："太子为人刚直凶狠，如果得志之日，必定会放纵性情。您一向侍奉贾后，街谈巷议，都认为您是贾后的同党。现在虽然想为太子建立大功，太子即使要把愤恨埋在心中，也一定不会对您施加赏赐，会说您为民望所逼，反复无常，只是将功折罪罢了。如有小的过失，还不能幸免于诛罚。不如拖延日期，贾后必然会加害太子，然后再废贾后，为太子报仇，既可以有功，又可以得志。"孙秀的一番分析，令司马伦佩服得连声道妙！于是，废后篡权的基本路线图就这样铺就了。孙秀不愧是那年代头号的狗头军师！

什么是狗头军师？孙秀就是典型！他从暗处来，习惯于在暗中窥测人间，以至于深谙人心之险恶与黑暗！以暗制暗，以黑吃黑，是他的特长，也正符合赵王司马伦的愿望。方案初定，孙秀先代表司马伦出面敷衍司马雅、许超与士猗。孙秀还让别人放风："宫中有人要废贾后，迎太子回宫！"孙秀这次说的是真相，而非谣言。真真假假正是孙秀的惯用手段。只要能达到目的，他什么手段都要用！显然，他出卖了司马雅与许超！只是没有点出具体姓名罢了。传闻流进贾后的耳朵。她此时最怕的就是废太子可能在许都组织还乡团！

司马伦与孙秀又暗中警告贾谧等人，不如趁早动手除掉太子以绝众望。

贾南风、贾谧信了：为了根除祸害，必须果断地灭掉太子司马遹！还有一个人也这么想，他就是太医令程据。程太医与悍后贾南风已经不只是普通的有一腿，而是早已成为命运共同体！

永康元年（公元300年）春，程太医连夜制成巴豆杏子丸。只要司马遹服下此药就一定会腹泻不止而死。三月，贾南风让黄门孙虑持圣旨并带着药物赶到许昌逼司马遹服毒自杀。

事实上，司马遹本就高度警惕。为防止被毒杀，他常常自己动手烧饭。孙虑无从下手就让刘振代替。刘振想通过断粮、断食的手段饿死司马遹，然而总有人暗中救济太子。图穷匕见的孙虑只好赤膊上阵。司马遹见来势汹汹的杀手就逃向茅厕！孙虑不禁怒从心头起恶向胆边生，挥起药杵猛击太子头部。太子倒地没断气前大声呼救，惨厉的呼号声远传四面八方！二十三岁的司马遹就这样被活活整死了！外面的人不知实况，但都知道太子遇害了。罪恶传遍天下，贾南风臭名远扬！

时机成熟了！孙秀鼓动司马伦着手伪造诏书：宣告贾南风是谋害太子的主凶，必须废掉！此举得到多方支持，其中以齐王司马冏、淮南王司马允以及原东宫司马遹的旧部最为拥护。于是他们各携武装涌进皇宫。

进入宫门之后，司马伦开始扭捏作态了：他不愿撕下面具充当恶人。毕竟贾南风有恩于司马伦，让他脱离战败的狼狈，调回京师升官晋爵。他想到齐王司马冏，老齐王不就是被奸佞之徒贾充逼死的吗？于是鼓动司马冏为父报仇捉拿贾南风并废了她！果然齐王冏不放过机会，带部将骆休发起冲锋，入内宫控制了傻皇帝司马衷。此时受惊吓的贾谧边跑边呼："皇后救救我！"随即被砍了头。贾南风闻声出来，一看到黄夜入宫的不速之客，知道大事不妙，惊问："你来此何事？""奉诏书收捕皇后！"司马冏语气强硬。贾南风心犹不甘："诏书当从我手中发出，你奉的什么诏？"司马冏不予理睬，示意部下动手。不由分说，贾南风被架出后殿。路过云台，贾南风隐约瞥见前面有司马衷的影子，于是高呼："陛下，您眼睁睁地看着自己的老婆让人家废了，到头来还不是废了陛下自己吗？"可惜毫无响应。不得已，她又回头问齐王："起事者是什么人？"

"赵王和梁王！"

贾南风直跺脚："后悔啊！常言道，拴狗当拴颈！我反倒拴其尾，看来是我活该了。只恨当年没先杀了这两只老狗，如今反遭咬。"她被押进金墉城。不知此时此刻，她有何感想：当年正是她把婆婆杨芷囚禁于此，又将她活活饿死！

贾南风被废为庶人。不久，她饮下金屑毒酒毙命。妹妹贾午、太医程据也难逃死罪。

张华与裴頠一道就捕。本次站队正确的同僚张林成了审判官。张华问："你要谋害忠臣吗？"张林说自己是奉旨行事，并反问："你身为宰相，担负天下的重任，太子被废黜，却不能为气节而死，这是为什么呢？"张华辩解："式乾殿议论此事时，我竭力劝阻，这是众所周知的，并不是我不谏啊！""劝谏不被听从，为何不逊位？"张华哑口无言。

张华被处死，终年六十九岁。同样河东裴頠也难逃一死。裴頠的丈人泰山王戎，虽身居司徒的高位，却因尚无为，在贾南风专制时代表现平庸，从而没遭大罪，但因受女婿裴頠的连累而被免职。

曾经，张华因为《鹪鹩赋》得到阮籍的称赞而名声雀跃，从此步入官场。应该说，他有才华，当官做事也中庸廉洁。然而张林对他的驳斥也句句在理。张华最大的不幸在于为保乌纱帽而不惜依附贾南风！贾南风如此声名狼藉，作为首辅大臣的张华难道能说是清白的吗？他为官一生，谋位不谋事，凭借听言察色，混得八面玲珑、一路通达。在他眼里，位子是头等大事，私利是第一考虑；在他手里，权力姓私不姓公，时时事事都为自己打算。那正是乡原的处世哲学。汉桓帝时期的胡广是典型，而到如今的西晋，我们又遇到张华。不过，如今看来张华这个乡原当得并不完美。当年胡广是"谁也不得罪"，而张华至少还是得罪了司马伦！最后导致性命不保。

智障皇上司马衷想起了儿子。他亲自服长子斩衰三年，追加谥号愍怀。当年六月，永久怀念司马遹的"思子台"建成。太子旧部陆机、江统等出场，作悼词颂赞司马遹的功德永垂不朽。

急于与女婿太子一刀两断的王衍遭到非议。此时，孙秀想起，当年自己是凭王衍的几句好话才入仕的，就劝说司马伦继续重用王衍。然而，王衍鄙视司马伦不愿与之为伍！但怎么拒绝呢？他决定故技重施装疯，砍伤婢女犯法后自首。他以瑕疵之身不便参与时政，从而与司马伦没有瓜葛。这不但保全了自身还为再次腾飞奠定了基础。

得意忘形的司马伦再也抑制不住野心，便把相国、侍中等乌纱帽抢在手中，甚至觊觎皇位了！

其实，淮南王司马允、齐王司马冏正在一旁冷眼相看。他们厌恶司马伦，更猜疑他要僭位。然这两人毕竟年轻，内心的抵触情绪不免流露在脸上。孙秀觉察了，但他知道这两王爷不好对付，便以三寸不烂之舌，以花言巧语麻痹他们。然后让司马伦把齐王调到许昌，以孤立司马允。接着，司马伦虚升司马允为太尉以夺其骠骑将军兼中护军的实权！

被架空的司马允愤怒至极，筹集兵马讨伐司马伦。讨伐军沿途消灭了司马伦千余士兵。司马伦见形势危急，一边关闭东掖门以阻挡，一边让儿子去收买司马允的心腹伏胤。然而司马允不防有虞，继续叫骂。

重利之下伏胤反水了，他出东掖门声称有旨。司马允忙下车跪旨，却不料伏胤手起刀落，司马允人头落地！卖主求荣的伏胤为司马伦立了大功。除掉了司马允，司马伦僭位篡权阻力不再。淮南王司马允死了，但他没有篡权作乱，所以他没被列入"八王之乱"中的反王。

劳苦功高的孙秀开始了财富与美女梦！然这一切，石崇金谷园应有尽有！其中美女绿珠更令孙秀难以忘怀！于是他的黑手开始伸向金谷园。

石崇与贾南风、贾谧狼狈为奸，潘安更是谋害太子的主凶，本都应严厉处置。还有石崇的外甥欧阳建，任冯翊太守时就惹恼了司马伦。此时孙秀手中还有更要害的线索：欧阳建、石崇、潘安曾主动投靠司马囧、司马允，只因名声太臭而遭拒绝。这证据依然十分致命！

贾南风倒台后，石崇已经威风不在。但他毕竟是晋朝开国功臣石苞的儿子，身价明白地放在那儿，他以为能躲过风声。然而没想到的是：小妾绿珠却以为是自己的缘故，才导致大官人遭孙秀的威胁，于是跳楼自杀！没吃到羊肉却招惹了一身骚！此事令孙秀非常狼狈。恼羞成怒的他干脆公事公办：下令将石崇、潘安、欧阳建一并押赴刑场斩首、株连三族！

行刑那天，石崇先到东市刑场，潘安后至。他没想到最后时刻竟然会与潘安走到一起："安仁，你怎么也来啦？"潘安说："记得四年前金谷诗会吗？这真可谓是应那句'白首同所归了'。"两位风流才子，因政治、权势、财富与美人，就这样死在一起了。

这年嵇康的朋友向秀也逝世了。作为"竹林七贤"之一，他仅为容身而不在晋朝任职。这是他与王戎、山涛的根本差异。此时，或许大家会想起老实低调的才女左棻与其兄长左思。自晋武帝死后左棻再也没有出现过，下场如何不得而知。左思是个丑男决入不了贾南风的法眼。石崇、潘安把左思拉入金谷二十四友，无非是想借"洛阳纸贵"的名气。但因"八王之乱"，洛阳哪容得下左思的书桌？不久后他迁居冀州病死。虽说晚年凄苦且漂泊不定，左思总算一生平安。

　　司马伦的成功全赖军师的计谋。孙秀升为侍中、辅国将军掌控朝中大事小事。有权就有更多的亲戚朋友。幽州刺史、右将军孙旂主动与孙秀认了本家族亲，其外孙女羊献容借孙秀的推荐填补了贾南风的空缺。孙秀成了皇上的大媒，傻皇帝一时高兴，便把河东公主司马宣华配婚给孙秀的儿子孙会。孙秀一夜间成了国戚！然而，这国戚却鼓动司马伦篡位夺龙椅！

　　权势者为了政治前途，难免会不顾游戏规则而施展歪门邪道。倘若事关政治生命，何必计较游戏规则？所以到此为止，孙秀的手法虽诸多卑劣也只能说是见惯不惊。问题来了：司马伦昏庸无知却又利令智昏，他窃国篡位之野心已经充分暴露！作为军师的孙秀怎么就不能睁开双眼看看？此时司马氏众诸侯王正众目睽睽，岂能容司马伦把江山窃走？权力与财富蒙住了孙秀双眼，他什么都看不见了，不知道离身败名裂的日子不远了。此乃狗头军师之宿命也！

　　司马伦拥有老爸司马懿的贪得无厌与野心，却没有相应的智慧与谋略。对皇位的渴望，他心甘情愿地在孙秀的操纵下，演了一场逼司马衷禅让退位的丑剧。他僭位登基称帝，伪年号为建始。他尊侄孙司马衷为太上皇！此事乱了伦理辈分，相当滑稽！

　　名不正则言不顺，司马伦广发乌纱帽笼络人心，人人加官晋爵！官多的结果是，满朝尽是冠饰貂皮！这造成市场貂皮断货。没貂皮就用狗尾代替，于是狗皮生意兴旺！"貂不足，狗尾续"及成语"狗尾续貂"应运而生。从这场闹剧中得到最大好处的还有孙秀。他升为中书监、骠骑将军加侍中仪同三司，实际上等于丞相！

　　被赶下帝位的废帝司马衷坐上云母车直奔市郊金墉城。一路上，只有琅琊王司马睿与中书侍郎陆机护驾。琅琊王司马睿是司马懿的曾孙、司马伷的孙子，当然算是司马炎的从子。不过此时，他不成气候而必须受东海王司马越的保护。但他的身世却不能不提起：

　　曹魏时期，司马懿请星象家管辂来占卜后代的气数。管辂引用《玄石图》中的谶语"牛继马后"。说是天机不可泄，管辂怎么也不肯讲透，司马懿满心狐疑。高平陵政变后，权倾天下的司马懿忽然注意起牛金！牛金原是曹纯虎豹骑骨干，也是曹仁亲信。南郡城下周瑜想活抓牛金，就得到曹仁的奋力抢救。

濡须坞曹仁战死，牛金转为司马懿的大将。牛金出生入死屡立殊勋。然而就因"牛继马后"那句话，司马懿越发不安。出于为子孙后代的考虑，必须除牛以破牛继马后那谶语。于是司马懿设私宴招待牛金。牛金为人坦荡交友不疑，宴席上举杯就饮，饮之即毙。这下司马懿放心了。殊不料此牛非彼牛！谶语所指另有他牛。既然是谶语，司马懿又何必枉费心机？

司马懿的孙子琅琊王司马觐的王妃是夏侯光姬。不想当年这夏侯氏美女崇尚自由平等，与王府中的小厮牛钦演绎了一段风流韵事，最终析出了爱情结晶。这美丽的结晶就是独生王子司马睿。倘若司马睿是坊间庸人，此事就算了。然而他后来却偏偏是东晋的开国皇帝，于是他成了舆论戏谑的对象：牛睿！其实，建立在董仲舒"天人感应"基础上的谶纬之说是伪理论，没有丝毫可信的基础。"牛睿"的小道新闻自然影响不了开国皇帝的光辉形象。

⊙

华亭鹤唳

贾南风是坏皇后！至此，她被盖棺定论。的确，她就是晋代"八王之乱"的祸根。然而，"八王之乱"不因她死去而消停。一波又一波的诸侯混战还在延续。

赵王篡位不得人心，遭到普遍的反对。此时诸侯王中实力强劲的要数驻守许昌的齐王司马冏、驻扎邺城的成都王司马颖及驻守关中的河间王司马颙。司马颖是司马衷的十六弟。司马颙是司马孚之孙、司马炎从弟，他比司马衷、司马冏、司马颖都高了一个辈分。元康九年（公元299年），司马颙接替梁王司马肜出任征西将军，驻守关中。永宁元年（公元301年），司马冏、司马颖与司马颙三位亲王联名发布檄文：讨伐司马伦，恢复司马衷的帝位！常山王司马乂、新野公司马歆等纷纷响应。

其中，成都王司马颖依军师卢志之言，以大将石超（开国功臣石苞的孙子，石崇的侄儿）、赵骧为前锋，出师与齐王司马冏会合组成联军。在溴水与孙秀的儿子孙会及赵王的其他将领士猗、许超展开大战。战争延续六十余天，双方战死十余万人。最后联军大胜，孙会等弃军南逃。洛阳城内，司马潧、王舆乘机在内部造反杀死孙秀等人，司马伦彻底失败！

齐王司马冏挥师入城，迎回司马衷，恢复帝位。司马伦被关进金墉城等待处决。临死前，他用手巾遮住脸惭愧地说："孙秀误我！孙秀误我！"其他参与篡位的诸多骨干被执行死刑，包括那位杀害司马允的凶手伏胤。西晋"八王之乱"中，继汝南王司马亮、楚王司马玮之后，赵王司马伦是第三位因失败而丢掉脑袋的。司马衷复位后，封司马冏为大司马辅佐朝政；司马颖为大将军都督中外军事；司马颙为太尉加侍中。还有司马乂，他是楚王司马玮的同胞兄弟，此前受连累被贬为常山王。这次积极响应齐王，还因军功而复封长沙王并升任抚军大将军。他作为御弟留洛阳伴君。成都王与河间王因各有驻军而分别回驻邺城与长安。

齐王司马冏留洛阳辅佐司马衷。王衍因此前不肯附从司马伦而备受称赞，于是升官河南尹。不久齐王又提升他为尚书、中书令，深受重用。但王衍却保持自矜，在百官跪拜司马冏时，唯独他长揖而已。显然，他同样不看好齐王，不久就借病辞官。

来自东吴的陆机、顾荣地位不高，一度被忽略。然而，他们曾被司马伦提拔的往事，还是遭到司马冏的怀疑，于是廷尉要治他们的罪。成都王司马颖、吴王司马晏于心不忍，便一齐出面救援。陆机先受从轻发落的处罚，随着又因大赦而恢复自由。陆机的朋友顾荣却惊险重重，他被押往刑场砍头。关键时刻，监斩官产生恻隐之心，让刽子手故意一刀砍空而暗放顾荣。

顾荣是东吴第二任丞相顾雍的孙子。他也因受晋朝聘任而出仕。两年前他宴请同僚喝酒。厨师端来大盆烤肉。顾荣顺便割了一大块肉给厨师以表示感谢。朋友不解，顾荣解释说："岂有让人整天忙着烧烤而不知肉味的道理？"

这位厨师后来改行从军，此时正是监斩官。

脱险后，顾荣找到陆机的另一个朋友戴渊私下交流。两人感到中原气氛诡秘，于是打算回归江南避难。然而要逃回江南谈何容易？为在险境中生存，顾荣就以前辈阮籍为榜样，借酒消愁糊涂人生。他经常借假醉酒以回避政斗，同时也尽量推辞显职。戴渊则转投琅琊王司马睿的手下。在戴渊眼中，司马睿是司马氏诸王中，不爱惹事的，他的属地可选为避风港。

戴渊与陆机原本不相识。他虽然从小受过良好教育，却不肯以诗书为业。他为人慷慨仗义，豪迈大方，善于结交江湖朋友。东吴灭亡后他自觉前途渺茫，便潜身江湖专事劫富济贫，成了江淮一带的好汉。一次，陆机探亲路上遭遇强人打劫。他发现岸上指挥者居然是个颇有将门风度的青年。只见他坐在折椅上从容指挥，整场行动井井有条。陆机甚至觉得他有点面熟，于是报出姓名。不想，年轻人听说是陆机，连忙喝住手下前来请罪。事实上，此人就是戴渊，前东吴左将军戴烈之孙、会稽太守戴昌之子。戴烈曾与陆机的堂叔陆凯一道在南郡、西陵反击过曹魏。戴渊本就是将门之后，算得上是陆机的侄辈，只因东吴灭亡才以此勾当营生。

这不就是一家人吗？陆机好言相劝："你有这一身才能，还要做强盗吗？"戴渊感悟流泪，便投剑与陆机同行。一路上戴渊谈吐非同寻常，陆机更加看重并写信推荐。戴渊拿到举荐信便到琅琊王司马睿帐前投军。此后军功不断，很快就成为司马睿的主将。历史典故"戴渊投剑"就源于此。

与顾荣、戴渊不同，陆机三兄弟却不肯回江南。或许，祖上的荣耀留下的负担太沉重了。陆机太自负而处处得罪人，引起北方人士的妒忌与排斥。然而诸侯王的高层，特别是司马颖却想利用陆家的名望来加强号召力，于是主动拉拢陆机三兄弟。顾荣、戴渊一下子便看出其中的风险，更是力阻。客观地说，在这方面，顾荣、戴渊眼界开阔，说的话至情至理。只可惜，此时的陆机自视太高。他自信凭才能与声望可以匡正世难，干出一番事业，从而听不进朋友之言！

齐王司马冏大兴土木，沉湎酒色，渐渐露出军阀的本色，也激起公愤。陆机写了《豪士赋》以提醒、规劝司马冏，但毫无作用。因失望，他离开司马冏改投退居邺城的成都王司马颖。他是陆机心目中的明主。司马颖见到陆机很高兴，提拔其为平原内史、参大将军军事。然而，陆机疏忽了一件事：当年遭他痛骂的卢志此时就是司马颖的当红军师！

司马冏不得人心的表现，正是各路诸侯所希望的，大家都盼他自我爆炸。成都王司马颖这样想，河间王司马颙更这样盼。于是司马颙出面联络诸侯声讨齐王，却又想把祸水引向司马乂。于是把联络书信也寄给了司马乂，以图借司马冏之手杀司马乂，然后以此为口实，煽动众王进攻齐王。

齐王主簿王豹首先获得情报，他断定司马颙与司马乂有勾结，于是提议把司马乂等诸侯王一律劝回封地。司马冏没采纳，随手把建议书信搁在台面上。恰巧司马乂来了。他顺手拿书信一看，就认定是王豹在挑拨离间，非要司马冏杀他不可。眼见事情暴露，司马冏杀王豹。然而司马乂依然不放心。他与心腹刘暾等人密谋杀掉齐王司马冏。办法有一个，那就是挟持着傻皇帝去干！司马冏见到司马衷突然来访不知所措，司马乂乘机一刀砍倒齐王司马冏！司马冏成了第四个死于非命的诸侯王。司马乂升为太尉掌握全国军事指挥权。司马颙的借刀杀人计不但没成功，反倒帮了司马乂。对此，司马颙与司马颖只得见风使舵，故意不作声。不过，大后方也确实出事了：李特、李流、李雄组织氐族流民暴动，攻占成都建成汉国。成都王司马颖失去了封地。同时江汉地区发生声势浩大的张昌暴动，攻占襄阳杀死新野王司马歆。司马颖只好出兵平乱，凑巧江南豪强陶侃等组织义军斩杀张昌稳定了局面。然而司马颖却把陶侃的功劳记到自己账上，恃功骄傲忘乎所以。其恶劣影响甚于司马冏。此时，司马颖唯一忌惮的人就只有长沙王司马乂。于是司马颙决定与司马颖联名发檄文，逼司马乂回封地长沙。自然，手中有皇帝当盾牌的司马乂哪肯轻易就范？

于是一场规模空前的三路军阀混战骤然展开。司马颖十分迷信陆逊、陆抗世代名将的神话，他决定任命陆机为后将军兼河北大都督，统率自己麾下的冠军将军牵秀、北中郎将王粹以及孟超各部二十余万兵马，讨伐司马乂。陆氏兄弟十分兴奋，然而他俩的头脑太简单了。兵马虽多，但成员复杂，诸多矛盾不是陆机在短时间能搞定的。比如，孟超就是块糇料，而恰是太监孟玖的弟弟。孟超曾放纵部属抢劫掠夺，陆机逮捕肇事者要军法处置。孟超不服，居然率骑兵一百余人冲进帅帐抢走犯人，还骂陆机不配为帅。参谋孙拯劝陆机严格执法，以军法处置孟超，陆机不想把事闹大而不答应。然而孟超不领情反倒记仇在心。他恨极了陆家兄弟，于是让哥哥孟玖诬告陆机兄弟要谋反。

成都王府内的权力结构非常复杂：司马颖信赖的左长史是卢志，而其最宠信的宦官是孟玖。陆机得罪了卢志，而陆云得罪了孟玖。原来，太监孟玖想让老爸当邯郸县令。但陆云以为，历史上，任用太监亲属为官已留下许多惨痛教训，从而提出反对。这样，王府内的这两个权势人物都怀恨陆氏兄弟。

还有，冠军将军牵秀以及王粹也在陆机麾下。从表面看，牵秀、王粹与陆机、陆云同属金谷园二十四友。然而那个群体仅是酒肉朋友。这两位将领出身北方贵族，不仅不听从陆机指挥，作战时还从中作梗，严重制约了陆机的手脚。同乡孙惠私下劝陆机让位给王粹。但司马颖不同意，同时陆机也难免恋位，最终他还是领着这支矛盾重重的王师奔洛阳而去。

太安二年（公元303年）十月，长沙王司马乂率禁军与陆机、石超决战。看到皇帝司马衷就在建春门城头上，陆机手下王师犹豫不前。此时大将马咸奉司马颖之命前来援助王师，就毫不犹豫上前将城门团团围住。不料禁军将领王瑚引数千骑冲出城门，突入王师马咸部的内围。禁军前导是狂奔的马群，每匹马都捆绑着长戟。王师猝不及防而大乱，马咸死于乱军中。司马乂见状乘机率禁军出城掩杀，王师损失惨重！其中孟超万余兵马全军覆没。陆机与石超收拢王师残兵退到首阳山七里涧。

战败当然要追责。牵秀等部分将领为开脱自己，就幕后商议甩锅给陆机。他们一口咬定陆机有反叛之心，并结伙证成其罪，上报司马颖。太监孟玖居内呼应，坚称陆机故意害死孟超。而军师卢志则断言陆机是故意战败！这样一来，陆机、陆云、陆耽三兄弟罪属叛逆该株连三族！不过另一方面，江统、蔡克、枣嵩等上书司马颖为陆机鸣不平。"如果要为战败负责，诛杀陆机一人就足够了。有关陆家等人叛逆的事情，应该列出证据不可草率。"司马颖迟疑不定。三天过后，蔡克直接揭露宦官孟玖等人迫害陆云的丑行。求情的人多了，都言辞恳切，司马颖流露出了宽恕陆云等人的表情。

然而不久他又翻脸。其原因是敌对兄弟司马乂来了信。原来，自司马囧死后，王戎等一批老臣又被用来装门面。虽然这些人在战场上发挥不了什么作用，但还是能出点谋略主意。眼见战争难分胜负，他们放话了：司马乂与司马颖不都是亲兄弟么？那就不该兵戎相见！他们提议：由王衍接替司马乂的太尉职务，出面当说客与司马颖讲和。虽然，王爷之间的价码一时没谈妥，但还是互通了书信。司马乂来信中有这么一段话：

"你所派遣的陆机不愿受你的指挥，率领他所带的兵众，私下归顺了朝廷。想来叛逆之人，应当前进一尺，就要后退一丈。你应该返回镇守一方，以使四海安宁，让宗族不因你而感到羞辱，这将是子孙的洪福。但现状并不如此，我因骨肉分裂的痛苦，所以才会又送信给你。"

兄弟来信让司马颖加深了对陆机的疑虑。然而他也怀疑，义弟是否在要反间计？犹豫一阵之后，司马颖派牵秀去收缴军权。听说牵秀到了，陆机脱下戎装换上白色衣帽出面与牵秀相见。他从容地移交了公文印信，然后坐下向司马颖写了长长的一封告别信，神态自若地步入刑场。临死，他向监斩官牵秀叹了一口气："欲闻华亭鹤唳，可复得乎？"

陆机自江南赴洛，时刻盼望遇到明主以一展才华。可是他总误把暗主当明主，把狼主当恩公，陷入不义的"八王之乱"！这是他一生最大的不幸！此时陆机陷入绝境。然而正是这绝境唤醒了他的名士风范。他虽远不及嵇康、夏侯玄的慷慨与壮烈，然而一样地从容而镇定。这种似曾相识的风貌，正是当年名士所具有的那股风流。

牵秀与陆机曾经是金谷二十四友，也同在司马颖麾下。七里涧战败，诸人因推诿责任而不得已诬事黄门孟玖，最后把叛变大罪甩锅于陆机。然而真相维持不了太久，牵秀不得已逃离司马颖而转投河间王。然牵秀仍逃不脱别人的暗算：司马颙长史杨腾构陷并杀了他。另一说是牵秀被东海王司马越部下縻晃斩杀。不管哪种说法，他比陆机不过多活了一年光景。

司马乂虽把陆机打得大败，但自己也付出了惨重代价，生力军几乎损失殆尽，加上粮草不济，继续坚守洛阳已是难上加难。永兴元年（公元304年）正月，司马乂也被出卖了，突然变脸的是东海王司马越。他貌似是司马乂的跟屁虫，关键时刻，居然指使殿前虎贲逮捕了主子！司马乂成为司马越向张方输诚的投名状！张方就是司马颙的先锋官。作为"八王之乱"最后亮相的东海王司马越是搞暗算的高手，他以不断出卖自己人而上位。但有个疑问：本意是向司马颖、司马颙投诚的司马越，为何不把投名状直接交给这两位亲王，而交给张方？其中关键是司马颖与司马乂是亲兄弟，司马越担心亲兄弟和解而最终祸及自己。送给张方就不一样：张方屡次被司马乂打败，出于怨恨，他点火将司马乂活活烧死！司马越借刀杀了司马乂！在"八王之乱"中，司马乂是第五位惨死的诸侯王。

到此，掀起"八王之乱"的头领就只剩下司马颖、司马颙和司马越。

这年这月，时年二十六岁的司马颖以还乡团圆的名义重返洛阳城。司马颙提议：废司马覃皇太子之位，司马颖以皇太弟身份当皇储兼丞相持秉朝纲。莫非这位战略伙伴别有用心，要把司马颖放到火上去烤？司马颖有点警惕，担心重蹈司马亮、司马玮、司马伦、司马乂四王之覆辙，于是提名司马颙为太宰，让司马越当尚书令。大将军石超留洛阳监督，自己退回邺城遥控朝政。然而此时，司马颖目无皇帝，言行处处无不流露着僭越的野心。他更加宠信太监孟玖，天下人大失所望！

善变的东海王司马越随后从尚书令升司空。他想端掉拦路虎司马颖！于是他提议恢复司马覃的皇太子之位而革除司马颖的皇储资格。事实证明，司马颖离开智障皇帝回邺城是大错特错！他成了当年的袁绍！威望低下的东海王却扮演了曹操的角色。东海王借皇帝名义传檄天下，集结十多万兵马讨伐逆臣司马颖！当年七月，司马覃正式恢复太子资格，东海王司马越与左卫将军陈眕、逯苞挟傀儡司马衷北征邺城，随军的还有东安王司马繇与琅琊王司马睿。大将石超大吃一惊，慌忙回邺城禀报。

没了皇太弟与皇储资格，司马颖的号召力锐减，只调集了五万直属军队，交由石超统率，于是在河南汤阴境内的荡阴，一场大战就此展开。晋惠帝司马衷坐在御辇上，周围杀声四起，王师士兵步步逼近，头顶箭矢纷飞，身前身后不断有侍卫受伤倒下。皇帝脸上溅着血污却充满杀机，他不懂得害怕，丝毫没有保命的迟疑。只是，鼓动司马衷御驾亲征的陈眕、上官等人经不起石超的猛攻，早就带着残存军队逃之夭夭！主谋东海王司马越见势不妙，也撂下晋惠帝往老家徐州方向逃命。王师的喊杀声阵阵传来，军队首脑如鸟兽散，皇上的随从多数开了小差。可怜的傻帝身中三箭，脸上伤口流血不止，身边只剩下嵇绍一人弃马登辇用身体遮蔽！王师蜂拥而至，看到伤痕累累的君臣二人，举刀就要杀嵇绍。晋惠帝司马衷忙说："忠臣也，勿杀！"

圣口一开，本该是电闪雷鸣！然而此时毫无作用。王师士兵说："奉太弟令，唯不犯陛下一人耳。"手起刀落血溅晋惠帝的龙袍，嵇绍被斩杀于御前。司马衷吓得跌落草丛中，他此时才知道什么是害怕！此后晋惠帝司马衷总留着带血的外衣不许下人洗掉："此嵇侍中血，勿去！"他一生傻话傻事无数，样样遭取笑。唯独，他赞扬嵇绍的两句话在人间传扬。看来，他并非傻得毫无智商与情商。

　　大小臣子都成了俘虏。在此后短短的一个月中，他们中的绝大多数死在司马颖的屠刀下，其中就有东安王司马繇。司马繇的侄儿司马睿见势不妙，就带王导等亲信连夜出逃。然而，此时早已封城！不论何等王公贵戚，没有司马颖的令箭不得出城！

　　那夜天色阴沉，邺城禁卫森严，急于逃命的司马睿等人无计可施。一场救命的雷暴雨来了，猝不及防的巡城骑兵纷纷寻觅避雨处，司马睿一行才得以潜出城外。一行来到河阳，又遭把关的小排格米长官盘问。司马睿的随从宋兴见状，就从后头赶来，用马鞭拂着司马睿大笑道："舍长，你为何被拘留在这里？官府禁止贵人出境，你难道也是贵人？"那位小长官以为自己搞错了，十分惭愧，便放他们过关。

　　洛阳城内聚集着琅琊王氏兄弟王戎、王衍和王导等人。他们平日都尚无为、好清谈，但此时却不得不为明日而发愁。琅琊王司马睿身边无得力随员，想邀王家一门兄弟协助自己。但此时王戎已年过七十，他既不愿留在洛阳等死，也不愿跟随司马睿到处奔波，于是躲到陕县苟延残喘；王衍要继续追随东海王，就推荐王导当司马睿的司马；王导则毫不迟疑地劝说：远离洛阳回徐州去！此言正合司马睿心意，于是他们潜回下邳。

　　永兴元年八月，安北将军王浚联合鲜卑、乌桓骑兵进攻邺城讨伐司马颖。刘渊的匈奴骑兵打着司马颖旗号卷入混战。随着司马颖落败，刘渊借机回到了左国城自立为王，与晋朝分庭抗礼。此时，石匐已经成年，成为胡族的一个小头目。他长得又高又壮，功夫了得，善于骑射打仗。前些年一场灾荒，他与众人失散，老爸也失联。为了能吃上一口饭，他向牧帅汲桑卖身为奴。他出面拉拢了一批胡人，当上了汲桑手下的领兵头目。汲桑替他改名为石勒。从此石勒卷入"八王之乱"并开始了一生的征战生涯。刘渊与石勒，这两代的混世魔王就此登台亮相。西晋江山风雨飘摇，五胡十六国的乱局初现端倪。

　　王浚与鲜卑联军战胜司马颖占领邺城。援军张方见势不妙，趁机改道洛阳挟持晋惠帝与豫章王司马炽迁往长安。司马颖俨如丧家之犬随张方而去。两年后是光熙元年，司马越派祁弘率鲜卑骑兵攻入长安。鲜卑人大开杀戒，二万多长安平民死亡。祁弘挟持司马衷，坐上牛车回洛阳。河间王司马颙及儿子遭南阳王司马模杀害。九月，丘顿太守冯嵩抓捕司马颖及儿子押邺城大狱，父子同亡。历时十六年的"八王之乱"至此结束。

⊙

清谈误国

　　光熙元年（公元306年）六月司马越升太傅，录尚书事掌控全国军政大权，王衍先升司空再迁司徒。十一月十七日司马衷驾崩，谥号孝惠皇帝。皇太弟司马炽即位，为晋怀帝改元永嘉。传言说，司马衷是被司马越毒杀的，但无人敢问。面对咄咄逼人的东海王，危机感深重的司马炽期望王衍来平衡。王衍虽拥宰相之职却无宰相德行，他游移于两强之间谋求私利。他注意到青州和荆州物产丰饶又都是军事要地。于是，他向司马越献议："中原现在已经大乱，应该依靠各地实权大臣，要及时选择文武兼备的人才出任地方长官。"问题是，谁才文武兼备呢？王衍建议让其从弟王澄、王敦为荆州刺史、青州刺史。达到目的后他对这俩说："荆州有长江、汉水的天堑，青州有背靠大海的险要。你们两个镇守外地，而我留在京师，堪称三窟了。"这不就是狡兔三窟理论么？因此时人均鄙夷他。然而琅琊王氏诸兄弟，如王导、王旷与王敦却因此得到长远的利益。在下邳，司马睿和王旷、王导等人终于盼到了一个机会，于永嘉元年（公元307年）伺机南渡长江占据建邺。

　　"八王之乱"后半程，司马家族的狼性在东海王司马越身上展示得淋漓尽致！他继任太傅后，便大权独揽，杀戮朝臣，弄得人人自危，皇朝内患无穷。历史就是这样：每逢中原出现动乱，在关内定居的匈奴部落就会乘机起事，屠杀、抢劫随之发生。自黄巾起义以来，定居关内的南匈奴先后由于扶罗、呼厨泉兄弟任单于，匈奴族改为刘姓。于扶罗之子就是那位抢了蔡文姬为妃的匈奴左贤王刘豹。"八王之乱"中，刘豹的孙子刘渊跟随司马颖卷入战争，不时烧杀抢劫危害百姓，因积累财富而坐大。司马颖一死刘渊趁势称王。此后他们野心大增：进攻目标指向洛阳、长安！匈奴再起令司马越一筹莫展。在内部，司马越心计过深、树敌太多，原本的同事与战友纷纷反目成仇！就拿苟晞来说，原本与他亲如手足，还一道打败河间王旧部汲桑。苟晞立了大功，司马越许诺他出任抚军将军、都督青、兖诸军事。不料司马越突然后悔变卦，不让苟晞兼职兖州。苟晞岂肯善罢甘休？自此二人反目成仇。汲桑趁机东山再起，虽然不久就死了，然其手下石勒因此冒出了头：中华民族的灾难之星从此升起！不过他一开始并没独立挂旗，而是接管汲桑余部改投匈奴，充当刘渊第四子刘聪的先锋，对黄河壶口发起进攻，此后进入中原掠夺屠杀。

匈奴刘聪、王弥、刘曜与石勒成了司马越的外敌，而晋怀帝与苟晞则是内敌！永嘉五年（公元311年）初，石勒流窜至江汉地区攻城略地，内外交困的司马越主动请求率军四万去平定石勒以自证清白。听说司马越来了，石勒立即迎头赶来。然而还没交火司马越却后院起火。当年三月晋怀帝发布司马越罪状，命令苟晞为大将军率军讨伐！东海王半途拦截到书信一看：不由得急火攻心，死于项城。这"八王之乱"最后的祸首终于也向阎王报到了。军中不能一日无主，于是众人共推太尉王衍为统帅。但此时洛阳回不了，许昌又不可守。王衍当然不肯担当，于是就推辞说："我年少时就没有做官的愿望，然而积年累月，升迁到现在的地位。今天的大事，怎能让我这样一个没有才能的人来担任统帅呢？"他提议襄阳王司马范为大将军。司马范一路秘不发丧，统领各部悄悄回到司马越封地东海国，以安葬死者。

不料石勒探知真相，于是亲率骑兵一路追赶。四月，匈奴军队在苦县宁平城追上晋军。晋将钱端率军回战不利被斩杀，手下溃不成军。石勒骑兵将钱端的军队团团包围用弓箭射杀，晋全军覆没。死者、伤者骨肉堆积成山。这就是宁平城之战。石勒把俘获的王侯大臣提来相见，先以朝廷旧事询问王衍。王衍向他陈说了西晋败亡的原因。石勒很欣赏王衍，同他谈了很长时间。接下来，王衍说自己年轻时就不喜欢参与政事，想求自身避免祸患。谈到最后，王衍居然劝说石勒称帝。石勒闻听此言勃然大怒："你名声传遍天下，身居显要职位，年轻时即被朝廷重用，一直到头生白发，怎么能说不参与朝廷政事呢？破坏天下，正是你的罪过。"石勒下令手下把王衍押出大帐。死神降临令王衍懊悔自己平生夸夸其谈、不务实事。他对周边的人说："唉！我们即使不如古人，平时如果不崇尚浮华虚诞，勉力来匡扶天下，也不至于落到今天的地步。"有关如何处置王衍的问题，石勒问参谋长孙苌："我行走天下多年了，从来没有见过这样的人，还应该让他活下去吗？"孙苌说："他是西晋朝廷的三公，一定不会为我们尽力，有什么值得可惜的呢？"石勒说："总之，不可用刀刃加害于他。"这天半夜，石勒命令士兵推倒墙壁将王衍压死。二十三年前，王衍在洛阳城就想扼杀这位曾经向天长啸的流浪胡人。不想，到如今却反过来，是石勒收拾了他！襄阳王司马范等三十六位皇族成员及高级将领全部被杀。石勒的一把火，活生生地烧了余下的晋军，也烧掉了司马越的遗体。大火后，石勒的士兵在炭灰中挥刀割食火烧人肉！接着，石勒又在鄢陵截杀从洛阳外逃的晋军，司马越世子司马毗等四十八位诸侯王惨死。晋大将军、大都督苟晞投降胡军，屈辱地当听差，最终依然难免一死。六月十一日，匈奴刘聪率王弥、刘曜、石勒等攻破洛阳。晋怀帝司马炽被俘。胡兵肆意屠杀抢劫，皇太子司马诠以下百官士庶三万余人遭屠杀，宫殿、官衙被毁，财富、美女被掠夺一空。甚至连晋惠帝司马衷的遗孀羊献容也不能幸免，她被匈奴刘曜纳为妃子，洛阳沦为废墟。这就是"永嘉之祸"！永嘉七年（公元313年）司马炽被毒杀。前吴王司马晏之子司马邺在长安继位称帝，他就是晋愍帝。此时，晋朝已经毫无实力，无法对抗北方的胡族势力。建兴四年（公元317年）十一月，匈奴前赵政权的刘曜攻破长安，司马邺投降。

宁平城之战是西晋灭亡的关键。统帅司马越死后，王衍的确是地位最高的官员。但他本就不是人才，根本无法挽救这支无帅之师的命运。宁平城之战是必败的。把西晋灭亡的原因，简单归结为"王衍清谈误国"，并不全面。要知道，导致王衍上台执政的原因，是"八王之乱"杀尽能臣干将，淘汰了贤士能人，最终只能把贪生怕死、自私透顶的王衍留了下来扶了上去。那是一个劣币淘汰良币的过程。就是说，延续十六年的"八王之乱"才是第一祸根。"八王之乱"打乱了天下，打乱了人心，打垮了晋朝自己，还把五胡调动起来，发展成灭亡晋朝的主力。这些并非王衍那张嘴所能代替的。

"八王之乱"的爆发还有其深层次的原因，那就是司马炎开历史倒车的分封制！他反面吸取了魏朝高平陵事变失败的教训：武装皇室成员，以制止外姓的篡政！然而分封制却诱发了宗亲内部的权争而导致"八王之乱"，那才是西晋短命的根本原因。

当然，晋怀帝司马炽的错误决策是导致宁平城之战失败的另一原因。晋军与石勒胡军决战前夕，司马炽下令大将军苟晞讨伐晋军统帅司马越！从而造成晋军的大分裂！他没分清，究竟内部的司马越是大敌，还是外敌胡人石勒更危险？两军对阵，皇帝司马炽先整死己方统帅司马越，替敌方达到了三军夺帅的目的！司马炽的怒火烧死了司马越，也烧死了自己。这无异于自取灭亡！

西晋迅速灭亡还有一个原因是天灾。史籍表明：永嘉后期，旱灾、蝗灾连连发生，加上瘟疫与战乱，中原大地"漂尸满河，白骨蔽野"。朝廷命运逃不脱天灾人祸的摆布。

虽然晋朝短命的问题，我们往往习惯于"王衍清谈误国"的看法，但那不是准确的结论。

五、王谢风流

孙皓亡国当俘虏时司马炎赐座，他居然嘴硬回话："臣在南方，亦设此座以待陛下。"晋武帝对此嗤之以鼻。没料到的是，二十七年后，司马炎的后人却对那把虚设的交椅产生了兴趣。晋朝江山也因此延续了一百零七年。不过唐代诗人羊士谔评论这段历史时，却故意忽视了司马皇室而把风流归于豪门王谢两家。他的诗句引出人们对那段历史的无尽遐思："山阴道上桂花初，王谢风流满晋书。"

1. 王与马共天下

这里讲的是衣冠南渡及琅琊王氏如何与司马家族分享东晋政权的故事。

⊙

"五马"渡江

"五马"渡江这标题的主体显然不是马而是人。在晋朝司马是国姓，所以这"五马"渡江是指皇室五个支系经千里南征渡过长江来到东吴。他们是琅琊王司马睿、西阳王司马羕、南顿王司马宗、汝南王司马佑、彭城王司马纮。这些皇子王孙除了避难外，还有一个动机：觊觎那把可能出现在建邺的龙椅。"五马"渡江的首渡人物是司马睿。不过他原本没那动机，后来因为琅琊王氏王旷、王导及王敦三房堂兄弟的密谋，尤其是王旷对司马睿渡江南下起了主导作用。

王旷本是丹阳太守。光熙元年（公元306年）初，他遭到军阀陈敏的驱逐，不得已北上徐州投靠司马睿。王旷的生母夏侯氏就是风流王妃夏侯光姬的同胞姐妹，而夏侯光姬正是前文提到的"牛继马后"故事中的女主角——司马睿的生母。就是说王旷与司马睿是表兄弟。"八王之乱"令中原大地哀鸿遍野，司马睿为此忧心忡忡，于是向王旷打听江南的情况。表兄弟见面无话不谈，王旷乘机给王兄谋划出路：是时朝廷不稳，北方不保，想要有所作为，必谋镇建邺！

可建邺是群雄争夺的目标，不是想占就占得了的，所以那主意仅是空中楼阁。不料一年之后却出现了机会：永嘉元年东吴豪强打败并杀死了原先盘踞江东的军阀头子陈敏。陈敏一死，江东暂时处于权力真空状态！有了真空就得去填补啊！盘踞下邳的琅琊王司马睿正处于近水楼台的有利位置。然而，要把事做得名正言顺，还得有圣旨才行。怎样才能达到奉旨行事的目的？那时司马衷还没死，王旷与司马睿不约而同地想到东海王司马越！于是王旷提议司马睿走后门，请司马越让傀儡皇帝司马衷给个封号，那样就师出有名！但如何走司马越的后门？王旷给出的计划是：

一、王导与王衍是无话不谈的哥俩。王衍能言善语、地位高，更与司马越关系密切。通往尖顶的后门之路就是王导—王衍—司马越—司马衷，层层说好话，把求封号的意图传过去。

二、利用最受宠幸的东海王妃裴氏向司马越吹枕边风，这是第二条后门之道。这点，对司马睿来说，没有丝毫困难。因为东海王妃裴氏的两位兄长裴邵、裴盾都在琅琊王手下为官，分别出任司马睿的长史、徐州刺史。司马睿直接让这两兄弟把自己对东海王妃的好意传达过去就成了。

司马睿听从了王旷的话。为了让琅琊王氏家族能与琅琊王并肩作战，他让王旷出面游说王家诸位精英。可是，当王旷出面找堂兄王敦、堂弟王导时，他们正闭门开秘密会议。守门人不让王旷进入。王旷总不能空手而回吧？于是就别壁窥之，并高声质问："天下大乱，诸君欲何所图谋？"王旷还放言要告官！王敦、王导这才开门让王旷也进门。就这样，这一门弟兄定下了协助司马睿过江的大计。首先要让朝廷发一纸派司。

王敦、王导深知"马屁不嫌臭，后门不怕黑"的真理。而且司马越更是这样的人：好话一听耳朵就软；后门一敲交易就成。王敦、王导的活动不久就有了结果。

七月初，羯胡司令长官石勒窥视洛阳。此时司马越与大将苟晞的关系还相当密切，他就让苟晞率军在一线防御，自己提兵驻扎官渡以策应。军队一动就需要粮草！要粮草，就要下江南征粮。谁负责？司马越提名司马睿！这没有丝毫猫腻。

七月十一日，朝廷委任状来了：司马睿被任命为安东将军、都督扬州和江南诸军事、假节出镇建邺。司马睿看重的正是这名号。假节出镇建邺就意味着拿到了尚方宝剑！就是说，司马睿的势力范围从原先以徐州为中心的淮海地带，向南扩充到江南，把苏南、皖南、浙江、福建等江东地区全部囊括其中，而且还可能伸手楚粤地面！既然朝廷任命状来了，那就是所谓"机不可失，时不再来"。司马睿决定说走就走。当然，此行是有义务的：为前线的大将苟晞征集军粮！其实，司马睿到江南征集军粮，既是借口，也是目的，更是一番交易：你给我名号，我给你军粮！一旦情况有变，名号不变，但义务将可能首先消失。果然，就在司马睿准备过江时，苟晞与司马越翻脸打了起来。军粮还要交吗？司马睿显然是白捡了朝廷的委任状。

永嘉元年（公元307年）九月，琅琊王司马睿任命甘卓为前锋都督兼领扬威将军、历阳内史，先行率船队出发。位处江北的历阳渡口就是这次出发点！历阳是如今安徽和县，与南面的采石矶隔江相对，在历史上是长江重要的南北通道。然而这次渡江不是在采石矶上岸，而是随江水漂流到建邺幕府山的江乘渡口。先锋出发后，琅琊王氏家族及戴渊等千余人随同琅邪王司马睿一道南下。王旷本应回南方，然而司马睿却为他谋得淮南太守一职，让这位表弟坐镇江北。很明显，这是司马睿为稳固扬州势力范围所采取的重要措施。

从司马睿到达建邺开始，随后有皇室其他宗亲陆续渡江南下。渡江的其他四路诸侯是司马羕、司马宗、司马佑、司马纮。数起来一共"五马"，于是称为"五马"渡江，也被称为"衣冠南渡"。因为，除五路诸侯外，江北不少豪门大族也携家带口纷纷跟着来。这些人虽是逃难，但多是当朝名士，衣冠整洁、风度翩翩，浑身飘逸的是魏晋风流。所以，这"衣冠"二字就体现着他们高贵的身价。一到江南，他们参与分割地盘，顺风顺水地获得发展空间。这当中，不能不引起我们特别注意的就是琅琊王氏与陈郡谢氏。

此事，宋代诗人范炎特地写下了《沁园春》一词：

襟韵何如，文雅风流，王谢辈人。问传家何物，多书插架，放怀无可，有酒盈樽。

　　一咏一谈，悠然高致，似醉当年曲水春。还知否，壮胸中万卷，笔下千军。门前我有佳宾。

　　但明月、清风更此君。喜西庐息驾，心间胜日，东皇倚杖，目送行云。

　　闻道君王，玉堂佳处，欲诏长杨奏赋孙。功名看，一枝丹桂，两树灵椿。

　　不长的十几行词句，淋漓尽致地展现了王、谢家族演绎的那段朝廷兴亡与家族盛衰相交织的历史。琅琊王氏的事我们此前说了一些，然而陈郡谢氏我们至今还未曾提及。

　　陈郡谢氏的代表人物是谢鲲、谢裒两兄弟。他们是已故洛阳太学校长谢衡的儿子。与魏晋时代文化人一样，谢鲲年少时就喜欢老庄之道，能啸歌，善鼓琴，聪明伶俐，擅长清谈辩论，颇有正始名士之风。其实，谢鲲早年就受到名士王衍、嵇绍的赏识，并与王敦结交，从而步入中朝名士之列。其弟谢裒则文武兼备，充当司马睿的参军。渡江后，谢鲲出任王敦的长史。由于志趣相投，他与王敦、庾敳、阮修结成四友，都是"江左八达"名士俱乐部成员。

　　除王、谢之外，我们不妨注意一下颍川庾氏与谯国桓氏两个家族。

　　颍川庾氏是以庾琛为代表的。而最引人注目的是他的五个儿子庾亮、庾冰、庾怿、庾条、庾翼以及女儿庾文君。庾琛原本是琅琊王司马睿下属的建威将军，随司马睿南渡后，出任会稽太守。大儿子庾亮那时已经十八岁，因姿容俊美，善于言谈议论，喜好老庄之学，时人把他比喻为正始夏侯玄。五兄弟中，他最早步入政坛，出任琅邪王司马睿的西曹掾、丞相参军、中书郎等。庾琛的老五是女儿庾文君，因才貌双全，后来成了太子妃。

　　谯国桓氏的代表人物是桓彝。据说桓彝早年丧父，家境贫寒，其所结交的朋友中有一位叫庾亮。庾亮后来出任司马睿的西曹掾。因庾亮的帮助，桓彝在琅琊王辖区内谋得一个州主簿的职位。永嘉元年，桓彝以骑都尉身份随司马睿大军南渡建邺。为进入上流社会，他不得不附庸风雅、结交玄学青年，跟谢鲲、羊曼、阮孚等大名士开派对、酗酒、辩玄，从而名气越来越大，最终也进入"江左八达"的名士俱乐部。桓彝终于当上宣城内史，娶妻生子。在永嘉七年，也就是"衣冠南渡"后的第七个年头，他有了第一个儿子：那就是东晋猛人桓温。接着他又有了桓云、桓豁、桓秘、桓冲，凑成"桓家五虎"。只因朝廷猜忌桓彝高祖就是桓范，他早年仕途偶有不畅。

就是说，不仅是琅琊王氏，就是后来的颍川庾氏、谯国桓氏以及大名赫赫的陈郡谢氏，其兴旺发达，都离不开这次"衣冠南渡"。

"衣冠南渡"的事，《晋书·元帝纪》有一则童谣：

太安之际，童谣云："五马浮渡江，一马化为龙"……

这童谣就是预告：南下的五个诸侯王中，只有一位是真命天子！然而读者可以想象，大凡被看成谶言那类的童谣，往往是御用文人事后的杜撰。我们没必要花太多工夫去认证。真的让我们感到奇怪的是：突兀出现的渡江先锋官甘卓，他是什么人呢？

西晋、东晋交接时期，甘卓是重要人物。他因平定张昌、石冰暴乱有功而获封都亭侯、扬威将军，此时还兼任历阳内史。他曾祖是东吴猛将甘宁，于是诸侯王纷纷拉拢并重用他。他既是吴王司马晏的侍中，又是东海王司马越的参军。他还与割据江东的陈敏有儿女亲家关系，因此他把控了长江军事重镇历阳，并拥有一支精于水战与陆战的军队。然而，这样的人怎么就又成了琅琊王司马睿的渡江先锋？还有，那言之不详的张昌、石冰与陈敏的来历也怪怪的。他们究竟是些什么人？相信到这里，读者一定会产生更多疑问。为解决这些疑问，我们有必要把"八王之乱"期间，整个江南的楚、吴、越地面发生的一系列事件作个交代。

⊙

江南动乱

"八王之乱"导致益州、荆州地区失控，并蔓延到整个江南地区。

首先是成都王司马颖的封地发生暴乱。永宁元年（公元301年）十月，西北秦、雍六郡的氐、羌、密各族十余万流民拥进益州。太安二年（公元303年），氐人李特、李流、李雄乘机组织暴动，攻下成都建成汉国，称王称帝。楚王司马玮早死了，受连累的长沙王司马乂离开封地。于是新野王司马歆以镇南大将军身份接掌荆、湘军政事务。他以朝廷名义颁布壬午诏书从民间征兵讨伐成汉叛乱。这些新兵号称壬午兵，主要是由无业游民组成。他们本着"从军吃粮"的意愿而来，唯一希望是混口饭吃而已。真要去西川打仗，他们才不干。由于军饷短缺，加上司马歆军法严厉，忍受不了的壬午兵又纷纷开小差，流窜到粮食充裕的江夏郡。在江夏，出现了一个名叫李辰的人，不知他从何处弄来大批军服与旗帜，于是大张旗鼓地挂牌招兵，俨然是征兵的官方承包商。到他这里报个名点个卯，就发军服还给饭吃。于是他一下子召集了几千人的队伍。

这李辰就是少数民族出身的张昌。猛人张昌原本就是离江夏不远的南阳平氏（桐柏）县吏。县吏是什么官？看了《水浒传》的人都知道，郓城县的雷横、朱同与阳谷县都头武松都与那职务相当。不论张昌是怎么当上县吏的，反正他是个好汉，而且比晁盖、宋江更厉害。蜂拥而至的壬午兵在张昌带领下发动叛乱占据江夏，接着又攻占襄阳杀死新野王司马歆。于是军威大振！张昌部将陈贞接连攻陷武陵、零陵、豫章、武昌、长沙，于是风靡大江南北！他们以拥护刘氏皇帝、恢复汉政权为号召！长江下游吴越地面的民众也揭竿而起，他们拥立石冰，以副帅起兵响应张昌。石冰打败扬州刺史陈徽后，将扬州所属各地收入囊中。接着石冰又攻陷江州，与荆楚地面的张昌势力连成一片。更有甚者，临淮人封云也在江北起兵进犯徐州，响应石冰。这场暴乱声势浩大，波及大江南北的广大中下游地区。

朝廷大惊，于是派司马颖率军南征张昌。宛城守将刘宏重用原东吴将门之后陶侃。陶侃率军斩杀张昌，成功地平定了荆湘地区的叛乱势力。张昌一死，司马颖、司马颙又回头忙他们的"八王之乱"，与司马乂展开生死决战。

张昌死后，横行江东的石冰也遭遇了克星。

江东名士王矩、顾秘、周玘、贺循、华谭、葛洪和甘卓等地方豪门也纷纷组织民军，与石冰展开激战。他们推举曾经的交州太守顾秘为民军首领，都督扬州九郡诸军事，传布檄文，号召灭杀或驱逐石冰所任命的部将官吏。石冰大怒，派猛将羌毒反攻。关键一战，来势汹汹的羌毒被周玘挥刀斩杀，义军乘机反攻入驻建邺。再战不利的石冰被迫退出江南渡江北上。

周玘、贺循、华谭、葛洪和甘卓都是江东名士。周玘是周鲂的孙子。濡须口一战大败曹魏大帅曹休，正是周鲂定的计谋。周鲂的儿子就是故事《周处除三害》的主人公。就是说，周处是周玘的老爸。周处曾是大晋朝的建威将军。元康七年（公元297年），他率军五千前往关中，增援梁王司马肜讨伐氐羌齐万年叛乱，结果遭司马肜出卖。周处连同手下五千士兵被迫与六万西凉敌军决战，在斩杀敌军逾万的情况下，得不到增援而全军覆没！按兵不动的梁王司马肜在城头上观赏着城下的屠杀，他就这样借西凉叛军屠杀了被视为异己的东吴降军。

周玘在江南自发地组织义军平叛，成为民军领袖之一。本次周玘斩杀羌毒战胜石冰，将叛乱势力逐出江东，实现江南初定。与周玘同时起义的贺循就是东吴名将贺齐的曾孙。当年贺齐与太史慈一道进攻会稽太守王朗后，他单独南下攻占福建，并抓捕了王朗。在张昌、石冰暴乱期间，贺循率军在会稽镇压。葛洪就是抱朴子。他在顾秘手下任将兵都尉，因功被封伏波将军。但不到一年他就辞官，改而云游各方修仙炼丹。在科技史上，他被誉为中国第一位化学家！在民间他就是活神仙。王炬因功被聘为晋朝南平内史。他后来升任广州刺史，但到任不到一个月，就主动辞职不干了。诗人顾秘是顾荣远房叔叔，也是江东顾氏的代表人物。他与陆机结下了深厚的友谊，两人常有诗作交流。当然，我们只能看到陆机写给他的送别诗：

顾侯体明德，清风肃已迈。发迹翼藩后，改授抚南裔。伐鼓五岭表，扬旌万里外。

远绩不辞小，立德不在大。高山安足凌，巨海犹萦带。惆怅瞻飞驾，引领望归斾。

顾秘这位民选的"都督扬州九郡诸军事"司令官，倒是真的有职有权，也实现了陆机对他的期望："伐鼓五岭表，扬旌万里外"。不过，功成名就之后，顾秘不媚官府而转身为布衣。他的这种风格，在魏晋时代十分难得。

石冰离开江南渡江北进，向寿春发起攻击。此举令晋军都督刘准惊惶不已。这时，其手下的广陵度支陈敏却临危不惧，挑起了重担。寿春城下陈敏一举击退石冰军队，然后南下芜湖斩杀石冰部将赵鹭。于是陈敏与江南的周玘民军会师合击石冰。石冰又败，再次北上徐州投奔封云。然而，封云的部将张统密受周玘策反，杀死石冰和封云。于是徐州、扬州得以收复。周玘得胜后班师返回乡里，解散部队不受朝廷封赏。这是意气用事还是出于不屑？或许与其父亲周处被害有关。虽然事后晋皇朝嘉赏有加，究竟难以平息怨气。贺循、葛洪等事后也解甲归田，不受司马晋朝封赏，不愿卷入朝廷是非。

胜利之后江东人士解甲归田不肯受赏。于是陈敏独享功劳，被朝廷封为广陵相。其实广陵王就是早已死亡的前太子司马遹。陈敏成了广陵的最高行政长官。当时，弱主无能，军阀混战，中原地区处于动乱之中，无人过问江东。于是，陈敏忘乎所以，逐渐流露出独占江东地带的野心。恰此时东海王司马越与司马颖、司马颙展开血拼。为巩固后方，司马越只好放纵陈敏任其横行。

永兴二年（公元305年），也就是晋惠帝司马衷被司马颙劫持到长安之际，东海王司马越起用陈敏为右将军、假节、前锋都督，企图西去夺回晋惠帝。自然，这是司马越想利用陈敏与劲敌司马颖、司马颙拼拼看，让其两败俱伤。果然陈敏在萧地被以逸待劳的豫州刺史刘乔伏击打败。陈敏兵败收集残部，退守历阳渡口。在这里，他遇到从洛阳来的吴王司马晏的常侍甘卓。因天下大乱，甘卓感到未来十分渺茫，就弃官返回江东避乱，不想于此处遇到陈敏。心怀异志的陈敏急于割据江东，要拉拢甘卓共图大计。他将女儿嫁给甘卓的儿子以结秦晋之盟。由于甘卓的特殊身份，又从洛地而来，于是陈敏就让甘卓假传皇太弟司马炽的诏令：任命陈敏为扬州刺史。作为交换，陈敏把历阳以及守军交给甘卓。

永兴二年十二月，顾荣脱离洛阳回江东，此时陈敏反叛的锣鼓再次敲响。自高自大的陈敏封自己为都督辽东军事、大司马、楚公，加九锡，还伪称自己奉诏北上迎接晋惠帝。扬州刺史刘机、江州刺史应邈及丹阳太守王旷等人被吓得弃官而逃。陈敏却趁机滥发委任状，私授顾荣、周玘、贺循高官之职。几乎所有江东豪杰名士，都加之以礼，其中被任命为将军或郡守的有四十多人。其目的是拉拢江南士族引为其后盾。然而，江南大族虽大部分表面获招揽，但内心不服陈敏，只是表面虚与委蛇。陈敏的弟弟陈昶看出这点，便主张杀死顾荣、周玘等人。然而陈敏不敢贸然造次。他虽知隐含忧患，但不肯放弃充当江南暴发户的梦想。

此局面没有维持多久。永嘉元年初，江南豪门再次决定联合，举旗收拾陈敏，以给朝廷征东大将军刘准压压惊。周玘、顾荣秘密联系刘准，让他派扬州刺史刘机率兵在北岸助威；周玘还成功策反同乡钱广，让其杀陈敏弟弟陈昶并夺取其部众，然后勒兵朱雀桥南。陈敏闻变大惊，就下令甘卓讨伐钱广。然而，周玘和顾荣早已抢先一步游说甘卓，让其重新站到江东联军一边。恼羞成怒的陈敏率手下一万军队企图渡江进攻甘卓。但兵将还未上船就发现，顾荣在高处挥动白羽扇打"扇语"，似是向甘卓与刘准的军队发送信号，更像是隔空指挥甘卓等人排兵布阵。陈敏部众见状恐慌，顿时发生哗变。陈敏只得单骑逃往建邺栖霞江岸的江乘渡口，被事先等候的甘卓、周玘士兵捕杀。陈敏叛乱到此被平息，这也被说成周玘"二定江南"。平叛之仗获胜后，顾荣、周玘的军队大都复员为民。东海王司马越闻知周玘再次平叛立功，想辟周玘为自己的参军，还报请朝廷授予尚书郎、散骑侍郎，均遭周玘婉辞。从洛阳南归的顾荣也一样，没接受官职。

其实，东吴人士参与平定陈敏叛乱的还有吴兴人钱璯。钱璯也因攻打并收编陈敏的其余叛军而立下战功。与顾荣、周玘不一样，钱璯则另有想法，他渴望当上大官。他不解散自己的部队，还把陈敏的叛军收归己用。有武装就能当大官嘛！钱璯想对了，他被朝廷任命为建武将军。

甘卓因平定陈敏胜利而拥有大批战船水军。他继续以历阳内史的身份控制江北这个重要渡口。陈敏一死，平定陈敏的民军自我解散，江南地区出现政治空缺，琅琊王司马睿的机会来了。想过江南下的司马睿主动拉拢甘卓成功，甘卓成了司马睿首次南渡的先锋官。

王与马，共天下

　　永嘉元年（公元307年）九月三十，司马睿抵达建业。他拥有诸多威风凛凛的头衔，整个江南地带无人可及。然而事实是"及徙镇建康，吴人不服，居月余，士庶莫有至者"。就是说，东吴人士普遍不看好睿亲王。此前张昌、石冰、陈敏等强人的覆辙都说明了同一个问题：东吴世家绝非一盏省油之灯！他们随时可以起兵灭了你！军师王导深为此事担忧，当时以周玘为代表的吴兴周氏、以顾荣为代表的吴郡陆氏和顾氏、以贺循为代表的会稽贺氏、孔氏，还有以余姚为代表的虞氏、以纪瞻为代表的丹阳纪氏等，都是江东的名门望族。可以说，没有这些人的支持，任何外来势力都休想在江东立足！

　　永嘉三年（公元309年），王敦出任扬州刺史，其夫人襄城公主自然同来。公主仪仗十分豪华，远超过琅琊王的级别。于是王导劝王敦："琅邪王虽然十分仁德，然而名声不大。兄长的威信已立，应当帮助帮助他。"他要王敦陪同司马睿参加公关活动，借公主仪仗来炫耀司马睿的威风，以震慑东吴人士。

　　那天是民间禊祭。禊祭纯属自发的民间活动，众人到江边用江水洗浴以祛病保平安，百姓与名家士族不分身份地位一道同乐，有点像印度人泡恒河净化灵魂。这天百姓众多，琅琊王司马睿决定与民同乐！趁机炫耀威风！琅琊王乘大轿居中，王导和王敦等北方名士们都骑马一旁侍从，襄城公主的仪仗队在前方开路。皇家的仪仗果然不同凡响：只见彩旗飘飘，唢呐齐鸣，鼓乐琴箫有如天籁之音！仪仗队既威严又豪华！东吴民众看傻了眼！自暴君孙皓完蛋之后，当地已有三十年没见过此等豪华的场面。纪瞻、顾荣这些领袖一到场，场面更是震撼！于是路左行礼参拜。王导趁机劝说："古代的帝王，无不特别敬重当地的父老，虚心学习，设法了解并保护地方风俗，为的是收买人心。何况现在天下丧乱九州分裂，殿下的大业刚刚起步，不是急于得到人才吗？顾荣和贺循，都是这一带众望所归的人物，何不把他们请来以得人心？这两位大才子来了，那么就不怕其他人不来了。"于是，司马睿便聘贺循为吴国内史，顾荣为军司加散骑常侍。接着，司马睿再任命周玘、纪瞻及卞粹的儿子卞壶为朝廷要臣，聘张昭的曾孙张闿为参军。加上已受重用的陶侃、戴渊和甘卓，一批孙吴名臣之后得到录用，奠定了百年东晋之基石。然而，意外还是发生了：永嘉四年（公元310年），朝廷拜王敦为尚书，偕同建武将军钱璯一同率军北上。这是辅政东海王司马越的主张。此时朝廷北部前线军情紧急。匈奴刘聪已经称帝建立汉国了，他正要出兵南下黄河威胁帝都洛阳。建武将军钱璯依靠平叛陈敏起家，并掌握了一支规模不小的私家军队。此事本就令朝廷不安，特别是让初到建邺立足未稳的司马睿如坐针毡。司马越与司马睿均认为，把钱璯连同他的私家军送到前线与强悍的匈奴骑兵拼命，必将是两败俱伤以消内忧外患。一路行军至广陵，钱璯忽然领悟到自己将是炮灰，而王敦正是监督自己之人！于是想杀王敦。王敦慌忙逃回建邺。司马睿留王敦当军咨祭酒并派遣将军郭逸、郡尉宋典征讨钱璯。不料，畏敌如虎的郭逸、宋典不敢与钱璯照面。钱璯一发不可收拾，他自称平西大将军、八州都督，立孙皓之子孙充为吴王，正式举兵造反。孙充不从遭钱璯杀害。

周玘闻讯大怒，孙充毕竟是老主公孙家的命根子，岂容钱璯大逆不道？他率军联合郭逸、宋典一道出战。周玘又成功斩杀钱璯平定叛乱。这就是周玘三定江南的第三部曲。钱璯首级传至建康，司马睿向朝廷举荐周玘为建威将军、吴兴太守，封乌程县侯。

次年匈奴攻下洛阳，北方士族纷纷逃难渡江。此时，声望很高的东吴名士顾荣已经去世了。司马睿拉拢北方士族，形成庞大的百六掾格局。此后，司马睿就转而猜忌周玘。周玘也发觉百六掾之中的刁协轻视自己并处处刁难！联想到老爸周处在晋庭不公与不幸的经历，便与王恢密谋清君侧，改由江南士族执政。

只因此时王恢成了司马睿的亲信，所以在朋友与后台之间他站队后台一边，周玘遭出卖。因周玘强大的宗族势力，司马睿不敢贸然行动，周玘却因此忧愤成疾最后患背疽而死。临死，他对儿子周勰说："杀我的是北方伧子，你能为我复仇，就是我的儿子。"

周玘一死，司马睿就放心了，他追赠周玘为辅国将军，赐谥号忠烈。没有周玘就没有司马睿当时的局面，他不想被看成忘恩负义之辈！司马家族对江南豪门的怀柔政策不因周玘而变脸。当然，那很可能是王导的主意。王导权衡利弊的一系列措施，使江南成为一片相对安宁的后花园。而另一方面，王敦在外领兵打仗，在甘卓、陶侃等协力配合下打败了不驯服的江州刺史华轶，平定占据长沙的巴蜀流民首领杜弢。司马睿的势力范围扩大到荆楚、南粤，有了称帝的资本。王导、王敦兄弟二人，一文一武，一内一外，辅助司马睿站稳江南地区。司马睿自然十分感激，于是任命王导为丞相、军咨祭酒，执掌朝政；任命王敦为大将军，让他控制长江中游；琅琊王氏子弟们也个个身居要职。

大兴元年（公元318年），传来西晋末帝司马邺被匈奴人杀死的消息，司马睿登基即位，史称晋元帝。大典那天，司马睿突然拉住王导，请他同升御床一道接受群臣朝贺，以示他将与琅琊王氏共享天下。王导连忙推辞："太阳岂能与万物同辉，君臣名分是有区别的。"司马睿这才作罢。从此而后，民间开始流传"王与马，共天下"。这正表明，晋朝司马氏为天下世族共主的时代已经结束，取而代之的是司马皇族与世袭贵族共享天下的格局。顺应形势，王导被尊称为仲父。然而司马睿过度谦虚也暗示着他对琅琊王氏家族的不放心。他不能不怀疑自己只是个傀儡。同样，地位上升的琅琊王氏也绝不愿意共享权力的局面被皇族单方打破。因此，王与马共天下的过程，就是王与马反复较量的过程。

王马的蜜月没持续太久，司马睿开始大量重用中原南渡的人士，并形成制约琅琊王氏的势力。这不能不招致强烈的反弹。永昌元年（公元322年）正月，王敦以清君侧为由发动叛乱。司马睿的亲信戴渊、刁协、周顗等人先后兵败被杀。无奈的司马睿脱下戎衣着朝服，屈辱地对王敦说："你如果想当皇帝，早和我说啊，皇位让给你，我还当琅琊王去，何苦让百姓跟着受苦呢？"司马睿近乎哀求的语言，没有抚平王敦的怒气。王敦做着他想做的一切，似乎在说：皇上，你不是悬赏取我的人头吗？我就晋爵武昌郡公，把你悬赏爵位的户数全部收下。什么丞相录尚书事、江州牧、扬州牧、这些金印我全要了。我不废你的皇位，但我要气气你！其实，王敦比司马睿还大十岁，此时已五十六岁且无子嗣，争帝位意义不大，他不过是逼司马睿信守"王马共天下"的诺言而已。

一切安排就绪，王敦离开京师驻军姑孰，注视着朝廷。姑孰在当涂县，是当年京师建康的西南屏障之地。所幸，在王敦与司马氏皇权的较量中，王导始终能选择平衡的立场：既制止了王敦的过分，又保住了琅琊王氏既得利益。面对王氏这哥俩一个唱红脸一个唱白脸，晋元帝司马睿又急又气，却又无计可施。他最终咽不下怨气，于永昌元年闰十一月撒手归天。

司马睿死后，司马绍继位为东晋第二位皇帝，年号为太宁元年（公元323年）。庾文君被立为皇后。司马绍喜好文章辞藻，性情温顺，敬贤爱客。然而他挫败了王敦的第二次反叛，甚至对王敦戮尸出气。此后，他授外戚庾亮大权以抑制王导，并重用从中原投奔而来的郗鉴、温峤、阮放以保持各方势力的平衡。另外，他还兼顾"衣冠南渡"族群中的谢裒、桓彝等人。此前桓彝曾多次被举荐为宣城太守，不过都因怀疑他的高祖就是曹爽朋友桓范而遭否决。但这次明帝破格了，桓彝成为宣城内史。南下的谢裒被提升为太常。谢裒的哥哥谢鲲当过王敦的秘书长，还当过豫章太守，明帝同样不忌讳谢裒与王敦的关系。事实证明，用人不疑，疑人不用的司马绍是对的。此时谢鲲的儿子谢尚已长得一表人才。他从小聪明机智，深得王导、温峤等人赏识。王导征谢尚为相府西曹掾，甚至以王戎相比。这标志着，除王氏之外，庾氏、桓氏与谢氏也正登上东晋政坛。

明帝司马绍当然有自己的大方略：他表面保持琅琊王氏的诸多既得利益，但还是把实权转移给外戚庾亮五兄弟。只因庾亮兄弟才智终不敌王导，执政期间又屡屡出重大事故，致使在关键时刻，王导总能把握局面。王导成了不倒翁，王与马共天下的格局照样延续着。

太宁三年（公元325年），明帝司马绍意外死亡。

⊙

王羲之与他的父亲王旷

王与马共天下，琅琊籍的王导、王敦荣耀无比。可首倡南渡的同乡王旷却被冷落，为何历史不公平？这话要从永嘉三年（公元309年）说起。那年四月刘渊拜王弥、刘聪为帅，石勒为前锋率匈奴兵进攻壶口。奉命救援的晋将黄肃和韩述不敌而阵亡！辅政王司马越急令淮南内史王旷与将军施融率兵五万救援。渡过黄河后，施融主张据险防守而王旷却要长驱直入。施融苦劝无果而感叹："人家善于用兵，而王旷却是个棒槌，我们这些人死定了！"结果不幸言中。就在当年长平古战场上，晋军步兵与刘聪的匈奴骑兵展开了一场殊死的决战，施融五万晋军全部战死，王旷被俘失联。匈奴军乘机夺取壶口打开洛阳门户。

照理，王旷与司马睿关系密切，首倡的南渡奠定了东晋第一帝的基础。如果王旷被俘不幸了，朝廷与琅琊王氏理所当然会高调赞扬，事实上却遭长期冷漠。不论下场如何，王旷最终总会死的。从东晋永和十一年（公元355年）王羲之题写的《誓墓文》得知，王旷与王羲之的母亲有合葬墓。但王旷的遗骸从何而来却是无头案。就连《誓墓文》也丝毫不提其身世。这就引发猜测：王旷是否屈膝投降？是否有辱家国？

当年还有一个消息：沦陷区太原城也有一个王旷。他正是匈奴刘渊的臣子，而且已娶妻生子，儿子称王彰之。同时有文字记录：太原王旷曾自辩其先祖是乌丸王氏转来太原。按此言，此王旷非彼王旷，仅是同名同姓而已。那是否意味着，与王羲之母亲合葬的不是太原王旷？但有人以为，王旷还是同一个人。他的确有辱于家国！东晋朝廷念及王旷与司马睿的亲厚关系以及整个琅琊王氏的功劳，故而不将王旷不堪的经历记入史册，以保留大家颜面。

太安二年（公元303年）王羲之生于琅琊临沂。史料表明他成长于无锡，叔叔王廙就是他的启蒙老师。这点我们能想象，永兴二年王旷任丹阳太守时携家眷居住无锡。次年，王旷遭陈敏挤压而临时投奔司马睿，其家眷依然留丹阳无锡。永嘉元年"衣冠南渡"的王旷临时改任淮南内使。其时北方动乱，他只身赴任而家属继续留江南。这样说来，自两岁起王羲之就不得不与父亲分居两地。永嘉三年（公元309年），王旷奉命率军北渡黄河而失联。这样，没有父爱，也没有家族光环的王羲之，不具备成为纨绔子弟的条件。他没有财产银两炫富只能闭门苦读。或许是门风所致，也可能因家族DNA遗传，王羲之自幼喜欢书法。父亲王旷本就是著名书法家，擅长行书、隶书。叔父王廙更擅长书画。受王廙启蒙，王羲之从小善书。十二岁那年，他开始细读父亲留下的《笔论》并刻苦磨炼。家族深厚的书学熏陶了幼年的他。

王羲之除了自己刻苦，还因博采众长并得到高人的指点。首先，其叔父王廙就是启蒙老师。然而王羲之背后的高人却是卫夫人卫铄。卫夫人身上融合了东汉以来钟繇、张芝、卫瓘书法之大成！她更是王羲之一生最重要的导师。其原因是，卫夫人卫铄是王羲之的母亲卫氏的同胞姐妹！她们与河东卫氏卫瓘同宗！王卫两家长期是表亲关系。姐妹命运相同，卫夫人也移居丹阳与姐姐相邻而居。

·

卫夫人的丈夫李矩

有一说法是："卫铄师承钟繇，妙传其法……"这不能简单地理解为卫铄的导师是钟繇。钟繇本是东汉何进的幕僚，后来受曹操父子重用累官至太傅，儿子钟毓、钟会也是曹魏公卿，父子两代都是书法大师。不过，卫铄出生时不但钟繇早就死了，就连钟毓、钟会也死了有十年光景。能在卫铄与钟繇之间起承前启后作用的，应该是卫瓘。卫瓘是卫觊的儿子，他是卫觊及张芝的书法传人。原本，他与钟会是同一战壕的战友，又都是不同风格书法艺术的代表，两人平时多有交流切磋。因此，钟繇、钟会的书法精华丰富了卫瓘的积累。卫瓘无愧于钟繇书法继承人称号。卫铄是卫瓘的远房侄女，师承卫瓘也间接师承了钟繇。她精通名家精粹，最终形成自我风格的楷书，也是她制定了汉字书写的笔画顺序。唐人韦续的"如插花舞女，低昂美容；又如美女登台、仙娥弄影，红莲映水、碧沼浮霞"的美言，就是对卫铄书法的高度赞扬。

卫氏姐妹俩的丈夫均留守中原面对入侵者，都是国破家亡的直接受害者。卫铄的丈夫李矩曾是山东汝阴太守，与连襟王旷处境相似。随后京城沦陷，太尉荀藩、司空荀组逃奔阳城立司马邺为太子，建立尚书台充当小朝廷继续抵抗匈奴，得到李矩拥护。荀氏兄弟的老爸就是荀勖，荀勖因长期与贾充沆瀣一气而被视为奸佞之徒。但没料到，荀藩、荀组都是正人君子，不但没卷入"八王之乱"，甚至在国破家亡之际均勇挑重担，领导一方继续抵抗匈奴。这不能不令人刮目相看。此后，南阳王司马保成为敌后领导人。虽然李矩同样拥护建邺的司马睿，但从其所处的地域看，他更被视为司马邺、司马保的北方阵营。

不久，李矩改任荥阳太守，但立即遭到石勒的进攻，显然守城晋军步兵难敌石勒骑兵。李矩故意放出牛羊，引诱胡兵追抢，石勒收兵不迭，胡军阵形大乱。于是晋军伏兵四起奋勇追杀，荥阳保卫战获大胜。其后，离此不远的河内太守郭默又遭匈奴包围。李矩出兵大破匈奴后解了河内之围。这样，李矩以少胜多以弱胜强，多次打败匈奴刘聪及其手下的石勒、刘畅、刘元海各部。司马睿嘉奖李矩并举荐他为安西将军、都督河南三郡军事兼荥阳太守；郭默改任颍川太守仍归李矩调度。

建兴元年（公元252年），晋愍帝司马邺在长安即位。祖逖奉司马睿之令北上勤王，史称"祖逖北伐"。但因为晋愍帝司马邺定都北方长安而非江南建邺。祖逖渡江北上的军事行动，从晋愍帝的角度来看，更妥当的提法是北上勤王而非北伐。

此时山东境内有诸多汉人组建民团抵抗刘渊、石勒。这些民团构成如同《水浒传》中的祝家庄、李家庄、扈家庄、曾头市，甚至水泊梁山、二龙山那样的土围子或山寨。诸多的土围子有各自的堡主。我们不要忘了其中有位堡主叫郗鉴。当时，晋军将领刘琨、李矩、郭默、上官巳等继续留守黄河南北各州郡。这些郡守拥有大块连片的敌后根据地并互相连接！他们都继续效忠晋皇室。只是彼此不服气而时常发生摩擦。祖逖代表司马睿出面规劝，促进团结，形成一致对敌的局面。晋军成功地控制着黄河以南大部分地区，甚至是京师洛阳。

大兴元年（公元318年）原并州刺史刘琨被鲜卑段匹磾杀死，李矩成为留北方晋军的唯一主力。同年匈奴太子刘粲率步骑兵十万屯孟津北岸。李矩与郭默利用夜幕掩护派出部将耿稚、张皮等率千名勇士分十队，从十个方向发起暴风骤雨般的冲击，终于冲进匈奴中军大营。瞬间，匈奴敌军大乱，死伤无数，刘粲仓皇而逃。耿稚、张皮的晋军占据了匈奴大营，控制了数不胜数的兵仗辎重与马匹。次日，匈奴皇帝刘聪反攻，双方激战二十多天，匈奴攻不进，然晋军也无法抢运物资退出。李矩水陆并进发起增援，水路格增部利用夜黑进入耿稚、张皮大营。他们连夜杀掉所有牛马，烧毁全部军用器械，匈奴物资装备损失殆尽，晋军突围而出。刘聪无奈地望着晋军绝尘而去。恰这年他的诸多皇子陆续死亡，一连串的打击，令这位第二任皇帝气绝身亡。刘粲继位后，李矩又成功策反匈奴部属，抢得晋惠、晋怀二帝的梓宫准备渡江运回东晋。虽然中途经过激战而失败，但还是招来匈奴将领赵固的投降，晋军再次控制了洛阳。江南司马睿念及李矩的功劳，在保留其安西将军的基础上，加爵平阳县侯及司州刺史都督司州诸军事。而郭默与赵固同接受李矩节制。

谁料此后不久，江东王与马共天下的格局发生了动摇，司马睿与王敦不和。大兴四年（公元321年）七月，司马睿派征西将军戴渊与镇北将军刘隗北渡长江分别出镇合肥与淮阴，名义北伐，实是制掣王敦。此事激起了王敦反叛！司马睿不得已再调戴渊与刘隗回江南。这导致江北空虚，羯胡石勒乘虚入侵，东晋失去大片地盘，大部汉族抗胡的豪绅的"土围子"崩溃，郗鉴等被迫随戴渊南奔渡江。这样一来，江北的李矩、郭默、赵固、上官巳的根据地陷入石勒的分割包围。随后赵固、上官巳相继失踪，手下各部投降石勒。李矩、郭默虽继续占有洛阳、司州、颍川，但陷入孤岛状态。时年瘟疫流行，饥荒严重，又加上长期战乱更使得军需难以维持。李矩手下将士或暗中变节，或开小差，队伍越来越小，郭默也发生动摇。他把官印交给副官殷峤并交代："李使君对我有知遇之恩，现在我不能与他患难与共，无颜当面告辞，请你三天后代我请辞。"于是开小差而走。李矩闻知郭默临阵逃跑，十分恼火，立即派郭诵连夜追赶直至襄城。然而此时，郭默宁可抛妻弃子也不肯回头，最后抵达建邺投奔晋成帝，获封征虏将军。

随后江南接连发生王敦、苏峻叛乱，朝廷上下慌张失措，与坚守江北的李矩处于脱钩状态。知道自己的处境，李矩只好率领部众突围南下投归朝廷。可惜此时与"五马"渡江的那些先行者相比已经晚了，与南渡的郗鉴相比也晚了，甚至比脱离自己的郭默都晚。因粮草不济，李矩的部下继续逃散，身边只有外甥郭诵、参军郭方、功曹张景、段秀等百余人继续护送。好不容易进了鲁阳县，身心疲惫的李矩突然坠马暴毙，部下将他葬于襄阳岘山。因内乱江南朝廷自顾无暇，根本无人过问李矩那些事。他既没得到联络接待，就连丝毫荣誉也没得到，更不用说谥号加封。随行李矩南归的一众随从也没封官授爵。李矩遭冷遇，还因为郭默出事了。郭默虽因参与平叛苏峻有功而官拜后将军、江州刺史，但他依然是一副我行我素的山大王派头。因私怨他居然攻杀了朝廷命官刘胤。尽管有王导的袒护，但荆州刺史陶侃饶不了他。此事当然对李矩不利。李矩功劳巨大却遭冷遇，其更主要的原因恰是他十多年坚守中原。不论坚守洛阳，还是沦陷后多次光复，他总是把洛阳看成国都，盼望国君返回洛阳。只是不论江北的司马保还是江南的司马睿均分据一方互不服气。夹在司马保与司马绍之间的李将军处境十分尴尬！

这司马保的来历是这样的：末代晋帝司马邺时期，南阳王司马保历任右丞相、大都督、侍中、相国等要职。西晋灭亡，晋朝帝位虚悬。司马睿在南京称帝时，司马保自认为更有资格继位，于是自称晋王，设置百官，改元建康，不承认元帝司马睿。坚守洛阳的李矩不得不迎合对方，从而东晋朝野很难认同敌后派李矩。这局面令卫铄十分痛苦。她苦等许多岁月，却发觉丈夫不被朝廷认可！她自称卫夫人而避讳李家以划清界限。谁明白她面对了多深的残酷？谁知道她经历了多少无奈？谁能体会她内心承受的煎熬？人们给了她神话般的传说，她在众人心中像神一般的存在。

当卫铄认王羲之为徒之际，李矩还活跃在中原战场上。只因远离亲人，她把所有亲情与精力都用在培养儿子李充以及外甥王羲之身上。或许是朝廷后来承认了李充这个烈士子弟，让他当了丞相掾、记室参军、中书侍郎等官职。同时李充也是小有名气的文学家与书法家。只因天赋不同，李充在书法上的艺术造诣远不及王羲之。这点，我们可以明白卫夫人为何偏爱王羲之了。她喜欢他的聪明伶俐，不但尽心教之写字，还爱用前人练字的故事开导、鼓励他，以亲身实践潜移默化地影响王羲之。有个"观音老母烙饼"的故事就是讲卫夫人是如何激励王羲之的：

一天，一位观音老母模样的人上街卖烙饼。她把案板放在胸前，烙鏊放在背后，每擀一个饼，就从头上往身后扔，恰好落在烙鏊中。路人可以从烙鏊中自取熟饼享用，这引来路人围观称赞，凑巧路过的王羲之也不禁惊叹。老妇人听出王羲之的声音便揶揄地回话：这远不如王羲之的字写得好！据说王羲之居然因此乐滋滋的，他甚至没想到这老妈子就是恩师。随后王羲之冷静了：这观音老母烙饼的技术确实太高了，自己的书法技艺哪比得上？于是暗暗下决心苦练，最终练成一手绝艺！

王羲之勤学苦练的故事，有一则与墨池相关。绍兴市西街戒珠寺附近有个墨池，据传就是由于他当年练字后洗笔，导致满池的水都变得墨黑。但那有点牵强附会，绍兴是王羲之中老年定居点，不是幼年练字所在地，绍兴墨池并非苦练的象征，再说此墨池主要因水深而呈暗黑色。有位唐宋名家提到王羲之的墨池在抚州，但抚州是王羲之中年出仕之处。事实上，王羲之青少年练字应该在丹阳无锡一带。不论他在什么地方成长与练字洗笔，墨池故事都有夸张之处。其实，墨池的源头牵涉到东汉张芝，说是他因洗笔弄黑了一潭池水。张芝是卫瓘的书法恩师。王羲之或许是从卫夫人听来了张芝墨池的传说，旁人也就把墨池的故事套到了王羲之身上。

还有一则"给鹅点睛"的故事：一次，王羲之画鹅，什么都画好了，就是如何给鹅添上眼睛拿不定主意。他左比不成，右试也不妥，于是请来卫夫人。卫夫人接笔点睛，谁知就这么一点，鹅扑闪一下飞走了。这正隐喻着，卫夫人这一笔点化，从此放飞了书圣王羲之。此后天高海阔，飞得更高更远，那正是老师的希望。

坦腹东床

上文提到石勒扫荡中原导致郗鉴放弃阵地南奔建康，郗鉴何许人也？带着疑问，我们不妨回顾建安十三年（公元208年），御前高官孔融与郗虑为御史大夫这顶乌纱帽而争吵。结果郗虑如愿以偿，而孔融不但落选还遭郗虑与路粹的暗算丢了老命！随后曹操借故杀了路粹、贬了郗虑。回到山东高平金乡后，郗虑辉煌不再，等到添玄孙郗鉴时，家道早已中落。郗鉴孤贫耕读乡里，以博览经籍、清节儒雅著名。成年后已是晋朝天下，他与王导一起应征司空刘寔帐下，这是两人首次共事。永嘉之乱后，中原沦陷区游民组成乞活军自谋生路。

郗鉴落入乞活军之手，被迫当喽啰。虽说后来逃离了，但因饥荒不得已率一千多户人家到山东峄山落草为寇，他当上最早的白衣秀士。原有的乞活军继续流窜四方后来被羯胡石虎收编，其中有位伶俐听话的冉瞻被石虎收为养子并赐名石瞻。石瞻的儿子就是大名赫赫的冉魏皇帝冉闵。

晋朝因"八王之乱"失去统一，天下各派政出多门。为壮大各自山头，琅琊王司马睿遥封郗鉴为兖州刺史，而西晋末任太尉荀藩、并州刺史刘琨也各自委任自己人为兖州刺史。于是出现郗鉴、李述、刘演上演的一州三刺史的乱象，其实不过是三个互不联系的土围子。随后在羯胡石勒的疯狂扫荡之下，多数土围子被破，三刺史均站不住脚。此时正值江南王敦首次造反，郗鉴决定依附戴渊，去江南勤王。不久戴渊战败而亡，晋明帝司马绍重用郗鉴为尚书令。次年王敦死，郗鉴升车骑将军，再升太尉。王导官拜司徒领丞相照样高高在上，王与马共天下的格局并未改变。朝廷上上下下依然充斥着琅琊王氏成员，百官都把处理好与王氏的关系摆在第一位，新任高官郗鉴也不例外。他曾与王导为同僚，如今又同殿为臣，两家都想亲上加亲结为同盟，儿女婚姻自然成了纽带。郗鉴有女郗璿，想从王导子侄中挑选女婿。王导乐得接受，于是想起了堂侄王羲之。

王羲之学成之后，受庾亮的器重而当上长史，不想庾氏、王氏关系不睦，他退居乡间。太宁二年（公元324年）初夏，他奉母命去京城乌衣巷探亲。乌衣巷本是秦淮河畔东吴乌衣部队的驻地，此处聚集了高官府邸，甚至后来谢安的官邸也选址此处，从此成为东晋繁华与风流的代称。一入京师，王羲之就住进相府的东厢房，太尉郗鉴选婿的宾客随即来到。相府一阵热闹，诸多帅哥面对选婿的贵客显得不知所措。王羲之不知道内情，再说此时心情不怎么好，从而充耳不闻内外事，自自在在地吃完胡饼就坦腹东床。胡饼是什么，难以考证，莫非就是新疆的馕？相亲客转了一圈径自直奔东厢而来，看到了这个祖胸露腹的年轻人！也没问话就回去禀报："王家的帅哥个个出众，但听说是相亲选女婿，就都拘谨了起来。只有东厢那位小哥好像不当回事，敞衣露腹卧在床上。"郗鉴说："那就是他了！"郗鉴把决定告诉王导。王导拊掌大笑："贵府真有眼力，此人就是我爱侄王羲之。"两家皆大欢喜，成就了一段东床快婿的佳话。有学者考证过，郗、王两家定亲之事发生于太宁元年十一月至太宁二年六月间。考虑到有坦腹东床的情节，就可以排除寒冷与清凉季节。因此相亲的事应在太宁二年夏天。太尉小姐郗璿因一手好字而被誉为女中仙笔，她与王公子趣味相投且为人贤惠，是十分难得的贤妻良母。"东床快婿"的典故就源于此。

少年桓温手刃杀父仇敌

自从司马绍登基，庾文君当皇后以来，庾亮、庾怿、庾冰一众兄弟都成了国舅，个个手握大权。谁也不曾料到，太宁三年（公元325年）闰八月二十五日，年轻有为的晋明帝司马绍离奇地病逝于东堂。三岁皇子司马衍出任东晋第三位皇帝，他就是晋成帝。因皇帝年幼，母后庾文君摄政，王导、庾亮、卞壶三人辅政，实权操纵在庾亮手中。这原本对琅琊王氏十分不利。庾亮外表英俊，然为人刻薄，动不动用严法威慑百官，招致众怒。王导主政时为人宽厚，朝廷百官顺服于他。人心向背的差异促使王马共天下的格局延续。谁知庾亮犹不住手，以振作王室的名义继续排除异己，甚至找借口杀了南顿王司马宗及其心腹卞咸。过分杀戮起了反作用，卞咸的哥哥卞闸为躲过杀身之祸而逃往江北重镇历阳。此时甘卓升为安南将军兼梁州刺史驻扎襄阳，历阳内史改由兵头苏峻充任。苏峻因庇护卞闸而得罪庾亮。庾亮便以胡萝卜加大棒逼苏峻交出历阳！苏峻是一代枭雄哪能轻易被搞定？将军一怒为名誉，他造反了。战火一起，庾亮一众兄弟被杀得屁滚尿流，丢下亲姐庾文君及亲外甥司马衍不管逃命去了。攻下京城，苏峻来到金銮殿外，百官逃尽。王导忙乱中抱起六岁的司马衍坐上龙椅，强装镇静厉声责问，威逼苏峻下跪朝拜，凭此举他保住了朝廷的一丝颜面。然而终因叛军肆虐，王导为自保也不再探宫护主，这又导致皇太后庾文君因担心受辱忧郁而死，幼帝倍受叛军虐待。然而小小的司马衍居然不亢不卑泰然处之，埋头读自己的书。临危逃命的庾亮既失去了与王导抗争的本钱，又失去了军政大权。征西大将军陶侃凭威望获得最高指挥权，统领各方平叛。

苏峻部将韩晃在宣城发起强攻，遭宣城内史桓彝坚决抵抗。然兵力悬殊，桓彝不敌步步败退，但绝不屈服。历经宣城、广德、泾县，保卫战坚持长达一年之久，最终连泾县也失守了。导致泾县失守的原因是县令江播通敌，他与叛将韩晃一道合谋杀死了桓彝。

此时，桓彝的大儿子桓温仅十五岁。小小年纪的他为此日夜枕戈泣血，誓报父仇。咸和四年（公元329年），尽管此时苏峻之乱被平定了，但是朝廷出于维稳的目的，没有清算叛徒江播，也没为桓彝恢复荣誉。桓温的杀父之仇未能雪耻。咸和六年（公元331年）江播也终于死了。他的儿子江彪三兄弟估计：桓温一定会来清算！于是在江播灵堂内外严备以防不测。江彪猜得不错，该来的还是来了。桓温假扮成来吊丧的来客，利用人群掩护，顺利冲进江播的灵堂。灵堂顿时化为战场，戮尸之后，桓温与江氏三兄弟杀成一团，只见桓温手起刀落，江彪毙命。江氏其余二弟逃到室外，桓温一步不让手刃仇人，终报父仇！

那场面慷慨激昂，时人闻之震撼，知情之后莫不竖起拇指称许。

桓温血气方刚，姿貌伟岸，为人豪爽。其手刃仇敌的事迹传入内宫，后宫南康公主深为感动！英雄形象征服了情窦初开的小公主，桓温成了她的梦中情人。公主成长于战争年代，当时社会风气普遍尚勇斗狠。她自小性格豪爽刚烈，颇具男儿气概，从而有了这司马兴男的名字。皇室决意嫁南康长公主给桓温为妻。猛男烈女果然是一对佳配，此后小夫妻相处得有声有色。桓温袭父爵加拜为驸马都尉。这翻开了皇室司马氏家族与谯国桓氏家族的新篇章。不久后，他升任琅琊内史兼辅国将军，迈出东晋军政强人的步伐。他手刃仇敌的故事只是苏峻之乱的一个小插曲。而苏峻之乱造成的政治震荡却长久地延续着。

⊙

王、庾家族间的那点小肚鸡肠

在苏峻之乱的关键时刻，征西大将军陶侃终于出山当盟主。他整合温峤、郗鉴、庾亮以及王允之各部，联手平定叛乱。激战的各战场上，温峤与赵胤斩杀苏峻立首功；身为三郡督护的王允之在溧阳擒苏峻之弟苏逸，全歼叛军余部，被评为二等功。其余众将均也立功受奖，其中尤以桓彝备受重视。

大战结束后，庾亮为往事而深感愧疚。于是，"不倒翁"王导理所当然地恢复执政地位，当然他也胜之不武，因此遭到盟军总司令陶侃的一阵奚落。但因有贤侄王允之的勤王之功，王导心中总算有了一丝安慰：琅琊王氏的大旗没有倒。

王允之是王羲之的堂弟。原本，王导、王敦都十分喜欢他。特别是没有儿子的王敦更是视他为接班人而经常带在身边。太宁元年（公元323年）的一天，王允之与王敦一道喝酒，有点醉意就睡在大将军府后厅，隐约听到伯父与部将钱凤密谋叛反的计划，吓出一身冷汗！于是伪装昏睡，还让口水弄湿衣服和被子，好像醉酒呕吐神志不清。王敦突然警觉来察看时，没发觉丝毫破绽。事后，王允之回到父亲王舒身边，晋明帝司马绍才知道了阴谋而挫败王敦之乱！王允之显然有大功但不肯受封。随后发生苏峻叛乱，王允之代父出征，因生擒苏峻的亲弟苏逸而获封番禺县侯食邑一千六百户，此外还官拜建武将军兼宣城内史。不久，因父亡他离职守制。此后一段时期，不论是朝廷还是伯父王导出面敦促，他均拒绝出仕。

永和九年（公元353年）七月，晋军顶梁柱陶侃辞职后死亡，随后几年中王导、郗鉴先后死去，以王允之、王羲之为代表的琅琊王氏式微。庾亮接下陶侃的军权，此消彼长，庾氏复兴。此时后赵皇帝石勒死了，石虎继位成了北方的一号霸王，他正觊觎着南方。庾亮为挽回家族面子就想北伐立功，然而难逃宿命，因被石虎打败而气死。眼看石虎入侵在即，南中郎将王允之出任江州刺史。但朝廷大权依然落入庾家之手：庾怿执掌军事大权兼豫州刺史，庾冰出任中书监控制朝政。随着王导与庾亮过世，家族恩怨本该化解。庾怿或许出于联络关系就给王允之送礼酒。然而王允之对突兀而来的礼品不放心，便先让狗喝。结果狗立即死了。王刺史上折密报。晋成帝见折大怒："大舅已乱天下，小舅复欲尔邪？"庾怿惊惧不已，为避免株连三代而选择了自杀。

此事颇有蹊跷，从历来为人判断，庾怿并非阴险小人，他无杀人的动机。从工作角度来说，不论是军需还是军情汇报都要过道江州，他需要通融王允之，送酒出于真心。即使他有坏心思，也不至于采取下毒这种低级手段。毒莫非出于第三者之手？另一方面王允之即使怀疑庾怿，也没有必要匆忙向晋成帝司马衍密告。司马衍不相信舅舅一家则是出于感性：庾氏兄弟专横跋扈令人厌恶，尤其在苏峻暴乱期间的所作所为的确令人鄙视！他一接到报告，难免因旧恨新仇而说了气话。庾怿有口难辩自寻短见，却又重燃了王、庾两家仇恨之火。

王导次子王恬守丧三年，期满被起用为豫章太守。豫章偏远且原太守褚裒还没有调任他职。王允之因此愤愤不平：堂弟王恬是三朝元老王导之子，理应受到优待，不该委屈他去如此偏僻之处。他以为，此事全因庾冰办事不公！于是自请卸去江州刺史转授予王恬。庾冰连声"甚愧，甚愧"，却乘机将王允之降为会稽郡内史，王恬改任为吴郡内史！莫非中书监庾冰中饱私囊？非也！庾冰还有第三步棋：将江州刺史调包给王羲之！虽王允之、王恬、王羲之同是琅琊王氏兄弟辈，但庾冰很明显是给王允之、王恬穿小鞋，而让与庾家关系密切的王羲之穿皮鞋。这局面让王允之、王恬生气，更让王羲之尴尬。这样，庾冰可以一本正经地说教：你们看，咱庾家办事光明磊落。你王允之谦虚让出江州刺史，我还给你王氏同门王羲之。咱庾家可没亏待你王家！尴尬归尴尬，捡个刺史当当还挺不错，王羲之是慢性子又不愁别人抢乌纱帽，于是一路笃悠悠地漫游去上任。可这乌纱帽真的归了王羲之吗？

六月，司马衍驾崩。皇子幼小，庾冰兄弟拥立司马衍亲弟司马岳登基。他就是东晋的第四位皇帝晋康帝，王妃褚蒜子被立为康献皇后。她天生丽质，从小就见识开阔且气度宽宏，深得下人好评。其父亲褚裒就是豫章太守，继承自岳父谢鲲。就是说，褚蒜子的外祖父是豁达潇洒的名士谢鲲，而舅舅是谢尚！如今褚蒜子当了皇后，堂堂国丈褚裒犹停在豫章太守任上，显得有点委屈。然而当年，丢失了半个天下的晋朝，已经没有多少刺史的乌纱帽可集中分配。怎么办？于是有人指看江州刺史，不是王羲之还没到任吗？那就由国丈褚裒出任！

王羲之怎么办？我们没看到下文。他很可能被迫去了偏僻的临川。

南朝宋国的抚州内史荀伯子曾写有《临川记》六卷，其中提道："王羲之尝为临川内史，置宅于郡城东南高坡，名曰新城。旁临回溪，特据层阜，其地爽垲，山川如画。今旧井及墨池犹存。"其中还提到临川有王羲之的墨池！由于南朝宋是取代东晋而生的，年代距离最近，所以王羲之被贬为临川内史的可信度颇高！这么说来，王允之、王恬、王羲之三兄弟与庾冰、庾怿、庾翼这一门众兄弟内斗结果够惨烈的：

先是谋杀王允之的事遭举报，庾怿自杀身亡，庾氏兄弟先吃一亏。

接着是庾冰给王导儿子王恬穿小鞋，王允之鸣不平，让出江州刺史给王恬。庾冰声声叫好收走江州刺史之位，不给王恬却说是要给王羲之。王允之发觉自己赔了夫人又折兵，回建康挂虚衔居闲，并于当年气死。王家吃亏。

再往后，庾氏兄弟乘机收回江州刺史送给国丈褚裒，王羲之受贬上井冈山。他先因亲近庾家而得到江州刺史的许诺，遭同门王恬、王允之的侧目而视。现实却证明王羲之吃了空心汤团再遭贬。王羲之内心严重受伤，尴尬得像死一般难受，琅琊王氏又吃一亏。

这王、庾两家果真如此水火不容么？然而一切都证明，此时，琅琊王氏已非不可一世了。相反，庾冰、庾翼兄长因拥立新帝司马岳，与皇后褚蒜子暂时建立新的利害关系，地位更优越些。

失意至极的王羲之辞官不干。虽然也有人向王羲之递橄榄枝，提名他回京师，然而那些官位，他怎么也看不上眼。王羲之回复："吾素自无廊庙志。"其实，他何尝不想重整门风？只是他有点灰心。不过，他辞官旅游忘记凡争，在山林江湖间享受到自然乐趣。在旅途中他广交朋友，交流切磋书法技艺，不断提升书法造诣。当年在位的晋康帝司马岳也是历史上杰出的书法家。他御笔亲书的《陆女帖》被收进《淳化阁帖》而流传至今，堪称上品。或许，皇上本有机会找王羲之切磋切磋。只可惜在位不到三年，他便一命呜呼。建元二年（公元344年）九月，年仅两岁的司马聃即位为东晋第五位皇帝晋穆帝。亲妈褚蒜子临朝摄政晋升为皇太后。恰此时庾冰突然病逝，褚太后拜小叔子司马昱为抚军大将军并掌管尚书诸事。次年即永和元年（公元345年），征西将军庾翼病逝。颍川庾氏的两根顶梁柱就此倾倒，整个家族极不情愿地先行退场。军事强人、中和名士桓温升任荆州刺史持节都督荆、司、雍、益、梁、宁六州诸军事，权倾半壁江山。桓温手段强硬作风泼辣，军队因他而面貌一新。乘着好运，他率大军长驱直入蜀地，消灭李氏成汉政权。沿途三战三捷直抵成都城下，看来此仗比当年邓艾、钟会灭蜀爽快多了。成都城下战况惨烈，成汉政权为生存正在作最后一拼。晋军前锋失利，参军龚护战死，守军的箭矢甚至射到桓温马前。晋军突遇挫折意欲退兵，不料传令兵忙中出乱举错旗：结果不是鸣锣退兵反而击鼓冲锋。鼓声一响，桓温部将袁乔将错就错督促军士向前奋战，反败为胜，末代皇帝李势被迫投降，四川割据局面结束了。功成名就的桓温纳伪成汉国公主李氏为妾，于军中成婚。然而，此举却得罪了南康公主。《世说新语》就写到此事：凯旋后，桓温因宠爱李公主就让她住书斋后面。南康公主一开始不知此事，但一听说桓温在自己眼皮底下居然搞了金屋藏娇，便怒不可遏！她领着一群健壮的奴婢，白刃闪闪要对李氏来个白刀子进红刀子出！当时，李妹妹正在梳头，她肤色洁白如玉，发亮的黑头发如悬瀑般拖到地面。她不因公主的盛怒而显出丝毫的惊慌，而是从容地徐徐而言："因国破家亡，不得已至此。今日要是被杀，倒是遂了我的心愿。"

见小妹妹如此淡定、辞气清婉，司马兴男顿时没了主意。迟疑了好一阵，忽然"啪"的一声短刀甩到地上，她醒悟了，于是一步向前抱着李氏："阿妹，我见汝亦怜，何况是那色鬼般的老奴才！"原本醋心十足的大老婆居然认可了这门亲事。桓温成了两国驸马！

虽说桓温家族兴盛与琅琊王氏关系不大了，然而家族的好运还有足够余额供王羲之继续开销。

⊙

《兰亭集序》

永和七年（公元351年），建威将军王述因为母守孝三年，他的会稽内史由王羲之接任。这正是王羲之多年谋之不得的好差事，伴随内史而来的是右军将军衔，于是王右军也成了他的称呼。历年失意的他踌躇满志地来会稽续写人生的辉煌。

会稽的确是好地方。出身于东吴豪门之后的东晋大画家、著名诗人顾恺之此时才三岁，他虽赶不上王羲之荣升，却在后来为会稽留下了深情的赞美：千岩竞秀，万壑争流，草木覆盖其上，仿佛云蒸霞蔚。

山水之美可以怡情。朋友相聚，畅饮高谈，流连于湖光山色之间，当是人生之畅快。那正是魏晋文人名士生活之必需与时髦。因为美景和浓郁的文化氛围，更因为物产丰富与生活条件优越，会稽成为江南豪门与名士的圣地，也成为"衣冠南渡"的中原大族的聚集处，其中就有陈郡谢家。谢安辞官后与兄弟谢万领着子侄隐居会稽山阴的东山。说起这会稽东山，人们往往首先想到的是山，但此处却以东山湖为特征！谢安家族就隐居在东山湖边！说他隐居，其实是给谢家培育家族接班人。同是名士的孙绰、隐士许询与名僧支道子等纷纷聚集于此。

文人虽然背景不同，但都是有闲阶层。相聚一处为世界之奥秘而探索，为精神之归宿而争鸣。他们志趣相投、崇尚虚无玄远。尤其是当年佛教输入中国，出现了一批僧人居士。为了弘扬教义，他们借助魏晋流行的玄学充当工具，形成了玄佛合流的学派，以致玄谈辩友中就有不少高僧。上面提到的支遁道林就是一代名僧。流连于此的永嘉太守孙绰及兄长孙统虽不是僧人，却都信佛而自称居士。孙绰曾与丞相司马昱一道纵评天下名士特色，令那位名士王爷佩服不已。其玄学著作是《喻道论》。孙绰认为佛、道是"无为而无不为"，"无为"所以虚寂自然；"无不为"具有化导万物的神秘莫测的作用。他认为佛、道至为高深，人们却囿于传统儒家学说，看不到还有比它更博大精深的佛教教义。孙绰除了玄学成就卓然，诗赋也很出色，流传至今的《游天台山赋》就是代表。全文工丽细致，词旨清新，算是晋赋中的名篇。

在会稽，谢安代表着中原迁徙而来的名门大族。他好老庄，崇尚玄学，也接受佛学思想。然而他更崇尚正始名士与"竹林七贤"的行为举止。说起来，谢氏家族对"竹林七贤"还真的是情有独钟。谢安的大嫂，也就是谢奕夫人阮容，正是"竹林七贤"的阮籍、阮咸的后人。此时，谢安的父亲谢裒、伯父谢鲲虽已去世，但谢家一门诸兄弟身居要职，有不少封疆大臣。谢家的外甥女褚蒜子还成了当朝皇太后，家族荣光堪称登峰造极！尽管此时，人人均称赞谢安具有安邦定国的丞相之才，但他还是辞掉官职，留在东山辅导教育子侄。或许这正是出自家族前途高于一切的考虑：谢氏家族必须储蓄后备力量，以确保恒定的竞争力！水平最高的人必须留在内部负责子侄后代的培养教育。其实，王旷与李矩出任淮南、司州太守时，王廙、卫夫人也是留守后方专门教育培养子侄，这就是王羲之等琅琊王氏后代能长盛不衰的关键所在。重视家庭教育，确保了魏晋豪门大族在文化教育方面的垄断地位。

当时正是晋穆帝的永和年代，这时期的名士泛称永和名士。前面提到的画家顾恺之的父亲顾悦之，以及与顾悦之同岁的琅琊王司马昱都是永和名士。王爷司马昱保养得满头青丝，而顾悦之则白发满头。司马昱因好奇而发问，顾悦之答曰："蒲柳之资，望秋而落；松柏之质，经霜弥茂。"这答辞被传为佳对。于是士人纷纷模仿形成风气。言谈之间巧用雅典美辞成为追求的时尚。司马昱是辅政王爷，他带头论玄清谈，带头搞时髦，士大夫文人莫不效仿。这些集官员、名士于一身的则是入世的名士；这里更有远离官场的世外高人，这些不愿做官的则是出世的名士。出世的名士更受世人瞩目，尤其是那位被视为丞相之才的谢安。

王羲之来到会稽，就对淡泊名利的谢安感到疑惑，更为他的好清谈、尚无为而不解。他传达朝廷意思：谢安应该出山当官。一次，他与谢安共登冶城，悠然遐想，有超乎世俗的志趣。王羲之乘机劝谢安："夏禹勤于政事，手足磨出老茧；周文王管理国家，连吃饭都无暇顾及，如今朝廷边境战事频繁，执政者应思考效忠国家，空谈浮华会荒废大事，恐非当今执政者所应有。"对王羲之的好意，谢安却回答一句："秦用商鞅，二世而亡，岂清谈致患邪？"谢安的意思其实是：我们通过清谈，扬善抑恶，并把善作为风范自己带头实行，形成风尚。这样，社会风气就会自觉地向好的方向发展，这就是"无为而治"。怎么能凭空扣"空谈浮华"的帽子呢？相反，像商鞅那样，强迫别人干自己想不通的事，反倒是亡国之数啊！谢安说的都有道理，王羲之内心佩服，于是他也喜欢与这些出世的名士们来往了。

隐居于此的名士们逍遥自然，出则渔弋山水，入则言咏属文，放歌清谈。他们开创了一种影响一代人的文化风气。加上他们对正始名士、"竹林七贤"

举止风格的崇尚，逐渐形成了自家的精神风貌。由于名人效应，这种家族风貌也被旁人所仿效，于是又被誉为"东山风度"。其实从广义来说，所谓"东山风度"只反映了以谢安为代表的部分永和名士的精神面貌。

因热衷于与这些名士交往，王羲之忽略了前任王述，得罪人了。王羲之与王述同龄，从小相识，但他因聪明伶俐而看不起王述。还好，彼此没有发生过节。这次王述为母守孝而把会稽内史职务让给王羲之，总不能说是居心不良吧？王羲之到任后理应出自礼貌，先去吊唁一下已故老伯母，问候一下居家守孝的前任。但王述总盼不到他。好不容易有一天，听到门前车马来了，门人通报说王右军来了。王述连忙整理衣冠，下石阶到门口迎接。不料已经下车当面走来的王羲之，看到王述后，却连忙转身上车扬长而去。这太令人难堪了！

王述年幼丧父，他虽承接了父亲的爵位却安于贫困，居家奉母节俭持家，不追求名誉和官位。三十岁了也没出仕当官。平时，上门造访的宾客往往谈玄论道、纵情辩论，性格沉静的王述却静静地不发一言。在他看来，那些道与玄是虚的，他怕插话扫客人的兴。有人说他痴愚，其实他是个直男，务实不务虚，说话不打拐弯。后来王导征王述为幕僚。王导每次讲话，总得到一片喝彩，王述却缩在末座无反应。于是有人探问他的想法，王述回答说："主公不是尧、舜，哪能事事都对？"众人像当头被泼一盆冷水。王导却因此对王述刮目相看，赞赏他的真言直白！于是他向权臣庾亮称赞王述清高尊贵简朴刚正，一点也不比其父、祖先辈差，只是心胸稍欠开阔而已。因此，王述赢得了不少高层的信任，官运渐趋亨通。等到王述升任会稽内史时，当地崇清谈的风气已经大开。是道不同不相与谋吧，王述听之任之，不参与其中，也不置一评。他儿子王坦之也喜欢参与谈佛论道、清谈辩论，从而声誉盖过老爸。王坦之很快当上了权臣桓温的长史。

与王述相反，王羲之却能融合在这些名士中，时常参与清谈辩论。虽与谢安在出世与入世的问题上难以取得一致，但在其他方面他们找到了共同语言，并很快就聊到了一起。王羲之发现自己与名士们同样意气相投。无形之中，王羲之也成了当地永和名士领头人物之一。

王羲之曾问许询："你觉得自己和谢安、谢万相比，谁强些？"许询沉思一阵还未开口，王羲之就自己给出答案："要是谢安，他一定与人为善，说你比较强。若是谢万，会因为你讲这句话，和你裂眼相争吧！"王羲之的话表明他对谢家兄弟的充分理解，他对谢安也的确佩服有加。一次，孙绰、王羲之与谢安泛舟海上，忽然起了大风，海浪涌起，孙绰、王羲之神色紧张，提议回去，但谢安坐在那儿状貌安闲，神情愉悦，仿佛什么事都没发生一样。临危不乱，这点，谢安让人折服。

当时世族阶层盛行围棋。王坦之称围棋为"坐隐"，而支道林则称围棋为"手谈"。王坦之强调的是弈者的凝思之状，支道林则视棋局为双方无声的交流。从而不论"坐隐"还是"手谈"都可以作为围棋的别称。这里王坦之与支道林各说各的，斗而不破，辩题不断。或许辩手换了，气氛与结局都将变，但他们之间的辩驳与交流总是继续着，辩论之后，就又聚集起来喝酒、吟诗。

不知不觉间，王羲之来到会稽已经两年了。永和九年（公元353年）三月初三是修禊日。记得四十四年前的永嘉三年春，司马睿公开参加民间禊祭活动吗？那次亲民活动，赢得了江东的民心，为随后东晋政权的成立打下了基础。此后南渡的官员普遍尊重地方风俗，把三月三上巳节与修禊合在一起活动。事前，王羲之发请柬约请谢安、谢万、孙绰、孙统、孙嗣、许询、郗昙与支遁，在兰亭饮酒聚会。这天一早，王羲之的儿子王玄之、王凝之、王涣之、王肃之、王徽之、王献之也从丹阳赶来，随父亲到兰亭与贵宾会面。王家班加贵宾共有四十二位之众，他们或携娇妾，或带童子，欢欢喜喜地沐浴修禊，随后觞咏畅谈，弯曲回环的溪水在人群间徜徉，笑声不绝。

名士相逢，免不了斗酒赛诗。于是有人提议，为热闹气氛不妨参照当年金谷二十四友赛诗罚酒的规则，也来一次竞赛。规则是这样的：将斟满酒的觞放入溪水中，任其漂流，酒觞停在谁面前，谁就要即兴赋诗。咏诗不成，就要被罚酒三巨觥。众人击掌赞成。游戏被玩成人人过关的局面，其中十一人各自完成四言诗一首、五言诗一首，另外还有十五人各完成一首诗。而其余十六位贵宾各被罚酒三觥。王羲之将全部三十七首诗整理为《兰亭集》。兰亭会上名士众多、声名显赫。收进《兰亭集》的诗也不乏高水平的。然而有点遗憾的是，《兰亭集》中除了序言《兰亭集序》外，各诗的被关注程度普遍不高。

这是否因为当年时髦的"玄体诗"不被后人看好？诗是重情讲感性而非说教，陆机"诗缘情而绮靡"的见解，就点出诗的灵魂是情。如果用诗讲虚、讲玄、讲理性、讲形而上学，那就淡薄了情。缺情的诗自然让人望而远之。《兰亭集》的诗不被看好，恰是缺乏诗情。甚至，其中大咖谢安的诗也不被看好。其《兰亭诗其二》如下：

相与欣佳节，率尔同褰裳。薄云罗阳景，微风翼轻航。
醇醪陶丹府，兀若游羲唐。万殊混一理，安复觉彭殇。

诗开头初读到"褰裳"二字时，不禁令人想起"子惠思我，褰裳过河"的佳句：莫非盛会上，谢安禁不住彼岸泼辣妹子的撩拨，而掀起衣襟、挽起裤脚管，涉水过河去追魂不成？然而，现实的他不过是率众下水沐浴而已。读到后面，越觉得玄理深却情意淡薄，从而渐趋无味。谢安讲邀仙访圣，向大众普及生死兴衰的人生哲理。倘若那年头不笼罩在玄理诗的阴影中，东晋一哥谢安是否会为我们留下更多更美的诗篇？

对比诗稿而言，王羲之的序及其凝聚其中的书法艺术却成为传世之宝、千古绝唱。这只说明，《兰亭集序》文笔流畅意境不凡，而书法艺术更是出类拔萃。如果说兰亭诗集类似于他少年时期画鹅习作的草图，那亲笔题写《兰亭集序》就是点睛之笔。一笔点睛放飞了天鹅，一篇《兰亭集序》的墨宝使兰亭会成为历史的永远。王羲之《兰亭集序》全文如下：

永和九年，岁在癸丑，暮春之初，会于会稽山阴之兰亭，修禊事也。群贤毕至，少长咸集。此地有崇山峻岭，茂林修竹，又有清流激湍，映带左右，引以为流觞曲水，列坐其次。虽无丝竹管弦之盛，一觞一咏，亦足以畅叙幽情。

是日也，天朗气清，惠风和畅，仰观宇宙之大，俯察品类之盛，所以游目骋怀，足以极视听之娱，信可乐也。

夫人之相与，俯仰一世，或取诸怀抱，悟言一室之内，或因寄所托，放浪形骸之外。虽趣舍万殊，静躁不同，当其欣于所遇，暂得于己，快然自足，不知老之将至。及其所之既倦，情随事迁，感慨系之矣。向之所欣，俯仰之间，已为陈迹，犹不能不以之兴怀。况修短随化，终期于尽。古人云，死生亦大矣，岂不痛哉！

每览昔人兴感之由，若合一契，未尝不临文嗟悼，不能喻之于怀。固知一死生为虚诞，齐彭殇为妄作，后之视今，亦犹今之视昔，悲夫！故列叙时人，录其所述，虽世殊事异，所以兴怀，其致一也。后之览者，亦将有感于斯文。

序文结束语的意思大抵是：谁说生与死都是一样，长寿与短命没有差别？今日方知庄子的论调全属虚诞！后人将悲叹我们不过是匆匆过客，正如我们今天也是这样悲叹前人！这话表明王羲之"对人生、生命、命运、生活的强烈的欲求和留恋"。或许，按李泽厚教授说的，那是体现了王羲之"人性觉醒"。事实上，兰亭会之所以令人难忘，全在于《兰亭集序》。而该序之美更在于王羲之那一支笔留下的旷世艺术珍品。

据说，该序是他一挥而就的草稿。第二天他准备抄写成正文时，反复抄写却觉得各方面都不及草稿。他为自己的书法所惊喜，又为草稿涂改太多而遗憾！犹豫之下，最后还是挑选一份稿纸正式当序页，而把草稿保留着传给王献之。不过就兰亭会这事，还要补充一句：前会稽内史王述当时没离开会稽半步！不管居家守孝的他愿不愿意参加兰亭会，王羲之派人去打个招呼不算过分。怎么忘了？还有，王述的儿子王坦之也没来，他是大司马桓温的长史，又与东山隐居派及逍遥派来往密切。显然，王羲之故意忽略了这父子俩。

⊙

飘絮才女谢道韫

永和十年（公元354年），称霸一方的后赵皇帝石虎死了，中原再现乱局。天朝辅政大臣会稽王司马昱决定重用桓温的冤家殷浩，并让其乘机北伐立功而压住桓温。不料，急于求成的殷浩偏遭惨败，他被废为庶人从而空出了扬州刺史及征虏将军的职位。这一来就大大地便宜了那位为母守丧去官的王述。他取代了殷浩。突然的变化令自傲的王羲之乱了方寸：王述成了自己的顶头上司！一旦此人睚眦必报玩起小手段，那自己这辈子不就完了？他抱怨儿子："吾不减怀祖，而位遇悬邈，当由汝等不及坦之故邪！"（即王羲之埋怨，自己一切都不输于王述，怎么如今地位如此悬殊？都怪你们小辈不争气，比不上人家的儿子王坦之。）

不过王羲之挺自信，觉得自己聪明。为了摆脱困局他上奏折，提议新成立一个越州，让会稽脱离扬州改属越州！然而朝廷根本不予理睬：因为你个人不服气，就得变更天下的疆域划分？此事最终成大众笑料。王羲之不知道被自己小看的王述，远非止步于扬州刺史的位置，他官升吏部尚书还不止步，最后死在尚书令任上，死后还被追封为骠骑将军。那年代，个人官能做多大，岂是他个人那点小聪明所能决定的？

自王羲之出任会稽内史以来，东晋琅琊王氏与陈郡谢氏两大豪门联起了手。要巩固豪门大族的联盟，最有效的纽带就是儿女婚姻关系。王羲之次子王凝之娶谢安的侄女谢道韫为妻。王谢家族结下秦晋之好。

谢道韫是安西将军兼豫州刺史、豫司冀并四州兵马都督谢奕之女，谢安是谢奕的三弟。既然父亲健在，怎么轮到三叔为她的婚姻大事做主了呢？这事与当年士族兄弟之间的分工有关。谢安作为老三，自从脱离王导之后，就留家教育本家子侄。对于谢家各门子侄来说，因为父亲在朝廷，或在州郡为官，谢安当然就是他们的家长及导师。三叔做主嫁侄女的事，谢家上下绝对不能有异议。

谢奕与桓温从小就是布衣朋友，后来一道为官。桓温任徐州刺史时，谢奕任晋陵太守，当时徐州、晋陵孤悬江北，自然条件与生活待遇比较差，又常受匈奴、羯、氐等胡族军队侵扰，导致民不聊生。但桓温因驸马身份，入仕后升官特别快，很快得到出任安西将军兼荆州刺史的机会。谢奕毫不犹豫放弃晋陵郡太守而改随桓温大哥闹革命，宁可当安西将军司马南下荆州也不留敌后。

其实谢奕辞官调任绝无麻烦，他老爸谢衰正因战功而升任为吏部尚书，有这样的老爸，谢奕爱上哪儿就上哪儿，只要喜欢就行。谢奕崇拜"竹林七贤"，妻子阮云正是"竹林七贤"中的阮籍家族后人。他不但好玄学，而且行为举止也仿照阮籍、阮咸，也好酒。当桓温任司马时，他到桓温府内喝酒。升官离开桓温之后，谢奕也照样巾冠随便，随时到温府喝酒闲谈。即使桓温高朋满座他也长啸短吟旁若无人。桓温也因此感到尴尬，就向客人解释说："他是我的方外司马。"谢奕爱喝酒，还经常逼着桓温陪他一道喝。时间长了，桓温被他闹得实在受不了就躲进老婆房间。从此，南康公主司马兴男见到桓温就乐了："如果没有一个如此放荡的司马，我怎么能见到夫君您呢？"谢奕喝酒时找不到桓温，就到客厅随便拉个兵哥一起喝。边喝边解嘲："失一老兵，得一老兵。"东晋是崇尚文官的社会，阿兵哥是个蔑称词汇。驸马爷桓温是军事首脑，谢奕如此奚落他，颇有大不敬之嫌。然而桓温并不在意。可贵的是南康公主，她一点架子也没有，反倒以为：谢奕常来常往，有益于她们夫妻感情的融洽。

后来桓温继续高升当上大司马，谢奕也官随着升任安西将军兼豫州刺史、豫司冀并四州兵马都督，俨然是威风凛凛的封疆大臣！于是谢奕家庭诸事全由老三一手操办，其中包含嫁女之事。的确，王谢联姻是一桩门当户对的婚姻，堪称天作之合，地设之美。难道还有人不满意不成？问题是，抱怨这场婚姻的就是新婚后回娘家省亲的谢道韫。

此事，《世说新语》有记载："谢夫人既往王氏，大薄凝之。既还谢家，意大不说。太傅慰释曰：'王郎，逸少之子，人才亦不恶，汝何以恨乃尔？'答曰：'一门叔父，则有阿大、中郎；群从兄弟，则有封、胡、遏、末。不意天壤之中，乃有王郎！'"

这就是说，谢家小姐过门王家当媳妇，却十分鄙薄夫君凝之！以致回娘家省亲时愤愤不平。谢安就出面宽慰了："王郎，是名家王逸少的公子，人才不差，又怎么令你厌恶呢？"谢道韫说："我们谢家上一辈叔伯中个个了得，譬如阿大和中郎；如果说到平辈众兄弟，则有封、胡、遏、末等出类拔萃的弟弟。真想不到，天壤之中，竟然有王郎这货色！"

这"阿大"就是其父亲谢奕，是诸叔谢据、谢安、谢万、谢石的老大哥。按江淮地区习惯，子侄尊称父辈昆仲的老大为"阿大"或"大大"。所以，这"阿大"就是她老爸，而"中郎"则是指二叔谢据。谢据，号中郎，官居东阳太守兼散骑侍郎。"封、胡、遏、末"是指谢道韫同辈兄弟中的"谢韶、谢朗、谢玄、谢渊"四兄弟，都是公认的精英之才，其中犹以谢朗、谢玄更突出。所以谢道韫说：阿大、中郎非常人所及；而诸多兄弟气概不凡，哪料到世间竟有王郎！

谢道韫大胆表露自己对包办婚姻的不满，体现了魏晋女性对自我的追求、对美满婚姻的向往，同时也表明魏晋时代女性的社会地位和言论自由有了很大的提高。其他时代，公然抱怨丈夫就是"离经叛道"！这也只有在魏晋那个特殊的时代才能出现。然而士族的婚姻只限于士族之间是贵族政治的特征，所以谢道韫抱怨归抱怨，出嫁成婚之后，就很难改变既成事实。她与王凝之的婚姻就只能继续保持着。

事实上，谢道韫是最受谢安赏识的女孩。谢家的内眷子侄自"衣冠南渡"后，就一直聚居于会稽东山湖边。有一年冬天下起了大雪。谢安领子侄围炉谈文论义。俄而雪骤，于是他以雪为题，考孩子们的应变能力。他问"白雪纷纷何所似？"二侄胡儿反应敏捷，抢着说："向上撒把细盐，空中坠落的盐粉就有些相像。"而大侄女道韫却说："未若柳絮因风起。"谢安闻言大喜。赏雪却不忘讨论文章诗词，谢安这堂课上得生动。谢道韫却因此得到"咏絮才女"的美称。这段故事后来被录入儿童启蒙教材《三字经》中："……蔡文姬，能辨琴。谢道韫，能咏吟……"从而她成为天下众所皆知的名媛。故事中提到的那位"胡儿"，正就是"封、胡、遏、末"四兄弟中的谢朗。而如果问谁被称为"遏儿"的话，则非七弟谢玄莫属。

谢玄自幼聪慧理解能力强，与堂兄谢朗一样为叔父谢安所器重。谢安曾向子侄们提问："为什么大家明知子女对自己的事业不会有什么影响，却总希望自己的子女能出人头地呢？"孩子们一时语塞，一时无人抢答。这时谢玄开口了："譬如芝兰玉树，欲使其生于庭阶耳。"翻译为现代文则是：有出息的后代像馥郁的芝兰和亭亭的玉树一样，既高洁又辉煌，长辈都希望自己家因此门楣增辉。谢安听后非常高兴。谢玄的"芝兰玉树"论被后人视为光宗耀祖之滥觞。谢安还曾问谢玄最喜欢《诗经》中哪句？谢玄回答说是"昔我往矣，杨柳依依；今我来思，雨雪霏霏。"谢玄因此被谢安另眼相看。这谢道韫、谢玄都是谢奕之子女，谢朗是谢据的儿子，他们与谢安的子女谢瑶、谢琰同时接受谢安的培养，然而谢道韫、谢玄却更受谢安关照，也显得特别出众。对照谢奕的作风，特别是在桓温底下"恶作剧"般的胡闹，谁能想，谢奕居然会有谢道韫、谢玄这般骄人的子女。可见，谢安对孩子是一视同仁、因材施教，而不因血缘亲疏偏心。大姐谢道韫出嫁后，谢玄还是非常钦佩她。他有个清谈朋友叫张玄。张玄有一个妹妹嫁给江南四大家族之一的顾家。这两人相遇总是夸耀自家的姐姐。出家人济尼与王、顾两家都有来往。她主持公道说："王夫人神情洒脱，确实有竹林名士的风度；顾家媳妇张氏，心灵纯洁明净，有如美玉辉映，自然是大家闺秀。"这里所说王夫人就是嫁给王凝之的谢道韫。

济尼讲的是各人特色，不偏不倚，恰如其分。她夸谢道韫具有"林下风气"，确是高人之见。谢家秉承正始名士与"竹林七贤"的气概与风度，部分人物达到那种超凡脱俗的境界是事实。这表明，谢道韫并没有被婚姻和家庭束缚，反而更加努力地充实自己。她树立了另一种时代女性之楷模。她一生有许多著作，但遗留至今的诗作却极少。其中一首《拟嵇中散咏松诗》证明了她的确十分崇拜"竹林七贤"。原诗如下：

遥望山上松，隆冬不能凋。愿想游不憩，瞻彼万仞条。
腾跃未能升，顿足俟王乔。时哉不我与，大运所飘遥。

谢道韫对嵇康的仰慕由此可见一斑。诗中流露的那种淡淡的忧思，正是她对人生苦短、命运变幻莫测的伤感。倘若能摆脱玄言诗的时代局限，谢才女是否会有更骄人的作品？

谢道韫看不起王凝之，事实证明她没看错。不过对于那个时代的女人，嫁鸡随鸡、嫁犬随犬是一生的无奈。崇尚竹林贤士的谢道韫最终还是跟碌碌无为、笃信五斗米教的道徒走下去，为他生儿育女。人生的这种无奈，绝大多数人都是无法回避的。

回过头谈王羲之与王述。王述官位攀升的势头看样子还将继续。王羲之自感无地自容而提交辞呈。永和十一年（公元355年），他把家小从丹阳迁到会稽金庭，归隐此处两年后便去世了。

兰亭会的主角就这样走了，甚为寂寞的另一主角谢安，也将离开隐居多年的东山了。

2. 东山再起

东山再起一词指的就是谢安结束隐居重返仕途的过程。倘若当年谢安继续隐居，他会扬名至今吗？

⊙
新亭会

魏晋年代的隐士越有名气，就越是逍遥不肯当官；而越是不肯当官则名气越大。谢安就是这种人。当然，这是需要条件的。一是充裕的物质基础，吃穿无忧，逍遥自在，不为五斗米去竞折腰；二是家族兴旺发达，高朋满座，名士川流不息，那样才能做到声名远播，名扬天下。隐居东山的谢安逍遥自在，自然不希图做官。然而他的朋友王胡之则不一样，为了家族荣誉与个人生存，他不能放弃任何入仕的机会。王胡之先后出任吴兴太守、侍中等职务。后来他还被选拔为平北将军、司州刺史，成为东晋北伐光复中原的将领。王胡之正是王廙的儿子，王羲之的堂弟。这门家族的兴衰存亡正依赖着王胡之。谢安、王胡之虽志趣不同但交情颇深，彼此多有诗文往来。王胡之力劝谢安出山为国效劳，然而谢安不为所动。他赠《与王胡之诗》展示了对自然无拘无束的追求，称赞山林环境之优美以及自己隐居的惬意，表明自己的全部心思都放在山水弦歌、逍遥娱乐之上。诗中流露着魏晋风流中所蕴含的颖悟、旷达与真率。

朝乐朗日，啸歌丘林。夕玩望舒，入室鸣琴。五弦清激，南风披襟。
醇醪淬虑，微言洗心。幽畅者谁，在我赏音。

然而长期隐居培养子侄的初心，谢安还是没能坚持到底。原因是谢家出现了断裂，撑起家族中的几个顶梁柱在几年里相继垮了下来，家族大厦面临坍塌。其处境与入仕前的王胡之几乎相同，只是此时谢安已经四十一岁了。

自谢鲲、谢衷死后，谢家首先倒下的实权人物是镇西将军谢尚。谢尚是遍受各界欢迎的名士，不论是王导、王敦还是庾亮、庾冰一众兄弟，甚至是互相敌对的殷浩与桓温，他都能与之合作共事。殷浩北伐时，谢尚充当中路指挥，其先锋官戴施甚至打到枋头。随后，戴施曾率百多勇士以增援冉魏国二代皇帝冉智为由，突破鲜卑军的重重包围圈进入邺城。据说他因此骗得了冉氏父子手中的传国玉玺并送回东晋朝廷。虽然，此次北伐因谢尚没处理好关系，降将张遇降而复叛导致损失惨重，但谢尚因功过相抵全身而退。

恰此时，姚襄在中原崛起。他所向披靡，一度被誉为小霸王孙策。永和十二年（公元356年），桓温为讨伐姚襄而发动北伐。两强相遇勇者胜，桓温击败姚襄，收复洛阳。抢得大量城池后桓温想到被撤职的谢尚，于是上书请求任命谢尚为司州军事都督。故谢尚恢复镇西将军、豫州刺史及四郡都督。不过，他突然病故。为防止桓温举荐亲属取代谢尚的空位，丞相司马昱与吏部尚书一道商议另选替补人员。考虑到新人选必须是桓温所能接受的，谢道韫的老爸谢奕便成了最佳人选。于是谢奕出任安西将军豫州刺史兼四郡都督，成为雄镇一方的封疆大臣。

然而好景不长，升平二年（公元358年）谢奕又无疾而终了。此时，老二谢据早就死在吴兴太守位上，看来老三谢安得披挂上阵了。不过，谢安并没有那样做。他主张让弟弟谢万代替谢奕出征前燕。然而谢万不堪重任，北伐途中损兵折将，最终被撤销一切职务废为庶人。这一败，谢家再也无资格染指豫州刺史等相关职务。谢家其他人就算有天大的本事，也别指望平步青云重入重要岗位。这一败，谢万就此卧床不起。

还在谢万尚未北伐之际，谢安夫人开玩笑说："一门兄弟个个高居朝堂、地位显赫，难道你还情愿布衣一个？都年过四十啦！"谢安不无忧虑却淡定地回答："我最怕的就是这件事，恐怕已经不可避免了。"他必须放弃隐居生活，从出世的人生观转而入世谋取功名。家族的危机一步步地逼近，一切来得这么快，已不容他从容考虑了。他一改往昔无所事事的逍遥态度，要为家族的复兴添砖加瓦。又是桓温伸来援助之手。

升平四年（公元360年），四十一岁的谢安，被征辟为行军司马。这步棋不好走哇！谢安去拜见桓温时恰有人送来草药，其中有远志一味。桓温见物起意问谢安："这种药又被称为小草，为什么有两种称呼呢？"谢安还没来得及回答，坐在一旁的名士郝隆应声说："这有什么难的。在山中叫远志，出山就叫小草。"谢安不由脸上露出惭愧之色。他听出郝隆在讥讽自己高卧东山素怀远志，但出山后却只能当帅帐前一个小小的司马，那不就是小草一根？后来以"小草远志"指谢安出仕与隐居之间巨大的落差。然而桓温对谢安特别信任与重视：入门的小职务不过是短暂的过渡而已。然而，谢安却因为发觉桓温不时流露出对司马皇室的轻蔑态度，而心中不安。不久谢万病逝，谢安以此为借口离开桓温返回朝中。临走他向桓温推荐了侄儿谢玄，桓温毫不介意，他视谢玄为子侄，先录为掾属精心培育，再推荐给桓豁充任征西将军司马。从此，谢玄步步升官终成一代名将。离开桓温后谢安改任吴兴太守，随后调任皇家侍中，后来当上了父亲谢裒曾经的吏部尚书。

升平五年（公元361年）五月晋穆帝司马聃去世。因身后无子，晋成帝的长子司马丕即位，就是东晋的第六位皇帝晋哀帝。哪知，晋哀帝是个糊涂人，对政事不感兴趣却迷信方士，成天迷恋金石药饵而不顾三餐，他慢性中毒卧床不起。拖了一年仍不见病好转。朝中大臣只好再次请褚太后临朝摄政。不久哀帝驾崩，褚蒜子提名司马丕的弟弟司马奕继承皇位，他便是东晋第七位皇帝。不论是司马丕还是司马奕，都不能正常主政。于是桓温一人独揽军政大权，成了第一号的权臣。这时期，谢安在前后两任暗主与权臣桓温之间保持平衡，明哲保身且保持脆弱的朝野安宁。不久，桓温发动的第三次北伐先胜后败，被迫退兵姑孰，北伐大业就此不了了之。此次失败令桓温羞愧难当。于是他想主持一起废立帝位的事来挽回面子。然废立帝位其实就是政变！权臣一旦怀有政变之心，就将是天下最可怕的人！想流芳百世，还是遗臭万年？桓温正游移于深渊之边缘。

当时，宫廷内外悄悄蔓延着一桩大不尊的传闻。言辞直指圣上隐私：司马奕无生殖能力，不好女色，却有龙阳之癖。于是，桓温认为这正是用来施展废立手段的借口。他写好秘密奏折，称司马奕不能生育，还把与之相好的宠臣相龙、计好、朱炅宝等人带入宫中侍寝，以至于那三奸人乘机与后宫美人私通，生下了三野种。如果让这些野种冒充皇子建储为王的话，那就危及晋朝司马江山！桓温以这理由奏请褚太后，废司马奕为东海王，改立丞相司马昱为帝。

太和六年（公元371年）十一月，桓温赴京递折面奏。当时，褚太后正在佛堂烧香。侍臣报告说："外有紧急奏章。"褚太后急忙起身，在佛堂门外拿起奏章，才看了几行就知道无可挽回。她自言自语："我本自疑此。"她不想读完奏章就中途停下，取笔在奏章上批复道："未亡人罹此百忧，感念存没，心焉如割。"挥手让人把批复递出门外。桓温上书后满心狐疑，生怕引发褚太后发怒。他惶恐不安地等在门外。看到太后这十五字的回文后，不禁大喜。他明白，褚太后仅是心痛而已。

有人认为以上传闻是桓温为了发动政变而布置手下散布的谣言。但比较事件前后，这传闻不像是远在京外的桓温有意为之，而是真有其事。事实上，连不管闲事的褚蒜子也有所察觉，只是担心丑闻对皇室不利而刻意装作不知。如果在桓温、褚蒜子与辅政王司马昱三人中比较的话，还是司马昱最愿意相信谣言。事实上，原本远离皇位继承权的司马昱，却因谣言而意外地拾到"皮夹子"：东晋皇位落到他头上！他才是最大的受益者。政变成功，司马昱即位，是为晋简文帝。褚太后被尊为崇德太后移居崇德宫，无须临朝听政。司马奕被废为海西公，逐出宫廷降迁至吴郡。桓温乘势对政敌庾氏兄弟一门穷追猛打。庾希、庾邈、武遵以及子侄部众全被斩于建康。然后他再次屯兵姑孰遥控政局。

东晋宁康元年（公元373年）简文帝司马昱病重。弥留之际他与吏部尚书谢安及侍中王坦之谈后事。他出示遗诏底稿，想让桓温仿照周公摄政。司马昱说："如不可辅，聊可自取之。"这遭到王坦之坚决反对。诏书被改为："家国事一禀大司马，可仿照当年的诸葛亮、王导辅助幼主之故事。"司马昱闭上眼。朝臣请出褚蒜子，让她以太后的名义，立司马昱的六子司马曜为孝武帝，这就是东晋的第八位皇帝，他也是褚蒜子的小叔子。更改遗诏的事令桓温有口难辩，他成了最大受害者。为讨个公道，他率大军驻扎到京师西南的新亭。人人都闻到了那股"善者不来，来者不善"的诡秘气味。一年前，桓温就率军收拾了政敌庾氏一门子侄，那股强烈的血腥味在一年后依然令人胆战心惊！

新亭，如今只闻其名而不见其物了。顾名思义它应是建康城西南紧靠长江边的一处楼阁。曾经，那是迎来送往、劝君更尽一杯酒的所在。"衣冠南渡"后，一度成为名士北望故乡而抒发乡愁的场所。随后，新亭就被看作一驻军行营之处。这不，大司马桓温就在此安营扎寨了。

桓温派人传话，他请王坦之与谢安及众大臣到新亭宴集叙旧。谢安、王坦之曾长期充当桓大司令的帅帐幕僚。谢安三兄弟及侄儿都当过桓温的司马。甚至桓温还曾让王坦之说媒，求娶他姐姐为自己的儿媳妇。此事虽被王述拒绝，但桓温并不生气，还主动将女儿嫁给王坦之的弟弟。王、桓两家总算是儿女亲家。后来，虽然谢安、王坦之另攀高枝晋升了，但不能说，彼此间一点旧情都没有了。所以喝喝酒，聊聊天，叙叙旧情是正常的。然而此时，在众人目光中，新亭宴就是鸿门宴！

简文帝的遗诏原本是把选择权全部交给桓温：如果选择辅佐幼帝，那桓温是鞠躬尽瘁，死而后已的大忠臣；如果桓温接管江山当皇帝，那他也不过是奉命行事而已。可就是居中的王坦之、谢安插手改遗嘱，剥夺了桓温的选择权。那么一闹，分明就把桓总司令当成了野心家、阴谋家！众大臣知道桓温心中有气，普遍猜测，桓温这趟是来兴师问罪，不杀点人能空手回去吗？这新亭会不是鸿门宴还能是什么？于是人人提心吊胆，不约而同地把眼光集中到谢安、王坦之身上：解铃还须系铃人，两位还是多多担待以拯救苍生吧！

这么一传言，王坦之立即慌了不知如何是好，于是找谢安商议。看到谢安一副满不在乎的样子，他不无担心地说："桓将军这次带兵前来，对你我恐怕是凶多吉少呀。现在要我们两个人前去新亭见他，恐怕是有去无回呀。如何是好？"

其实，谢安心中根本就没什么主意。形势就是那样，想回避也避不了，只能坦然面对，便说："晋祚存亡，在此一行！去得去，不去也得去。"于是他和王坦之直奔新亭，其他官员也相随而去。一到新亭，见到杀气腾腾的大兵，众人不由得汗毛竖立起来。几位声望颇高的大臣唯恐得罪桓温，就远远地向桓温行礼叩拜，战战兢兢的像个小媳妇。

王坦之此时已是一身冷汗，手板也拿倒了头。不能说谢安心中不慌，但已经无他路可走了。他此时或许难以做到像夏侯玄那样五雷劈顶不动声色，但也绝不能失态！绝不能因个人生死而提心吊胆，尽失以往一贯的风度。他望了一眼高台的宴席，脑海中闪现了当年断头台前临刑的嵇康！谢安没当成嵇康，但他不想丢人！他仿佛听到当年洛阳太学生为嵇康送行而齐声朗诵《送秀才入军》诗！此情此状，他不由地也哼起了《洛生咏》为自己壮胆：

> 浩浩洪流，带我邦畿。萋萋绿林，奋荣扬晖。鱼龙潆潏，山鸟群飞。
> 驾言出游，日夕忘归。思我良朋，如渴如饥。愿言不获，怆矣其悲。

伴着诗吟，他牵着王坦之徐徐拾级而上，步步趋近桓温。他风姿独秀、高远镇定，大义凛然地屏住全场的气氛，以至于全场能跟他对话的，唯有桓温。

还是谢安先开了口："明公别来无恙？"桓温欣赏谢安处变不惊的神态，连忙请坐。主宾就座后，帐后隐隐约约传来悉悉窣窣之音，谢安猜是埋伏有刀斧手，于是笑着问桓温："我听说'诸侯有道，守在四邻'。明公何须壁后置人邪？"谢安的谈笑看似在讥讽桓温不光明正大。如果细品，还发现话中隐含杀机：诸侯有道，守在四邻。明公您怎么带兵到天子脚跟前来了？

桓温当然听出尴尬，但装着没留意而笑着承认壁后伏兵的事："正是由于不能不这样啊。"他下令撤了刀斧手。杀气顿消，酒桌前彼此轻松地谈笑了起来。

谢安从容就座，而王坦之等人虽同时下坐，依然浑身一副惊魂未定的模样，打着哆嗦。

宴席间谢安谈笑自如，边饮边谈。谈的都是重大之事，然而轻描淡写，犹如和风细雨。桓温和他的谋士们听着听着，也感到在言在理，找不到生气变脸的任何理由。

郗鉴的孙子郗超也曾是兖州刺史。只因兖州敌我势力犬牙交错，属于摇摆区，他就一门心思投奔桓温，成了桓温身前身后摇鹅毛扇的军师。这次谢安、王坦之见桓温，郗超就藏在帐幕后面边听边策划，想弄点花样。恰一阵风来掀开帐幕，谢安笑着说："郗超先生果然是入幕之宾了。"此话令幕后的郗超难堪。一点也没错，军师就是幕宾，此时他正在幕后操作。既然被一语揭穿，继续躲在后面就没意义了。随后桓温谈到自己不安"卢悚入宫"之事。所谓"卢悚入宫"是指彭城道徒卢悚自称"大道祭酒"，说是要替司马奕翻案，于是率信徒八百余人闯宫惊驾。此事虽已平息，但朝廷没有明确结论。知道桓温心中介意此事，于是谢安、王坦之答应，将涉事的尚书陆始收付廷尉审判，以了结此案。

这算是了却了桓温一桩心事。他决定就此作罢，打道回姑孰，不进建康侵扰其他人。刀光剑影的新亭会就此结束。

原本百官普遍猜测，此趟兴师问罪的桓温，不但要杀王坦之、谢安出气，甚至可能要废黜幼主司马曜。待到谢安和王坦之完成使命安然地回城时，君臣才安下心。然而他们的一身冷汗将内衣都湿透了！其实，各人害怕死亡的本性相差不多。只是，谢安的定力，确实比其他人强多了。

桓温、谢安的新亭宴，也被看作人生事业成败的标志点。后代诗人阴铿有《晚出新亭》一诗，表达他的感慨：

> 大江一浩荡，离悲足几重？潮落犹如盖，云昏不作峰。
> 远戍唯闻鼓，寒山但见松。九十方称半，归途讵有踪？

人生历程曲折艰难无穷尽，何处是最后的胜利归属？其实，桓温不就是典型的行百步者半九十？就因他与谢安合演的新亭会变成另一场鸿门宴，他既没有流芳百世，也没有遗臭万年，倒是赴宴的谢安完成了历史使命。然而不管是桓温还是谢安，谁又能担保自己能顺利走完人生之百步，最终获取百分之百的成功？

桓温回到姑孰后，病渐沉重，不久就病逝了。他死后朝廷同意谢安等人的主张，将兵权转交给其兄弟桓冲。谢安回建康后升任尚书仆射，总领吏部事务。太元二年（公元377年）七月，孝武帝司马曜加封谢安为侍中，都督扬、豫、徐、兖、青五州及幽州的燕国诸军事，假节。这等于确立了谢安辅佐大臣地位，并以他的名义收回了桓冲的军政大权。对此，谢安不忘安慰桓冲，还是让桓冲保留荆州刺史，并继续拥有都督七州诸军事的大权。

谢安严格执行任人唯贤，避免任人唯亲。当时前秦苻坚正是势力强盛之际，多次侵扰东晋边境。于是朝廷下令征召能够抵御外患的良将。谢安并不看好自己的儿子谢琰，只给他安排普通职位，而推荐了谢玄和桓伊。桓伊是桓温的亲信，谢玄则是亲侄。这种任人唯贤而不避亲疏的行为感动了桓伊，从此二人成了知己。谢安十分欣赏亲侄谢玄的才能，毫不忌讳地推荐重用他。谢玄得以领南郡相、拥有监北征诸军事。他年纪轻轻，百官多数不看好。前桓温军师郗超与谢安一直不对路。但听到谢安举荐谢玄，就挺身而出说公道话："谢安敢于冒触犯众怒之险举荐亲侄子，确实英明！相信谢玄一定不辜负其叔的推荐，因为他确实是难得的人才。"当众人继续质疑时，郗超说："我曾经与谢玄在桓将军府共事，亲眼见他用人能各尽其才，即便细微之事，也安排得恰如其分。我因此知道他一定能成功。"

年纪轻轻的谢玄担起了重任：建武将军、兖州刺史，领广陵相，监江北诸军事。他坐镇京口，破格重用刘牢之为本部司马，招募猛士壮丁，训练出一支能征善打的军队。这是谢安选贤不避亲的最典型事例。人们也许会问：谢安把谢玄放在第一线是否意味着出于私心而雪藏自己的儿子谢琰呢？其实不是。当后来发生淝水战役时，他还让儿子谢琰冲锋陷阵在最危险的第一线。只是在谢安心目中，谢玄比谢琰更优秀。同样，五弟谢石善战却不受谢安重用，长期充任黄门侍郎。谢安的安排，结束了东晋历史上王敦、庾亮或桓温一军独大的局面，在一定程度上保住了桓家的势力，维系各大士族门阀相对平衡，以安天下。这也维持了世族与皇权共天下的格局。

⊙

王猛扪虱论天下

桓温死后，东晋面临最严重的危机就是北方前秦政权的威胁。前秦正是桓温第一次北伐失算而遗留的后果。氐族首领苻洪与儿子苻健、苻雄时而割据称王，时而依附强权。他们先后投靠匈奴刘曜、羯人石虎的前后赵政权，还曾一度改投东晋。只因为苻健、苻雄兄弟俩发觉东晋无能，才乘机割据关西称帝。

既然前秦扯旗分裂，自然成为桓温发动第一次北伐的理由。这里，我们把桓温多次北伐的叙述顺序打乱了，只因为我们不是按桓温北伐的顺序来说他的对手，而是把桓温的对手分在不同的场合进行叙述。

永和十年（公元354年）二月，桓温亲率步骑四万自荆州出发，一路下襄阳、均口到河南淅川然后直趋陕西武关、上洛、蓝田。北伐军历经数次血战，杀死前秦太子符苌，生擒前秦将领郭敬，击败前秦符健三太子符生，晋军胜利穿越秦岭进入关中平原。四月，桓温的小弟桓冲在蓝田县西的白鹿原击败了前秦丞相符雄，秦帝符健被迫退守长安内城，临近郡县纷纷向晋军投降。关中百姓牵牛担酒沿路迎接王师，许多老人更是痛哭失声："没想到今天还能再次见到官军！"桓温也亲自出面抚喻百姓，使其安居复业。桓温声势浩大，屯兵白鹿原灞上。

此时王师离长安仅咫尺之遥。如果桓温挟连胜之威迅速突进，则长安或可破也！顺阳太守薛珍一路跟随桓温北伐，功劳很大。他劝告桓温："王师宜乘勇直取长安，速战速决。"见桓温犹豫不决，薛珍引本部军马渡灞水，孤军独进，斩获颇丰，毫发无损顺利归来。只可惜，面对薛珍的胜利，桓温犹无动于衷。他停军去抢割小麦筹粮，而让前秦符雄获得喘息机会重新聚集了兵马。这灞上就是当年楚霸王项羽击败强秦主力之后进入关中的驻军处。项羽的人生百步在灞上达到了高潮，只因迟疑犹豫错过战机而成为他霸业凋零的转折点。为此，世纪伟人题诗警告曰："宜将剩勇追穷寇，不可沽名学霸王！"可惜了项羽，又可惜了桓温。

就在此时，军营外有位衣衫褴褛的读书人求见。桓温正想招揽当地人才，听说来了个读书人，很高兴地接见了他。来人名叫王猛，从小家庭贫困靠卖畚箕维生，但酷爱读书，学问渊博。然而低微的出身遭当时关中士族的嫌弃，他没有入仕的机会。而前秦官府里的小官吏，他也不屑一顾。于是他索性到华阴山中去隐居。这次听到王师打进关中，他特地到灞上求见桓温。桓温要听王猛对天下形势的看法，权当入门的口试。王猛也不讲客套，侃侃而谈，却把东晋与五胡十六国的政军形势说得头头是道，桓温甚是满意。

因当年生活拮据，百姓普遍衣服破旧，又没有卫生习惯，许多人身上长着虱子。一旦发现身上某处痒，伸手一摸，往往就从衣襟里摸出虱子，王猛也不例外。他在桓温面前讲着讲着，就忘了禁忌。他一面说话，一面把手伸进衣襟里扪虱子。桓温左右的参谋、干事和警卫见此都乐了，差点笑出声来。但是王猛却旁若无人照样跟桓温谈得起劲。桓温问："这次我带了大军，奉皇上的命令远征关中，为百姓除害。但是为什么我来到这里，地方上的豪杰都不来找我呢？"王猛淡淡一笑说："您千里跋涉深入敌人腹地，此时长安近在眼前。可您却始终不肯渡过灞水发起总攻。大家不知道您心里怎么打算，所以不愿来见您啊。"

王猛这一番话正说中了桓温的心事。原来桓温北伐，主要是想在东晋朝廷内树立他的威信，以压制政治对手。他驻军灞上，不急于攻下长安，既想保住老本，又幻想不战而胜，名利双收。王猛这样的直白，桓温自然无话可说。他佩服王猛犀利的眼光，想招为己用。

然战机瞬息万变，浪费机会的人必须接受失败教训。桓温不灭前秦，前秦就绝不容忍晋军赖在灞上。前秦丞相符雄一旦聚集了优势兵力之后，就要开打了。原先归顺投降晋朝的大小军阀又跟风换主了。桓温吃了败仗。顺阳太守薛珍自矜其勇，他不失时机地埋怨并讥讽桓温：不听良言而导致功败垂成。恼羞成怒的桓温哪能容忍？于是杀了薛珍。

不过，面对符雄两倍以上的铁甲雄兵，桓温只能伺机后退了。他还师之际，拜王猛为军中督护，并赐车马，让他一道南还。与王猛同隐居华阴山的老师告诉王猛："卿与桓温岂并世哉！在此自可富贵，何为远乎！"这是说，老师告诉王猛：你与桓温有如瑜、亮不可并世，留在此处也必然可享富贵，何必舍近求远？王猛决定不去江南。扪虱对话的王猛因而扬名于世，扪虱让读书人扪出了名气。

永和十年到十一年间，前秦丞相符雄与景明皇帝符健先后去世，太子符生继位为第二任皇帝，符坚袭爵东海王。符生生性残忍，登基两年不到就因臭名昭著被堂弟符法、符坚剪除。符坚被拥立为前秦第三任皇帝，又称秦世祖宣昭皇帝。此前为了顺利铲除符生，符坚事前曾秘密征求尚书吕婆楼的意见，吕婆楼乘机把邻居王猛推荐给符坚。符坚与王猛一面试，就情投意合。符坚非常高兴，有如当年刘备在卧龙岗与诸葛亮相逢一般。符坚即位后，王猛成为他最亲信的大臣，一年里被提升五次，位高权重。

那时候，王猛才三十六岁，年纪轻轻，又是汉族人。前秦的氐族老臣见到符坚这样信任王猛，哪会心服。有个当年跟着符健一起打下关中的氐族大臣樊世，见到王猛就十分妒忌："我们耕种好土地，你倒来吃白饭。"

王猛也顶了他一句说："你们不但要耕种，还要给我做饭呢！"

樊世更冒火了，说："我不把你的头割下来挂在长安城头上，我也不想活了。"

隔了几天，樊世和王猛在符坚面前又争论起来，樊世当着符坚的面，要想打王猛。符坚觉得樊世闹得不像话，把他办了死罪。从此以后，没人敢在符坚面前说王猛的坏话了。

王猛尽心辅佐符坚，对内镇压豪强，整顿朝政；对外开疆拓土，壮大实力。过了十几年，前秦在符坚和王猛的治理下，国力越来越强大，先后灭掉了前燕、代国和前凉三个小国，统一了黄河流域。

建元四年（公元368年）正月，前秦内部诸多王公发动内乱，威胁到符坚的地位。于是，王猛、杨成世、毛嵩、邓羌、张蚝及王鉴、吕光等人分路出兵平叛，戡平内乱。次年，王猛、梁成和邓羌率军，奉命攻克洛阳从而拥有两京。六月，王猛、邓羌又击溃前燕太傅慕容评的三十万大军，并乘胜攻下邺城，生擒前燕皇帝慕容暐。王猛为前秦统一中国北方立下大功。

东晋宁康三年（公元375年），也就是桓温去世两年之后王猛也逝世了。死前符坚去探望他。王猛说："东晋虽然远在江南，但是它继承晋朝正统，而且内部相安无事。我死之后，陛下千万不要去进攻晋国。我们的敌手是鲜卑人和羌人，留着他们总是后患。一定要把他们除掉，才能保障秦国的安全。"

但此时，国力提高，符坚再也听不进王猛之言了。

⊙

淝水之战

王猛死后的第三年也就是建元十四年（公元378年），符坚派儿子符丕、鲜卑首领慕容垂、姚苌等分兵几路共十万大军进攻东晋，遭襄阳守将朱序的坚决抵抗。一年后襄阳失守，朱序被俘押往长安，苻坚认为朱序是个有能力、有气节的忠臣，遂收留手下重用。受胜仗鼓舞，苻坚任命彭超为都督率俱难、毛盛等十几万大军从襄阳向东进攻淮南，威胁重镇广陵。晋将谢石、谢玄率领水陆两路迎头痛击，秦兵溃败。谢氏叔侄收复盱眙、淮阴，并在盱眙一带夺取俱难的辎重及运输船只。谢玄因功晋级冠军将军加领徐州刺史、镇京口，京口位于镇江地面，也称"北府"，所以谢玄统辖的那支晋军统称为北府兵。司马刘牢之升任鹰扬将军、广陵相。此仗显示出主将谢石统兵作战的才能。班师后，他从黄门侍郎身份升任尚书仆射。

东线受挫，主将彭超自杀，俱难贬为庶民。但在苻坚看来，出征东线仅是辅助战场，目的是为了分散东晋的军力，所以受点损失并不影响大局。再说东晋虽在东线获胜，但依然无力乘胜收复失地，表明谢石、谢玄本就实力有限，从而更坚定了苻坚征服东晋的决心。丞相苻融及群臣多数持异议而劝阻，但鲜卑人慕容垂、羌人姚苌却怂恿苻坚冒险一战：反正苻坚胜了，不论是鲜卑人还是羌人均无害；而一旦败了，他们都又有了复国的机会。得到慕容垂与姚苌的支持，苻坚很高兴，他完全忘记了王猛的临终遗言。次年五月苻坚下令，全国每十丁抽一兵，并征用全部公私马匹分兵三路南侵。苻坚自领中路；西路由羌族姚苌统率；东路由御弟苻融统领，鲜卑慕容垂所率步骑二十五万为前锋。他以手下雄兵百万、资仗如山而骄傲，自信投鞭即可断流、灭晋即在眼前！却不曾细细思量，所谓雄兵百万其中多少隐患？多少附从异族将士暗含二心？

东晋朝廷陷入惊惶失措，谢安临危受命出任征讨大都督迎战百万强敌！他把仅有的八万兵马全部交给谢石、谢玄、谢琰和桓伊，让他们放手一拼。来犯的苻坚大军可是号称百万啊！谢玄受命后难免心中发毛。出发之前，他特地到乌衣巷向谢安府告别，本意是请示一下这个仗怎么打。然谢安毫无惧色，神情泰然地回答道："朝廷已另有安排。"过后默默不语。谢玄不敢再问。

此前，在荆州桓冲听说形势危急，专门拨出三千精兵来保卫建康。谢安却对派来的将士说："我这儿已经安排好了，你们还是回去加强西面的防守吧！"

将士回到荆州汇报，桓冲心中狐疑不定，然而对将士说："谢公的气度确实叫人钦佩，但他不懂得打仗。眼看敌人就要到了，他还那样悠闲自在，兵力那么少，还派那些没经验的年轻人去指挥。我看我们都要失败被俘了。"

不仅桓冲这么说，连谢安自小信任的谢玄此时也心中没有谱。毕竟这场恶战事关重大，谢玄又托好友张玄再去请示谢安。张玄是谢安的忘年交，也是棋友。见到张玄，谢安也不多话，一把拉住就驾车去山庄与亲朋好友聚会。然后他偷出闲来，坐下来与张玄下围棋决胜负，赌注为一幢别墅。这天，张玄因为没能为谢玄套出谢安的锦囊妙计而心神不定，开小差放错棋子，最后就输给了谢安。他赢了张玄的一幢别墅，回头对陪同自己的外甥羊昙说："别墅给你啦。"说罢便登山游玩。其实，谢安平常棋艺不及张玄。胜负仅取决于心态不一样。当夜，谢安把即将上前线的兄弟谢石、爱侄谢玄、儿子谢琰以及桓伊、北府将军刘牢之等召集起来，面授机宜。机宜是什么？据说，大都督是给将领们各喝了一碗心灵"鸡汤"！喝了这碗"鸡汤"，英雄好汉们怀着壮志未酬心不休的冲动，雄赳赳气昂昂地奔赴前线了。

最危险的时刻，谢安派没有多少实战经历的儿子谢琰上战场，或许是想给百姓添一点必胜的信心。有关谢安战前的这段记录被说得神神秘秘的，似乎他果真是什么"胸中自有雄兵百万"，果真是给了每个爱将亲属锦囊妙计。其实真相未必如此，笔者倒赞同后人蔡东藩对此的一番议论：

秦苻坚大举伐晋，而谢安围棋别墅，一若行所无事，誉安者称其镇定，毁安者讥其轻弛，此皆属一偏之见，未足垂为定评。典午东迁，积弱已久，欲以八万士卒，敌秦兵百万之众，虽有孙吴，亦难为谋，安非全无心肝，宁不知军情重大，成败难料。不过因万全无策，只可委心气运，与其张皇自扰，益乱人意，不若勉示镇静，稍定众心，此乃为安之苦衷，不足与外人道也。

然而，胜仗还是必须靠血肉之躯与真刀真枪拼出来的。

前秦征东大将军苻融率领的秦军先头十五万大军已经占领寿阳。此时晋将胡彬坚守战略据点洛涧，而秦将梁成率先以二万兵力前来争夺，胡彬陷于粮尽弹绝的困境。苻坚亲率八千精兵赶来增援梁成收拾胡彬。见秦军势大，谢石、谢玄的主力一时不敢贸然前进，只好在距离洛涧大约二十里的马头城安营扎寨。

不过晋军的好运马上来了。秦皇苻坚派朱序为使劝降谢石，而朱序内心依然忠实于东晋。他告诉谢石："若秦百万之众尽至，诚难与为敌。今诸军未集，宜速击之；若败其前锋，则彼已夺气，可遂破也。"他所透露的秦军底细，谢玄认为可信，主张速战速决。然主帅谢石对此却犹豫不决。因担心战机稍纵即逝，谢安的儿子谢琰也急了。他禁不住大声叫喊："这还有什么可犹豫的！失掉这个机会，就等于坐以待毙！"谢石考虑再三，最终下定决心，并请朱序回到秦军作为内应。

当年十一月，晋军刘牢之率五千精兵奇袭洛涧。驻守洛涧的主将梁成及弟弟梁云于慌乱中被北府军斩杀。秦军狼狈后撤。仅在争渡淮水那一幕，敌军溺水而死者不下一万五千人。刘牢之乘胜推进，一举生擒前秦扬州刺史王显等人，缴获军械物资无数。五千北府兵大胜二万前秦大军。

洛涧大捷是淝水之战的第一仗！这一仗严重挫伤秦军的锐气。谢石诸将水陆并进与前秦军隔河相望。

苻坚和苻融从寿阳城遥望晋军。只见布阵齐整，将士精锐；再北望八公山上，草木皆类人形，顾融谓曰："此亦劲敌也，何谓少乎？"因而怅然失意。

谢玄的战书来了：陛下敢让你大军退后几步，容我上岸与你决一雌雄吗？

苻坚同意了。他学过中原兵法，乘敌军半渡而击，是获胜的最好机会。于是下令退出前沿河滩之地。不料，秦军是由大量降军组成的大杂烩，其前锋更是鲜卑慕容垂的兵将占多数，他们本就不想卖命，一听后撤就回逃。晋军谢玄、谢琰、桓伊等八千精兵渡过淝水，发起进攻。恰朱序就在阵后，他大喊："秦军败了！败了！"前秦大军恐慌乘势溃逃！主帅苻融骑马入军中试图止乱，但禁不住乱军推搡而堕马，恰逢晋兵赶来，遭乱刀斩杀。晋军乘势追杀，惊惶的秦军伤亡惨重。苻坚自己也中流矢负伤，丢弃众军单骑逃回长安。

淝水一战前秦前锋十五万大军尽失，晋军大胜。苻坚在天时、地利、人和各方面都出现错失。就因一错，出现了许多预料不到的偶然因素：如朱序的反正、如刘牢之夜袭的成功、如苻坚同意后撤而出现的慌乱等等。这些，原本都不是谢安、谢石、谢玄事前所能想象到的。关键在于，晋军前线指挥官没有浪费这每一个瞬现即失的机遇，并全部转化为自己的胜仗。这是两军的巨大差异。

捷报传到相府，谢安正在与客人下棋。看完捷报便随手放在座位旁，谢安不动声色地继续下棋。客人憋不住了，谢安才淡淡地说："小儿辈已破贼矣！"棋毕客人告辞，谢安才抑制不住内心狂喜急奔入室，却没留心脚下木屐的后跟被门槛绊断了，失衡的身躯砰然倒下。或许，这一幕正是谢安风度最淋漓尽致的展示。

⊙

桓护军慷慨一曲，谢太保泪湿衣襟

淝水之战的巨大胜利谢安功不可没。当然，一切表现在他知人善任上，而非是什么"胸中自有雄兵百万"或"文武韬略如何高不可及"，至于战前他手中的那碗心灵"鸡汤"也不过是人云亦云而已。他在后方，从战前的"围棋赌墅"到战后的"小儿辈破贼"，所采取冷静的态度，仅是为了稳定人心而强作镇静。其内心承受的压力，则是比谁都大。战后，他被拜为太保以总统诸军，其声望升到极点。但他不失时机地上书请求北征以远离朝政，孝武帝于是加封谢安为扬、江、荆、司、豫、徐、兖、青、冀、幽、并、宁、益、雍、梁共十五州都督，加假黄钺。面对长长的一大串封赏，谢安产生了警觉，自己已处于功高盖主的尴尬地位！

果然不久，御弟会稽王司马道子强行介入朝政！谢安明白，那不就是针对自己而来的吗？为宽皇上之心，他连忙上书辞让太保之职及爵位，表达自己接受外职而不干朝政，但被挽留了。

次年六月，皇太后褚蒜子死了。她崇尚佛教、心地善良、为人本分。当皇后以来她一共经历了六位皇帝，并为其中三位临朝听政，维持着四十年风雨飘摇的东晋王朝，是东晋百年史中最为安定和谐的时期。在中国绵延三千年的皇朝中，她这样的皇后、皇太后是唯一的存在。比褚蒜子大四岁的谢安却正是其堂房舅舅。少了褚蒜子，谢安的政治风险必然加深了一层。

八月，谢安起兵北伐。东路的谢玄率领北府兵自广陵北上，一路收复了兖州、青州、司州、豫州，中路和西路的桓石虔、桓石民及桓伊等桓氏三雄则出兵攻克了鲁阳和洛阳，还收复了梁州和益州。至此，东晋北方边界从淮河—汉水一线北推到以黄河为界，整个黄河以南地区重新回归东晋的版图，东晋最为强盛。

同年桓冲去世。谢安因担心桓氏一旦失去荆、江二州的职权后心中不服。从而没有让名将之星谢玄去接替荆、江两州刺史职务，而是任命西中郎将桓石民为荆州刺史；命右军将军桓伊改镇江州；桓石民兄长桓石虔为豫州刺史、冠军将军。这桓石民、桓石虔均是桓温的侄儿，兄弟中要属桓石虔最为骁猛善战。桓伊则长期是桓温亲信，他虽为战将却温文儒雅、多才多艺，深受谢安赏识并成为知己。这样桓氏三雄统辖三州，各得其所，彼此无怨言，为接下来的大规模北伐稳定了后方。谢安知人善任，擅长发挥各人优点，不但在战场上如此，在平日更是这样。谢安执政总能尽量使部属之间无争无斗，替皇上孝武皇帝构建和谐社会。

说谢安知人善任，当然包含他厌恶小人而不予重用。当这种小人出在自己亲戚中，谢安依然不会重用。他的女婿王国宝正是这样的人。王国宝是谢安挚友王坦之的三公子。因门第观念以及王国宝自小就风流倜傥，谢安嫁女于他。然而此后他暴露诸多不端的品行，还因为他是女婿，谢安不肯重用。然而这女婿偏不甘平庸，于是开始了对岳父的抱怨。

谢安估计得对，树大招风、名高遭毁，功高盖主的谢安日子并不好过。孝武帝正企图利用野心勃勃的御弟司马道子抑制世族势力对朝政的支配权，谢安必成为其矛头所指。然而凭能力与光明正大的手段司马道子绝非谢安对手，于是司马道子玩点下三烂的手段就不可避免。这让王国宝窥到了方向。琅琊王司马道子是王国宝的妹夫，于是王国宝利用这关系，投靠司马道子门下当秘书丞。他不时向司马道子中伤谢安，并经司马道子传至晋孝武帝，致令孝武帝亦对谢安有所顾忌，彼此间嫌隙加深。

就在这年年末，右军将军兼江州刺史桓伊迁任护军将军而还朝。孝武帝设宴招待让谢安作陪。宴席必须有歌舞助兴，后宫自然是群星璀璨，歌星舞星众多。但孝武帝看腻了，他爱看新鲜的。同时，他也从各方面知道，眼前这位从沙场中血战出来的护军将军是旷世的笛圣，其手中还握有东汉蔡邕所持有的"柯亭竹笛"。于是孝武帝命桓伊当席吹笛助兴。

有个"一往情深"的成语，就是谢安形容桓伊的用语。原来，桓伊除了吹笛子，也非常爱听别人唱歌，每当传来别人优美的歌声，他就会情不自禁地发出奈何、奈何的呼应之声以伴和主旋律。演唱者遇到桓伊这种知音的附和，总是又惊讶又开心。谢安也十分喜爱音乐，遇到这种场面不禁感慨曰："桓子野可谓一往有深情！"桓子野就是桓伊。因谢安与桓伊的名人效应，成语"一往情深"就流传至今。这说明，桓伊认为演唱是展示自己艺术的行为，是高尚的。好的音乐让更多的人欣赏才有价值。

桓伊自幼在云绵庵读书习武，观梅吹笛。他有感于梅花的孤傲、高洁、清丽，深被寒梅斗雪所展示的风骨所折服，于是他画梅为谱，鸣笛为曲。反复取舍，逐渐演绎出笛曲《梅花三弄》。笛音飘扬，回荡在山峦云雾中，余音袅袅令人如痴如醉。闻者以为是从天上飘来的仙乐。也因名笛配有自主知识产权的名曲，桓伊获得"笛圣"的美誉。我们或许可以试想，在三国两晋南北朝，五胡十六国那样严重的乱局中，绵延下来的魏晋风骨，能否就像是傲立寒风、戴雪怒发的梅花？这个时代诞生的《梅花三弄》就是魏晋风流的象征？或许，最早的《梅花三弄》是词曲兼备的，但不知桓伊年代的歌词为何就佚失了？

《世说新语·任诞》是最早记录《梅花三弄》的出版物。里面说到桓伊在建康的河边遭遇素未谋面的狂士求音。桓伊不假思索，就下车上船表演，表演完上车便去。从头到尾，主客不交一言。这证明桓伊是乐于向其他人展示自己的艺术成就，他不以自身的将军身份傲人，也不嫌弃"狂人"与布衣的唐突，他更不认为上台献艺就会低人一等。《世说新语·任诞》原文是这样的：

王子猷出都，尚在渚下。旧闻桓子野善吹笛，而不相识。遇桓于岸上过，王在船中。客有识之者，云是桓子野。王便令人与相闻云："闻君善吹笛，试为我一奏。"桓时已贵显，素闻工名，即便回下车。踞胡床，为作三调。弄毕，便上车去。客主不交一言。

　　文中的王子猷就是王羲之的第五子王徽之。王徽之虽与桓伊都属于当年名士之列，但相比起来，不是一路人。早在公元371年，桓伊与谢玄联手出兵打击前秦而立功授勋、晋位子爵。二十出头的王徽之还在会稽山山阴当浑浑噩噩的"官三代"。他是这样过日子的：

　　王徽之住在山阴县时。有一夜下大雪，他一觉醒来，打开房门，叫家人拿酒来喝。眺望四方，一片皎洁，于是起身徘徊，朗诵左思的《招隐》诗。忽然他想起住在剡县的戴安道，于是连夜搭小船去戴家。船行了一夜，天亮到戴家，但王徽之却不入戴家。旁人不解，他却振振有词："我本乘兴而去，败致而回，何必非见戴安道不可？"

　　当时谢安原想把谢道韫嫁给他，见状改主意选了王凝之。然而生性高傲、放荡不羁的王徽之能配谢道韫吗？谢安嫁谢道韫给王凝之是小错，但嫁王徽之，则一定后悔莫及。

　　王徽之的确是靠不住的人。他二十岁出头时，王羲之就去世了。为了给世族子弟人人安排口饭吃，王徽之后来到桓温的小弟桓冲帐前当幕僚，但他依然是一副落拓模样。主帅桓冲要进行业务考核了：

　　冲问："卿署何曹？"对曰："似是马曹。"又问："管几马？"曰："不知马，何由知数！"又问："马比死多少？"曰："未知生，焉知死！"

　　后以"骑曹不记马"指王徽之这种人名士习气：拿钱喝酒，不理事务！

　　我是名士，我怕谁！我就要拿钱不干活，我怕谁？这种名士风范已经有点变味了。当然，桓冲虽权大势大，对这种世族家庭的后代也是睁只眼闭只眼。

　　然而，桓伊却有求必应，而不管对方的身份如何。只要你想听，我有空就可以演，一出演就演精品：他拿出了拥有百分百知识产权的《梅花三弄》。此乃中国民乐最为璀璨瑰丽的古代艺术珍品！后人把桓伊上船吹奏《梅花三弄》的那条河取名为秦淮河。秦淮河上淮青桥路边还特地命名了"邀笛步"来纪念桓伊登船为陌生人演奏的传说。

既然能放下上将的身段，去为一介狂士演奏自己的《梅花三弄》，所以孝武帝命桓伊吹笛时，他当然丝毫不推托，而是神色自若地吹了一曲。然后，桓伊放下笛子说："臣的筝艺虽不如笛，然而还是足以用来进行弦、歌、管协作表演助兴。请允许臣奏筝歌唱，并请求来一个吹笛人为臣的表演伴奏。"孝武帝欣然同意，就下令从皇家乐团调一名艺术明星出来吹笛伴奏。但桓伊表示异议，他说："皇家之星虽手艺高超，但互相配合还得有个过程，所以初次合练不一定能配合起来。臣倒是有一奴，擅长与臣配合。"孝武帝更加赞赏桓伊的直率，于是答应让家奴进宫。这样，一场笛子伴奏，桓伊抚筝自唱的表演开始了。桓伊唱的是一曲《怨歌行》，这是曹植写的咏史名诗：

> 为君既不易，为臣良独难。忠信事不显，乃有见疑患。
> 周公佐成王，金縢功不刊。推心辅王室，二叔反流言。
> 待罪居东国，泣涕常流连。皇灵大动变，震雷风且寒。
> 拔树偃秋稼，天威不可干。素服开金縢，感悟求其端。
> 公旦事既显，成王乃哀叹。吾欲竟此曲，此曲悲且长。
> 今日乐相乐，别后莫相忘。

曹植的歌词委婉凄凉，皇帝虽是自己的同胞骨肉，却因皇位的阻隔而令自己遭受猜忌，他无法排解忧伤、难去愤懑之情。这与当时谢安的处境非常相似。而桓伊的歌声慷慨激昂，俯仰可观。唱到动情处，谢安为之泪湿青衫。一曲终了，谢安越席来到桓伊的身边，捋着胡须说："使君在此表现得很不一般！"

孝武帝听出了其中的意思，也终于面露愧色，或许心中涌动了某些内疚。

当时，王国宝离间谤毁的谗言以及司马道子的野心，还是令谢安感到京师难有自身安全的立足之地！谢安决定变卖乌衣巷住处，出镇回避。

谢安之死

淝水之战后，前秦皇帝苻坚一落千丈。他先遭到鲜卑慕容家族的背叛，随后又遭羌人姚苌的逼宫。至此，他威风不再，然而也绝不屈服。他鄙视篡国的姚苌，声称要把传国玉玺交给东晋，也不让姚苌的阴谋得逞。闻知此言，东晋朝野普遍对苻坚充满同情。

这年四月，谢安以出兵救援苻坚为由，主动交出手上的权力，自请出镇广陵的步丘，以此为基地建新城，伺机再次北伐，实际那也包含避祸于此的动机。孝武帝设宴为谢安饯行，并敬酒赋诗表面上给谢安增添风光，实则是顺水推舟，收缴兵权。谢安心明肚知，决定恭敬以尽君臣之礼，意下待机重隐东山。他携带全家随军出镇新城，并制造海船和装备，计划等到北伐成功，天下初步安定之后，就不再回京师而从水道回东山。

但如意算盘只是一场空想。不久后，他病倒了。眼看不济，就上书朝廷请求估量时局停止进军。他通知在前线的儿子谢琰，卸下征虏将军职解甲息兵；让龙骧将军朱序进据洛阳；命令前锋都督谢玄据兵对峙彭城、沛县之敌，并督察全军。死前，谢安把一切军事安排得井井有条。

太元十年（公元385年）八月二十二日，谢安病逝于建康。孝武帝闻讯后，在朝堂里哭吊三天。谁都明白，皇上哭吊不过是一种行为艺术而已。世人皆知，谢安因担心自己功高盖主而死，皇上大可不必悲伤过度。此时天下已经基本太平，皇上没有对手。不论是强敌苻坚，还是仲父谢安都已不在人间，孝武帝只要留心同胞兄弟司马道子及同枕共眠的美人，此外便无风险。

谢安下葬，其葬礼规格与桓温相同。

谢家另有一女婿王珣因王谢两家的嫌隙导致翁婿反目成仇。虽然如此，当听到谢安死去的消息，王珣就在去谢安灵堂的半路等待王羲之的儿子王献之。他对从弟王献之说："我也要同去哭谢公。"瞬间吃惊之后，王献之十分敬佩。他说："这正是我对你的期望啊！"于是，王珣直接去灵堂恸哭。

谢安的外甥羊昙也是当年名士，平素为谢安所爱重。谢安死前扶病从西州门入城，所以他死后，羊昙辍乐弥年，行不由西州路。尝因石头大醉，扶路唱乐，不觉至州门。左右白曰："此西州门。"昙悲感不已，以马策扣扉，诵曹子建诗曰："生存华屋处，零落归山丘。"恸哭而去。

借此典故，后人遂用泪洒西州、泪尽羊昙或马策西州来表达悼亡故友时感旧兴悲之情。羊昙、桓伊与袁山松是当年著名的三大男歌星。羊昙的《泪洒西州》、桓伊的《挽歌》及袁山松的《行路难》三曲，被时人并称"三绝"。

谢安死了，他一手布置北伐的大业就此落空。孝武帝司马曜不是晋武帝司马炎，司马炎不断地征服四方，开疆拓土，但司马曜对此没有多少兴趣。他要的是保住皇位与纵情享乐。江山社稷是他爸爸司马昱意外捡来的。就像《一千零一夜》里的阿里巴巴，意外窃取"芝麻开花"的"密钥"而拥有四十大盗的宝库。阿里巴巴的儿子只需继承并挥霍宝库财富即可。东晋在黄河以南的半壁江山，自然就是那挥霍不尽的宝库；窃得"芝麻开花"密钥的就是他老爸司马昱；相当于四十大盗大头领的就是死去的东晋老帅哥桓温！不过，此时四十大盗还没有死光，而且还有后代，或许到时候，他们还会来找阿里巴巴的子孙算账。

孝武帝司马曜顾不得那么多，他让弟弟司马道子接管谢安的所有权职，虚化其北伐计划。以司马道子、王国宝等人组成的后谢安朝臣班子一致给出定论：征战已久，应当设置戍守边关，然后休兵养息，令谢玄回镇淮阴，朱序镇守寿阳。兵马后撤，刀枪入库。

就这样，谢安死后的四年内，北伐的重要将领谢石、谢玄、桓石虔、桓石民相继去世。司马曜与司马道子也正好有机会起用裙带代替了他们。比如，国舅王恭当了兖州刺史、殷仲堪当了荆州刺史。徐、兖一带谢玄的老班底北府军以及荆州桓氏家族班底，就这样被王恭、殷仲堪这批裙带将领踩在脚底。这当然表明：司马曜完全排除了北伐的念头。勇将刘牢之是北府兵重要的将领，然而他不是帅才：空有匹夫之勇却无独立自主的判断力。遇到谢玄这种长官，刘牢之可以立大功，发挥重大作用。可惜谢玄死后，刘牢之顶头上司是空降大员王恭，他是司马曜的大舅。刘牢之与北府兵自然不服气，却又不服不行。

既取消北伐却又想提高皇家的威信，司马昌明、司马道子这兄弟俩就启动了去谢安化程序，重用那些反对谢安的人为官，特别是那位人品极差的王国宝。谢安生前，王国宝就已经为了升官，不惜在司马曜面前说自己老泰山的坏话。谢安死后司马道子出任丞相，王国宝因裙带关系依附了他。为了关系更铁，王国宝更是不惜代价造谣中伤别人，甚至连孝武帝的亲信王恭、王珣、殷仲堪等都不放过。而王恭与王国宝、王忱兄弟还同属太原王氏，像王国宝这种奉承拍马却六亲不认的异类，自然遭众人排斥。然而司马道子却正要利用王国宝，提升他为尚书左仆射。司马道子当道导致小人横行、吏治腐败，内部矛盾越来越激烈，东晋的败象日趋显露。

⊙

没起飞就夭折的王谢雏燕

孝武帝司马昌明重用御弟司马道子的原因仅是不放心谢安。谢安一死，兄弟二人貌似太平无事了。哥俩趣味相投一起沉湎于酒色，共同信奉佛教宠幸僧尼，朝政被搞得乌烟瘴气。弟兄俩表面上一派祥和，然而一旦翻开暗幕，后面的真相却令孝武帝非常不安，那就是司马道子的势力逐渐膨胀，对皇权提出挑战。

太元二十一年（公元396年），发生一起后宫事件戏剧性结束了孝武帝的生命，也终结了兄弟二人的争斗。那天夜里，酗酒过度的孝武帝司马昌明跟宠妃张贵人开玩笑："你就要三十岁了，按年龄该被废了。"就为这戏言张贵人耿耿于怀，她乘司马曜酒醉熟睡之际将其闷死在被窝中。

司马曜一死，太子司马德宗继位为晋安帝，定次年为隆安元年（公元397年）。新帝是王羲之的孙女婿，然而是个哑巴，更糟的是他的智障程度远远超过贾南风的老公司马衷。这样的儿子，自然不会追查父亲的死因，而野心十足的司马道子更是装聋作哑。一桩内宫弑君案就这样不了了之。

智障皇帝司马德宗上位后，朝政操纵在司马道子、司马元显父子及佞臣王国宝手中。暗主在上，奸佞横行，于是天下大乱。司马道子、王国宝、王恭和殷仲堪为争权夺利杀得天昏地暗。先是王国宝被杀，接着是北府兵将领刘牢之与桓温之子桓玄收拾了王恭和殷仲堪，暂时让司马道子与司马元显父子得到喘口气的机会。

然而，就在此时，当年举办兰亭诗会的会稽发生了暴乱！

隆安三年（公元399年）十月，一位称为孙恩的人从舟山群岛带一百多名五斗米教信徒登陆上岸，一路抢杀而来，人数暴涨，声势浩大，很快就攻到会稽城下。孙恩这人据说就是当年赵王司马伦的军师孙秀之后。这股五斗米信徒发起的事件，按不同的观点可称为：孙恩、卢循之乱，或孙安、卢循起义。

我们提及这起孙恩、卢循之乱，只因这场动乱坏了一桩才子佳人的后半生。前文不是说过，咏絮才女谢道韫抱怨夫君不配自己吗？不过在那年代既然生米煮成熟饭，谢道韫即使是天上神仙，也只能嫁鸡随鸡、嫁狗随狗，一辈子就那样过了。事实上，谢道韫的确是为王凝之生儿育女，全心全意陪着男人过日子。最后，他们一家回到会稽城。王凝之当了老爸王羲之当年的会籍内史。如果日子就这样凑合着过，两口子白头偕老，也总算是一辈子平平淡淡地过来了。不公平的是，这种凑合一辈子的愿望最后还是落空了。坏就坏在那场孙恩五斗米教革命恰恰发展到会稽，坏就坏在革命对象正好就同是五斗米信徒王凝之！最终不但王凝之被杀，还株连全部儿子。老年的谢道韫因此家破人亡。嫁鸡随鸡、嫁犬随犬过一辈子也成为不现实的奢望。《晋书·卷八十·列传第五十》记述了全过程：

> 会稽内史王凝之，羲之之子也，世奉天师道，不出兵，亦不设备，日于道室稽颡跪咒。官属请出兵讨恩，凝之曰："我已请大道，借鬼兵守诸津要，各数万，贼不足忧也。"及恩渐近，乃听出兵，恩已至郡下。甲寅，恩陷会稽，凝之出走，恩执而杀之，并其诸子。凝之妻谢道韫，弈之女也，闻寇至，举措自若，命婢肩舆，抽刀出门，手杀数人，乃被执。

文中的"恩"就是指孙恩，"弈"指谢道韫父亲谢奕。

大敌面前"凝之出走，恩执而杀之，并其诸子。"谢道韫的老公、儿子一道被杀了。王谢夫妇共同抚育的一窝"王谢雏燕"，还没等到飞入寻常百姓家，也就因此夭折了。

几十年前，谢道韫一目穿心，第一眼就判断老公王凝之没出息、太窝囊，事到如今果然应验。

然而，面对群凶，王夫人谢道韫却尽显将门之女的英雄本色。她毫无畏惧，挥刀出门，手杀数人而被执！谢道韫不愧是女中豪杰！

被抓的亲人中还有外孙刘涛。在喽啰们狐假虎威的吆喝声中，孙教主扬言要杀刘涛。谢道韫镇定自若，大声斥责："事在王门，何关他族？此小儿是外孙刘涛，如必欲加诛，宁先杀我！"

孙恩见状，不得不暗赞这位女中丈夫！最后决定释放谢道韫女眷及外孙。或许，这位外孙刘涛就是一只飞燕，从此飞出王谢高堂，流落于寻常百姓之家了。

此时，谢道韫差不多是进入知天命之年。有人感慨她的一生：

谢道韫就像柳絮，美丽但是无奈地坠落。

然我们并不应如此悲观。虽然此后谢道韫岁月无多，但她在强虏面前正气凛然的亮相，为后来人留下了一份勇气与希望。我们或许能感到，如今扑面而来的，还有她的林下遗风。

谢安的儿子卫将军谢琰来迟了。

谢安一死，征虏将军谢琰辞官在家守孝。待孝期结束，朝廷已放弃北伐。谢琰迁任尚书右仆射、太子詹事，最后返任卫将军、徐州刺史。隆安三年（公元399年）十月，因姐夫王凝之被害，朝廷指令谢琰以卫将军、徐州刺史身份领会稽内史，都督五郡军事镇压动乱。辅国将军刘牢之也率北府兵协同作战。谢琰虽勇猛，但不是良将。平定孙恩叛乱的过程虽屡有大胜，但他素怀轻敌之心，又不恤士卒，以至帐下督张猛暗中变节。最后一次谢琰与乱兵突然相遇在稻田埂间，张猛出其不意地从身后砍断谢琰坐骑的后腿，谢琰落马在地被杀，其两个儿子谢肇和谢峻亦同时遇害。

谢琰死后，他的三子谢混娶晋孝武帝的晋陵公主为妻，拜驸马都尉，当过中书令、尚书左仆射等职务；侄儿谢澹甚至当过太保。谢家后人还有谢朓、谢灵运等南朝著名的山水诗人与田园诗人，但不曾有超越谢安者。不可避免的，谢家逐渐没落了。

谢琰死后，与他协同作战的北府兵刘牢之与刘裕平定了孙恩动乱。刘裕雄才大略，谋略甚至远超桓玄、刘牢之。只可惜，他在北府兵内总被浑身没主见的刘牢之罩着。倘若刘裕能与刘牢之掉个位置，让刘牢之听从刘裕的安排，那将是个更好的组合。只可惜，这种机会不可能有。

此时，桓玄声势大振，他重新占据父辈的荆襄地面，控制了东晋半壁江山。桓玄与刘牢之，虽一开始均受人摆布，不得已充当贪腐司马元显父子与王恭、殷仲堪之间争斗的工具。但两人完全不同：桓玄从老爸桓温那里遗传来了枭雄的基因。与其说桓玄是被利用，还不如说桓玄是利用皇朝的两派对立，发展自己，以恢复老爸桓温的局面。而缺乏主见的刘牢之完全相反，只能情愿或不情愿地充当别人的工具。

元兴元年孙恩之叛乱被镇压，危机度过。司马元显就要卸磨杀驴！他任命刘牢之为前锋都督、征西将军兼江州刺史，讨伐桓玄。显然要让北府兵与桓家军互相残杀。

就在此时，桓玄派刘牢之的族舅何穆来到大营充当说客，拉拢刘牢之站在自己一边。而部将刘裕与何无忌则认为不可。执行朝廷命令还是倒戈？刘牢之陷于两难之中。他心有不甘，司马元显是典型的一块糨料！刘牢之不愿为了司马元显而与桓玄兵戎相见。于是他听信了何穆的花言巧语，并让儿子出面联络归降之事。于是，刘牢之把北府兵调到历阳江面的洌洲岛，让出通往建康的大道。

不料桓玄借道攻进建康并捕杀司马元显之后，就废了智障晋安帝，自己称帝，立帝号为楚。桓玄是桓温的儿子。桓温生前曾大发威风，废除东晋第七任皇帝司马奕，立司马昱为晋简文帝，令司马宗室与满朝文武战战兢兢。本次桓玄再次行使生杀大权行废立之事，干脆抢班夺权！在桓温、桓玄面前，司马皇室子孙几乎沦为待宰的羔羊！难道，桓家与司马家族有仇？他们是来搞末日审判的？历史上各路学者对此议论纷纷。当今有学者考证：桓温的高祖或许就是桓范！

然而我们存疑：高平陵政变后，曹魏大司农桓范惨遭诛杀并被夷三族。既然桓范被夷了三族，那就可肯定地说，桓范的儿子、孙子以及兄弟都逃不出司马家族的手掌，而被"咔嚓"了。那怎么会出现意外呢？当然我们更愿意就此问题进行讨论。有学者提供了一条线索：高平陵事件那年，桓范的幼子桓楷有个贴身丫鬟被官卖了。不想她已有身孕在先，随后生下了名叫桓颢的遗腹子。桓颢成长后娶妻，在二十七岁那年当爸爸，有了儿子桓彝！这样一来，桓范就成了桓温的高祖。

然而，桓温、桓玄父子是出于报仇而虐待司马宗室，还是桓玄因胸怀政治野心而篡位？我们想，更适合的解释是后者。

然而桓玄篡位出乎刘牢之的意料，于是他率北府兵回驻京口。显然，这等于刘牢之与桓玄翻脸了。手下诸将因刘牢之反复无常而不满，纷纷不辞而别。这众叛亲离的局面，加上刘牢之以为儿子已经遇害，从而心灰意冷，自杀而亡。

刘牢之一死，刘裕以恢复智障皇帝司马德宗的皇位为号召，率北府兵击败桓玄，打进建康。桓玄西逃途中被杀。刘裕乘机掌控东晋军政大权。事实证明，刘裕是比刘牢之更出色的北府兵统帅。

永初元年（公元420年）六月十四日，东晋真正的强人刘裕代晋称帝，国号宋，他就是宋武帝。刘宋南朝成了东晋成立以来南方最强大的一个朝代。